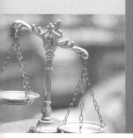

刘 玫◎主 编

郭 烁◎副主编

刑事诉讼法学
案例研习

CRIMINAL PROCEDURE

CASES AND MATERIALS

 中国政法大学出版社

2022·北京

图书在版编目（CIP）数据

刑事诉讼法学案例研习/刘玫主编. —北京：中国政法大学出版社，2022.10
ISBN 978-7-5764-0712-9

Ⅰ. ①刑… Ⅱ. ①刘… Ⅲ. ①刑事诉讼法－案例－中国 Ⅳ. ①D925.205

中国版本图书馆 CIP 数据核字 (2022) 第 201573 号

出 版 者　　中国政法大学出版社

地　　址　　北京市海淀区西土城路 25 号

邮寄地址　　北京 100088 信箱 8034 分箱　邮编 100088

网　　址　　http://www.cuplpress.com (网络实名：中国政法大学出版社)

电　　话　　010-58908586(编辑部) 58908334(邮购部)

编辑邮箱　　zhengfadch@126.com

承　　印　　固安华明印业有限公司

开　　本　　720mm×960mm　　1/16

印　　张　　24.75

字　　数　　400 千字

版　　次　　2022 年 10 月第 1 版

印　　次　　2022 年 10 月第 1 次印刷

定　　价　　69.00 元

法律文件简称表

全　　称	简　　称
1.《中华人民共和国宪法》	《宪法》
2.《中华人民共和国民法典》	《民法典》
3.《中华人民共和国刑事诉讼法》	《刑事诉讼法》
4.《中华人民共和国民事诉讼法》	《民事诉讼法》
5.《中华人民共和国监察法》	《监察法》
6.《中华人民共和国监察法实施条例》	《监察法实施条例》
7.《中华人民共和国刑法》	《刑法》
8.《中华人民共和国律师法》	《律师法》
9.《中华人民共和国法律援助法》	《法律援助法》
10.《中华人民共和国社区矫正法》	《社区矫正法》
11.《中华人民共和国国际刑事司法协助法》	《国际刑事司法协助法》
12.《中华人民共和国人民警察法》	《人民警察法》
13. 最高人民法院、最高人民检察院、公安部、国家安全部、司法部《关于办理死刑案件审查判断证据若干问题的规定》	两院三部《办理死刑案件证据规定》
14. 最高人民法院、最高人民检察院、公安部、国家安全部、司法部《关于办理刑事案件排除非法证据若干问题的规定》	两院三部《非法证据排除规定》
15. 最高人民法院《关于适用〈中华人民共和国刑事诉讼法〉的解释》	最高法《解释》
16. 最高人民法院《关于执行〈中华人民共和国刑事诉讼法〉若干问题的解释》	1998 年最高法《解释》

续表

全　称	简　称
17. 最高人民检察院《人民检察院刑事诉讼规则（试行）》	最高检《规则（试行）》
18. 最高人民检察院《人民检察院刑事诉讼规则》	最高检《规则》
19. 公安部《公安机关办理刑事案件程序规定》	公安部《规定》
20. 最高人民法院、最高人民检察院、公安部、国家安全部、司法部《关于适用认罪认罚从宽制度的指导意见》	两院三部《认罪认罚从宽意见》

前 言

党的十八大以来，全面依法治国战略在各领域、各环节深入推进，法治在促进国家治理体系和治理能力现代化效能方面的作用不断提升。在刑事诉讼领域，相关的司法体制改革措施有序推进，司法管理体制和司法权力运行机制不断完善。2018 年《刑事诉讼法》聚焦国家监察体制改革、以审判为中心的诉讼制度改革、认罪认罚从宽制度等领域进行了修改，以适应新时期刑事法治发展要求。

在党的二十大报告中，习近平总书记指出："必须更好发挥法治固根本、稳预期、利长远的保障作用，在法治轨道上全面建设社会主义现代化国家。"作为法治建设的重要领域，刑事诉讼制度的健全与完善影响新时期司法治理现代化的深度和广度。

随着国家刑事法治发展进入新阶段，实践中出现了许多值得深入研究的典型案例。这些案件或体现了新时期诉讼理念的变迁（如案例二"杭州女子取快递被造谣案"），或可以作为契机研讨新制度规范的具体适用（如案例四"余某平交通肇事案"），或引发了较大范围的社会关注、可以作为法律知识传授的案例载体（如案例二十三"杭州来女士失踪案"）。本书采用案例的形式对《刑事诉讼法》涉及的知识进行分析和讲解，并对最新的诉讼制度改革和刑事司法理念变迁进行解读，目的是"以案说法"，让读者在案例情景中正确地理解与运用《刑事诉讼法》，提高读者对刑事诉讼法治理念的整体把握与认识。

本书选取的案例大多反映了当下社会关注度高的重大热点刑事诉讼问题。在写作方式上，本书对每个案例设置"法律分析""理论阐释"和"拓展思考"三个模块。"法律分析"主要结合我国《刑事诉讼法》及相关规范性文件的规定，阐释案例情境下规则的具体适用及其应当注意的事项；"理论阐释"则聚焦案件背后体现的改革背景和制度原理，帮助读者深入把握相关诉讼制度改革的最新知识；"拓展思考"更具学术性，突出发散性思维，引导读者思考相关诉讼理念、规则制度的未尽事宜和未来进路。为此，本书对案情并不追求事无巨细地全面描述，而是有所侧重地进行了部分删减，力求读者能够快速获取案件要点，产生良好的阅读体验。

本书可以作为法学相关专业本科生、研究生的学习教材，还可以用作法律相关专业从业者的参考用书，也可以成为对刑事诉讼法学有兴趣的公众学习法律知识的基础读物。

本书作者具体分工如下：

郭烁（中国政法大学诉讼法学研究院教授、博士研究生导师、法学博士）：案例一、二、三、四、十四、三十二、三十三、四十三、四十五；

宋桂兰（北京农学院文法与城乡发展学院法学系副教授、硕士研究生导师、法学博士）：案例四十、四十一、四十八、四十九、五十、五十一；

初殿清（北京航空航天大学法学院副教授、硕士研究生导师、法学博士）：案例三十一、三十四、三十六、三十七、三十八、三十九；

田力男（中国人民公安大学法学院副教授、博士研究生导师、法学博士）：案例十五、十六、十七、二十、二十一、三十、三十五；

郑曦（北京外国语大学法学院教授、博士研究生导师、法学博士）：案例十一、十二、二十三、二十四、二十五、二十六；

叶扬（中央司法警官学院法学院副研究员、硕士研究生导师、法学博士）：案例七、八、九、十、十三、五十九；

韩瀚（安徽师范大学法学院讲师、硕士研究生导师、法学博士）：案例五、六、二十二、二十七、二十八、二十九；

程衍（华东政法大学刑事法学院副教授、硕士研究生导师、法学博士）：案例四十二、五十二、五十三、五十四、五十五、五十六、五十七、五十八；

陈慧君（华东政法大学中外法律文献中心博士后研究人员、法学博士）：案例十八、十九、四十四、四十六、四十七。

全书由刘玫教授（中国政法大学刑事司法学院学术委员会主席、博士研究生导师、法学博士）统筹案例、审校、定稿。

硕士研究生郑浩积极参与了全书案例的收集与整理工作。

由于作者水平有限，本书错漏之处在所难免，希望读者不吝指正。

刘　玫　郭　烁

2022 年 10 月

目 录

CONTENTS

◇ 第二编 立案、侦查、提起公诉 ◇

◇ 第三编 审 判 ◇

◇ 第四编　执　行 ◇

◇ 第五编　特别程序论 ◇

第一编
总　论

南京医学院女生被杀案

【刑事诉讼的任务与核准追诉】

◆ **案情概要**

1992 年 3 月 20 日，江苏省南京市鼓楼区南京医学院发生一起强奸杀人案件。在校女学生林某于校园内惨遭杀害，尸体在学校教学楼天井内的窨井中被发现。经法医检验，死者系被钝器击打头部并实施强奸后，按入窨井死亡。案发后，公安机关迅速调集警力，组成专案组全力开展侦破工作，并开展了连续数月的走访调查和摸排。但囿于当时条件，案件没有取得突破。

时隔 28 年，本案出现转机。2020 年 2 月 19 日，江苏沛县警方接报称，通过 DNA 比对，死者阴道拭子 DNA 与沛县被盘查人员麻某侠的数据高度吻合，基本确定嫌疑人为麻某侠的近亲属。南京、沛县警方协同配合，对麻某侠所在家系再次进行深挖，最终锁定犯罪嫌疑人麻某钢。经法医鉴定，麻某钢 DNA 与犯罪现场提取的死者阴道拭子 DNA 分型完全一致。2 月 23 日 6 时许，办案民警在麻某钢家中将其抓获归案。经警方审讯，麻某钢如实交代了犯罪事实。3 月，南京市人民检察院对犯罪嫌疑人麻某钢依法作出批准逮捕决定。

9 月 16 日，南京市中级人民法院对该案进行开庭审理。因此案涉及被害人隐私，法庭决定案件不公开审理。该案由三名法官与四名人民陪审员组成合议庭审理，南京市人民检察院检察长出庭支持公诉。法院一审查明，1992 年 3 月 20 日 22 时许，被告人麻某钢在原南京医学院校园内，发现被害人林某独自在教室自习，遂持铁棍将林某胁迫至该教学楼天井处强行发生性关系，期间因遭到反抗，麻某钢遂用铁棍多次击打林某头部。后因担心罪行败露，麻某钢将林某拖至教学楼外，将林某头朝下投入窨井后盖上井盖，后又将林某的书包、书本、衣物等随身物品投入旁边另一窨井。作案后，麻某钢因形迹可疑被校保卫队队员盘查，并趁机逃离现场。法院认为，被告人麻某钢故意非法剥夺他人生命，致一人死亡；以暴力、胁迫手段强奸妇女，其行为已触犯 1979 年《刑法》的规定，构成故意杀人罪、强奸罪。10 月 14 日，本案一审宣判，麻某钢被判处死刑，剥夺政治权利终身。2021 年 1 月 19 日，江苏省高级人民法院依法对麻某钢强奸、故意杀人一案进行了二审宣判，裁定驳回上诉，维持原判，依法报请最高人民法院核准。2021 年 6 月 10 日，遵照最高人民法院下达的执行死刑命令，南京市中级人民法院依法对故意杀人、强奸犯麻某钢执行死刑。

一、法律分析

1. 结合本案，简述"实体真实"的刑事诉讼目的

刑事诉讼目的乃刑事诉讼法之根本，自始至终支配着侦查、起诉、审判乃至执行等各个诉讼阶段。一国刑事诉讼程序之设计理念均与刑事诉讼目的息息相关，且诸多刑事诉讼争议问题，往往必须回溯根本目的才能寻觅其解决途径。

学理上一般认为，刑事诉讼具有三大目的：实体真实、法治程序以及法和平性。发现实体真实乃惩罚犯罪之前提，只有在准确、及时查明案件事实真相之基础上，对可能构成犯罪的被告人公正适用刑法，才能真正实现刑罚目的。发现实体真实包括积极与消极两方面内涵。消极的实体真实强调不冤枉无辜，保障无罪者不受处罚；积极的实体真实追求不放纵犯罪，只有当裁判确认了真正的罪犯及其犯罪事实，并依照《刑法》施加处罚，才真正实现实体真实。因而，发现实体真实的完整意义是"不枉不纵，开释无辜，惩罚罪犯"。

坚持实体真实之刑事诉讼目的，要求进行侦查、起诉、审判的国家机关发现犯罪事实真相，既不冤枉无辜，亦不允许真正犯罪人逍遥法外。这一刑事诉讼目的贯穿整部《刑事诉讼法》，并且鲜明体现在我国《刑事诉讼法》第 1 条（立法目的与根据）"为了保证刑法的正确实施，惩罚犯罪，保护人民，保障国家安全和社会公共安全，维护社会主义社会秩序，根据宪法，制定本法"以及《刑事诉讼法》第 2 条（刑事诉讼法的任务）"中华人民共和国刑事诉讼法的任务，是保证准确、及时地查明犯罪事实，正确应用法律，惩罚犯罪分子，保障无罪的人不受刑事追究，教育公民自觉遵守法律，积极

同犯罪行为作斗争，维护社会主义法制，尊重和保障人权，保护公民的人身权利、财产权利、民主权利和其他权利，保障社会主义建设事业的顺利进行"之规定中。根据实体真实之目的，刑事诉讼确立了国家追诉原则，参与刑事诉讼的各个国家机关均负有查明事实真相的义务，同时有权依职权积极调查证据，发现真相、实现正义。

纵观南京医学院女生被杀案的全部侦查、起诉、审判工作，均体现了"实体真实"之刑事诉讼目的。从案发时起，侦查机关即动用了各种侦查手段，全力开展侦查工作，旨在查明案件事实并抓获犯罪嫌疑人，例如，侦查机关进行了大量的走访、调查、摸排，根据相关目击证人的描述制作嫌疑人模拟画像并公布等。即使由于案发当时的侦查条件所限，案件事实难以被查明，在长达28年的时间跨度中，侦查机关完全没有放弃对于案件真实之追求，不断通过运用技术手段展开侦查活动，最终通过最新的Y-STR检验技术进行DNA比对，查获了犯罪嫌疑人。不仅如此，在审查批准逮捕、审查起诉、一审、二审、死刑复核、执行的各个诉讼阶段，检察机关、审判机关同样贯彻了发现实体真实的刑事诉讼目的，查明了真正的犯罪人，准确适用《刑法》，使真凶受到了公正的惩罚。

2. 结合本案，简述"发现真实"与"法和平性"的目的冲突与权衡

刑事诉讼具有的三大目的，即实体真实、法治程序、法和平性，倘若能够同时兼顾，固然再好不过。然而在法律实践中，各目的之间往往存在相互冲突之情形，需要在立法与司法层面进行取舍。目的之间的冲突与权衡，正是刑事诉讼法学的精髓所在。

权衡绝不是片面牺牲某一目的而成就其他目的，而是在一定的范围之内，尽可能地谋求调和的解决方案。在实体真实与法和平性之间同样存在冲突与权衡。追诉时效制度即发现真实与法和平性目的之冲突产物。一方面，德国通说认为，追诉时效之目标即在于服务于法和平（Rechtsfrieden），并预防当局不作为。随着时间流逝，社会对犯罪的"规范感情"得以缓和，社会秩序得以恢复，行为人产生了与一般人相同的社会生活关系，对由此而形成的事实状态应当予以尊重。另一方面，追诉时效制度同报应与预防的刑罚正当化根据存在关联。有观点认为，对于经过追诉时效的犯罪，行为人在犯罪后实际上遭遇了一定的痛苦，因而没有再以刑罚予以报应的必要；或者行为人经过长时间后没有再犯新罪，说明其没有再犯危险性，缺乏特殊预防的必要，

故没有追诉与行刑的必要。对于已过诉讼时效的案件，我国《刑事诉讼法》第 16 条之规定，"犯罪已过追诉时效期限的"，"不追究刑事责任，已经追究的，应当撤销案件，或者不起诉，或者终止审理，或者宣告无罪"。

南京医学院女生被杀案即涉及追诉时效问题，蕴含了发现真实与法和平性的内在冲突与权衡方案。本案从发生至犯罪嫌疑人被抓获，相隔近 28 年的时间，已超过《刑法》规定之 20 年最长追诉期限，需要进一步考察是否适用追诉期限延长的规定。1979 年《刑法》第 77 条规定："在人民法院、人民检察院、公安机关采取强制措施以后，逃避侦查或者审判的，不受追诉期限的限制。"这表明，本案并不符合追诉期限延长的情形。然而随着法律发展，我国对追诉时效延长制度进行了重大修改。1997 年《刑法》第 88 条第 1 款规定："在人民检察院、公安机关、国家安全机关立案侦查或者在人民法院受理案件以后，逃避侦查或者审判的，不受追诉期限的限制。"据此，本案又符合追诉期限延长之规定。追诉时效延长情形的立法变迁，体现了我国在实体真实与法和平性之间进行平衡的努力。至于本案应当适用"从旧"规定还是"从新"规定，则直接关乎是否可以继续追究犯罪人的刑事责任，需要再次考量如何在实体真实与法和平性之间进行妥当调和，最终确定更符合正义的法律方案。

二、理论阐释：追诉时效的溯及力

如上所述，南京医学院女生被杀案存在是否超出法定追诉时效的问题。对此，适用 1979 年《刑法》第 77 条，抑或适用 1997 年《刑法》第 88 条第 1款，将对本案的追诉时效问题给出不同的处理方案。因此，本案的理论焦点在于，追诉时效的溯及力应当遵循"从新"原则还是"从旧"原则？

通说认为，"实体从旧、程序从新"是普遍承认的溯及力规则。在刑事诉讼法上，对于刑事程序的新规定，可以直接适用于发生在新法生效之前、进入刑事诉讼程序于新法生效之后的刑事案件。如果将追诉时效视为程序法规定，则同样应当采用从新原则。与之相对，"从旧兼从轻"原则是刑法对于实体法规定的溯及力原则，并被明确规定于我国《刑法》第 12 条。如果将追诉时效视为实体法规定，则新法关于追诉时效的规定原则上不具有溯及力，只有在适用新法关于追诉时效的规定更加有利于行为人的场合才可以适用新法。根据上述梳理，追诉时效的溯及力是"从新"还是"从旧"，实质上可以转换为这一问题——追诉时效制度是刑事实体性制度还是刑事程序性制度？

在宽泛意义上，当然可以认为，追诉时效规定是兼具实体法与程序法双重性质的制度安排。然而，当实体法与程序法的双重性质在法律适用过程中发生冲突，这一论断就有必要获得更为细致的修正。主流观点认为，追诉时效是刑事程序性制度，应当适用从新原则。

首先，从学理上考察，追诉时效是犯罪行为经过一定期限未追诉而导致追诉权消灭的程序法规定。追诉时效不同于刑事责任，其强调国家追诉权之放弃，而非行为人刑事责任之放弃。根据《刑事诉讼法》第16条之规定，犯罪已过追诉时效期限的，不再追诉。此时，解除犯罪嫌疑人的刑罚，是因为刑事追诉程序阻止了刑罚发动，而不是实体法构成要件的不符合或者罪责的消失。之所以放弃国家追诉权，其本质是为了平衡实体真实与法和平性之间的冲突，最终目的是实现更好的司法乃至社会效果。因此，追诉时效没有改变犯罪行为的可罚性，国家立法机关应当有权决定程序性问题是否具有溯及力。

其次，从比较法上考察，同样如此。我国与德国的立法例相同，均将追诉时效制度规定于《刑法》之中。然而，德国通说将追诉时效视为程序法范畴。正如耶赛克、魏根特指出："尽管时效排除对犯罪行为的处罚，但时效法的整体设想，特别是时效中止和时效中断仅与刑事程序的特定结果相联系，表明缺乏处罚需要，不应当具有实体法上的结果，而只应当具有程序法上的结果，应当中止诉讼程序。"罗克辛指出，程序性条件是构成行为整体性之外的情节，而时效届满是完全处于构成行为的事件之外的，是程序性条件。日本也将追诉时效规定为诉讼条件之一，在诉讼程序的各个阶段一旦缺乏诉讼条件，将通过免诉判决中止程序，而不是作出无罪判决。

最后，我国司法实践也通常将追诉时效视为程序法规定，强调适用从新的溯及力原则。例如，2014年全国人大法工委作出的《对刑事追诉期限制度有关规定如何理解适用的答复意见》规定："对1997年前发生的行为，被害人及其家属在1997年后刑法规定的时效内提出控告，应当适用刑法第八十八条第二款的规定，不受追诉期限的限制。"再如，2019年最高人民法院研究室在《关于如何理解和适用1997年刑法第十二条第一款规定有关问题征求意见的复函》中表示，对追诉期限跨越到1997年《刑法》施行之后的犯罪行为，在追诉时效方面适用"从新"原则。因此，对于如南京医学院女生被杀案等时间跨度较长的案件，仍然可以从新适用1997年《刑法》第88条第1款之规定，继续追究犯罪人的刑事责任。

三、拓展思考：核准追诉制度的完善

《刑法》第 87 条第 4 项规定："法定最高刑为无期徒刑、死刑的，经过二十年。如果二十年以后认为必须追诉的，须报请最高人民检察院核准。"这便是核准追诉制度。由于核准追诉制度的存在，南京医学院女生被杀案即使不适用追诉时效延长制度，仍可能根据核准追诉制度追究犯罪嫌疑人的刑事责任。这一核准追诉制度设定了两个条件，即"必须追诉"的实体性条件和"报请最高人民检察院核准"的程序性条件。由此，可以进一步思考的是：核准追诉制度的功能是什么？核准追诉制度是否导致其过度向实体真实的价值倾斜，以至于使追诉时效制度"名存实亡"？如何进一步完善我国的核准追诉制度？

核准追诉制度为实体法与程序法带来了挑战。作为刑罚消灭事由，追诉时效期满就表明刑罚消灭，不能再对犯罪人追究刑事责任。《刑事诉讼法》第 16 条对此也规定得非常明确。然而，我国却允许对已经过追诉时效的行为再次发动刑事追诉。就比较法而言，这种对经过追诉时效仍然保留追诉机会的立法例并不多见，突出体现了我国刑法、刑事诉讼法对实体真实与打击犯罪的高度重视。当然，与此同时，其适用界限也值得深入探究。

为进一步规范核准追诉制度的适用，2012 年，最高人民检察院发布了《关于办理核准追诉案件若干问题的规定》，对核准追诉的条件与程序进行了明确。根据相关规定，必须追诉是指，涉嫌犯罪的性质、情节和后果特别严重，虽然已过 20 年追诉期限，但社会危害性和影响依然存在，不追诉会严重影响社会稳定或者产生其他严重后果。之后，2015 年，最高人民检察院发布了第六批指导性案例，旨在以指导性案例形式对各级检察机关办理核准追诉案件作出规范。毋庸赘言，核准追诉的关键是"必须追诉"的实体性条件，如何把握这一条件、权衡核准与否的考量因素，有待探讨。同时，对于核准内容、启动时间以及证明标准等问题，由于相关制度欠缺明确规定，需要进一步厘清和完善。

杭州女子取快递被造谣案[1]

【法定不追诉原则与自诉案件】

◆ **案情概要**

2020年7月7日18时许，郎某在杭州市余杭区良渚街道某快递驿站内，使用手机偷拍正在等待取快递的被害人谷某，并将视频发布到某车队微信群。后郎某伙同何某出于寻求刺激、博取关注的目的，使用各自微信号假冒快递员和被害人谷某，捏造谷某因取快递结识快递员、二人多次发生不正当性关系的微信聊天记录。为增强聊天记录的可信度，郎某与何某还捏造"赴约途中""约会现场"等视频、图片。7月7日至7月16日，郎某将上述捏造的微信聊天记录截图及视频、图片陆续发布到某车队微信群，引发群内大量低俗评论。

8月5日，上述偷拍的视频、捏造的微信聊天记录截图被他人合并转发，并相继扩散到多个微信群、微信公众号等网络平台后，引发了大量低俗、侮辱性评论，严重影响了谷某的正常工作生活。谷某因被诽谤导致无法正常履职被公司劝退，后被医院诊断为抑郁状态。

8月7日，谷某就郎某、何某涉嫌诽谤向浙江省杭州市公安局余杭分局报案。8月13日，余杭分局作出对郎某、何某行政拘留9日的决定。10月26日，被害人谷某向杭州市余杭区人民法院提起刑事自诉，并依照要求补充相关材料。杭州市余杭区人民法院于12月14日决定立案，并依法要求余杭分局提供协助。

其间，相关视频材料进一步在网络上传播、发酵，案件情势发生重大变

---

[1] 参见最高人民检察院官网：https://www.spp.gov.cn/spp/xwfbh/wsfbh/202202/t20220221_545102.shtml，2022年4月30日访问；余杭法院微信公众号：https://mp.weixin.qq.com/s/jq18z_3TpAs-KtuWwTH92g，2022年4月30日访问。

化。郎某、何某的行为不仅损害了被害人的人格权,而且经网络社会这个特定社会领域和区域得以迅速传播,严重扰乱网络社会公共秩序,给广大公众造成不安全感,严重危害社会秩序。12 月 25 日,根据杭州市余杭区人民检察院建议,余杭分局对郎某、何某涉嫌诽谤案立案侦查。12 月 26 日,谷某向余杭区人民法院撤回起诉。

2021 年 1 月 20 日,余杭分局将该案移送审查起诉。2 月 26 日,余杭区人民检察院依法对郎某、何某以涉嫌诽谤罪提起公诉。鉴于二被告人认罪认罚,对被害人进行赔偿并取得谅解,余杭区人民检察院对二被告人提出有期徒刑 1 年,缓刑 2 年的量刑建议。

2021 年 4 月 30 日,余杭区人民法院依法公开开庭审理本案。法院经审理认为,被告人郎某、何某出于寻求刺激、博取关注等目的,捏造损害他人名誉的事实,在信息网络上散布,造成该信息被大量阅读、转发,严重侵害了被害人谷某的人格权,影响其正常工作生活,使其遭受一定经济损失,社会评价也受到一定贬损,属于捏造事实通过信息网络诽谤他人且情节严重,二被告人的行为均已构成诽谤罪,公诉机关指控的罪名成立。

余杭区人民法院审理后当庭宣判,采纳检察机关指控的犯罪事实和量刑建议,对郎某、何某以诽谤罪判处有期徒刑 1 年,缓刑 2 年。宣判后,二被告人未提出上诉,判决已生效。

一、法律分析

1. 结合本案,简述自诉案件的范围

刑事诉讼中的自诉是相对于公诉而言的,它是指法律规定的享有自诉权的个人直接向有管辖权的人民法院提起的刑事诉讼。在我国,自诉案件是指法律规定的可以由被害人或者其法定代理人、近亲属直接向人民法院起诉,要求追究被告人刑事责任,人民法院能够直接受理的刑事案件。根据《刑事诉讼法》以及最高法《解释》的规定,自诉案件包括以下三类。

(1)告诉才处理的案件。此类案件具体包括:①侮辱、诽谤案,但严重危害社会秩序和国家利益的除外;②暴力干涉婚姻自由案;③虐待案,但被害人没有能力告诉或者因受到强制、威吓无法告诉的除外;④侵占案。

需要注意的是,《刑法修正案(九)》通过后,新增了《刑法》第 260 条之一第 1 款之规定,对未成年人、老年人、患病的人、残疾人等负有监护、

看护职责的人虐待被监护、看护的人，情节恶劣的，构成虐待被监护、看护人罪，处 3 年以下有期徒刑或者拘役，不属于告诉才处理之案件。另外，单位主体可以构成本罪。

（2）人民检察院没有提起公诉，被害人有证据证明的轻微刑事案件。此类案件具体包括：①故意伤害案；②非法侵入住宅案：③侵犯通信自由案；④重婚案；⑤遗弃案；⑥生产、销售伪劣商品案，但严重危害社会秩序和国家利益的除外；⑦侵犯知识产权案，但严重危害社会秩序和国家利益的除外；⑧属于《刑法》分则第四章、第五章规定的，可能判处 3 年有期徒刑以下刑罚的案件。对于该类案件，被害人直接向人民法院起诉的，人民法院应当依法受理。对其中证据不足，可以由公安机关受理的，或者认为对被告人可能判处 3 年有期徒刑以上刑罚的，应当告知被害人向公安机关报案，或者移送公安机关立案侦查。

（3）被害人有证据证明对被告人侵犯自己人身、财产权利的行为应当依法追究刑事责任，且有证据证明曾经提出控告，而公安机关或者人民检察院不予追究被告人刑事责任的案件。

本案中受害人谷某于 2020 年 10 月 26 日向杭州市余杭区人民法院提起刑事自诉时，其因郎某、何某造谣造成身体健康与工作等方面的严重后果，属于上述第一类告诉才处理案件中的诽谤案，但尚未达到"严重危害社会秩序和国家利益"的程度。此时，谷某向人民法院提起刑事自诉，符合自诉案件的受理范围，人民法院受理了立案。

2. 结合本案，简述人民法院对自诉案件的处理

根据最高法《解释》之规定，人民法院对于自诉案件进行审查后，按照下列情形分别处理：

（1）经审查，符合受理条件的，应当决定立案，并书面通知自诉人或者代为告诉人。

（2）人民法院经过审查有下列情形之一的，应当说服自诉人撤回起诉或者裁定不予受理：不符合《刑事诉讼法》和有关司法解释规定的人民法院受理自诉案件条件的；缺乏罪证的；犯罪已过追诉时效期限的；被告人死亡的；被告人下落不明的；除因证据不足而撤诉的以外，自诉人撤诉后，就同一事实又告诉的；经人民法院调解结案后，自诉人反悔，就同一事实再行告诉的；属于人民检察院没有提起公诉，被害人有证据证明的轻微刑事案件，公安机

关正在立案侦查或者人民检察院正在审查起诉的；不服人民检察院对未成年犯罪嫌疑人作出的附条件不起诉决定或者附条件不起诉考验期满后作出的不起诉决定，向人民法院起诉的。

对于已经立案，经审查缺乏罪证的自诉案件，如果自诉人提不出补充证据，应当说服自诉人撤回自诉或者裁定驳回起诉。自诉人经说服撤回起诉或者被驳回起诉后，又提出了新的足以证明被告人有罪的证据，再次提起自诉的，人民法院应当受理。

自诉人明知有其他共同侵害人，但只对部分侵害人提起自诉的，人民法院应当受理，并视为自诉人对其他侵害人放弃告诉权利。判决宣告后自诉人又对其他共同侵害人就同一事实提起自诉的，人民法院不予受理。共同被害人中只有部分人告诉的，人民法院应当通知其他被害人参加诉讼，并告知其不参加诉讼的法律后果。被通知人接到通知后表示不参加诉讼或者不出庭的，视为放弃告诉。第一审宣判后，被通知人就同一事实又提起自诉的，人民法院不予受理。但是，当事人另行提起民事诉讼的，不受此限制。

二、理论阐释：法定不追诉原则

法定不追诉原则是对我国《刑事诉讼法》第 16 条规定的概括，具体而言，不追究刑事责任的法定情形包括以下六种：

（1）情节显著轻微、危害不大，不认为是犯罪的。《刑法》规定，任何行为只有具有社会危害性，而且危害性须达到一定的严重程度才构成犯罪。对于情节显著轻微、危害不大的，《刑法》不规定为犯罪，不应追究刑事责任。

（2）犯罪已过追诉时效期限的。追诉时效是刑法规定的超过一定期限便不再追究犯罪嫌疑人、被告人刑事责任的一种制度。我国《刑法》第 87 条、第 88 条规定，犯罪经过下列期限不再追诉：法定最高刑为不满 5 年有期徒刑的，经过 5 年；法定最高刑为 5 年以上不满 10 年有期徒刑的，经过 10 年；法定最高刑为 10 年以上有期徒刑的，经过 15 年；法定最高刑为无期徒刑、死刑的，经过 20 年（如果 20 年以后认为必须追诉的，须报请最高人民检察院核准）。但是，在人民检察院、公安机关、国家安全机关立案侦查或者在人民法院受理案件以后，逃避侦查或者审判的，不受追诉期限的限制；被害人在追诉期限内提出控告，人民法院、人民检察院、公安机关应当立案而不予立案的，不受追诉期限的限制。

（3）经特赦令免除刑罚的。特赦是对受罪刑宣告的特定犯罪人免除刑罚的一种赦免制度。特赦在审判后的执行期间宣告，在罪刑宣告前一般不能实行特赦。中华人民共和国成立后实行的九次赦免，都是在判决后的执行期间宣告的。现行《宪法》规定，有权发布特赦令的是国家主席。经特赦令免除刑罚的犯罪分子，不论其刑罚已经执行一部分还是完全没有执行，都等同于其刑罚已经执行完毕。以后无论何时，公安司法机关都不能以其刑罚没有执行或者没有执行完毕为由，再次对其进行刑事追诉，包括不得按照审判监督程序进行追诉。

（4）依照《刑法》告诉才处理的犯罪，没有告诉或者撤回告诉的。我国《刑法》规定，侮辱罪、诽谤罪（严重危害社会秩序和国家利益的除外）、暴力干涉婚姻自由罪（致使被害人死亡的除外）、虐待罪（致使被害人重伤、死亡的除外）和侵占罪是告诉才处理的犯罪。国家已经将这些犯罪的起诉权交给被害人本人行使，被害人有权根据情况决定是否起诉，公安司法机关应尊重被害人的选择。被害人选择不起诉，或者起诉后又撤回起诉的，公安司法机关也无权追究或者继续追究被告人的刑事责任。此外，如果被害人是因受强制、威吓无法告诉的，人民检察院和被害人的近亲属也可以告诉；对于这样的告诉，人民法院应当受理。被害人是无行为能力人或者限制行为能力人以及由于年老、患病、聋、盲、哑等原因不能亲自告诉的，其近亲属也可以代为告诉。

（5）犯罪嫌疑人、被告人死亡的。因我国《刑法》实行罪责自负原则，犯罪分子死亡就失去了适用刑罚的对象，追究刑事责任已无实际意义，所以应终结诉讼，不再追究。

（6）其他法律规定免予追究刑事责任的。

对于以上六种情形，公安司法机关应在不同诉讼阶段作出不同的处理。在立案审查阶段应作出不立案的决定；在侦查阶段，应作出撤销案件的决定；在起诉阶段，应作出不起诉的决定；在审判阶段，第一种情形应宣判无罪，其余五种情形应裁定终止审理。对于被告人死亡、有证据证明被告人无罪的案件，法院可以经缺席审理确认其无罪。公安司法机关一经宣布不予追究刑事责任，刑事诉讼即告结束。在自诉案件中，法院应根据情形分别作出不立案的决定或准予撤诉、驳回起诉、终止审理的裁定，或作出判决宣告无罪。

另外，需要注意的是，最高法《解释》第 344 条规定，"审判期间，被告单位被吊销营业执照、宣告破产但尚未完成清算、注销登记的，应当继续审理；被告单位被撤销、注销的，对单位犯罪直接负责的主管人员和其他直接责任人员应当继续审理"。这里规定了发生"单位死亡"时的审判规则，需要分两种情况进行处理。这里对原有规定，即"审判期间，被告单位被撤销、注销、吊销营业执照或者宣告破产的，对单位犯罪直接负责的主管人员和其他直接责任人员应当继续审理"作出了重大修改。

本案中，郎某与何某的行为经过网络的传播，已经严重扰乱网络社会公共秩序，给广大公众造成不安全感，严重危害社会秩序，达到应当提起公诉的标准，被害人谷某虽然撤回了自诉，公安机关亦应立案侦查。

三、扩展思考：自诉案件与公诉案件的转换

本案值得关注的一点还在于，在自诉案件已经立案但符合公诉条件时，自诉程序与公诉程序应如何衔接。

我国《刑事诉讼法》规定，诽谤案在一般情况下属于自诉案件，但如果出现严重危害社会秩序或者具有某种规定情形时，则由国家行使公诉权。当前实务界的观点认为，可以从实体、程序两方面理解和把握自诉转公诉的法理依据。实体方面，犯罪行为本质上是对国家和社会利益的侵害，即使直接受到侵害的是个人，体现的也是犯罪人对法秩序、对公共利益的漠视与侵犯。所以，由国家负责对犯罪人进行追诉、施以刑罚。程序方面，在由国家主导追诉犯罪的同时，将部分案件的追诉权赋予被害人行使，其理论基础主要是诉权的合理让渡。"让渡"意味着诉权的本源还是公权力。"合理"则更多地从诉讼效果考虑，追求惩治犯罪与保障人权的平衡，体现在对被害人意愿的尊重，对司法效益、诉讼成本的考量。

从程序衔接上看，本案中属于网络诽谤引发的诽谤案件，其与传统的发生在熟人之间、社区传播形式的诽谤案件不同。通过网络诽谤他人，诽谤信息经由网络广泛传播，严重损害被害人人格权，如果破坏了公序良俗和公众安全感，严重扰乱网络社会公共秩序的，则应当被认定为"严重危害社会秩序和国家利益的情形"，满足了公诉条件。

对自诉与公诉在诉讼程序上的衔接问题，理论界尚存在争议，实务中则倾向于公诉优先原则。对自诉人已经提起自诉的网络诽谤犯罪案件，检察机关审查认为属于"严重危害社会秩序和国家利益"而应适用公诉程序的，应

当履行法律监督职责，建议公安机关立案侦查。在公安机关立案后，对自诉人提起的自诉案件，人民法院尚未受理的，检察机关可以征求自诉人意见，由其撤回自诉。人民法院对自诉人的自诉案件受理以后，公安机关又立案的，检察机关可以征求自诉人意见，由其撤回自诉，或者建议人民法院依法裁定终止自诉案件的审理，以公诉案件审理。

同时需要指出的是，"自诉转公诉"案件的程序性规定属于立法空白，这一空白应当尽快填补，其间应特别注重对被害人权利的保障：在转变为公诉案件之后，被害人由自诉人转变为公诉案件中的被害人，失去了诸如撤诉、上诉、调解等诉讼权利。另外，本案中自诉人主动撤诉，使得"自诉转公诉"程序得以继续进行；设想另一种情形：自诉人不同意撤诉，本案能否以及如何转变为公诉案件，需要立法进一步明确。

沙某故意杀人案[1]

【外国人犯罪适用我国刑事诉讼法原则】

◆ **案情概要**

2019 年初，沙某（美国籍，男）与被害人陈某某（女，殁年 21 岁）相识，谎称自己离异单身，逐渐与陈某某建立男女朋友关系。自 2021 年 5 月中下旬开始，陈某某多次提出分手，沙某不同意并对陈某某进行言语威胁。6 月 14 日 20 时许，经事先联系，沙某携带折叠刀、衣物等，到达宁波市通途路南侧清水桥路口公交车站附近人行道与陈某某见面交谈。21 时 48 分许，沙某用随身携带的折叠刀捅刺、切割陈某某颈部数刀，陈某某失去反抗能力后，沙某又继续戳刺陈某某面部数刀，导致陈某某大出血当场死亡，沙某随后逃离现场。

2021 年 6 月 19 日凌晨，宁波市公安局鄞州分局将嫌疑人沙某抓获。2021 年 7 月 23 日，本案由公安机关于侦查终结后移送审查起诉。2021 年 8 月 20 日，浙江省宁波市人民检察院以故意杀人罪向宁波市中级人民法院提起公诉。

2021 年 11 月 25 日，宁波市中级人民法院一审公开开庭审理了沙某故意杀人一案。庭审中，公诉机关、辩护人出示了相关证据，法庭为被告人沙某聘请了翻译，通知了相关证人、鉴定人、有专门知识的人出庭作证，沙某及其辩护人进行了质证。控辩双方及被害人亲属委托的诉讼代理人在法庭主持下充分发表了意见，沙某作了最后陈述。庭审最后，法庭宣布休庭，择期宣判。

宁波市中级人民法院经审理后认为，被告人沙某故意非法剥夺他人生命，其行为已构成故意杀人罪。被告人预谋报复杀人，捅刺、切割陈某某面部、

---

[1] 参见新华网：http://www.news.cn/mrdx/2021-11/26/c_1310334198.htm，2022 年 4 月 22 日访问；最高人民检察院官网：https://www.spp.gov.cn/spp/zdgz/202204/t20220421_554845.shtml，2022 年 4 月 22 日访问。

颈部多刀，致陈某某死亡，动机卑劣，犯意坚决，手段残忍，犯罪情节特别恶劣，后果特别严重，应依法惩处。

2022年4月21日，宁波市中级人民法院一审公开宣判美国籍被告人沙某故意杀人一案，对被告人沙某以故意杀人罪判处死刑。

案件审理期间，法院依法充分保障了被告人的辩护、获得翻译、领事探视等各项诉讼权利，开庭、宣判前均依法通知了美国驻华使领馆。人大代表、政协委员、各界群众20余人旁听了案件宣判。

一、法律分析

1. 结合本案，简述涉外刑事案件的范围

涉外刑事案件是指行为发生地、结果发生地、行为的实施主体或刑事诉讼过程中具有涉外因素的刑事案件。也正是因为涉外因素的存在，这类刑事案件面临的首要问题即如何确定刑事管辖权范围。总体而言，从世界范围的实践来看，大部分国家采取的是以属地原则为主兼采其他原则的立法管辖制度，我国《刑法》第6条至第12条也采取了这种刑事管辖权体制。

相应地，根据《刑法》确立的刑事管辖权范围，最高法《解释》第475条将我国刑事诉讼意义上的涉外案件概括为如下四类。

（1）在中华人民共和国领域内，外国人犯罪或者我国公民对外国、外国人犯罪的案件。这一类案件发生在我国领域内，基于《刑法》第6条属地原则由我国管辖。案例中的被告人沙某虽为美国籍公民，但在我国领域内侵犯我国公民的生命，我国有权管辖本案。

（2）符合《刑法》第7条（属人管辖）、第10条（对外国刑事判决的消极承认制度）规定情形的我国公民在中华人民共和国领域外犯罪的案件。这类案件尽管行为人可能是中国公民，但鉴于行为发生地在国外、犯罪侵害对象可能是外国公民，同样涉及境外取证、司法协助等涉外刑事案件办理程序，故也应作为涉外刑事案件审理。

（3）符合《刑法》第8条（保护管辖）、第10条规定情形的外国人犯罪的案件。这类刑事案件的犯罪主体是外国人，行为发生在我国领域外，我国在行使案件管辖权时应将其作为涉外案件审理。

（4）符合《刑法》第9条（普遍管辖）规定情形的中华人民共和国在所承担国际条约义务范围内行使管辖权的案件。此类刑事案件被告人是外国人，犯罪是在中国领域外实施，侵害的对象也不是中国国家或者公民，应作为涉外刑事案件审理。

2. 结合本案，简述涉外刑事案件中强制措施适用的特别规定

本案属于涉外刑事案件，公安司法机关对被告人可依法采取相关强制性措施。根据公安部《规定》和最高法《解释》的规定，还应注意以下特别规定。

（1）对外国籍犯罪嫌疑人依法作出取保候审、监视居住决定或者执行拘留、逮捕后，应当在48小时以内层报省级公安机关，同时通报同级人民政府外事办公室。重大涉外案件应当在48小时以内层报公安部，同时通报同级人民政府外事办公室。

（2）对外国籍犯罪嫌疑人依法作出取保候审、监视居住决定或者执行拘留、逮捕后，由省级公安机关根据有关规定，将其姓名、性别、入境时间、护照或者证件号码、案件发生的时间、地点，涉嫌犯罪的主要事实，已采取的强制措施及其法律依据等，通知该外国人所属国家的驻华使领馆，同时报告公安部。

（3）在侦查羁押期间，经公安机关批准，外国籍犯罪嫌疑人可以与其近亲属、监护人会见、与外界通信。侦查终结前，外国驻华外交、领事官员要求探视被监视居住、拘留、逮捕或者正在看守所服刑的本国公民的，应当及时安排有关探视事宜。犯罪嫌疑人拒绝其国籍国驻华外交、领事官员探视的，公安机关可以不予安排，但应当由其本人提出书面声明。

（4）在涉外刑事案件审判期间，人民法院决定对外国籍被告人采取强制措施的，应当将采取强制措施的情况，包括外国籍当事人的姓名（包括译名）、性别、入境时间、护照或者证件号码、采取的强制措施及法律依据、羁押地点等，及时通报同级人民政府外事主管部门，并通知有关国家驻华使领馆。犯罪嫌疑人拒绝其国籍国驻华外交、领事官员探视的，应当由其本人提出书面声明。拒绝出具书面声明的，应当记录在案；必要时，应当录音录像。

（5）对涉外刑事案件的被告人，人民法院可以决定限制出境；对开庭审理案件时必须到庭的证人，可以要求暂缓出境。限制外国人出境的，应当同时通报同级人民政府外事主管部门和当事人国籍国驻华使领馆。人民法院决定限制外国人和中国公民出境的，应当书面通知被限制出境的人在案件审理终结前不得离境，并可以采取扣留护照或者其他出入境证件的办法限制其出

境；扣留证件的，应当履行必要手续，并发给本人扣留证件的证明。

（6）需要对外国人和中国公民在口岸采取边控措施的，受理案件的人民法院应当按照规定制作《边控对象通知书》，并附有关法律文书，层报高级人民法院办理交控手续。紧急情况下，需要采取临时边控措施的，受理案件的人民法院可以先向有关口岸所在地出入境边防检查机关交控，但应当在 7 日以内按照规定层报高级人民法院办理手续。

3. 结合本案，简述涉外刑事案件审理程序的特别规定

涉外刑事案件的审理，根据最高法《解释》之规定，还应注意以下特别规定。

（1）人民法院受理涉外刑事案件后，应当告知在押的外国籍被告人享有与其国籍国驻华使领馆联系，与其监护人、近亲属会见、通信，以及请求人民法院提供翻译的权利。外国籍被告人在押，其国籍国驻华使领馆官员要求探视的，可以向受理案件的人民法院所在地的高级人民法院提出。人民法院应当根据我国与被告人国籍国签订的双边领事条约规定的时限予以安排；没有条约规定的，应当尽快安排。必要时，可以请人民政府外事主管部门协助。外国籍被告人在押，其监护人、近亲属申请会见的，可以向受理案件的人民法院所在地的高级人民法院提出，并依照最高法《解释》第486条的规定提供与被告人关系的证明。人民法院经审查认为不妨碍案件审判的，可以批准。被告人拒绝接受探视、会见的，应当由其本人出具书面声明。拒绝出具书面声明的，应当记录在案；必要时，应当录音录像。

（2）涉外刑事案件审判期间，人民法院应当将开庭的时间、地点、是否公开审理等事项，以及宣判的时间、地点及时通报同级人民政府外事主管部门，并依照有关规定通知有关国家驻华使领馆。外国籍当事人国籍国驻华使领馆官员要求旁听的，可以向受理案件的人民法院所在地的高级人民法院提出申请，人民法院应当安排。外国籍当事人国籍国驻华使领馆要求提供裁判文书的，可以向受理案件的人民法院所在地的高级人民法院提出，人民法院可以提供。

（3）涉外刑事案件宣判后，应当将处理结果及时通报同级人民政府外事主管部门；对外国籍被告人执行死刑的，死刑裁决下达后执行前，应当通知其国籍国驻华使领馆。外国籍被告人在案件审理中死亡的，应当及时通报同级人民政府外事主管部门，并通知有关国家驻华使领馆。

二、理论阐述：外国人犯罪适用我国刑事诉讼法原则

外国人犯罪除应遵循我国《刑事诉讼法》规定的基本原则外，还有以下五项特有原则需要遵循。

（1）国家主权原则。国家主权是一个国家处理对内对外事务的最高权力，司法权是国家主权的重要组成部分。国家主权的独立，也包括司法权的独立。涉外刑事诉讼中的国家主权原则，主要表现在：一方面，外国人在我国境内进行刑事诉讼，一律适用我国法律，依照我国法律规定的诉讼程序进行。但享有外交特权和豁免权的外国人的刑事责任问题，通过外交途径解决；另一方面，依法应由我国公安司法机关管辖的涉外刑事案件，一律由我国公安司法机关受理，外国的警察机关和司法机关无管辖权。

（2）诉讼权利和义务平等原则。该原则要求外国人在我国参加刑事诉讼，与我国公民一样，享有我国法律规定的诉讼权利并承担诉讼义务。我国《刑事诉讼法》虽然没有明确规定这项原则，但该法第17条关于追究外国人刑事责任适用该法的规定以及第14条关于"人民法院、人民检察院和公安机关应当保障犯罪嫌疑人、被告人和其他诉讼参与人依法享有的辩护权和其他诉讼权利"的规定，无疑包含和体现了这一原则的基本含义。

（3）信守国际条约原则。国际条约是主权国家之间订立的多边或双边协议。在国际法上，有所谓"条约必须遵守"的原则，它是指条约生效以后，各方必须按照条约规定的条款，履行自己的义务，不得违反。尽管我国《刑事诉讼法》尚未明确规定这项原则，但公安司法机关在涉外刑事诉讼中一贯坚持这一原则。根据信守国际条约原则，我国刑事诉讼法律条文和我国缔结或者参加的国际条约中有关刑事诉讼的条款，都是我国的法律规定，均必须严格遵守，而不能以国内法规定为由拒绝执行有关国际条约中的刑事诉讼条款。

（4）使用中国通用的语言文字进行诉讼原则。使用本国通用的语言文字进行涉外刑事诉讼，这是国家司法主权独立和尊严的象征，是各国涉外刑事诉讼立法普遍采用的一项原则。公安司法机关在办理涉外刑事案件过程中，应当使用中国通用的语言、文字（以下简称"中文"）进行诉讼活动，但不能强迫外国籍诉讼当事人（无论其是否通晓中文）使用中文参加诉讼活动，应当允许他们使用其所在国通用的或者他们通晓的语言文字，并为其提供翻

译。翻译费用由外国籍当事人承担。如果外国籍当事人无力承担翻译费用，不能因此而拒绝其要求提供翻译的请求。相关的诉讼文书为中文本；外国籍当事人不通晓中文的，应当附有外文译本，译本不加盖公安司法机关印章，以中文本为准。外国籍当事人通晓中国语言、文字，拒绝他人翻译，或者不需要诉讼文书外文译本的，应当由其本人出具书面声明。

（5）指定或委托中国律师参加诉讼原则。公安部《规定》第369条规定："外国籍犯罪嫌疑人委托辩护人的，应当委托在中华人民共和国的律师事务所执业的律师。"最高法《解释》第485条第1款规定："外国籍被告人委托律师辩护，或者外国籍附带民事诉讼原告人、自诉人委托律师代理诉讼的，应当委托具有中华人民共和国律师资格并依法取得执业证书的律师。"据此，我国不允许外国律师在我国从事刑事诉讼业务。对于外国籍当事人委托其监护人、近亲属担任辩护人、诉讼代理人的，只要被委托人能够提供与当事人关系的有效证明，经审查，符合《刑事诉讼法》及有关司法解释规定的，人民法院应当准许。

三、扩展思考：涉外案件管辖权与国家主权原则

上文简述了我国涉外刑事案件管辖范围的规定，这里隐含着一个重要的刑法和国际法理论前提：如何理解国家主权原则对一国管辖权的塑造。

管辖权理论与国家主权原则之间有时会充满张力。试举一例。1926年8月2日，法国邮船"荷花号"在地中海的公海与土耳其船"博兹—库特号"发生碰撞。"博兹—库特号"被撞沉，8名土耳其人死亡。当"荷花号"抵达土耳其港口伊斯坦布尔时，土耳其对这起事件进行了调查，称该事件是由于"荷花号"上的负责值班人员法国海军上尉德蒙的失职所致，故将其同"博兹—库特号"船长哈森·贝一并以杀人罪逮捕，并在伊斯坦布尔提出刑事诉讼，判处德蒙短期监禁（80天）和一笔为数不多的罚款（22英镑）。该案判决后，立即引起法国政府的外交抗议，因法国政府认为土耳其法院无权审讯法国公民德蒙上尉，船舶碰撞是发生在公海，"荷花号"的船员只能由船旗国，即法国的法院进行审理，并主张这是一项国际法原则。但土耳其法院则依据《土耳其刑法典》第6条的规定，"任何外国人在国外犯有侵害土耳其公民的罪行，应按该刑法处理"，主张对本案的管辖权并不违反国际法。1926年10月12日，法国和土耳其签订了一项特别协议，将该争端事件提交常设国际法

院，请求法院对土耳其根据其法律对法国船员德蒙上尉进行刑事诉讼是否违反国际法原则进行判定。

最终常设国际法院作出裁决，认为"国际法非但远没有设立一般禁止性规定，以要求各国不得将其法律的适用及其法院的管辖权扩展至领土外的人、财产和行为，反而在这方面为各国留下了广泛的自由权利，仅在特定情形中方以禁止性规则限制之；除特定情形，每个国家皆得自由采取其认为最好与最适合的原则"。[1]

"'荷花号'案"判决是国家主权原则在管辖体制问题上最为经典的体现，其根本意旨在于明确除非有国际法的明确禁止，一国享有相当程度的自由裁量权确立自身的管辖范围。虽然长期以来"'荷花号'案"判决体现的绝对自由主义立场招致了诸多批评，且国际法实践中也很少出现国家会任意、无节制地扩大其管辖权范围，但不可否认从国家主权原则的角度理解管辖体制问题的重要意义。

另外，如第一部分所述，对于涉外刑事案件，我国依据《刑法》第6条至第12条确定管辖权范围，并适用最高法《解释》第475条至第490条的诉讼程序审理。从这里也可以看出，我国关于涉外刑事案件管辖的规定是不区分立法管辖权和执法管辖权的。这同域外其他国家和地区的实践不尽相同，典型如《美国对外关系法重述》就将管辖体制划分为立法管辖、司法管辖和执法管辖三种类型，其意义在于：国家有权在立法上确立某类案件的管辖权，他国无权干预，但不得在未经他国同意的前提下在他国领土内行使执行管辖。

---

[1] Malcolm N. Shaw, *International Law*, 8th edition, Cambridge University Press, 2017, p. 149.

案例四 余某平交通肇事案

【认罪认罚从宽原则】

◆ **案情概要**

　　2019 年 6 月 5 日 21 时许，被告人余某平酒后驾车行驶至北京市门头沟区河堤路 1 公里处时，车辆前部右侧撞到被害人宋某致其死亡。撞人后，余某平驾车逃逸。经鉴定，被害人宋某为颅脑损伤合并创伤性休克死亡。经北京市公安局门头沟分局交通支队认定，被告人余某平发生事故时系酒后驾车，且驾车逃逸，负事故全部责任。次日，余某平到公安机关投案，如实供述了自己的罪行。2019 年 6 月 17 日，余某平的家属赔偿被害人宋某的近亲属各项经济损失共计人民币 160 万元，获得了被害人近亲属之谅解。针对本案的量刑问题，北京市门头沟区人民检察院认为，余某平自愿认罪认罚，并在辩护人见证下签署了具结书，其犯罪情节较轻、认罪悔罪态度好，没有再犯罪危险，因而向一审法院提出有期徒刑 3 年、缓刑 4 年的量刑建议。

　　对于控辩双方达成合意的量刑建议，门头沟区人民法院没有采纳。法院在认可本案系认罪认罚案件的同时，认为被告人余某平作为一名纪检干部，本应严格律己，其明知酒后不能驾车，但仍酒后驾车从海淀区回门头沟区住所，且在发生交通事故后逃逸，特别是逃逸后擦拭车身血迹，回现场附近观望后仍逃离，意图逃避法律追究，表明其主观恶性较大，判处缓刑不足以惩戒犯罪，因此对于公诉机关判处缓刑的量刑建议，该院不予采纳。鉴于被告人自动投案，到案后如实供述犯罪事实，可认定为自首，依法减轻处罚；其系初犯，案发后其家属积极赔偿被害人家属经济损失，得到被害人家属谅解，可酌情从轻处罚。据此，法院判决：被告人余某平犯交通肇事罪，判处有期徒刑 2 年。

　　由于一审未采纳控辩合意的量刑建议，检察机关提出抗诉，被告人提出上诉。上诉及抗诉的主要理由是，被告人余某平符合适用缓刑的条件，检察机关的量刑建议不属于明显不当，不属于量刑畸轻畸重影响公正审判的情形，一审法院在无法定理由情况下拒不采纳量刑建议，既不符合《刑事诉讼法》的规定，也不符合认罪认罚从宽制度的规定和精神，属于程序违法。二审法院，即北京市第一中级人民法院否定了本案系认罪认罚案件，同时认为，原审人民法院根据被告人涉及的犯罪事实、犯罪性质、情节以及对于社会的危害程度所作出的判决，认定余某平犯交通肇事罪的事实清楚，证据确实、充分，定罪正确，审判程序合法，但认定余某平的行为构成自首并据此对其减轻处罚，以及认定余某平酒后驾驶机动车却并未据此对其从重处罚不当，应当一并予以纠正，二审改判余某平有期徒刑 3 年 6 个月。

一、法律分析

1. 结合本案，简述认罪认罚从宽制度的基本理念

2018 年，我国《刑事诉讼法》修改增设了认罪认罚从宽制度，并将认罪认罚从宽原则设置在"任务和基本原则"一章。该法第 15 条规定："犯罪嫌疑人、被告人自愿如实供述自己的罪行，承认指控的犯罪事实，愿意接受处罚的，可以依法从宽处理。"一般认为，认罪认罚从宽制度设置的立法目的在于能够使刑事被追诉方更好回归社会，落实宽严相济刑事政策，合理配置司法资源，同时也是配合以审判为中心的诉讼制度改革的重要举措。不仅如此，认罪认罚从宽制度的确立，更加彰显协商性司法理念在我国刑事诉讼领域之逐步确立。所谓协商性司法，是指提倡程序主体之间的对话、沟通，鼓励犯罪嫌疑人、被告人与国家追诉机关展开协商与合作，以一种相对平和的方式实现刑事纠纷的有效解决，体现了基于契约精神的正义观。这种协商性司法理念有别于传统的对抗式诉讼，已经逐渐被越来越多国家的刑事诉讼程序所吸收，一定程度上形成了刑事诉讼的新范式。

认罪认罚从宽制度的协商性司法理念，集中体现在被告人签署认罪认罚具结书，以及检察机关基于合意提出的量刑建议，亦即量刑协商。控辩双方形成的量刑建议蕴含了控辩之间通过平等、理性商谈形成对案件处理结果的共识，体现出双方在实体法和程序法层面的双重"合意"。在实体法层面，被追诉人通过积极的悔罪表现，最大限度争取检察机关在其责任刑基础上的量刑减免结果，完成国家对其人格向善转变的肯定回应，以达到刑罚特殊预防

之效果；在程序法层面，认罪认罚程序的适用意味着被追诉人同意对诉讼程序进行简化，同时放弃部分诉讼权利，以提高诉讼效率、节约司法资源。这种协商性司法超越了传统对抗式诉讼的剑拔弩张，因而必然要求刑事诉讼的体系性变革。

本案中，被告人已经自愿认罪认罚，在辩护人的见证下签署具结书，并同意门头沟区人民检察院提出的有期徒刑 3 年、缓刑 4 年的量刑建议，控辩双方已经就量刑问题达成了合意，体现了认罪认罚从宽制度的协商性司法理念。在这一司法理念下，认罪认罚案件在客观上亦使得刑事诉讼的重心由审判阶段向审查起诉阶段前移，诸如，庭审重点由准确查明案件事实转变为认罪认罚自愿性之确认。正如本案所示，控辩双方合意之达成绝大多数是在审查起诉阶段完成的，该阶段成为处理认罪认罚案件的关键环节。对于审查起诉阶段达成的量刑建议，《刑事诉讼法》第 201 条之规定，"人民法院依法作出判决时，一般应当采纳人民检察院指控的罪名和量刑建议"。其中，"一般应当采纳"的立法语言，充分表达了尊重控辩合意的立法意旨。

2. 结合本案，简述认罪认罚从宽制度与以审判为中心诉讼制度之间的关系

审判中心主义是我国刑事诉讼的应然构造，其基本含义是将法院审判活动作为整个刑事诉讼的中心。"完善认罪认罚从宽制度"与"推进以审判为中心的诉讼制度改革"，均是《中共中央关于全面推进依法治国若干重大问题的决定》提出的重要改革内容，二者共同塑造了我国刑事诉讼制度的新格局。然而，认罪认罚从宽制度使案件重心由审判阶段前移至审前阶段，直观而言，这与"以审判为中心"有所背离。因此，一项重要的法律问题是，以审判为中心与认罪认罚从宽究竟是什么关系？两者之间是否存在实质性冲突？以审判为中心原则是否适用于认罪认罚案件，审判是否依然是中心？

要正确理解以审判为中心与认罪认罚从宽的关系，有必要阐明以审判为中心在刑事诉讼法中的地位。首先，以审判为中心是刑事诉讼客观规律的必然体现，贯穿于刑事诉讼制度改革以及整个刑事诉讼进程，是破解制约刑事司法公正突出问题、加强人权司法保障的必由之路。其次，以审判为中心是一种刑事诉讼构造。尽管控辩审三方的相互关系在不同法系中有所不同，但审判毫无疑问居于中心地位，审判在诉讼过程中对于事实的认定和法律的适用具有权威性。在我国长期的司法实践中，刑事诉讼往往以侦查为中心，审判地位被边缘化、形式化，控辩审三方关系在一定程度上变得扭曲，以审判

为中心对我国诉讼构造的革新具有提纲挈领的意义。最后，以审判为中心是一项基本原则，具有普遍的指导意义和规范意义，刑事诉讼制度、程序、规则的确立和运行应当坚持以审判为中心原则。

认罪认罚从宽制度仍然坚持以审判为中心，审判权在权力配置中仍具有权威性并且处于中心地位，只是与传统的表现形式有所不同。这在余某平交通肇事案中具有明确体现。本案中，审判机关认为控辩双方合意达成的量刑建议有所不当，因而最终决定不采纳量刑建议，这一裁判立基于审判机关固有的量刑权力，是司法权的应有之义，并无不当。坚持认罪认罚案件以审判为中心，意味着，认罪认罚的案件事实及量刑建议都必须经过法院开庭审查，案件事实是否清楚、量刑建议是否采纳，均由法院审判以后才能最终决定，法院有权依职权调查案件事实、变更罪名、调整量刑等。

正确理解以审判为中心与认罪认罚从宽的关系，一方面，有利于处理认罪认罚从宽所蕴含的协商性司法理念与传统刑事诉讼中的证据裁判原则及实质真实目的之间存在的矛盾；另一方面，有助于防止认罪认罚沦为检察机关对被追诉人的制度性欺骗。正因如此，明确认罪认罚从宽制度同样坚持以审判为中心，要求认罪认罚案件必须贯彻证据裁判原则，不得人为降低事实认定的证明标准。

二、理论阐释：认罪认罚案件中的控审关系

余某平交通肇事案之所以引起社会各界的广泛关注，其深层原因还在于揭示了认罪认罚从宽制度背后蕴含的检察机关与审判机关的冲突与角力。事实上，自2018年我国《刑事诉讼法》修正以来，随着认罪认罚从宽制度的全面施行，检察机关与审判机关在量刑主导权方面的冲突已经日益明显。由此，如何认识认罪认罚案件中的控审关系，成为理论焦点。对于认罪认罚案件中的控审关系，应当把握以下两方面。

一方面，应当明确量刑权专属于人民法院，刑事诉讼活动应当秉持以审判为中心，审判机关始终居于主导地位。虽然《刑事诉讼法》第201条规定，"人民法院依法作出判决时，一般应当采纳人民检察院指控的罪名和量刑建议"，但不应将此理解为人民法院与人民检察院在认罪认罚从宽制度中分享审判权，或者人民法院向人民检察院让渡审判权。包括定罪量刑在内的审判权是《宪法》授予人民法院独立行使的国家权力，这点不应该有任何疑问。在

量刑问题上，检察机关的量刑建议权仅属于公诉权项下的求刑权，即使人民法院完全采纳了检察机关的量刑建议，也是人民法院依法行使审判权的行为，而绝非由人民检察院行使审判权。余某平案抗诉书中第1条抗诉理由即指称，"本案不属于法定改判情形，一审法院改判属程序违法"。然而，"改判"在法理上是指撤销原判并另行作出新的判决，这是人民法院依据《宪法》行使审判权的司法行为。也即，法院无论基于何种理由变更了量刑建议的内容，都难言"改判"。

另一方面，人民法院虽然在认罪认罚案件中仍然居于主导地位，但法院应当充分尊重检察机关的量刑建议，否定量刑建议应当非常慎重。检察机关代表国家与被告人达成认罪认罚合意，并签署认罪认罚具结书，控辩双方对于合意的实现具有一定期待利益，法院否定协议基础上的量刑建议应当有充分理由。《刑事诉讼法》第201条第1款规定了法院可以不采纳检察机关量刑建议的五种法定理由；同时，第201条第2款还将"量刑建议明显不当"作为不采纳量刑建议的酌定理由。虽然对于"其他可能影响公正审判的情形"与"量刑建议明显不当"的法律规范仍然有待合理解释，但立法表述业已充分体现了对于量刑建议效力的尊重。

总而言之，认罪认罚从宽制度虽然使控辩双方由"对抗"向"协商"转变，但这一转型并不影响法院的主导、中心地位，国家审判权并未随之前移，未改变法院依法独立行使审判权的职责。基于这一控审关系，人民法院对于程序合法、量刑适当的案件，应当尊重检察机关的量刑建议；然而，若发现被告人的行为不构成犯罪或者不应当追究其刑事责任的，被告人违背意愿认罪认罚的，量刑建议不适当的，简单采纳量刑建议会严重影响司法公正的，应当依法调整并及时作出判决。

三、拓展思考：认罪认罚从宽制度的完善

认罪认罚从宽制度自2018年正式写入《刑事诉讼法》并全面推行，其实施效果如何，目前仍处于观察阶段，其制度完善当然具备可能的空间。在今后认罪认罚从宽制度的发展过程中，以下内容值得深入考察。

一方面，在控辩协商机制的完善上，认罪认罚从宽制度应当充分保障协商主体地位的平等性。认罪认罚案件中控辩双方的诉讼关系由对抗转为合作，被追诉人的诉讼主体地位也应当相应得到切实保障，不能让其始终处于消极

被动的位置，否则认罪认罚将演变为检察机关单方给予犯罪嫌疑人、被告人的"恩惠"，协商性司法的公正基础就无法真正建立。为此，有必要引入一系列具有可行性和操作性的改革举措，尽可能地缩小控辩双方在诉讼地位、力量上的差距，确保被追诉方具备与检察机关进行实质化协商的实力。例如，进一步强化法律援助律师与值班律师法律帮助的质效；完善我国控辩协商的程序规则，实现控辩协商程序的规范化与透明化管理；明确控辩双方的协商范围；建立控辩双方的证据开示义务等。

另一方面，在救济机制的完善上，我国认罪认罚从宽制度仍然大有可为。比如，现行《刑事诉讼法》在设计认罪认罚从宽制度时，并未明确认罪认罚合意被否定后，或者被告人反悔后的救济措施。从现行制度看，即使法官并未采纳量刑建议（如余某平交通肇事案），或者被告人在判决前反悔并撤回认罪认罚，被告人的供述仍然可以作为定罪量刑的证据，由此形成了对被告人的实质不公平。对此，我国可以借鉴《德国刑事诉讼法》第 257 条 c 第 4 款的相关规定，如果出现了法律或事实上具有重要意义的新情况，或者原来被忽视的情况，法官先前的承诺无法兑现时，应当迅速告知被告人，并且不得使用被告人基于协商而作出的口供。再如，设置区别性的认罪认罚案件上诉审程序，于全面保障被告人无因上诉权利之基础上，放弃全面审查原则，将审查范围限制于上诉、抗诉的重要争议事项；等等。

案例五　李某早受贿案[1]

【级别管辖】

◆ 案情概要

2020 年 7 月 29 日 21 时，中央纪委国家监委网站发布消息，李某早涉嫌严重违纪违法，接受纪律审查和监察调查。

2021 年 2 月，文化和旅游部原党组副书记、副部长李某早涉嫌受贿一案，由国家监察委员会调查终结，移送检察机关审查起诉。最高人民检察院依法以涉嫌受贿罪对李某早作出逮捕决定。

2021 年 3 月，经最高人民检察院指定，由辽宁省沈阳市人民检察院审查起诉后，向沈阳市中级人民法院提起公诉。

2021 年 10 月 21 日，该院一审公开开庭审理了文化和旅游部原党组副书记、副部长李某早受贿一案。沈阳市人民检察院指控：1996 年至 2020 年，被告人李某早利用担任中共广西壮族自治区党委常委、自治区政府副主席、商务部党组成员、副部长、原国家旅游局党组书记、局长及文化和旅游部党组副书记、副部长等职务上的便利或职权、地位形成的便利条件，为相关单位和个人在资质审批、平台筹建、工程承揽和职务提拔等事项上提供帮助，非法收受他人给予的财物共计折合人民币 6550.4164 万元。提请以受贿罪追究被告人李某早的刑事责任。

2022 年 4 月 26 日上午，辽宁省沈阳市中级人民法院一审公开宣判文化和旅游部原党组副书记、副部长李某早受贿案，对被告人李某早以受贿罪判处有期徒刑 15 年，并处罚金人民币 600 万元；对李某早受贿所得财物及其孳息依法予以追缴，上缴国库。

---

[1]　参见光明网：https://m.gmw.cn/baijia/2022-04/26/1302919184.html，2022 年 4 月 26 日访问。

一、法律分析

1. 结合本案，简述级别管辖

刑事诉讼中的级别管辖，是指上下级法院之间在审理第一审刑事案件上的权限分工。《刑事诉讼法》第 20 条规定："基层人民法院管辖第一审普通刑事案件，但是依照本法由上级人民法院管辖的除外。"第 21 条规定："中级人民法院管辖下列第一审刑事案件：（一）危害国家安全、恐怖活动案件；（二）可能判处无期徒刑、死刑的案件。"第 22 条规定："高级人民法院管辖的第一审刑事案件，是全省（自治区、直辖市）性的重大刑事案件。"第 23 条规定："最高人民法院管辖的第一审刑事案件，是全国性的重大刑事案件。"

《刑事诉讼法》除上述有关级别管辖的规定之外，第五篇"特别程序"中的外逃人员缺席审判程序与犯罪嫌疑人、被告人逃匿、死亡案件违法所得的没收程序也应当属于由中级人民法院管辖的第一审刑事案件。

2. 结合本案，简述地区管辖

地区管辖是按照行政区域划分案件管辖范围的诉讼制度。在我国是指同级人民法院之间对第一审案件的受理职权划分。

《刑事诉讼法》第 25 条规定："刑事案件由犯罪地的人民法院管辖。如果由被告人居住地的人民法院审判更为适宜的，可以由被告人居住地的人民法院管辖。"公安部《规定》第 16 条第 1 款对"犯罪地"有着较为详细的规定："犯罪地包括犯罪行为发生地和犯罪结果发生地。犯罪行为发生地，包括犯罪行为的实施地以及预备地、开始地、途经地、结束地等与犯罪行为有关的地点；犯罪行为有连续、持续或者继续状态的，犯罪行为连续、持续或者继续实施的地方都属于犯罪行为发生地。犯罪结果发生地，包括犯罪对象被侵害地、犯罪所得的实际取得地、藏匿地、转移地、使用地、销售地。"第 2 款对"居住地"有着明确的解释："居住地包括户籍所在地、经常居住地。经常居住地是指公民离开户籍所在地最后连续居住一年以上的地方，但住院就医的除外。单位登记的住所地为其居住地。主要营业地或者主要办事机构所在地与登记的住所地不一致的，主要营业地或者主要办事机构所在地为其居住地。"

二、理论阐释：立案管辖、审判管辖、立案管辖竞合的处理

立案管辖是指人民法院、人民检察院和公安机关等国家专门机关受理刑事案件的职权范围，也就是对人民法院、人民检察院和公安机关等国家专门机关刑事案件立案权限范围的划分，是人民法院、人民检察院和公安机关等国家专门机关在直接受理刑事案件时的分工。审判管辖是指法院之间审判案件权限的划分。有法定管辖和裁定管辖之分。法定管辖是指法律规定的管辖，分为级别管辖、地区管辖和专门管辖。

1. 不同部门之间立案管辖竞合的处理

第一，公安机关与检察机关立案管辖竞合的处理。最高检《规则》第18条规定，人民检察院办理直接受理侦查的案件涉及公安机关管辖的刑事案件，应当将属于公安机关管辖的刑事案件移送公安机关。如果涉嫌的主罪属于公安机关管辖，由公安机关为主侦查，人民检察院予以配合；如果涉嫌的主罪属于人民检察院管辖，由人民检察院为主侦查，公安机关予以配合。第357条规定，人民检察院立案侦查时认为属于直接受理侦查的案件，在审查起诉阶段发现属于公安机关管辖，案件事实清楚，证据确实、充分，符合起诉条件的，可以直接起诉；事实不清、证据不足的，应当及时移送有管辖权的机关办理。

第二，公安机关、检察机关与人民法院立案管辖竞合的处理。首先，公安机关与检察机关在侦查中发现属于告诉才处理的犯罪，可以告知被害人向人民法院直接提起自诉。其次，人民法院审理自诉案件时发现漏罪的或人民法院审理自诉案件中发现检察机关未起诉的刑事案件，法院应将新发现的罪行另案移送有管辖权的公安机关或者检察机关处理。

2. 部门内立案管辖竞合的处理

第一，公安机关内部管辖竞合的处理。公安部《规定》第22条第1、2款规定："对管辖不明确或者有争议的刑事案件，可以由有关公安机关协商。协商不成的，由共同的上级公安机关指定管辖。对情况特殊的刑事案件，可以由共同的上级公安机关指定管辖。"

第二，检察机关内部管辖竞合的处理。最高检《规则》第20条至第22条规定，对管辖不明确的案件，可以由有关人民检察院协商确定管辖。几个人民检察院都有权管辖的案件，由最初受理的人民检察院管辖。必要时，可

以由主要犯罪地的人民检察院管辖。管辖权存在争议时，上级人民检察院可以指定管辖。

第三，审判机关内部管辖竞合的处理。最高法《解释》第 19 条至第 20 条规定，两个以上同级人民法院都有管辖权的案件，由最初受理的人民法院审判。必要时，可以移送主要犯罪地的人民法院审判。管辖权发生争议的，应当在审理期限内协商解决；协商不成的，由争议的人民法院分别层报共同的上级人民法院指定管辖。管辖不明的案件，上级人民法院可以指定下级人民法院审判。

由此可见，公检法三机关在处理内部立案管辖权竞合之时基本遵循两项原则：第一，由争议主体协商确定立案管辖权；第二，协商不成的由共同上级指定管辖。

三、扩展思考：监察管辖、监察管辖与刑事诉讼管辖竞合的处理、监察管辖与刑事诉讼的衔接

国家监察委员会发布的《监察法实施条例》明确了监察机关的调查范围，分别对监察机关调查违法和犯罪职责作出规定，列出了职务违法的客观行为类型，列举了监察机关有权管辖的 101 个职务犯罪罪名。上述 101 个职务犯罪便属于监察管辖。

虽然监察体制改革后将原本属于检察机关的职务犯罪侦查权调整为监察机关的调查权，但是检察机关依然享有部分职务类犯罪的侦查权，同时承担了所有刑事公诉案件的公诉职能，监察机关在完成调查之后仍需要将案卷材料移交检察机关提起公诉，这便导致监察管辖与刑事诉讼管辖可能会出现竞合，同时也伴随着监察管辖与刑事诉讼的衔接问题。

（1）对于监察管辖与刑事诉讼管辖竞合问题，最高检《规则》第 17 条第 1、2 款规定："人民检察院办理直接受理侦查的案件，发现犯罪嫌疑人同时涉嫌监察机关管辖的职务犯罪线索的，应当及时与同级监察机关沟通。经沟通，认为全案由监察机关管辖更为适宜的，人民检察院应当将案件和相应职务犯罪线索一并移送监察机关；认为由监察机关和人民检察院分别管辖更为适宜的，人民检察院应当将监察机关管辖的相应职务犯罪线索移送监察机关，对依法由人民检察院管辖的犯罪案件继续侦查。"第 357 条规定，人民检察院

立案侦查时认为属于直接受理侦查的案件，在审查起诉阶段发现属于监察机关管辖的，应当及时与监察机关协商办理。事实不清、证据不足的，应当及时移送有管辖权的机关办理……在审查起诉阶段，发现公安机关移送起诉的案件属于监察机关管辖，或者监察机关移送起诉的案件属于公安机关管辖，但案件事实清楚，证据确实、充分，符合起诉条件的，经征求监察机关、公安机关意见后，没有不同意见的，可以直接起诉；提出不同意见，或者事实不清、证据不足的，应当将案件退回移送案件的机关并说明理由，建议其移送有管辖权的机关办理。

《监察法实施条例》第51条、第52条规定，公职人员既涉嫌贪污贿赂、失职渎职等严重职务违法和职务犯罪，又涉嫌公安机关、人民检察院等机关管辖的犯罪，依法由监察机关为主调查的，应当由监察机关和其他机关分别依职权立案，监察机关承担组织协调职责，协调调查和侦查工作进度、重要调查和侦查措施使用等重要事项。监察机关必要时可以依法调查司法工作人员利用职权实施的涉嫌非法拘禁、刑讯逼供、非法搜查等侵犯公民权利、损害司法公正的犯罪，并在立案后及时通报同级人民检察院。监察机关在调查司法工作人员涉嫌贪污贿赂等职务犯罪中，可以对其涉嫌的前款规定的犯罪一并调查，并及时通报同级人民检察院。人民检察院在办理直接受理侦查的案件中，发现犯罪嫌疑人同时涉嫌监察机关管辖的其他职务犯罪，经沟通全案移送监察机关管辖的，监察机关应当依法进行调查。可以看出，最高检《规则》对于监察管辖与刑事诉讼管辖竞合的处理更加强调与同级监察机关沟通处理，而《监察法》《监察法实施条例》对类似问题的处理则赋予了监察机关更多的主动权，在由监察机关和其他机关分别依职权立案的情况下，监察机关承担组织协调职责。在必要时监察机关可以直接对属于检察机关立案管辖的案件实施调查，只需通报同级检察院即可，无需同检察机关进行沟通。另外，对于监察机关办理的职务犯罪案件移送起诉，需要指定起诉、审判管辖的，监察机关还可以参与相关程序的商宜。《监察法》第34条则规定得更为直接，如果被调查人既涉嫌严重职务违法或者职务犯罪，又涉嫌其他违法犯罪的，一般应当以监察机关为主进行调查，其他机关予以协助。

（2）监察管辖与刑事诉讼的衔接。第一，相关证据衔接。《监察法实施条例》第56条第2款规定："人民检察院、人民法院需要调取同步录音录像的，监察机关应当予以配合，经审批依法予以提供。"第59条第3款规定："监察机关依照监察法和本条例规定收集的证据材料，经审查符合法定要求的，在刑事诉讼中可以作为证据使用。"第69条规定："监察机关对人民法院、人民检察院、公安机关、国家安全机关等在刑事诉讼中收集的物证、书证、视听资料、电子数据，勘验、检查、辨认、侦查实验等笔录，以及鉴定意见等证据材料，经审查符合法定要求的，可以作为证据使用。监察机关办理职务违法案件，对于人民法院生效刑事判决、裁定和人民检察院不起诉决定采信的证据材料，可以直接作为证据使用。"虽然，监察机关不是现行《刑事诉讼法》中的主体，但是《监察法》《监察法实施条例》赋予了监察机关调查取得的证据材料以诉讼证据的资格。第二，相关程序的衔接。《刑事诉讼法》第170条规定："人民检察院对于监察机关移送起诉的案件，依照本法和监察法的有关规定进行审查。人民检察院经审查，认为需要补充核实的，应当退回监察机关补充调查，必要时可以自行补充侦查。对于监察机关移送起诉的已采取留置措施的案件，人民检察院应当对犯罪嫌疑人先行拘留，留置措施自动解除。人民检察院应当在拘留后的十日以内作出是否逮捕、取保候审或者监视居住的决定。在特殊情况下，决定的时间可以延长一日至四日。人民检察院决定采取强制措施的期间不计入审查起诉期限。"

《监察法实施条例》对于监察机关移送审查起诉的程序也有较为详细的规定，包括移送材料的范围，衔接工作的主体，预告移送事宜以及被调查人是否适宜继续采取强制措施，等等。

案例六　莫某晶放火、盗窃案[1]

【管辖异议】

◆ 案情概要

2017 年 6 月 22 日凌晨 5 点左右，在浙江杭州蓝色钱江小区 2 幢 1 单元 1802 室发生纵火案，该事件造成 4 人死亡（一位母亲和三个未成年孩子）。

2017 年 7 月 1 日，根据杭州市人民检察院批准逮捕决定，杭州市公安局对涉嫌放火罪、盗窃罪的犯罪嫌疑人莫某晶依法执行逮捕。2017 年 8 月 21 日，杭州市人民检察院依法对被告人莫某晶提起公诉。

2017 年 12 月 21 日上午 9 时许，杭州 "蓝色钱江放火案" 在浙江省杭州市中级人民法院公开开庭审理，因被告人律师当庭提出管辖权异议，法庭宣布延期审理。

2018 年 2 月 9 日，案件一审公开宣判，杭州市中级人民法院以放火罪判处被告人莫某晶死刑，剥夺政治权利终身；以盗窃罪，判处其有期徒刑 5 年，并处罚金人民币 1 万元，二罪并罚，决定执行死刑，剥夺政治权利终身，并处罚金人民币 1 万元。2017 年 5 月 17 日 9 时，莫某晶上诉案开庭审理；下午 5 时 20 分许，庭审结束，审判长宣布择期宣判。6 月 4 日，案件作出二审裁定：驳回上诉，维持原判。

杭州市中级人民法院收到最高人民法院刑事裁定书后向莫某晶进行了宣告，并于 2018 年 9 月 21 日上午对莫某晶执行了死刑，检察机关依法派员临场监督。执行死刑之前，杭州市中级人民法院通知莫某晶的近亲属可以会见，其近亲属明确表示不会见。

---

〔1〕　参见百度百科：https://baike.baidu.com/item/6·22 杭州小区纵火案/21497234？fr＝aladdin，2022 年 4 月 27 日访问。

一、法律分析：结合本案，简述指定管辖的程序

刑事诉讼法实践中对于管辖有异议后指定管辖的案件，一般有两种处理方法：一是在对该案件侦查终结后，将案件移交犯罪地或犯罪嫌疑人居住地的公安机关，由该公安机关移送相应的检察机关提起公诉；二是被指定立案侦查的公安机关报请其上一级公安机关与该市中级人民法院协商后，中级人民法院指定该市某基层法院管辖，并通知与中级人民法院对应的市级人民检察院，市级人民检察院再通知相应的基层检察院。

第一，由上级人民法院以指定的方式确定管辖不明的案件的管辖权，诸如刑事案件发生在两个人民法院管辖范围的交界处，而两个人民法院管辖范围的行政区划没有确切的界限，犯罪地不能确定，形成互争管辖或互相推诿的现象。在这种情况下，应当由争议各方在审限内协商解决；协调不成的，由争议的人民法院分别逐级报请共同的上级人民法院指定管辖。

第二，由上级人民法院以指定的方式改变管辖权。实践中有时会出现有管辖权的人民法院不宜行使审判权的情况，包括本院院长需要回避或因案件在该人民法院审判受到严重干扰而不能很好地行使审判权等情形。在这种情况下，应当由上级人民法院指定管辖。最高法《解释》第 19 条规定，上级人民法院指定管辖的，应当将指定管辖决定书分别送达被指定的人民法院和其他有关的人民法院。原受理案件的人民法院，在收到上级人民法院指定其他人民法院管辖决定书后，不再行使管辖权。

但是，对于监察机关调查案件的指定管辖有着较为特殊的规定。《监察法实施条例》第 221 条规定："监察机关办理的职务犯罪案件移送起诉，需要指定起诉、审判管辖的，应当与同级人民检察院协商有关程序事宜。需要由同级人民检察院的上级人民检察院指定管辖的，应当商请同级人民检察院办理指定管辖事宜。监察机关一般应当在移送起诉二十日前，将商请指定管辖函送交同级人民检察院。商请指定管辖函应当附案件基本情况，对于被调查人已被其他机关立案侦查的犯罪认为需要并案审查起诉的，一并进行说明。派驻或者派出的监察机构、监察专员调查的职务犯罪案件需要指定起诉、审判管辖的，应当报派出机关办理指定管辖手续。"

二、理论阐释：指定管辖与移送管辖、最高法《解释》对指定管辖的修改和完善

指定管辖是指当管辖不明或者有管辖权的法院不宜行使管辖权时，由上级人民法院以指定的方式确定案件的管辖。《刑事诉讼法》第27条规定："上级人民法院可以指定下级人民法院审判管辖不明的案件，也可以指定下级人民法院将案件移送其他人民法院审判。"

移送管辖是指在刑事案件中，如果人民法院受理案件以后，发现自己没有管辖权的，是可以将案件移送到有管辖权的人民法院的。《刑事诉讼法》第24条规定："上级人民法院在必要的时候，可以审判下级人民法院管辖的第一审刑事案件；下级人民法院认为案情重大、复杂需要由上级人民法院审判的第一审刑事案件，可以请求移送上一级人民法院审判。"第26条规定："几个同级人民法院都有权管辖的案件，由最初受理的人民法院审判。在必要的时候，可以移送主要犯罪地的人民法院审判。"

最高法《解释》第17条第1、2款规定："基层人民法院对可能判处无期徒刑、死刑的第一审刑事案件，应当移送中级人民法院审判。基层人民法院对下列第一审刑事案件，可以请求移送中级人民法院审判：（一）重大、复杂案件；（二）新类型的疑难案件；（三）在法律适用上具有普遍指导意义的案件。"

2012年最高法《解释》第18条规定："上级人民法院在必要时，可以指定下级人民法院将其管辖的案件移送其他下级人民法院审判。"上级法院的指定管辖似只能针对下级法院已经管辖的案件，这与实践需求和操作不完全相符。实践中，地方法院普遍建议明确指定管辖的具体情形。被指定管辖的人民法院可以是本来就有管辖权的法院，也可以是本来没有管辖权，但是因为更为适宜审理案件而被赋予管辖权的法院。实践中，具体情形包括：①管辖不明或者存在争议的案件。②国家工作人员犯罪，不宜由其犯罪地或者居住地人民法院管辖的案件。③其他需要指定管辖的案件。例如，人民法院工作人员的近亲属犯罪的（犯罪地或居住地属于该院辖区），虽然不属于国家工作人员犯罪，但根据具体情况，也可能不宜由该院管辖，需要指定其他人民法院管辖。再如，专业性较强的刑事案件，可以指定具有相关审判经验的法院管辖。基于此，最高法《解释》第20条第2款规定："有关案件，由犯罪地、

被告人居住地以外的人民法院审判更为适宜的，上级人民法院可以指定下级人民法院管辖。"另外，司法实务中的指定管辖过于随意，甚至泛化，与《刑事诉讼法》的立法规定不符。所以，最高法《解释》采纳上述意见，第 20 条第 2 款将指定管辖限定在"由犯罪地、被告人居住地以外的人民法院审判更为适宜的"情形，以防止不当适用。

三、扩展思考：管辖异议制度

管辖权异议，是指当事人认为受诉法院或受诉法院向其移送案件的法院对案件无管辖权时，而向受诉法院或受移送案件的法院提出的不服管辖的意见或主张。《民事诉讼法》对当事人提出管辖权异议有明确的规定，而刑事案件被告人是否可以提出管辖权异议，没有相关的法律依据，属于刑事诉讼管辖权异议制度的缺失，也是目前法律界一个争论的内容。

一种观点认为，《刑事诉讼法》第 25 条规定："刑事案件由犯罪地的人民法院管辖。如果由被告人居住地的人民法院审判更为适宜的，可以由被告人居住地的人民法院管辖。"对于上下级人民法院之间、同级人民法院之间的管辖权移转，《刑事诉讼法》第 24 条、第 26 条、第 27 条都作出了具体的规定。所有这些规定都表明，对刑事案件的管辖是由法律直接规定的，无须当事人的参与。

另一种观点认为，既然民事诉讼中可以提起管辖异议的主体为各方诉讼参与人，包括原告方、被告方及第三人，而刑事诉讼的参与人范围比较广，那么，可以提起管辖异议的主体范围也应该较广。具体包括：犯罪嫌疑人、被告人；被害人及附带民事诉讼原告人；公诉人与自诉人；与案件有关系的其他诉讼参与人等。

我国刑事诉讼管辖权异议的司法现状具有如下特点：第一，《刑事诉讼法》或相关司法解释均没有规定刑事案件当事人有提出管辖权异议的权利。第二，刑事案件当事人无法就刑事案件管辖问题提出管辖权异议之诉，只能通过诉讼外的方式进行，提请法院指定管辖或者移送管辖。第三，法院的指定管辖和移送管辖排除了其他主体的参与，是一种典型的单方行为。第四，司法实践中，人民法院对于被告人提出的管辖权异议通常不予受理。建立刑事诉讼管辖权异议有着一定的积极意义。在刑事诉讼中应当要求司法机关严格按照刑事诉讼程序的规定对犯罪进行管辖。一方面，有关法律、司法解释对刑事管辖权作了具体划分，赋予了司法机关在刑事诉讼中管辖犯罪的具体权能，这正是从积极的角度实现国家对犯罪进行程序性的管辖。另一方面，建立刑事管辖权异议制度，赋予当事人提出异议的权利，可以在一定程度上纠正司法机关错误或不适当行使管辖权的行为，使司法机关管辖权的行使符合程序法治原则，保证刑事诉讼程序的合理启动及规范运行。

【回避制度】

◆ 案情概要

王某忠，曾任吉林省辽源市中级人民法院民事审判庭第三庭庭长。

2017年5月，王某忠作为辽源市中级人民法院民事审判庭第三合议庭审判长在审理郭某贵诉郭某兴合同纠纷二审案件中，受辽源市中级人民法院常务副院长金某岩、执行局干警金某华的授意在审理该案中故意对应当采信的证据不予采信，对应当调查核实的事实不予调查，违背事实和法律作出"驳回上诉，维持原判"的终审判决。2017年9月3日，王某忠因涉嫌民事枉法裁判罪被刑事拘留。

2018年1月9日，辽源市中级人民法院指定西安区人民法院管辖本案。1月16日，辽源市西安区人民法院一审开庭审理。2月9日，西安区人民法院以王某忠犯民事枉法裁判罪判处其有期徒刑3年。王某忠不服判决，提起上诉。

2018年11月8日，辽源市中级人民法院二审开庭审理该案。庭审中，王某忠及其辩护人当庭提出申请，要求全体合议庭成员以及全体审判委员会委员回避。审判长认为申请理由不符合回避规定，当庭驳回其回避申请。在40多分钟的庭审中，双方围绕"合议庭是否应当回避"展开激烈交锋。后因王某忠情绪激动、回避问题存在争议，合议庭决定休庭。

2018年11月12日，辽源市中级人民法院书面报请吉林省高级人民法院，请求将王某忠涉嫌民事枉法裁判案指定其他法院审理。11月22日，吉林省高级人民法院作出决定，将王某忠案指定通化市中级人民法院依照刑事第二审程序审理。

---

〔1〕　参见辽源市西安区人民法院［2018］吉0403刑初1号刑事判决书。

2019 年 4 月 30 日，王某忠民事枉法裁判案在通化市中级人民法院二审开庭审理。

2021 年 4 月 20 日，吉林省通化市中级人民法院判决驳回上诉，维持原判。

一、法律分析

1. 结合本案，简述回避的种类及相互关系

本案中，王某忠作为辽源市中级人民法院的曾任法官，如果案件由辽源市中级人民法院审理，势必让公众对审理结果的公正性产生无端猜疑。因此，在二审程序中，王某忠及其辩护人提出申请回避的程序动议，该案最终以指定管辖的方式，开创了国内司法实践在二审程序中指定管辖的先例，力求程序正义的实现。

回避制度的建立是基于实现利益规避和防止预判，保障当事人在诉讼中获得公正对待，因此，为了避免与案件有利害关系或有违公正之嫌等因素进入诉讼视野，申请回避是当事人行使诉讼权利的重要途径。依据《刑事诉讼法》第 29 条，回避有两种方式：自行回避和申请回避。自行回避是侦查人员、检察人员、审判人员等在诉讼过程中遇有法定回避情形之一时，自己主动要求退出诉讼活动的诉讼行为，体现的是司法人员主动避嫌以示公正。与之相应，申请回避是司法人员被要求回避，即案件当事人及其法定代理人、辩护人、诉讼代理人对符合法定回避情形的侦查人员、检察人员、审判人员等提出申请，要求其退出诉讼活动的行为，是当事人等的一项重要诉讼权利，公安司法机关应当予以保障。除了上述两种回避，最高法《解释》第 34 条、最高检《规则》第 31 条、公安部《规定》第 32 条、第 33 条对符合回避情形的审判人员、检察人员、侦查人员等在没有自行回避或被申请回避时，公安司法机关的负责人或者有关组织依职权责令其退出诉讼活动亦作出了规定，即指令回避。与自行回避、申请回避提出后仍需进行审查不同，指令回避作为自行回避、申请回避的重要补充，一经作出即发生法律效力，符合法定回避情形的公安司法人员等不得再参与案件的办理。因此，指令回避作为回避制度中保障当事人诉讼权利的"最后一道防线"，最大限度地保证了程序公正。

在本案中，王某忠及其辩护人在庭审中提出申请回避的请求，属于回避

种类的第二种——申请回避。申请回避作为当事人享有的救济性权利，王某忠认为其案件在辽源市中级人民法院审理，公正性存疑，因此提出申请回避，以期对程序正义的追求。

2. 结合本案，简述回避的法定理由

我国实行的是有因回避制度，司法人员等适用回避的人员退出诉讼应当符合法律明确规定的事由，即符合回避的法定理由。根据《刑事诉讼法》第29条和第30条规定，我国法定回避理由有如下几种：①是本案的当事人或者当事人的近亲属的；②本人或者他的近亲属和本案有利害关系的；③担任过本案的证人、鉴定人、辩护人、诉讼代理人的；④与本案当事人有其他关系，可能影响公正处理案件的；⑤接受当事人及其委托的人的请客送礼，违反规定会见当事人及其委托的人的。其中，对于第五种情形当事人及其法定代理人申请回避的，应当提供证明材料。除上述法定理由外，最高法《解释》第27条规定，审判人员与本案的辩护人、诉讼代理人有近亲属关系的，也属于应当回避的情形。

为了排除预断，曾参与过本案办理的监察、侦查、检察、审判人员原则上不得再参与案件的办理，但最高检《规则》第35条、最高法《解释》第29条对检察院自侦案件中的补充侦查人员、发回重审后又进入二审程序、法定刑以下判处刑罚的复核程序与死刑复核程序的合议庭成员仍可参与案件的办理进行了例外规定。此外，最高法《解释》第30条对"依照法律和有关规定应当实行任职回避的，不得担任案件的审判人员"亦进行了规定。在本案中，被告人及其辩护人认为本案的审判人员与被告人是同事，这一社会关系足以使得案件的公正性受到怀疑，因此以《刑事诉讼法》第29条第2项"本人或者他的近亲属和本案有利害关系的"、第4项"与本案当事人有其他关系，可能影响公正处理案件的"规定申请回避。就申请回避的理由而言，符合案件对于公正审判的需求。

3. 结合本案，简述适用回避的人员

与案件有利害关系或者其他特殊关系的人，是适用回避的人员。《刑事诉讼法》第29条和第32条规定，适用回避的人员包括审判人员、检察人员、侦查人员、书记员、鉴定人和翻译人员，其中，审判人员既包括案件的审判员和人民陪审员，还包括人民法院院长、副院长、审判委员会委员、庭长和副庭长。为了最大限度地排除不公正因素影响审判，最高法《解释》第38条将法官助理、书记员、翻译人员和鉴定人也纳入了适用回避人员的范围。根据最高检《规则》第 682 条之规定，检察人员包括检察长、副检察长、检察委员会委员、检察员和检察官助理。除了检察人员适用回避，最高检《规则》第 37 条将书记员、司法警察和人民检察院聘请或者指派的翻译人员、鉴定人也作为适用回避的对象。

需要注意的是，我国目前对于回避适用的对象是个人，即符合法定回避理由的公安司法人员应当回避，而非公安司法机关的整体回避。在本案中，王某忠及其辩护人申请合议庭成员和全体审委会委员等整体回避，从审判组织上对案件的公正审判质疑，然而申请回避的对象并不属于法律规定的范围，其本质是对法院的管辖权提出异议。

4. 结合本案，简述回避的程序

从回避程序的设定来看，为了保障当事人能够充分知悉、行使诉讼权利，各诉讼阶段活动开始后，侦查人员、检察人员、审判人员应当告知当事人、诉讼代理人和辩护人有申请回避的权利，以使该权利能够得到行使。

无论是提出自行回避还是当事人等的申请回避，都需要由法定的组织和人员根据法定的回避理由进行审查并作出是否准许的决定。《刑事诉讼法》第 31 条第 1 款对有回避决定权的主体进行了明确："审判人员、检察人员、侦查人员的回避，应当分别由院长、检察长、公安机关负责人决定；院长的回避，由本院审判委员会决定；检察长和公安机关负责人的回避，由同级人民检察院检察委员会决定。"有回避决定权的个人或有关组织对当事人等的回避申请或有关司法人员自行回避的请求进行全面审查后，发现符合法定回避理由的，应当依法作出决定，令其回避；认为不具有应当回避情形的，有权作出不准许回避的决定。无论是否同意回避申请，作出决定的主体都应当向申请回避的当事人等宣布，不同意回避申请的，还应告知其有权申请复议一次。但是，最高法《解释》规定，不属于《刑事诉讼法》第 29 条和第 30 条规定情形的回避申请，为了减少诉累、节约诉讼成本，由法庭当庭驳回，并不得申请复议。在本案中，审判长正是认为被告人及其辩护人申请回避属于整体回避，不符合《刑事诉讼法》第 29 条和第 30 条的规定，而予以当庭驳回，且不得申请复议。然而，案件如果继续在该法院审理势必对程序正义无益，最终以指定管辖的方式纠偏，这也彰显了程序正当和司法公正。

二、理论阐释：回避制度

在自然公正法则之下，"任何人不得做自己案件的法官"这一古老的法律原则已成为保障程序正义的内核。为实现利益规避和祛除偏见，各国都建立了与案件有利害关系或其他关系的司法人员不得参与案件处理或者退出该案诉讼程序的制度，即回避制度，旨在保障司法过程中裁判者的公正与中立。在"两造对抗、法官居中裁判"的诉讼构造中，法官应当处于无偏私的中立第三方地位，恪守客观义务，因此回避制度最初适用于具有审判权的法官和陪审员，但随着现代司法的发展，负有司法职能的侦查人员、检察人员以及在诉讼中可能妨害诉讼公正进行的鉴定人、翻译人员都被纳入了回避人员的范围，从而有效避免了诉讼的不安全或者不可靠。回避制度不仅保障诉讼结果的公正，对防止冤错案件、避免自由裁量权的滥用也有积极作用，在诉讼过程中，当事人受到公正对待，也是回避制度中程序公正的要求。回避作为诉讼当事人，特别是被追诉人"当其可能因为法官的成见而有损诉讼参与人之利益或无法信赖司法保持中立性之虞时"的防止措施，有助于控辩双方在平等对抗的环境下充分行使权利，将预断、偏见、偏袒等杜绝于诉讼之外，更重要的是，回避制度能够消除当事人对裁判公正的疑虑，进而使其对案件的处理过程和结果产生信任，在全社会产生普遍的司法公信力和司法权威，符合公众对司法公正的普遍期待。

申请回避作为当事人重要的一项诉讼权利。根据申请时是否需要提出回避事由，回避分为有因回避和无因回避。我国实行的是有因回避，即案件具备法定回避理由，属于回避人员范围内的人员才需要回避，因此有因回避也被称为"附理由的回避"。与之相对应的，无因回避无需提出任何回避理由，一经申请即发生回避的效果，相关司法人员自动退出诉讼活动，亦被称为"不附理由的回避"或"强制回避"，大多适用于英美法系陪审团制度，控辩双方提出无因回避的次数和程序在相关法律中都予以了规范。

除了《刑事诉讼法》第29条和第30条对公安司法人员的回避理由进行了规定，为了保证司法人员的廉洁性，避免亲情关系和家庭观念与司法公正发生冲突，最高人民检察院、最高人民法院对相关司法人员亦进行了任职限制，例如最高法《解释》第30条规定："依照法律和有关规定应当实行任职回避的，不得担任案件的审判人员。"这里的法律和有关规定是《中华人民共和国公务员法》《中华人民共和国法官法》、最高人民法院《关于审判人员在诉讼活动中执行回避制度若干问题的规定》《关于对配偶父母子女从事律师职业的法院领导干部和审判执行人员实行任职回避的规定》和最高人民检察院《检察人员任职回避和公务回避暂行办法》等。从规定来看，需要任职回避的亲属既包括夫妻关系、直系血亲关系、三代以内的旁系血亲关系，也包括近姻亲关系，例如配偶的父母、配偶的兄弟姐妹及其配偶、子女的配偶及其父母、三代以内旁系血亲的配偶等。

三、扩展思考：回避制度与管辖制度的关系

在本案中，辩方以办案机关或者审判组织与案件有利害关系或与当事人有某种特定关系为由提出"整体回避"的请求，引发了对刑事诉讼管辖权异议制度的再一次思考。法院以指定管辖、异地审理的方式来矫正"整体回避"立法空白带来的程序不公，从维护司法公正的初衷来看，符合正义的要求，然而，以"整体回避"或"集体回避"作为实现管辖异议的途径，将回避问题看作是当事人诉讼权利与法院审判权之间的博弈，其正当性和目的性易遭质疑。从立法本意来看，回避制度是排除诉讼中司法人员个人的偏见和预断，当事人以申请回避寻求救济，从程序正义角度出发让"正义以看得见的方式实现"，但也有学者提出，对于法官个体回避的申请一直延续下去，势必会产生法院整体回避的效果，此时法院不宜行使管辖权，需要以指定管辖的方式解决这一难题。在刑事诉讼领域，管辖权被视为司法机关的公权力，最高法《解释》第18条和第20条规定，有管辖权的人民法院因案件涉及本院院长需要回避或者其他原因，不宜行使管辖权的，可以请求移送上一级人民法院管辖。上一级人民法院可以管辖，也可以指定与提出请求的人民法院同级的其他人民法院管辖。管辖不明的案件，上级人民法院可以指定下级人民法院审判。从法律规定中可以看出，管辖维护的是法院整体的中立与公正，对于管辖争议或者管辖不明的案件，管辖权完全由法院依职权决定。虽然最高法《解释》第228条第1款第1项就是否对案件管辖有异议可向控辩双方了解情况、听取意见的规定，《人民法院办理刑事案件庭前会议规程（试行）》第11条也规定了在庭前会议中"被告人及其辩护人对案件管辖提出异议，应当说明理由。人民法院经审查认为异议成立的，应当依法将案件退回人民检察院或者移送有管辖权的人民法院；认为本院不宜行使管辖权的，可以请求上

一级人民法院处理。人民法院经审查认为异议不成立的，应当依法驳回异议"，但仍存在技术性缺陷，特别是提出管辖异议被驳回后再无救济途径，于法无据的权利基础缺失仍会蚕食对公正的追求。在民事诉讼和行政诉讼中，我国已经构建了较为完善的管辖权异议制度，作为当事人重要的抗辩权，在刑事诉讼中引入管辖权异议，或将回避进行诉讼化改造，不仅是对司法实践中此类问题的积极回应，也是今后回避与管辖制度中重大的立法改革议题。

案例八　吴某集资诈骗案[1]

【辩护的种类　辩护律师的权利】

◆ 案情概要

吴某，原浙江本色控股集团有限公司法人代表，2008 年因涉嫌集资诈骗罪被浙江省金华市人民检察院提起公诉。在审前，吴某及其家人曾先后聘请 3 名律师，最终委托北京市京都律师事务所律师杨照东、张雁峰作为辩护人参加诉讼。在一审庭审中，辩护律师作无罪辩护，控辩双方围绕吴某主观上是否具有非法占有他人财物的故意、该案属于单位犯罪还是自然人犯罪、吴某的罪名是否构成集资诈骗罪等 3 个焦点展开激烈交锋。法院经审理认为，从 2005 年 3 月开始，被告人吴某以合伙或投资等为名，向多名被害人高息集资，并用非法集资款先后虚假注册多家公司，这些公司成立后大多未实际经营或亏损经营，但吴某采用虚构事实、隐瞒真相、虚假宣传等方法，给社会公众造成其公司具有雄厚经济实力的假象，以骗取更多的社会资金，用于偿还集资款本金、支付高额利息、购买房产、汽车及个人挥霍等。鉴于查明的事实和证据，辩护律师围绕上述争议焦点所作的无罪辩护意见未被法院采纳，一审法院以集资诈骗罪，判处被告人吴某死刑，剥夺政治权利终身，并处没收个人全部财产。

吴某对一审判决不服，提出上诉。杨照东、张雁峰仍作为辩护律师在二审中帮助吴某维护合法权益。吴某在上诉中要求宣告无罪，理由如下：①其没有非法占有的目的，主观上没有诈骗故意，所借资金大部分用于经营，没有肆意挥霍；②其客观上没有实施欺诈行为，没有用虚假宣传欺骗债权人；③本案债权人不属社会公众，自己也不是向社会非法集资；④其公司合法注册，非为犯罪成立，也不以犯罪为主要活动，本案是单位借款行为，而非个人行

---

[1]　参见浙江省高级人民法院［2010］浙刑二终字第 27 号刑事判决书。

为。吴某的辩护律师以相同的理由为其作无罪辩护。同时又称，吴某即使构成犯罪，也不属于犯罪情节特别恶劣，社会危害性极其严重，一审量刑显属不当；吴某检举揭发他人犯罪的行为，构成重大立功。但在二审开庭审理后，吴某提出书面申请，要求撤回上诉，并当庭承认非法吸收公众存款。

二审法院认为，吴某上诉及其二审辩护人辩称吴某没有非法占有的目的、主观上没有诈骗故意、客观上没有实施欺诈行为、没有用虚假宣传欺骗社会公众、本案属于单位犯罪等理由均不能成立，不予采信。吴某在二审庭审中辩称其仅构成非法吸收公众存款罪，二审辩护人提出吴某的行为不构成犯罪及要求改判无罪的理由，均与查明的事实及法律规定不符，不予采纳。2012年1月18日，浙江省高级人民法院对被告人吴某集资诈骗一案进行二审宣判，裁定驳回被告人吴某的上诉，维持对被告人吴某的死刑判决，依法报请最高人民法院复核。最高人民法院经复核后认为，综合全案考虑，对吴某判处死刑，可不立即执行，裁定发回浙江省高级人民法院重新审判。在浙江省高级人民法院审判期间，吴某决定更换律师，另行委托浙江百畅律师事务所的吴谦律师代理此案。官方给出的解释是吴谦在本案侦查期间曾多次陪同北京律师到看守所会见，对具体案情比较熟悉，联系也更方便，这是吴某本人的意愿，也是在行使法律赋予被告人的辩护权。[1]2012年5月21日，浙江省高级人民法院以集资诈骗罪，判处吴某死刑缓期二年执行，剥夺政治权利终身，并处没收个人全部财产。

一、法律分析

1. 结合本案，简述辩护的种类

辩护是刑事诉讼特有的诉讼制度，随着追诉的启动，辩护随之产生。犯罪嫌疑人、被告人行使辩护权有三种方式，分别为自行辩护、委托辩护和法律援助辩护。

自行辩护作为最普遍、最基本的辩护方式，是犯罪嫌疑人、被告人自己针对指控进行反驳、申辩和解释的行为，一旦被作为追诉的对象，即可进行自行辩护。本案中，吴某被立案侦查开始之时，即享有自行辩护权，在诉讼

---

〔1〕 参见"浙江省高院新闻发言人就吴某集资诈骗案重审有关问题答记者问"，载 http://news. sohu. com/20120522/n343745895. shtml，2022 年 4 月 24 日访问。

中可提出有利于自己的辩解，及时维护合法权利。

委托辩护是指犯罪嫌疑人、被告人依法委托律师或其他公民担任辩护人，协助其进行辩护。本案中，吴某选择委托辩护的方式先后聘请北京、浙江的律师作为辩护人，在诉讼中为其作无罪辩护和罪轻辩护。需要指出的是，辩护人在辩护中是协助犯罪嫌疑人、被告人实现辩护权的，其参加诉讼是源于犯罪嫌疑人、被告人的委托，犯罪嫌疑人、被告人有权自行选择或更换辩护人。本案中，吴某在侦查阶段委托律师，通过会见及时对案情进行了解。关于委托辩护的时间，根据《刑事诉讼法》第34条规定，具体分为两种情形：第一，犯罪嫌疑人自被侦查机关第一次讯问或者采取强制措施之日起，有权委托辩护人；在侦查期间，只能委托律师作为辩护人。第二，被告人有权随时委托辩护人。无论犯罪嫌疑人、被告人是否委托辩护，公检法机关都有告知义务。

法律援助辩护是指没有委托辩护的犯罪嫌疑人、被告人，符合法定情形的由法律援助机构指派律师为其提供辩护。因此，适用法律援助辩护的前提是没有委托辩护。需要注意的是，法律援助辩护只限于律师，非律师辩护人只能接受委托辩护。根据《刑事诉讼法》第35条、第278条规定，我国的法律援助辩护分为申请指派援助和法定指派援助，因经济困难或者其他原因没有委托辩护人的，犯罪嫌疑人、被告人及其近亲属可以向法律援助机构提出申请。对于符合法律援助条件的，法律援助机构应当指派律师为其提供辩护。法定指派援助适用的情形包括：①犯罪嫌疑人、被告人是盲、聋、哑人，或者是尚未完全丧失辨认或者控制自己行为能力的精神病人；②犯罪嫌疑人、被告人可能被判处无期徒刑、死刑；③犯罪嫌疑人、被告人是未成年人。此外，在审判程序中，高级人民法院复核死刑案件、适用缺席审判程序案件的外逃被告人（及其近亲属）没有委托辩护人的，法院应当通知法律援助机构指派律师为其提供辩护。

2. 结合本案，简述辩护律师的诉讼权利

辩护律师的诉讼权利是被追诉人辩护权的衍生。随着诉讼阶段的推进，辩护律师的诉讼权利不断扩展，其中最具特色、最受关注的诉讼权利主要有会见权、阅卷权和调查取证权。

辩护律师在侦查阶段主要享有如下诉讼权利：①依法提供辩护的权利。《刑事诉讼法》第38条规定，辩护律师在侦查期间可以为犯罪嫌疑人提供法律帮助；代理申诉、控告；申请变更强制措施；向侦查机关了解犯罪嫌疑人涉嫌的罪名和案件有关情况，提出意见。②会见通信权。辩护律师持律师执业证书、律师事务所证明和委托书或者法律援助公函要求会见在押的犯罪嫌疑人、被告人的，看守所应当及时安排会见，至迟不得超过48小时。危害国家安全犯罪、恐怖活动犯罪案件，在侦查期间辩护律师会见在押的犯罪嫌疑人，应当经侦查机关许可。辩护律师会见在押的犯罪嫌疑人、被告人，可以了解案件有关情况，提供法律咨询等。③听取意见权。《刑事诉讼法》第88条规定，人民检察院审查批准逮捕，可以询问证人等诉讼参与人，听取辩护律师的意见；辩护律师提出要求的，应当听取辩护律师的意见。本案中，吴某委托的律师在侦查阶段可以与吴某进行会见，了解案件情况，为吴某提供法律咨询等法律帮助。

在审查起诉阶段，辩护律师的诉讼权利主要围绕以下内容展开：①会见通信权。不同于侦查阶段辩护律师会见仅限于了解案件情况、提供法律咨询，自案件移送审查起诉之日起，辩护律师可以向犯罪嫌疑人、被告人核实有关证据。②阅卷权。辩护律师自人民检察院对案件审查起诉之日起，可以查阅、摘抄、复制本案的案卷材料。③调查取证权。辩护律师的调查取证权分为两种，一是自行调查取证权。辩护律师经证人或者其他有关单位和个人同意，可以向他们收集与本案有关的材料；经人民检察院许可，并且经被害人或者其近亲属、被害人提供的证人同意，可以向他们收集与本案有关的材料。需要强调的是，自行调查取证权是律师独有的诉讼权利。二是申请调查取证权。辩护律师可以申请人民检察院收集、调取证据。辩护人认为在侦查期间公安机关收集的证明犯罪嫌疑人无罪或者罪轻的证据材料未提交的，有权申请人民检察院调取。

在审判阶段，辩护律师除了享有阅卷权、会见权，在调查取证权上，经证人或者其他有关单位和个人同意，或者经人民法院许可，并且经被害人或者其近亲属、被害人提供的证人同意，可以向他们收集与本案有关的材料，也可以申请人民法院收集、调取证据，或者申请人民法院通知证人出庭作证。辩护人认为在调查、侦查、审查起诉期间监察机关、公安机关、人民检察院收集的证明被告人无罪或者罪轻的证据材料未随案移送的，有权申请人民法院调取。为了实现庭审实质化，落实控辩平等对抗，辩护律师还享有参加法庭调查和法庭辩论的权利。此外，辩护律师享有有条件的上诉权，在征得被告人同意后，辩护律师可以对一审尚未发生法律效力的判决、裁定提出上诉，以维护被告人的合法权利。本案中，吴某的辩护律师在法庭上围绕争议焦点与控方展开辩论，提出无罪辩护的意见，并在一审判决死刑后，提出了无罪、罪轻的上诉理由。

3. 结合本案，简述自行辩护与委托辩护的关系

本案中，吴某案件的重审改判，是其自行辩护与律师的委托辩护共同推动的结果。犯罪嫌疑人、被告人的自行辩护贯穿诉讼的全过程，为了保护自己不受非法追究或者罚当其罪，他们会竭力提供对自己有利的事实和证据进行防御和抗辩，但受法律知识、诉讼经验等限制，仅靠自身的力量恐难以有效行使辩护权，这时仍需要专业的法律帮助其维护其合法权益，这也是建立辩护人制度的初衷。因此，自行辩护和委托辩护互为补充，自行辩护是基础，委托辩护是重要手段，特别是获得律师的有效帮助权，被学者誉为"辩护权的核心"，是保障被追诉人实现诉讼权利的关键所在。

二、理论阐释：辩护原则和辩护制度

犯罪嫌疑人、被告人有权获得辩护作为一项刑事诉讼法的基本原则，包含三层含义：一是在辩护权的主体上，犯罪嫌疑人、被告人不仅是辩护权的享有者，也是辩护权的行使者。二是在行使辩护权的形式上，犯罪嫌疑人、被告人在刑事诉讼的全程应获得律师的法律帮助。犯罪嫌疑人、被告人在维护自身合法权益上有天然优势，然则，仅依靠自己力量难以说服司法机关作出有利于自己的裁判。因此，无论是在何种诉讼阶段，获得委托律师或者指派律师的帮助，是有权获得辩护的当然体现。三是在行使辩护权的效果上，不仅应当有律师的帮助，还应当获得律师的有效法律帮助，即犯罪嫌疑人、被告人有权获得有效辩护。在国际刑事司法准则中，有效辩护表述为"保障被指控人获得律师帮助的平等、及时和有效"的原则，其核心含义是发挥辩护在刑事诉讼权利架构中的应有作用。

辩护原则的落实有赖于建构合理、完善的辩护制度。随着保障人权理念在我国刑事诉讼法中的确立，充分保障犯罪嫌疑人、被告人行使辩护权的制度设计也不断被修改并予以丰富，其中不乏对犯罪嫌疑人、被告人有权获得辩护原则的内涵予以重申。例如，犯罪嫌疑人、被告人除自己行使辩护权以外，还可以委托1至2人作为辩护人，因经济困难或者其他原因没有委托辩

护人的，本人及其近亲属可以向法律援助机构提出申请，对符合法律援助条件的，法律援助机构应当指派律师为其提供辩护；犯罪嫌疑人自被侦查机关第一次讯问或者采取强制措施之日起，有权委托律师作为辩护人，将犯罪嫌疑人有权获得辩护提前至侦查阶段；辩护人的责任是根据事实和法律，提出犯罪嫌疑人、被告人无罪、罪轻或者减轻、免除其刑事责任的材料和意见，维护犯罪嫌疑人、被告人的诉讼权利和其他合法权益，对辩护人应当从实体上和程序上帮助犯罪嫌疑人、被告人依法行使辩护权予以了明确；以及辩护人的会见权、阅卷权和调查取证权等在立法修改中得到了完善，等等，更有助于维护犯罪嫌疑人、被告人的合法权益，彰显惩罚犯罪与保障人权的有机统一。

三、扩展思考：值班律师制度

值班律师制度作为特殊的刑事法律援助制度形式，是保障犯罪嫌疑人、被告人辩护权实现的重要补充。在认罪认罚从宽制度的试点中，值班律师的功能及职责就在相关文件和司法解释中予以明确，而后 2018 年《刑事诉讼法》正式确立了值班律师制度，法律援助机构可以在人民法院、看守所等场所派驻值班律师。犯罪嫌疑人、被告人没有委托辩护人，法律援助机构没有指派律师为其提供辩护的，由值班律师为犯罪嫌疑人、被告人提供法律咨询、程序选择建议、申请变更强制措施、对案件处理提出意见等法律帮助。

从现有法律表述来看，虽然值班律师也是维护被追诉人合法权利的参与人，但其定位是法律帮助者，身份区别于辩护人，不能调查取证，也无法出席庭审提供辩护，在诉讼中，其只为被追诉人提供法庭以外临时性、紧急性和片段化的法律服务，以实现对被追诉人合法权益的初步保护。在工作职责上，除《刑事诉讼法》第36条规定之外，该法第174条规定了犯罪嫌疑人自愿认罪，同意量刑建议和程序适用的，应当在辩护人或者值班律师在场的情况下签署认罪认罚具结书。

由于缺乏辩护人身份的加持，值班律师无论是在功能的发挥上还是在诉讼权利的行使上均显不足，甚至在司法实践中因定位不明和功能异化等遭到诟病。主要原因有二：第一，在立法本意上，签署认罪认罚具结书时将值班律师在场作为必要条件，是强调值班律师监督者的角色以保证犯罪嫌疑人认罪认罚的自愿性，防止被追诉人受到公权力机关的威胁、欺骗等被迫认罪认罚。但是，有学者提出，实践中值班律师沦为配合公权力进行认罪认罚的附庸，成为司法机关认罪认罚从宽程序合法性的见证人与背书者，甚至是劝说者，偏离了值班律师的功能定位。第二，值班律师的诉讼权利缺失可能导致值班律师的法律帮助沦为形式，影响值班律师有效履行法律帮助的职责。《刑事诉讼法》第36条赋予了犯罪嫌疑人、被告人约见值班律师的权利，但是值班律师能否主动会见语焉不详。对此，《法律援助值班律师工作办法》对值班律师的权利进行了扩展：值班律师办理案件时，可以应犯罪嫌疑人、被告人的约见进行会见，也可以经办案机关允许主动会见；自人民检察院对案件审查起诉之日起可以查阅案卷材料、了解案情。可以看出，值班律师已享有会见权和阅卷权这两个与辩护职能密切相关的诉讼权利，但是，能否赋予值班律师"辩护人化"的地位，还有待立法予以厘清。

案例九　李某伪造证据、妨害作证案〔1〕

【辩护人的范围　辩护人的义务】

◆ **案情概要**

2010年1月8日，重庆市江北区人民法院对被告人李某被控伪造证据、妨害作证案一审公开宣判，以辩护人伪造证据、妨害作证罪判处李某有期徒刑2年6个月。

法院审理查明，被告人李某系北京市康达律师事务所执业律师。2009年11月20日，龚某模等34人组织、领导、参加黑社会性质组织案由重庆市人民检察院第一分院向重庆市第一中级人民法院提起公诉。同月22日、25日，龚某模的妻子程某、堂弟龚某飞先后与北京市康达律师事务所签订了刑事案件代理委托协议，该所指派李某、马某军担任龚某模的一审辩护人。

2009年11月24日、26日及12月4日，李某在江北区看守所会见龚某模时，教唆其在法庭审理时编造被公安机关刑讯逼供的供述，以推翻龚某模之前在公安机关的供述，并向龚某模宣读同案人樊某杭的供述。12月3日，李某在某酒店内指使重庆克雷特律师事务所律师吴某友贿买警察，为其编造龚某模被公安机关刑讯逼供的供述作伪证。

2009年11月底至12月初，李某引诱程某作龚某模被樊某杭等人敲诈的虚假证言，并要求程某出庭作证。11月24日，在该市高新区南方花园某茶楼，李某指使龚某华安排保利公司员工作伪证，否认龚某模系保利公司的实际出资人和控制者。龚某华即安排保利公司员工汪某、陈某、李某甲按照李某的说法作虚假证言。12月1日，李某就龚某模案向重庆市第一中级人民法院提交了通知证人龚某飞、龚某华、程某等出庭作证的申请书。

12月10日，公安机关因办理另一涉黑案件提讯龚某模时，龚某模揭

---

〔1〕 参见搜狐网：http://news.sohu.com/20100108/n269451027.shtml，2022年2月6日访问。

发了李某教唆其编造被刑讯逼供的行为。同月 12 日，李某被公安机关抓获。

法院经审理认为，根据《刑事诉讼法》《律师法》相关规定，辩护律师和其他辩护人不得帮助犯罪嫌疑人、被告人隐匿、毁灭、伪造证据或者串供，不得威胁、引诱证人改变证言或者作伪证以及进行其他干扰司法机关诉讼活动的行为。违反上述规定的，应当依法追究法律责任。李某在担任龚某模的辩护人期间，利用会见龚某模之机，向龚某模宣读同案人供述，教唆龚某模编造被公安机关刑讯逼供的供述，指使吴某友贿买警察证明龚某模被刑讯逼供；引诱龚某模的妻子程某作龚某模被敲诈的虚假证言，指使龚某华安排保利公司员工作虚假证言，并向重庆市第一中级人民法院提交通知龚某飞、龚某华、程某等证人出庭作证的申请，其行为妨害了司法机关正常的诉讼秩序，已构成辩护人伪造证据、妨害作证罪，依法应予处罚。公诉机关指控被告人李某犯罪的事实清楚，证据确实、充分，指控的罪名成立。据此，法院依照《刑法》第 306 条的规定作出上述判决。

一、法律分析

1. 结合本案，简述不能担任辩护人的主体

为了保证辩护质量与司法公正，体现辩护的严肃性和规范性，《刑事诉讼法》第 33 条第 2 款、第 3 款、最高法《解释》第 40 条对辩护人的范围进行了禁止性和限制性规定，不能被委托担任辩护人的有：①正在被执行刑罚或者处于缓刑、假释考验期间的人，即服刑的人。需要注意的是，这里的正在被执行刑罚既包括正在被执行主刑，也包括单独被执行附加刑，还包括主刑执行完毕但仍在执行附加刑期间。②依法被剥夺、限制人身自由的人，即人身自由依法受限的人。③被开除公职或者被吊销律师、公证员执业证书的人。④人民法院、人民检察院、监察机关、公安机关、国家安全机关、监狱的现职人员。⑤人民陪审员。⑥与本案审理结果有利害关系的人。⑦外国人或者无国籍人。⑧无行为能力或者限制行为能力的人。其中，第③至⑦项规定的人员，如果是被告人的监护人、近亲属，由被告人委托担任辩护人的，可以准许。

总结来看，第一，服刑的人、人身自由依法受限的人、无行为能力或者限制行为能力的人不具有辩护人资格；第二，其他几类人员担任辩护人有严

格的条件限制，即是被告人的监护人或者近亲属，在诉讼中能以非律师辩护人的身份接受委托，帮助被告人维护诉讼利益。此外，为了避免因职业影响或利益冲突妨碍司法公正，审判人员和人民法院其他工作人员从人民法院离任后2年内，不得以律师身份担任辩护人。除系被告人的监护人、近亲属，审判人员和人民法院其他工作人员从人民法院离任后，原则上不得担任原任职法院所审理案件的辩护人，审判人员和人民法院其他工作人员的配偶、子女或者父母原则上不得担任其任职法院所审理案件的辩护人。

本案中，根据《律师法》规定，李某因辩护人伪造证据、妨害作证罪被吊销律师执业证书，不再具有律师执业资格，因此在刑事诉讼中，李某既不能以辩护律师的身份出现，除符合是被告人的监护人或者近亲属这一例外情形，其不能以其他辩护人的身份参与诉讼。

2. 结合本案，简述辩护人的义务

辩护人在诉讼中不仅要实现犯罪嫌疑人、被告人合法利益的最大化，还应当遵守法律法规、律师职业道德和伦理规范，根据事实和法律进行辩护，若有违反义务之辩护行为，则需承担相应的法律后果。辩护人除了有认真履行职务、遵守诉讼纪律等诉讼义务，还应当履行以下义务：

（1）依法辩护义务。辩护人应当在法律界限内合法行使辩护权利，不得帮助犯罪嫌疑人、被告人隐匿、毁灭、伪造证据或者串供，不得威胁、引诱证人作伪证以及进行其他干扰司法机关诉讼活动、妨碍司法公正的行为。同时，《律师法》第40条还规定辩护律师应恪守廉洁义务和行为义务，以防止出现利益输送或虚假证据干扰司法公正。本案中，李某作为前案的辩护律师，在与龚某模会见时宣读同案人的供述涉嫌帮助串供，教唆龚某模编造被公安机关刑讯逼供的供述涉嫌伪造证据，指使他人贿赂警察编造证言及指使他人安排保利公司员工作虚假证言涉嫌妨害作证、伪造证据，引诱龚某模的妻子作虚假证言涉嫌引诱证人作伪证等，不仅严重违反了依法辩护义务，干扰了正常的诉讼秩序，还构成了犯罪，应当依法追究其刑事责任。

（2）保守秘密义务。律师应当保守在执业活动中知悉的国家秘密、商业秘密，不得泄露当事人的隐私。为了维护委托人利益，特别是不损害委托人的利益，辩护律师对在执业活动中知悉的委托人的有关情况和信息，有权予以保密。但是，辩护律师在执业活动中知悉委托人或者其他人，准备或者正在实施危害国家安全、公共安全以及严重危害他人人身安全的犯罪的，应当及时告知司法机关。

（3）部分证据展示义务。辩护人收集的有关犯罪嫌疑人不在犯罪现场、未达到刑事责任年龄、属于依法不负刑事责任的精神病人的证据，应当及时告知公安机关、人民检察院。

3. 结合本案，简述辩护人涉嫌律师伪证罪的处理程序

本案中，侦查机关与李某原代理案件中被指控刑讯逼供的侦查机关属于同一侦查机关，在前案形成的负面偏见很可能影响其对律师伪证罪的追诉，致使案件公正性存疑。庭审中，李某也以重庆市公检法机关与案件有其他利害关系为由，申请检察院和法院的集体回避以求异地审判，被当庭驳回。出于公正处理案件和程序正义的基本要求，《刑事诉讼法》第44条对律师伪证罪的追诉程序进行了专门规定，辩护人涉嫌犯罪的，应当由办理辩护人所承办案件的侦查机关以外的侦查机关办理。辩护人是律师的，应当及时通知其所在的律师事务所或者所属的律师协会。最高人民法院、最高人民检察院、公安部等《关于实施刑事诉讼法若干问题的规定》第9条进一步明确规定，公安机关、人民检察院发现辩护人涉嫌犯罪，或者接受报案、控告、举报、有关机关的移送，依照侦查管辖分工进行审查后认为符合立案条件的，应当按照规定报请办理辩护人所承办案件的侦查机关的上一级侦查机关指定其他侦查机关立案侦查，或者由上一级侦查机关立案侦查。不得指定办理辩护人所承办案件的侦查机关的下级侦查机关立案侦查。除了法律追责外，在行政处理上，律师因故意犯罪受到刑事处罚的，由省、自治区、直辖市人民政府司法行政部门吊销其律师执业证书。

二、理论阐释：辩护人的地位；辩护人的职责；辩护人的义务

辩护人作为从犯罪嫌疑人、被告人辩护权派生而来的诉讼参与人，是犯罪嫌疑人、被告人合法权益的专门维护者，与犯罪嫌疑人、被告人共同行使辩护职能。应当关注的是，辩护人并不是犯罪嫌疑人、被告人的代言人，其参与诉讼是履行法律职责，具有独立的诉讼地位，在诉讼过程中根据自己对事实的把握和法律的理解，以自己的名义进行辩护活动，包含两层含义：第一，在辩护立场上，辩护人忠于维护犯罪嫌疑人、被告人的合法权益，而不是所有权益、非法利益，更不能因当事人授权谋取非法利益而作出教唆犯罪嫌疑人、被告人翻供、引诱证人作伪证等妨碍诉讼、有损司法公正的行为。

第二，在诉讼职能上，从有利于犯罪嫌疑人、被告人的角度出发，辩护人不得作出加重犯罪嫌疑人、被告人刑罚的诉讼行为，例如认同指控的犯罪事实、检举、揭发犯罪嫌疑人、被告人所实施的犯罪等，否则即违背辩护初衷，成为第二控诉人。因此，辩护人对在执业活动中知悉的委托人的有关情况和信息，有权予以保密，这里所说的有关情况和信息更多的是对犯罪嫌疑人、被告人不利的信息。

在独立的诉讼地位下，辩护人的职责是"根据事实和法律，提出犯罪嫌疑人、被告人无罪、罪轻或者减轻、免除其刑事责任的材料和意见，维护犯罪嫌疑人、被告人的诉讼权利和其他合法权益"。从实体上，辩护人应当作有利于犯罪嫌疑人、被告人定罪量刑的辩护，从无罪、罪轻、减轻、免除刑事责任等方面提出材料和辩护意见，反驳不正确的指控，帮助司法机关全面了解案情，正确适用法律，依法公正处理案件。这也是辩护人的首要任务。在程序上，辩护人应当维护犯罪嫌疑人、被告人的诉讼权利和其他合法利益，帮助其依法正确地行使诉讼权利，当其诉讼权利受到侵犯或者剥夺时，例如遭遇超期羁押、非法取证等，辩护人应当及时向司法机关提出意见，要求予以制止或者纠正，或者向有关单位提出控告。此外，辩护人在诉讼中应当解答犯罪嫌疑人、被告人提出的有关法律问题，为犯罪嫌疑人、被告人提供代写文书等法律帮助。

需要指出的是，《律师法》第32条规定，律师接受委托后，无正当理由的，不得拒绝辩护或者代理。无论是委托辩护的辩护人抑或是指定辩护的辩护人，都应当为犯罪嫌疑人、被告人提供尽职尽责的辩护，尽最大可能实现有利于辩方的诉讼结果，最大限度维护辩方的合法权益，这是辩护人认真履行职务义务的体现。

三、扩展思考：拒绝辩护

信任是犯罪嫌疑人、被告人在意思自治下与辩护人组成辩护共同体、执行辩护职能的纽带与桥梁。在特殊情形下，犯罪嫌疑人、被告人可以选择放弃辩护人的帮助，让辩护人主动或被动退出诉讼，体现为拒绝辩护的二重形态：犯罪嫌疑人、被告人拒绝辩护人辩护和律师拒绝为犯罪嫌疑人、被告人辩护。

（1）拒绝辩护人辩护。《刑事诉讼法》第45条规定，在审判过程中，被告人可以拒绝辩护人继续为他辩护，也可以另行委托辩护人辩护。从立法本意看，犯罪嫌疑人、被告人对辩护权的行使享有充分意志，如果其认为辩护人违背自己的意愿或者对其不利，基于权利处分可在法律规定的范围内自行决定是否委托辩护人、委托何人作辩护人。然而，权利的行使是有边界的，特别在审判活动中，以拒绝辩护为由多次中断庭审，看似保障了被告人辩护权的充分行使，实则过分拖延庭审有损公正，亦有违集中审理原则。鉴于此，最高法《解释》第311条对审判阶段被告人的拒绝辩护从次数上进行了合理限制，被告人在一个审判程序中更换辩护人一般不得超过2次。此外，虽然司法解释原则性规定了被告人拒绝法律援助机构指派的律师为其辩护，坚持自己行使辩护权的，人民法院应当准许，但为了保障特殊被告人的人权，履行国家责任，根据辩护方式的不同，在拒绝法定指派律师辩护的审查与处理程序上，与拒绝委托辩护和依申请指派辩护作了区别化处理，具体来说：第一，属于应当提供法律援助情形的被告人拒绝指派的律师为其辩护的，人民法院应当查明原因。理由正当的，应当准许，被告人可选择另行委托辩护人，或者人民法院通知法律援助机构另行指派律师为其提供辩护。重新开庭后被告人再次当庭拒绝辩护人辩护的，不予准许。需要指出的是，虽然"理由正当"是法庭作出允许拒绝辩护的根据，但规定语焉不详，在实践中操作不一。第二，被告人当庭拒绝辩护人辩护，要求另行委托辩护人或者指派律师的，合议庭应当准许。被告人拒绝辩护人辩护后，没有辩护人的，应当宣布休庭；仍有辩护人的，庭审可以继续进行。重新开庭后，被告人再次当庭拒绝辩护人辩护的，可以准许，但被告人不得再次另行委托辩护人或者要求另行指派律师，由其自行辩护。

（2）律师拒绝辩护。在莫某晶放火、盗窃案中，律师当场退庭被法院视为拒绝辩护，产生了舆论争议。律师能否拒绝辩护，《刑事诉讼法》并未涉及，仅在最高法《解释》第312条"法庭审理过程中，辩护人拒绝为被告人辩护，有正当理由的，应当准许；是否继续庭审，参照适用前条规定"进行了程序性规定，这从侧面反映出在刑事诉讼中是准许律师拒绝辩护的。诚然，这一问题在《律师法》中作出了回应，《律师法》第32条第2款规定，律师接受委托后，无正当理由的，不得拒绝辩护或者代理。但是，委托事项违法、委托人利用律师提供的服务从事违法活动或者委托人故意隐瞒与案件有关的重要事实的，律师有权拒绝辩护或者代理。这项规定也被称为律师行为规则中的禁止拒绝辩护规则。从立法规定来看，律师并无如犯罪嫌疑人、被告人般自由的权利处置权，其一旦接受了委托，则需要忠诚于被委托人，原则上无正当理由不得拒绝，否则违反职业伦理。只有在法定条件下，律师才能启动退出机制，拒绝为犯罪嫌疑人、被告人辩护。

药某鑫故意杀人案 [1]

【诉讼代理人的范围与诉讼权利】

◆ **案情概要**

被告人药某鑫，2010 年 10 月 23 日因涉嫌犯故意杀人罪被刑事拘留，同年 11 月 24 日被逮捕。

附带民事诉讼原告人王某宇，系被害人张某之子。法定代理人暨附带民事诉讼原告人王某，系被害人张某之夫，王某宇之父。诉讼代理人张显，西安电子科技大学教师。附带民事诉讼原告人张某选，系被害人张某之父。附带民事诉讼原告人刘某，系被害人张某之母。共同诉讼代理人许涛，陕西同顺律师事务所律师。辩护人暨诉讼代理人路刚、杨建花，陕西克利律师事务所律师。

2011 年 3 月 23 日，药某鑫故意杀人案在西安市中级人民法院开庭审理。经法院审理查明，2010 年 10 月 20 日 22 时 30 分许，被告人药某鑫驾驶陕 A4××××号红色雪佛兰小轿车从西安外国语大学长安校区由南向北行驶返回西安市区，当行至西北大学西围墙外翰林南路时，将前方在非机动车道上骑电动车同方向行驶的被害人张某撞倒。药某鑫下车查看，见张某倒地呻吟，因担心张某看到其车牌号后找麻烦，即拿出其背包中的一把尖刀。向张某胸、腹、背等处捅刺数刀，致张某主动脉、上腔静脉破裂大出血当场死亡。杀人后，药某鑫驾车逃离，当行至翰林路郭南村口时，又将行人马某娜、石某鹏撞伤，西安市公安局长安分局交警大队郭杜中队接到报警后，将肇事车辆扣留待处理。同月 22 日，长安分局交警大队郭杜中队和郭杜派出所分别对药某鑫进行了询问，药某鑫否认杀害张某之事。同月 23 日，药某鑫在其父母陪同下到公安机关投案，如实供述了杀人事实。

---

[1] 陕西省西安市中级人民法院 [2011] 西刑一初字第 68 号刑事附带民事判决书。

被害人张某的家属提起了附带民事诉讼，请求法庭从重追究药某鑫刑事责任，并判令赔偿受害方死亡赔偿金、精神损害赔偿等共计 53 万余元。经过审理，法院未支持附带民事原告人关于赔偿赡养费、停尸费、死亡赔偿金、精神损失费及部分超出法定份额的被抚养人生活费的诉讼请求。

2011 年 4 月，西安市中级人民法院对此案作出一审判决，以故意杀人罪判处药某鑫死刑，剥夺政治权利终身，并赔偿附带民事诉讼原告人王某宇、王某、张某选、刘某经济损失及丧葬费 15 146.5 元，被抚养人王某宇生活费 30 352 元，共计人民币 45 498.5 元。药某鑫随后以其罪行并非极其严重，系初犯、偶犯，且有自首情节，应依法从轻处罚为由提出上诉。

2011 年 4 月 25 日下午，该案原告民事诉讼代理人张显在自己博客上贴出《对药某鑫案判决的立场和意见》一文，表示放弃追要法庭判决的赔偿，并对民事诉讼部分不合理之处放弃上诉。26 日上午，张显在接受记者电话采访时称，按照此前预期，他们要求的赔偿包括死亡赔偿金、张某父母的赡养费、张某孩子的抚养费等合计共 23.6 万元，以及 30 万元的精神损失费，"法庭对死亡赔偿金等没有作出裁决，法理上很难说通"，张显表示，关于张某父母的赡养费，法庭的解释是"张某父母未年满 60 岁，并且具备劳动能力"，所以没有作出相关判决。[1]据了解，张显于 2010 年 11 月 29 日初步了解药某鑫案，而后发现受害者与其系老乡身份，遂于 2011 年 3 月 22 日签署代理合同作为附带民事原告诉讼代理人介入本案。

一、法律分析

1. 结合本案，简述诉讼代理人的范围

刑事诉讼中的诉讼代理人是指公诉案件的被害人及其法定代理人或者近亲属、自诉案件的自诉人及其法定代理人委托代为参加诉讼的人和附带民事诉讼的当事人及其法定代理人委托代为参加诉讼的人。关于诉讼代理人的范围，《刑事诉讼法》第 47 条和最高法《解释》第 63 条仅作了原则性的规定，委托诉讼代理人，参照《刑事诉讼法》第 33 条委托辩护人及相关司法解释的规定执行。辩护人和诉讼代理人都是通过接受委托的方式参与诉讼的，由于委托人诉讼地位的不同，导致辩护人和诉讼代理人在诉讼职能和诉讼权利等

---

[1] 参见青岛新闻网：https://china.huanqiu.com/article/9CaKrnJqUp8，2020 年 10 月 6 日访问。

方面存在差异。然则，其本质都是为委托人提供法律帮助，因此在范围上，诉讼代理人与辩护人具有同一性。

《刑事诉讼法》第33条对辩护人的范围进行了正面规定与禁止性规定。沿用此规定，从保护被代理人的利益及有利于被代理人利益等角度出发，公诉案件的被害人及其法定代理人或者近亲属、自诉案件的自诉人及其法定代理人、附带民事诉讼的当事人及其法定代理人可以委托1至2人作为诉讼代理人。下列人可以被委托为诉讼代理人：①律师；②人民团体或者被代理人所在单位推荐的人；③被代理人的监护人、亲友。

为了保证诉讼代理质量，体现诉讼代理的严肃性和规范性，沿用辩护人范围的禁止性规定，不能被委托担任诉讼代理人的情形有两种：一种是无诉讼代理人资格的人员，即正在被执行刑罚或者处于缓刑、假释考验期间的人；依法被剥夺、限制人身自由的人；无行为能力或者限制行为能力的人。另一种是担任诉讼代理人有严格的条件限制，即原则上不能担任诉讼代理人，但如果是被代理人的监护人、近亲属，由代理人委托担任诉讼代理人的，可以准许，如：被开除公职或者被吊销律师、公证员执业证书的人；人民法院、人民检察院、监察机关、公安机关、国家安全机关、监狱的现职人员；人民陪审员；与本案审理结果有利害关系的人；外国人或者无国籍人。需要指出的是，这几类人员虽然在法定情形下可以作为诉讼代理人，但只能以非律师身份参与诉讼。此外，为了保证案件的公正处理，体现程序正义，审判人员及法院其他工作人员从人民法院离任后2年内，不得以律师身份担任诉讼代理人；审判人员及法院其他工作人员从人民法院离任后，不得担任原任职法院所审理案件的诉讼代理人，但是作为当事人的监护人或者近亲属代理诉讼的除外。

本案中，由于被害人张某已经死亡，其近亲属有权直接以自己的名义提起附带民事诉讼。因此，张某之夫王某、其子王某宇、其父母均可作为附带民事诉讼原告人对药某鑫提起附带民事诉讼，均有权委托诉讼代理人参加诉讼。在诉讼中，张某父母委托了律师作为诉讼代理人，王某委托了非律师代理人张显，药某鑫作为附带民事诉讼被告人，也委托了代理律师为其提供法律上的帮助。需要指出的是，刑事被告人可以委托其辩护律师作诉讼代理人，但要征得该律师的同意，并应另行办理有关法律手续。

2. 结合本案，简述诉讼代理人的诉讼权利

《刑事诉讼法》对诉讼代理人的诉讼权利着墨不多，除了规定与辩护人相同的出席法庭参与法庭调查和法庭辩论的权利、被听取意见的权利、申诉控告权等，最高检《规则》、最高法《解释》作了进一步补充，最高法《解释》第64条规定了诉讼代理人有权根据事实和法律，维护被害人、自诉人或者附带民事诉讼当事人的诉讼权利和其他合法权益；最高检《规则》第56条、最高法《解释》第65条对诉讼代理人的阅卷权和调查取证权进行了明确规定，律师担任诉讼代理人的，可以查阅、摘抄、复制案卷材料。其他诉讼代理人经人民检察院、人民法院许可，也可以查阅、摘抄、复制案卷材料。律师担任诉讼代理人，需要收集、调取与本案有关的证据材料的，参照适用辩护人有关调查取证的规定。

沿用此规定，在审查起诉阶段，代理律师或者经过许可的其他诉讼代理人到人民检察院查阅、摘抄、复制本案的案卷材料的，由负责案件管理的部门及时安排，由办案部门提供案卷材料。代理律师依据《刑事诉讼法》第43条第1款的规定申请人民检察院收集、调取证据的，人民检察院负责捕诉的部门应当及时审查。经审查，认为需要收集、调取证据的，应当决定收集、调取并制作笔录附卷；决定不予收集、调取的，应当书面说明理由。人民检察院根据代理律师的申请收集、调取证据时，代理律师可以在场。在审判阶段，代理律师向证人或者有关单位、个人收集、调取与本案有关的证据材料，因证人或者有关单位、个人不同意，申请人民法院收集、调取，或者申请通知证人出庭作证，人民法院认为确有必要的，应当同意。代理律师直接申请人民法院向证人或者有关单位、个人收集、调取证据材料，人民法院认为确有必要，且不宜或者不能由代理律师收集、调取的，应当同意。从上述规定当中可以看出，代理律师享有阅卷权和调查取证权，其他诉讼代理人经司法机关许可，也享有阅卷权。

本案中，药某鑫和张某父母委托的是代理律师，其在附带民事诉讼中除了可以出庭参加诉讼，还享有阅卷权和调查取证权，因证人或者有关单位、个人不同意，或有不宜、不能由代理律师收集调取的，也可以申请人民法院代为收集、调取证据。张显作为王某委托的非律师代理人，除了享有诉讼代理人的一般性权利，经人民法院许可，也可以查阅、摘抄、复制案卷材料。

二、理论阐释：刑事诉讼代理制度

关注并维护被害人的合法权益是刑事代理制度的功能所在。根据案件性质的不同，普通诉讼程序中的代理包括公诉案件的被害人代理、自诉案件的自诉人代理、附带民事诉讼的当事人代理，在特别程序中，违法所得没收程序和强制医疗程序都赋予了诉讼代理人参加诉讼的权利。通过诉讼代理人的代理行为，不仅可以为被代理人提供法律上的帮助，维护其诉讼权利，更有助于人民法院准确及时地查明案情，正确地处理案件，实现实体正义。

第一，公诉案件的代理。《刑事诉讼法》第 46 条规定，公诉案件的被害人及其法定代理人或者近亲属，自案件移送审查起诉之日起，有权委托诉讼代理人。同时为了保证被害人知悉这一权利，人民检察院自收到移送审查起诉的案件材料之日起 3 日以内，应当告知被害人及其法定代理人或者其近亲属有权委托诉讼代理人。在诉讼过程中，虽然被害人的诉讼代理人与公诉人均具有控诉职能，但被害人的合法诉求仍需要诉讼代理人的"发声"，诉讼代理人切中要害的意见对于维护被代理人的合法权益显得尤为关键。因此，在法庭审判中，诉讼代理人经审判长许可，可以向被告人、证人发问，参加法庭辩论等。

第二，自诉案件的代理。自诉人可以随时委托诉讼代理人，人民法院自受理自诉案件之日起 3 日以内，有向自诉人进行权利告知的义务。由于自诉人的起诉、撤诉、反诉、和解、上诉等诉讼处分权对诉讼进程有决定性影响，且其在诉讼活动中承担举证责任，因而自诉人的代理人的权利应当受到自诉人委托权限的约束，诉讼代理人的撤诉、和解、调解和提出反诉等实体性的处分权利需要自诉人的明确授权。

第三，附带民事诉讼案件的代理。人民检察院自收到移送审查起诉的案件材料之日起 3 日以内，人民法院自受理自诉案件之日起 3 日以内，附带民事诉讼的当事人及其法定代理人有权委托诉讼代理人。由于附带民事诉讼本质上是民事诉讼，因此双方当事人的诉讼代理人在附带民事诉讼中应当行使与其在一般民事诉讼中一样的权利，经过授权，还可以和解、撤诉、反诉等。

第四，违法所得没收程序的代理。由于对犯罪嫌疑人、被告人财产权利的处分可能影响其近亲属和其他利害关系人的合法权益，受法律知识所限或者其他条件的限制，他们可以委托诉讼代理人参加诉讼，为其提供法律上的帮助，维护正当的合法财产权益。

第五，强制医疗程序的强制代理。为了保障特殊对象获得专业、有效的法律帮助，《刑事诉讼法》第304条规定了强制代理制度，人民法院审理强制医疗案件，应当通知被申请人或者被告人的法定代理人到场。被申请人或者被告人没有委托诉讼代理人的，人民法院应当通知法律援助机构指派律师为其提供法律帮助。

三、扩展思考：律师代理与非律师代理之异同

在刑事代理基础理论中，以是否具有律师执业资格将代理人分为代理律师和非律师诉讼代理人，其从事的代理活动也随之区分为律师代理和非律师代理（或公民代理）。无论是律师代理还是非律师代理，其代理权限都来源于被代理人的授权，以被代理人名义开展诉讼活动。然而，因代理律师具有更专业的法律知识、具备更丰富的诉讼经验，为被代理人提供更专业的法律帮助也是律师的优势所在，在律师代理和非律师代理上，立法也给予了不同的对待。

一是在诉讼权利方面，《刑事诉讼法》和相关司法解释赋予了诉讼代理人知情权、申请回避权、申请排除非法证据等权利，代理律师在审查起诉阶段和审判阶段享有案件的阅卷权和调查取证权，而非律师诉讼代理人在接受委托后，不仅没有调查取证权，其阅卷权亦受限制，未经人民检察院、人民法院许可，不得查阅、摘抄、复制本案的案卷材料。

二是在代理案件方面，在刑事代理制度中有一非常特殊的存在，即强制医疗程序中的强制代理。审理强制医疗案件，法律援助机构应当为没有委托诉讼代理人的被申请人或者被告人指派律师担任其诉讼代理人。可以看出，能够担任强制代理的只能是律师，排除了非律师代理人在强制代理中的资格。

三是在拒绝代理方面，《律师法》规定，律师接受委托后，无正当理由的，不得拒绝代理，但是委托事项违法、委托人利用律师提供的服务从事违法活动或者委托人故意隐瞒与案件有关的重要事实的除外。也就是说，律师一旦接受委托，原则上不得拒绝代理，这是代理律师的义务。非律师诉讼代理人在这个问题上，由于立法未予明确，基于委托代理的合意性，推断其有拒绝代理的权利。

此外，《中共中央关于全面推进依法治国若干重大问题的决定》明确提

出："积极探索律师代理不服司法机关生效裁判、决定申诉的制度。"最高法《解释》第 451 条第 3 款亦重申了律师有代理申诉的权利，申诉可以委托律师代为进行。最高人民法院、最高人民检察院、司法部《关于逐步实行律师代理申诉制度的意见》对律师代理申诉的诉讼权利、相关程序及配套制度予以完善。可以预见，申诉案件由律师代理已是必然趋势。

谢某龙受贿案[1]

【非法证据排除规则】

◆ **案情概要**

2012 年 4 月 24 日，国家体育总局足球运动管理中心原主任谢某龙走上丹东市中级人民法院的第四审判庭，接受法律的审判。

检方指控谢某龙涉案金额达 172 万元，共 12 项犯罪事实。但谢某龙本人对部分指控予以否认，法庭辩论的焦点围绕是否存在刑讯逼供展开，辩护人当庭提供了非法取证的线索，并对谢某龙作无罪辩护。公诉人也当庭提交了办案人员没有刑讯逼供的书面证明。在庭上，检方称谢某龙有自首情节，建议法庭从轻处罚。

2012 年 4 月 24 日，在丹东市中级人民法院庭审休庭时，谢某龙的一位辩护律师陈刚表示，谢某龙上午称自己在调查阶段被刑讯逼供，辩护人当庭提出申请启动非法证据排除程序。据律师介绍，谢某龙在法庭上情绪激动，讲述了被刑讯逼供的过程，并指出了刑讯逼供者的真实姓名，谢某龙当庭解释了他认罪的原因，是为了要活下去，和家人说清真相，让儿子知道自己是什么样的人。

2012 年 4 月 24 日，丹东市中级人民法院对谢某龙受贿案开庭审理，整个审讯过程历时 12.5 小时，检察院一共对谢某龙提出 12 项指控，谢某龙否认了其中 8 项。庭审结束后，辩护律师金晓光说，谢某龙因为翻供，之前供认中的可减轻刑罚的自首情节被法官宣布无效。

一审判决，被告人谢某龙身为国家工作人员，利用职务之便，非法收受他人财物，为他人谋取利益，其行为侵犯了国家机关的正常工作秩序和国家

---

〔1〕 参见百度百科：https://baike.baidu.com/item/谢某龙/9518311？fr=aladdin#4，2022 年 2 月 6 日访问，内容有删节。

的廉政建设制度，已构成受贿罪。法院认定被告人谢某龙犯受贿罪，判处有期徒刑 10 年 6 个月，并处没收个人财产人民币 20 万元。违法所得人民币 114.6 万元、美元 2 万元、欧元 6 千元、港币 2 万元依法予以追缴，上缴国库。

关于被告人谢某龙及辩护人在庭审中提出的刑讯逼供问题，一审法院进行了法庭调查。公诉机关当庭提供了证人证言及相关书证，以此来证明被告人谢某龙没有受到刑讯逼供。上述证据经法庭质证，被法庭采信。故对被告人谢某龙及辩护人所提出的谢某龙被刑讯逼供的意见，一审法院未予认定。

2012 年 6 月 19 日下午，谢某龙与两名辩护律师进行了会见，经过近一周的深思熟虑，谢某龙决定不再上诉，接受丹东市中级人民法院对其作出的一审判决。

一、法律分析

1. 结合本案，简述非法证据的范围

本案中，被告人谢某龙提出其受到刑讯逼供，法院就此问题进行了法庭调查。这是因为根据我国《刑事诉讼法》及相关司法解释的规定，以刑讯逼供方式收集的被告人供述属于非法证据。

《刑事诉讼法》第 56 条第 1 款规定，非法证据的范围包括非法言词证据和非法实物证据两类。其中非法言词证据指"采用刑讯逼供等非法方法收集的犯罪嫌疑人、被告人供述和采用暴力、威胁等非法方法收集的证人证言、被害人陈述"，这些非法言词证据应当予以排除。而非法实物证据是指"不符合法定程序，可能严重影响司法公正"且"不能补正或者作出合理解释的"物证、书证，对于这些证据亦应当予以排除。

然而，由于对《刑事诉讼法》第 56 条在规定非法证据范围时所使用的"等"字的不同理解，导致其狭义解释无法满足实践需要，因此相关司法解释对非法证据的范围加以进一步的明确和扩充。

一是针对何为"非法方法"的理解，最高法《解释》第 123 条明确以下三种类型的被告人供述属于以非法方法收集的被告人供述，应当予以排除：第一类是采用殴打、违法使用戒具等暴力方法或者变相肉刑的恶劣手段，使被告人遭受难以忍受的痛苦而违背意愿作出的供述；第二类是采用以暴力或者严重损害本人及其近亲属合法权益等相威胁的方法，使被告人遭受难以忍受的痛苦而违背意愿作出的供述；第三类是采用非法拘禁等非法限制人身自由的方法收集的被告人供述。最高检《规则》第 67 条针对犯罪嫌疑人供述也作出了类似的规定。相关条文解释了"非法方法"的含义，也对非法证据的范围加以明确，尤其将通过"冻、饿、晒、烤、疲劳审讯"等变相肉刑方式取得的犯罪嫌疑人、被告人供述纳入非法证据的范围，回应了司法实践的需要。

二是针对重复性供述的问题，最高法《解释》第 124 条规定除非符合例外情形，否则采用刑讯逼供方法使被告人作出供述，之后被告人受该刑讯逼供行为影响而作出的与该供述相同的重复性供述，亦应当一并排除。最高检《规则》第 68 条也将受刑讯逼供行为影响而作出的与该供述相同的重复性供述视为非法证据。这样的规定可以防止讯问人员"钻空子"，即讯问人员在第一次讯问中以刑讯逼供方式取得供述，其后再重新进行讯问，令被讯问人作出相同的重复性供述，并将"漂白"后的重复性供述作为追诉的依据。

2. 结合本案，简述非法证据排除规则的适用程序

非法证据排除规则的适用，应当遵循法定程序，具体而言，需要注意以下几个问题。

第一，非法证据排除可以在侦查、审查起诉和审判阶段进行，排除非法证据的主体包括侦查机关、人民检察院和人民法院。《刑事诉讼法》第 56 条第 2 款规定，在侦查、审查起诉、审判时发现有应当排除的证据的，应当依法予以排除，不得作为起诉意见、起诉决定和判决的依据。

第二，根据《刑事诉讼法》第 58 条之规定，审判阶段非法证据排除程序的启动包括两种情形：一是审判人员依职权而主动启动非法证据排除的调查，即"法庭审理过程中，审判人员认为可能存在本法第五十六条规定的以非法方法收集证据情形的，应当对证据收集的合法性进行法庭调查"。二是由当事人及其辩护人或诉讼代理人向人民法院以提出申请的方式启动非法证据排除程序。在本案中，被告人谢某龙依据第二种情形提出其受到刑讯逼供，进而申请法院就此问题进行了法庭调查。需要注意的是，当事人及其辩护人、诉讼代理人提出排除非法证据的申请时，应当"提供相关线索或者材料"。本案中，被告人谢某龙讲述了被刑讯逼供的过程，并指出了刑讯逼供者的真实姓名，即符合提供相关线索或者材料之要求。但是，此种提供线索或材料的要求并不改变由控方承担证据收集的合法性之证明责任，根据《刑事诉讼法》

第59条的规定，在对证据收集的合法性进行法庭调查的过程中，人民检察院应当对证据收集的合法性加以证明。

第三，审判阶段在开庭审理前，法院可以召开庭前会议，解决非法证据排除的问题。最高法《解释》第130条规定，开庭审理前，人民法院可以召开庭前会议，就非法证据排除等问题了解情况，听取意见。与此相适应的是，当事人及其辩护人、诉讼代理人申请排除非法证据的，原则上应当在开庭审理前提出。最高法《解释》第128条规定，人民法院向被告人及其辩护人送达起诉书副本时，应当告知其申请排除非法证据的，应当在开庭审理前提出，但庭审期间才发现相关线索或者材料的除外。

第四，庭审期间，法庭决定对证据收集的合法性进行调查的，应当先行当庭调查，但为防止庭审过分迟延，也可以在法庭调查结束前调查。最高法《解释》第135条规定，法庭决定对证据收集的合法性进行调查的，由公诉人通过宣读调查、侦查讯问笔录、出示提讯登记、体检记录、对讯问合法性的核查材料等证据材料，有针对性地播放讯问录音录像，提请法庭通知有关调查人员、侦查人员或者其他人员出庭说明情况等方式，证明证据收集的合法性。根据规定，在本案的法庭调查中，公诉机关当庭提供了证人证言及相关书证以证明被告人谢某龙没有受到刑讯逼供，法院经过质证，认定对于被告人受到刑讯逼供的意见不予采纳，从而不支持被告人及其辩护人提出的非法证据排除申请。

二、理论阐释：刑事证据规则

刑事证据规则主要针对的是某一证据能否被呈现在案件裁判者面前并被采信为作出裁判的考虑因素这一问题，即证据的可采性问题。对于这种理解，《美国联邦证据规则》体现得较为典型，其规定的证据规则主要是"关于证据可采性的规则，基本上不涉及其他内容"。

在刑事证据规则中为人所熟知的是关联性规则、传闻证据规则、最佳证据规则、自白任意性规则、补强证据规则、意见证据规则、品格证据规则、类似事实证据规则等。有学者试图通过归类的方式将这些证据规则进行整合，例如将其归类为规范证据的实质性内容的规则、规范证人的规则和规范证据替代方式的规则。我国亦有学者以规范证据的证据能力还是证明力为区别，将证据规则归类为规范证据能力的规则和规范证明力的规则；或根据价值取向不同，归类为保障实体真实的规则和维护正当程序的规则。威格摩尔则将证据规则区分为三大类：关联性规则、辅助性证明政策规则和外部政策规则，其中辅助性规则又可被再区分为五种类型：①优先性规则；②分析性规则（或审查性规则）；③预防性规则；④简化性规则；⑤定量性规则（或综合性规则）。

刑事证据规则可以看作是一枚硬币的两面：从正面看要求不符合这些规则的证据不得进入事实裁判者的视野，从反面看则要求运用排除规则对不符合规则的证据加以排除。因此，不应混淆刑事证据规则与非法证据排除规则。

除了非法证据排除规则之外，我国法律所明确规定的刑事证据规则主要有意见证据规则和补强证据规则。最高法《解释》第 88 条第 2 款规定，证人的猜测性、评论性、推断性的证言，不得作为证据使用，但根据一般生活经验判断符合事实的除外。最高法《解释》第 93 条规定"对被告人供述和辩解应当着重审查以下内容：……（九）被告人的供述和辩解与同案被告人的供述和辩解以及其他证据能否相互印证，有无矛盾"。《刑事诉讼法》第 55 条第 1 款规定："对一切案件的判处都要重证据，重调查研究，不轻信口供。只有被告人供述，没有其他证据的，不能认定被告人有罪和处以刑罚；没有被告人供述，证据确实、充分的，可以认定被告人有罪和处以刑罚。"最高法《解释》则更为详细，其第 96 条和第 141 条对被告人供述与其他证据的相互印证方式进行了具体的规定。此外，其他一些刑事证据规则的精神也在法律文本中得到了一定程度的体现。例如，最高法《解释》第 91 条第 3 款规定："经人民法院通知，证人没有正当理由拒绝出庭或者出庭后拒绝作证，法庭对其证言的真实性无法确认的，该证人证言不得作为定案的根据。"这或多或少地起到了排除传闻证据的作用。

三、扩展思考：非法证据排除规则的立法修改与完善

非法证据排除规则在我国的确立，其最主要和直接的目的在于遏制刑讯逼供。司法实践中的错案往往与刑讯逼供有关，立法者和司法人员希望通过适用非法证据排除规则，起到禁止刑讯逼供、预防错案的作用。整体而言，我国非法证据排除规则的立法大体经历三个阶段。

第一个阶段是制度萌芽期。1996 年《刑事诉讼法》第 43 条规定，严禁刑讯逼供和以威胁、引诱、欺骗以及其他非法的方法收集证据。根据此条规

定，1998 年最高法《解释》第 61 条规定："严禁以非法的方法收集证据。凡经查证确实属于采用刑讯逼供或者威胁、引诱、欺骗等非法的方法取得的证人证言、被害人陈述、被告人供述，不能作为定案的根据。"1997 年最高人民检察院《人民检察院实施〈中华人民共和国刑事诉讼法〉规则（试行）》第 233 条规定："以刑讯的方法收集的犯罪嫌疑人供述、被害人陈述、证人证言、鉴定结论不能作为指控犯罪的依据。以威胁、引诱、欺骗以及其他非法的方法收集上述证据而严重损害犯罪嫌疑人、被害人、证人、鉴定人合法权益或者可能影响证据客观真实的，该证据也不能作为指控犯罪的依据……"在此阶段，尽管司法解释已有对非法证据排除规则的初步规定，但内容粗疏且无对应的程序规定，在实践中鲜被执行。

第二个阶段是制度确立期。2010 年两院三部《非法证据排除规定》和《办理死刑案件证据规定》对非法证据排除规则作出了更为明晰的规定，区分了对非法言词证据的排除和对非法实物证据的排除，并规定了非法证据排除的程序、证明责任分配等问题。2012 年《刑事诉讼法》吸收了上述两个文件对非法证据排除规则的规定，其第 54 条至第 58 条分别对非法言词证据和非法实物证据的排除情形、排除阶段、启动程序、调查核实程序、证明责任分配等问题加以规定。此外，2012 年最高法《解释》和最高检《规则（试行）》亦对非法证据排除规则作出了进一步的细化规定。至此，非法证据排除规则在我国得到了正式确立。

第三个阶段是制度完善期。针对非法证据排除规则正式确立后实施效果不佳的状况，2013 年最高人民法院出台的《关于建立健全防范刑事冤假错案工作机制的意见》拓宽了非法证据排除的范围，特别是将冻、饿、晒、烤、疲劳审讯等非法方法收集的被告人供述纳入排除范围。在 2017 年两院三部《关于办理刑事案件严格排除非法证据若干问题的规定》中，对非法证据排除规则作出了更加细致的规定，其中第 5 条将刑讯逼供后犯罪嫌疑人、被告人作出的重复性供述纳入排除的范围。2017 年，最高人民法院《人民法院办理刑事案件排除非法证据规程（试行）》中，又进一步明确、细化了相关问题。从总体看，我国历经 20 余年，已经初步建立起体系相对完整的中国式非法证据排除规则。

呼某强奸杀人案[1]

【证据种类 分类与刑事证明】

◆ **案情概要**

1996 年 4 月 9 日 19 时 45 分左右，一名杨姓女子从呼和浩特市锡林南路千里香饭店去厕所。当晚 21 时 15 分后，该女子遭人扼颈，窒息死于呼和浩特第一毛纺织厂宿舍 57 栋平房西侧的女厕所内。

呼某于当晚与同事闫某吃完晚饭分手后，听到女厕内有女子呼救，便急忙赶往女厕内施救。当他赶到时，呼救女子已遭强奸并因被扼颈而窒息死亡。随后，呼某跑到附近警亭报案，却被公安机关认定为杀人凶手。呼和浩特市人民检察院指控被告人呼某犯故意杀人罪、流氓罪一案，由呼和浩特市中级人民法院于 1996 年 5 月 17 日作出〔1996〕呼刑初字第 37 号刑事判决，认定呼某犯故意杀人罪，判处死刑，剥夺政治权利终身；犯流氓罪，判处有期徒刑 5 年，决定执行死刑，剥夺政治权利终身。宣判后，呼某提出上诉，内蒙古自治区高级人民法院于 1996 年 6 月 5 日作出〔1996〕内刑终字第 199 号刑事裁定，驳回上诉，维持原判，并根据当时有关死刑案件核准程序的规定，核准以故意杀人罪判处呼某死刑，剥夺政治权利终身。1996 年 6 月 10 日，呼某被执行死刑。

2005 年 10 月 23 日，呼和浩特市破获一起系列杀人案。在犯罪嫌疑人赵某红交代的十几起案件中，其中第 16 起是呼和浩特第一毛纺厂宿舍大院女厕所的命案。2014 年 3 月初，内蒙古政法委成立了呼某案件复查组。

2014 年 12 月 15 日，内蒙古自治区高级人民法院对呼某故意杀人、流氓罪一案作出再审判决，并向申诉人、辩护人、检察机关送达了再审判决书。

再审认为：原判认定原审被告人呼某采用捂嘴、扼颈等暴力手段对被害

---

〔1〕 参见内蒙古自治区高级人民法院〔2014〕内刑再终字第 00005 号刑事判决书。

人杨某某进行流氓猥亵，致杨某某窒息死亡的事实，没有确实、充分的证据予以证实。

（1）原审被告人呼某供述的犯罪手段与尸体检验报告不符。呼某供称从杨某某身后用右手捂杨某某嘴，左手卡其脖子同时向后拖动杨某某两三分钟到隔墙，与"死者后纵隔大面积出血"的尸体检验报告所述伤情不符；呼某供称杨某某担在隔墙上，头部悬空的情况下，用左手卡住杨某某脖子十几秒钟，与"杨某某系被扼颈致窒息死亡"的尸体检验报告结论不符；呼某供称杨某某担在隔墙上，对杨某某捂嘴时杨某某还有呼吸，也与"杨某某系被扼颈致窒息死亡"的尸体检验报告结论不符。

（2）血型鉴定结论不具有排他性。刑事科学技术鉴定证实呼某左手拇指指甲缝内附着物检出 O 型人血，与杨某某的血型相同；物证检验报告证实呼某本人血型为 A 型。但血型鉴定为种类物鉴定，不具有排他性、唯一性，不能证实呼某实施了犯罪行为。

（3）呼某的有罪供述不稳定，且与其他证据存在诸多不吻合之处。呼某在公安机关侦查阶段、检察机关审查起诉阶段、法院审理阶段均供认采取了卡脖子、捂嘴等暴力方式强行猥亵杨某某，但又有翻供的情形，其有罪供述并不稳定。呼某关于杨某某身高、发型、衣着、口音等内容的供述与其他证据不符，其供称杨某某身高 1.60 米、1.65 米，尸体检验报告证实杨某某身高 1.55 米；其供称杨某某发型是长发、直发，尸体检验报告证实杨某某系短发、烫发；其供称杨某某未穿外套，尸体检验报告证实杨某某穿着外套；其供称杨某某讲普通话与杨某某讲方言的证人证言不吻合。原判认定的呼某犯流氓罪除其供述外，没有其他证据予以证明。

2014 年 12 月 15 日，内蒙古自治区高级人民法院再审判决宣告原审被告人呼某无罪。

一、法律分析

1. 结合本案，简述刑事证据的种类及其审查运用

证据的种类是指法律规定的证据形式。诉讼中作为起诉依据和定案根据的证据，必须符合法律规定的证据形式和要求，即属于法定的证据种类之一。根据《刑事诉讼法》第 50 条之规定，刑事证据有以下八类：①物证；②书证；③证人证言；④被害人陈述；⑤犯罪嫌疑人、被告人供述和辩解；⑥鉴

定意见；⑦勘验、检查、辨认、侦查实验等笔录；⑧视听资料、电子数据。本案再审判决中提及存在疑问的证据中，原审被告人呼某的供述属于被告人供述，尸体检验报告、血型鉴定结论属于鉴定意见。

在审查运用刑事证据时，均应审查其来源、收集程序是否合法、与案件的关联程度等问题。但由于不同种类的刑事证据具有不同特征，针对不同种类证据的特征，应当有不同的审查判断重点。例如，对于物证、书证等，应重点审查这些证据是否存在伪造、篡改、变质、损坏等情形，即需通过审查确保证据的同一性；对于鉴定意见，应重点审查鉴定人是否具有鉴定资格、送检材料和鉴定过程是否符合规范；对于勘验、检查、辨认、侦查实验笔录等，应重点审查相关笔录的制作是否合法、勘验的现场或检查的对象是否受到破坏或改变、相关人员的专业技术水平等；对于视听资料，应重点审查其来源、有无受到剪辑或删改、是否为原件等问题；对于电子数据，应重点审查原始存储介质的情况、是否具有数字证书等标识、收集提取过程是否合法并依法记录、有无编辑删改等情形、电子数据是否完整等问题。

在刑事证据的审查运用中，对于犯罪嫌疑人、被告人供述和辩解、被害人陈述、证人证言等言词类证据的审查应尤为审慎。由于此类证据具有高度的主观性和易变性，极易受到外界因素或供述者自身原因的影响，因此要严格审查这些证据是否系犯罪嫌疑人、被告人自愿作出的，司法工作人员在收集此类证据的过程中是否存在刑讯逼供、暴力取证等非法取证行为，以及是否能够与其他证据相互印证。最高法《解释》第93条第1款规定："对被告人供述和辩解应当着重审查以下内容：……（五）有无以刑讯逼供等非法方法收集被告人供述的情形；（六）被告人的供述是否前后一致，有无反复以及出现反复的原因；……（九）被告人的供述和辩解与同案被告人的供述和辩解以及其他证据能否相互印证，有无矛盾；存在矛盾的，能否得到合理解释。"本案再审中，法院就是通过审查原审被告人呼某的供述，发现其供述反复且与尸体检验报告及其他证据存在诸多不吻合之处、无法相互印证，从而认为原判认定原审被告人呼某采用捂嘴、扼颈等暴力手段对被害人杨某某进行流氓猥亵、致杨某某窒息死亡的事实，没有确实、充分的证据予以证实。

2. 结合本案，简述刑事证据的分类

证据的分类区别于证据的种类，是指对证据的学理类型的划分标准。根据证据的来源、作用、特点等标准的不同，在理论上将证据划分成不同类型，以研究各类证据的运用规律。尽管证据的分类不像证据的种类那般具有法律效力，但其具有推动证据理论研究、指导立法和司法实践的重大意义。

按照不同标准，可以对刑事证据作以下分类：

（1）言词证据与实物证据。这是按照证据的存在方式、表现形式所作出的分类。凡是以人的陈述为表现形式的证据即为言词证据，而以物品、文件等实物方式呈现的证据为实物证据。本案中原审被告人呼某的供述即属于言词证据，而作为鉴定意见的尸体检验报告、血型鉴定结论，由于其本质是鉴定人就特定问题所作的个人意见，所以亦属于言词证据。

（2）原始证据与传来证据。这是按照证据的来源所作的分类。凡是直接来源于案件的证据都是原始证据，即"一手证据"；凡是并非直接来源于案件，而是从第二手来源处经过复制、转述等而取得的证据都是传来证据。本案中原审被告人呼某关于自己是否犯罪的供述，直接来源于案件本身，因此是原始证据。

（3）直接证据与间接证据。这是按照证据与案件主要事实的关系而作的分类。凡是能直接证明案件的主要争议事实的，即能独立证明犯罪事实是否存在和该犯罪事实是否是犯罪嫌疑人或被告人所实施的证据，是直接证据。凡是不能独立证明案件主要事实，只能证明案件事实的某方面情况的证据，是间接证据。本案中，原审被告人呼某的供述能够直接证明案件的主要事实，因此是直接证据；而尸体检验报告、血型鉴定结论等只能证明案件的某方面事实，是间接证据。在运用间接证据定案时，应当极其小心谨慎。最高法《解释》第140条规定，没有直接证据，但间接证据同时符合下列条件的，可以认定被告人有罪：①证据已经查证属实；②证据之间相互印证，不存在无法排除的矛盾和无法解释的疑问；③全案证据形成完整的证据链；④根据证据认定案件事实足以排除合理怀疑，结论具有唯一性；⑤运用证据进行的推理符合逻辑和经验。

（4）有罪证据与无罪证据。这是按照证据的证明作用是肯定或否认犯罪嫌疑人、被告人实施了犯罪行为所做出的分类。凡是用于证明犯罪嫌疑人或被告人有罪的证据即为有罪证据，如本案中呼某的有罪供述即为有罪证据；凡是用于证明犯罪嫌疑人或被告人无罪的证据即为无罪证据。有学者认为此种分类不够周全而提出控诉证据与辩护证据、有利于被追诉人的证据和不利于被追诉人的证据之分类，但目前通说仍采用有罪证据与无罪证据的分类。

二、理论阐释：刑事诉讼证明

刑事诉讼证明是指在刑事诉讼中国家专门机关和某些诉讼参与人按照法定程序运用证据认定案件事实的行为。刑事诉讼证明在整个刑事诉讼活动中具有关键意义，根据证据裁判原则的要求，未依据证据加以证明的事实即不得被认定，因此刑事诉讼证明是刑事诉讼中案件事实认定的基础，也是依法作出裁判的基础。由于刑事诉讼证明关系着公民的生命、自由、财产等重要法益，因此必须严格遵循程序法定原则，尤其要防范刑事诉讼中的国家专门机关在证明过程中的权力滥用。

从证明的要素上看，刑事诉讼证明具有以下特征。

（1）证明主体广泛。刑事诉讼的证明主体不限于审判阶段的控方（检察机关、自诉人），还包括被害人、附带民事诉讼原被告等当事人，以及公安机关、国家安全机关等侦查机关。至于法院是否是证明的主体存在争议，有学者认为从广义的角度理解，法院因有在必要时主动收集和调查核实证据的职权，亦是证明的主体，但也有学者认为基于审判中立的要求，法院不应被视为证明的主体。

（2）证明对象特定。刑事诉讼的证明对象即待证事实，主要包括与犯罪构成要件和量刑相关的事实，即实体法事实，也包括有关刑事诉讼程序的事实，即程序法事实，如回避的事实、管辖的事实等。程序法事实虽不直接指向定罪量刑问题，但与案件的公正办理以及诉讼的最终结果有重大关系，其证明意义越来越为人所重视。

（3）证明责任明确。根据无罪推定原则，刑事诉讼中证明被追诉人有罪的责任原则上由检察机关或自诉人等控方承担，除非法律另有规定，如在巨额财产来源不明罪中被告人需证明财产的来源合法，否则被追诉人有主张自己无罪的权利，却不承担证明自己无罪的责任。

（4）证明标准多元。刑事诉讼需经历不同阶段，各个阶段的诉讼任务不同，因此证明标准亦不相同。我国《刑事诉讼法》规定，立案的证明标准是侦查机关或人民法院"认为有犯罪事实需要追究刑事责任"，侦查终结、移送起诉的证明标准是侦查机关认为"犯罪事实清楚，证据确实、充分"，提起公诉的证明标准是"人民检察院认为犯罪嫌疑人的犯罪事实已经查清，证据确实、充分，依法应当追究刑事责任"，审判阶段定罪的证明标准是"案件事实清楚，证据确实、充分，依据法律认定被告人有罪"。

（5）证明过程完整。刑事诉讼证明经历取证、举证、质证、认证的过程。相较于民事诉讼证明和行政诉讼证明，刑事诉讼证明的特殊之处在于其过程贯穿立案、侦查、起诉和审判等各个阶段，而非仅限于审判阶段。

（6）证明手段和方法合法。刑事诉讼中，收集和运用证据进行证明的手段和方法应当合法，尤其在取证过程中，严禁以刑讯逼供、暴力取证等非法取证方法收集证据，否则此种证据应被依法排除。

三、扩展思考：排除合理怀疑

"排除合理怀疑"是英美法系的定罪标准，其中"合理怀疑"是"建立在理性基础上的怀疑，也就是建立在思维的逻辑过程基础上的怀疑。它不是一种幻想或猜测出的怀疑，也不是基于同情或者偏见的怀疑。它是这样一种怀疑，即如果你问自己'我为何怀疑'的时候，你能够通过回答而给出逻辑上的理由。此处的逻辑上的理由意为与证据相关的理由，包括你在整体考虑了全案证据之后所发现的矛盾，或者与某一证据的不存在相关的理由，且你认为该证据在该案中是定罪的关键"。[1]因此，"排除合理怀疑"标准是指"在经过对所有证据的完整的比较和考虑之后，陪审员的心中仍然无法确定其对于判定有罪已经感觉到某种道德上的确定性了……证据必须证明事实达到了合理的或道德上的确定性……"，[2]就量化标准看，美国联邦第七巡回法院曾判决说："'排除合理怀疑'标准……可能要达到0.9甚至更高。"[3]

2012年《刑事诉讼法》第195条第1项规定："案件事实清楚，证据确实、充分，依据法律认定被告人有罪的，应当作出有罪判决。"这是在保留"案件事实清楚，证据确实、充分"的定罪标准基础上引入了"排除合理怀疑"标准，同时其第53条第2款规定："证据确实、充分，应当符合以下条件：（一）定罪量刑的事实都有证据证明；（二）据以定案的证据均经法定程序查证属实；（三）综合全案证据，对所认定事实已排除合理怀疑。"2018年《刑事诉讼法》对这两个条文内容予以保留。由此可见，我国《刑事诉讼法》

---

〔1〕　*David Watt, Watt's Manual of Criminal Evidence*, Thomson Carswell, 2005, p. 180.

〔2〕　*Commonwealth v. Webster*, 59 Mass. (5 Cush.) 295 (1850).

〔3〕　*Lucy Brown v. Otis R. Bowen*, 847 F. 2d 342 (1988).

是用"排除合理怀疑"标准去解释或限定原有定罪标准"犯罪事实清楚，证据确实充分"中的"证据确实、充分"部分。而最高法《解释》第 140 条规定："没有直接证据，但间接证据同时符合下列条件的，可以认定被告人有罪：（一）证据已经查证属实；（二）证据之间相互印证，不存在无法排除的矛盾和无法解释的疑问；（三）全案证据形成完整的证据链；（四）根据证据认定案件事实足以排除合理怀疑，结论具有唯一性；（五）运用证据进行的推理符合逻辑和经验。"该条在确定运用间接证据定罪的标准时混用"排除合理怀疑"和"结论唯一"，将"排除合理怀疑"这一主观性较强的标准进行了客观化解释。由此可见，"排除合理怀疑"标准的引入并未对我国"犯罪事实清楚，证据确实、充分"的定罪标准产生实质性的改变。

【强制措施的种类】

◆ 案情概要

2002年4月2日，北京地税局（现为北京市税务局）第一稽查分局对北京某庆文化艺术有限责任公司（以下简称"某庆公司"）、北京刘某庆实业发展公司和北京某庆经典广告公司涉嫌偷税立案调查。经调查证实某庆公司自1996年以来采取不列、少列收入、多列支出、虚假申报等手段偷逃所得税、营业税、城市维护建设税等多个税种涉及巨额税款，已涉嫌偷税犯罪。

2002年4月4日，北京地税局将此案依法移送北京市公安局，北京市公安局于4月5日立案侦查。4月24日，根据获取的证据，北京市公安局依法对涉案责任人某庆公司总经理靖某（刘某庆的妹夫）和前任会计方某刑事拘留。5月12日，北京市公安机关正式逮捕靖某，并将某庆公司涉嫌偷税漏税一案移交检察院。6月18日对该案责任人冉某红（又名刘某红，为刘某庆之妹）刑事拘留。

2002年6月20日，刘某庆因其所办公司涉嫌偷税，被公安机关依法刑事拘留。7月24日，经北京市人民检察院第二分院批准，刘某庆被依法逮捕。其后，刘某庆家人向有关部门申请为其办理取保候审。2003年8月16日，刘某庆因有悔过表现和筹款补缴税款的愿望，由其表哥刘先生担保，被取保候审。

2003年1月2日，刘某庆、靖某等五人涉嫌偷税罪一案由公安机关侦查终结，移送检察机关审查起诉。2003年9月，某庆公司被提起公诉，检察机

〔1〕　参见新浪网：http://ent.sina.com.cn/s/m/2004-05-26/1430400530.html；荆楚网：http://www.cnhubei.com/200404/ca437314.htm；腾讯网：https://xw.qq.com/cmsid/20210804A03DGM00？pgv_ref=baidutw，2022年2月6日访问。

关指控某庆公司及其总经理靖某在 1996 年至 2001 年间涉嫌偷税犯罪 52 起，偷税共计 848 万余元，其中偷逃所得税 700 多万元。刘某庆、刘某红姐妹以及其他曾经因为本案被逮捕的人不在被起诉之列。

2003 年 12 月 12 日，某庆公司偷税案开庭审理，原某庆公司总经理靖某出庭受审。法院审理查明，被告单位某庆公司作为纳税义务人于 1996 年至 2001 年期间违反税收征管规定，采取伪造记账凭证，在账簿上多列支出或不列、少列收入，进行虚假的纳税申报的手段，不缴或少缴应纳税款，且各年度的偷税数额占当年度应纳税额的比例均在 30% 以上，偷逃各种税款共计人民币 6 679 069.6 元，已构成偷税罪。被告人靖某在被告单位任总经理职务期间，主管财务工作，对任职期间单位实施的偷税行为负有直接责任，参与实施了被告单位大部分偷税行为亦构成偷税罪。鉴于被告单位已在法院判决前将偷税款全部补缴之情节，故对被告单位予以从轻处罚，对被告人靖某可酌情予以从轻处罚。2004 年 4 月 6 日，北京市朝阳区人民法院一审判决，以偷税罪判处某庆公司罚金人民币 710 万元，以偷税罪判处被告人靖某有期徒刑 3 年。

2004 年 5 月 10 日、11 日，刘某庆、冉某红分别收到北京市朝阳区人民检察院作出的《不起诉决定书》，刘某庆个人涉及刑事法律的司法程序至此全部结束。

一、法律分析

1. 结合本案，简述强制措施的种类

强制措施是公安机关、人民检察院和人民法院为了保证刑事诉讼的顺利进行，依法对犯罪嫌疑人、被告人的人身自由进行限制或者剥夺的各种强制性方法，其目的在于防止犯罪嫌疑人、被告人逃避或有碍诉讼进行，本身不具有惩戒性。按照强制力度从轻到重，《刑事诉讼法》依次规定了拘传、取保候审、监视居住、拘留和逮捕五种具体强制措施，其中，拘传、取保候审、监视居住属于非羁押性强制措施，拘留和逮捕属于羁押性强制措施。

（1）拘传。作为强制措施体系中最轻的强制措施，其目的在于强制犯罪嫌疑人、被告人到案接受讯问以保障诉讼活动的顺利进行，因此讯问结束，拘传即终止。需要指出的是，拘传与传唤虽然都是让犯罪嫌疑人、被告人接受讯问，但传唤不是强制措施，在强制力上两者明显不同，在适用上两者也无必然联系，经过依法传唤无正当理由不到案并不是拘传的必要条件。

（2）取保候审。公安司法机关可以责令未被羁押的犯罪嫌疑人、被告人以提供保证人或者交纳保证金的方式，保证不逃避或者妨碍侦查、起诉和审判，并随传随到。取保候审作为一项限制人身自由的强制措施，取保是手段，候审是目的，通过保证人保证或者保证金保证，督促犯罪嫌疑人、被告人配合诉讼活动，不逃避或妨碍诉讼顺利进行。依据《刑事诉讼法》第97条，犯罪嫌疑人、被告人及其法定代理人、近亲属或者辩护人有权提出变更羁押措施为取保候审的申请，对符合取保候审条件的，公安司法机关应当责令犯罪嫌疑人、被告人提出保证人或者交纳保证金。公安机关对保证人负有严格审查义务，根据《刑事诉讼法》第69条规定，保证人应当具备以下条件：①与本案无牵连；②有能力履行保证义务；③享有政治权利，人身自由未受到限制；④有固定的住处和收入。本案中，刘某庆被依法逮捕后，其辩护人向公安机关提出取保候审的申请，公安机关经审查认为刘某庆的悔过表现和筹款补缴税款的愿望均反映出其人身危险性较小、逃避诉讼的可能性较低，因此以提供保证人的方式——由其表哥刘先生担保对刘某庆适用取保候审。

（3）监视居住。监视居住作为逮捕的替代性措施，是人民法院、人民检察院、公安机关对符合逮捕条件但未被逮捕的犯罪嫌疑人、被告人，责令其不得擅自离开指定的区域，限制其人身自由并对其活动予以监视和控制的一种强制方法。监视居住分为两种，一种是住所监视居住，一种是指定居所监视居住。需要指出的是，一般情况下监视居住都在住所进行，指定居所监视居住仅适用于两种情形：①犯罪嫌疑人、被告人无固定住所的；②涉嫌危害国家安全犯罪、恐怖活动犯罪，在住所执行可能有碍侦查的，经上一级公安机关批准，可以在指定的居所进行。

（4）拘留。拘留是侦查机关在法定紧急情况下，依法临时剥夺某些现行犯或者重大嫌疑分子人身自由的羁押性强制措施。本案中，某庆公司在1996年至2001年多次违反税收征管规定，不缴或少缴应纳税款，符合《刑事诉讼法》第82条第7项规定的"有流窜作案、多次作案、结伙作案重大嫌疑的"这一情形，因此公安机关对某庆公司总经理靖某、前任会计方某、负责人冉某红和刘某庆依法刑事拘留。

（5）逮捕。不受非法逮捕和羁押是犯罪嫌疑人、被告人在诉讼中重要的程序保障。逮捕作为最严厉的强制措施，不仅体现为剥夺犯罪嫌疑人、被告人的人身自由，而且在羁押期限上，除非变更或解除，一般至人民法院判决生效止。公安司法机关对犯罪嫌疑人、被告人适用逮捕时应当慎重，根据《刑事诉讼法》第80条、第91条及相关司法解释规定，逮捕犯罪嫌疑人、被告人，必须经过人民检察院批准或者人民法院决定，由公安机关执行。公安机关对自己侦查的案件，认为需要逮捕犯罪嫌疑人的，应当依法提请人民检察院审查批准，自行无权决定犯罪嫌疑人的逮捕。公安机关对被拘留的人，认为需要逮捕的，应当在拘留后的3日以内，提请人民检察院审查批准。在特殊情况下，提请审查批准的时间可以延长1日至4日。对于流窜作案、多次作案、结伙作案的重大嫌疑分子，提请审查批准的时间可以延长至30日。人民检察院应当自接到公安机关提请批准逮捕书后的7日以内，作出批准逮捕或者不批准逮捕的决定。可以看出，在作出批准逮捕决定前，犯罪嫌疑人的拘留期限最长为37日。

本案中，公安机关在2002年4月24日、6月20日对靖某、刘某庆等人分别依法拘留，由于涉及多次作案，公安机关在30日内提请检察院对犯罪嫌疑人批准逮捕，检察院在5月12日对靖某、7月24日对刘某庆作出了批准逮捕的决定。

2. 结合本案，简述强制措施的变更与解除

强制措施作为一种临时性处分措施，在诉讼进程中随着办案进展和犯罪嫌疑人、被告人社会危险性的变化可予以变更或者解除。这里的变更分为两种，一种是从轻的强制措施变更为强制力更重的强制措施，例如被取保候审的犯罪嫌疑人、被告人严重违反法定义务，可监视居住、予以逮捕；还有一种是从重的强制措施变更为轻的强制措施，例如本案中对刘某庆从逮捕变更为取保候审。

变更、解除强制措施有两种方式，一是依职权变更、解除，二是依申请变更、解除。《刑事诉讼法》第96条规定，人民法院、人民检察院和公安机关如果发现对犯罪嫌疑人、被告人采取强制措施不当的，应当及时撤销或者变更。公安机关释放被逮捕的人或者变更逮捕措施的，应当通知原批准的人民检察院。需要指出的是，犯罪嫌疑人、被告人被逮捕后，人民检察院仍应当对羁押的必要性进行审查，对不需要继续羁押的，应当建议予以释放或者变更强制措施。此外，在羁押期限内仍未办结的案件，对犯罪嫌疑人、被告人应当及时释放，需要继续查证、审理的，对犯罪嫌疑人、被告人可以取保

候审或者监视居住。对采取强制措施法定期限届满的犯罪嫌疑人、被告人，也应当及时予以释放、解除取保候审、监视居住或者依法变更强制措施。犯罪嫌疑人、被告人及其法定代理人、近亲属或者辩护人有权申请变更强制措施，对于人民法院、人民检察院或者公安机关采取强制措施法定期限届满的，有权要求解除强制措施。人民法院、人民检察院和公安机关收到申请后，应当在 3 日以内作出决定；不同意变更强制措施的，应当告知申请人，并说明不同意的理由。

本案中，刘某庆、冉某红分别收到北京市朝阳区人民检察院作出的《不起诉决定书》，意味着诉讼的终止以及无需对其追究刑事责任，公安机关应当立即解除二人的强制措施。

二、理论阐释：强制措施的适用原则和考虑因素；立法修改与完善

强制措施是一把"双刃剑"，一方面有利于保证诉讼的顺利进行，防止犯罪嫌疑人、被告人逃避或妨碍诉讼；另一方面，其作为限制或剥夺人身自由的强制性方法，稍有"越界"或滥用，则会侵犯犯罪嫌疑人、被告人的人权，有损程序公正。因此，在适用强制措施时，应当坚持惩罚犯罪与保障人权、严肃与谨慎相结合的方针，遵循相应的原则：一是合法性原则，即各种强制措施的适用应当以法律明文授权为前提，严格遵循法律对犯罪嫌疑人、被告人采取强制措施，这是程序法定原则的体现。二是必要性原则，各种强制措施的适用需要考量其目的性和合理性，只有为了保证诉讼顺利进行且确有必要时，才能适用强制措施。三是比例性原则（相当性原则），这一原则在现代公法学中被视为"帝王条款"，旨在控制和约束政府对公民权利和自由的限制。在强制措施的适用上，其强调适用的具体强制措施要与行为人的人身危险程度和犯罪的轻重程度相适应，即采取的强制措施与强制的目的之间应达到平衡。四是变更性原则，强制措施作为暂时性的措施，在诉讼进程中应当根据案件情况随时调整，予以变更或者解除。

为此，在适用具体强制措施方面，公安司法机关不仅要考虑犯罪嫌疑人、被告人的社会危害性以及逃避诉讼或者妨害诉讼顺利进行的可能性，还需要根据案件事实的调查情况和对证据的掌握情况，具体选择强制措施的种类，例如在逮捕的适用方面，应当达到"有证据证明有犯罪事实"这一证据条件。此外，基于人道主义，还应当考虑犯罪嫌疑人、被告人的个人情况，例如患

有严重疾病、生活不能自理的人以及怀孕、正在哺乳自己婴儿的妇女等，对其采用非羁押性强制措施更利于保障其人权。

需要指出的是，2012年《刑事诉讼法》在"强制措施"一章中增加了检察院羁押必要性审查，形成了"逮捕必要性+捕后羁押必要性"的双审查模式，旨在及时发现、纠正适用原则下的羁押措施适用，对保障犯罪嫌疑人、被告人的人权、深化检察监督职能、减少羁押率、落实"少捕慎诉"政策有重要意义。《刑事诉讼法》第95条规定："犯罪嫌疑人、被告人被逮捕后，人民检察院仍应当对羁押的必要性进行审查。对不需要继续羁押的，应当建议予以释放或者变更强制措施。有关机关应当在十日以内将处理情况通知人民检察院。"在羁押必要性的启动上，人民检察院可以依职权主动进行羁押必要性审查，也可以由犯罪嫌疑人、被告人及其法定代理人、近亲属或者辩护人申请人民检察院进行羁押必要性审查，看守所根据在押人员身体状况，可以建议人民检察院进行羁押必要性审查。在审查内容上，人民检察院应当根据犯罪嫌疑人、被告人涉嫌的犯罪事实、主观恶性、悔罪表现、身体状况、案件进展情况、可能判处的刑罚和有无再危害社会的危险等因素，综合评估有无必要继续羁押犯罪嫌疑人、被告人。在审查后的处理上，负责捕诉的部门认为侦查阶段的犯罪嫌疑人、审判阶段的被告人不需要继续羁押的，应当建议公安机关或者人民法院予以释放或者变更强制措施，说明不需要继续羁押犯罪嫌疑人、被告人的理由和法律依据，并要求办案机关在10日以内回复处理情况，未在10日以内回复处理情况的，应当提出纠正意见。在审查起诉阶段认为犯罪嫌疑人不需要羁押的，人民检察院应当直接释放犯罪嫌疑人或者变更强制措施。

三、扩展思考：单位犯罪的诉讼程序

1997年《刑法》将单位犯罪正式纳入刑事追责体系，单位作为刑事犯罪的责任主体，与特定的自然人一并实行双罚制，即对单位单处罚金，同时对其直接负责的主管人员和其他直接责任人员判处刑罚。由于单位是拟制的法律主体，作为独立的犯罪嫌疑人、被告人，其参加诉讼、行使诉讼权利仍需依靠自然人进行，因此诉讼代表人作为单位"站在法庭之上"的代表，在诉讼中以单位的名义参加诉讼活动，例如行使辩护权、在开庭审理中进行陈述等。

根据最高法《解释》第 336 条对"诉讼代表人选任"的规定，单位的法定代表人、实际控制人和主要负责人是诉讼代表人的首选，但当其与单位犯罪有利害关系或者因客观原因无法出庭时，有三类"候补"人员可以作为诉讼代表人，分别是单位的其他负责人、单位职工和单位以外的律师等，但他们参与诉讼有以下限制：第一，不属于被指控为单位犯罪直接责任人员；第二，不能是案件的证人；第三，不能是单位犯罪的辩护人。

依法按时出席并接受法庭审判是诉讼代表人的法定义务，经依法通知拒不出庭的，有两种法律后果：①诉讼代表人是被告单位的法定代表人、实际控制人或者主要负责人，无正当理由拒不出庭的，可以拘传其到庭；因客观原因无法出庭，或者下落不明的，为了保证法庭审判的中立性，应当要求人民检察院另行确定诉讼代表人；②诉讼代表人系其他人员的，应当要求人民检察院另行确定诉讼代表人。

值得关注的是，在优化法治化营商环境、加强民营企业司法保护的政策背景下，学者提出在单位犯罪的诉讼程序中增加合规激励机制，即以合规不起诉或者暂缓起诉的方式实现对民营企业的"严管"与"厚爱"，这是对现有不起诉制度的突破。在涉企合规改革试点下，有学者提出，部分地区的司法实践已赋予合规检察建议以刑事激励效果，将合规检察建议与酌定不起诉相互关联，涉案企业如果在进入刑事诉讼程序之前业已建立有效合规计划，经过检察机关的考察认定，便可以获得酌定不起诉的处理结果。即便企业没有建立符合标准的合规计划，如果能够展示出合规整改的意愿和能力。检察机关也可以对其作出酌定不起诉决定，同时发出合规检察建议，督促企业进行合规整改。也有学者认为，应当扩大附条件不起诉的范围，考虑正式建立适用于单位犯罪案件的附条件不起诉制度。合规不起诉入法已是必然趋势，采取酌定不起诉抑或是附条件不起诉，有待于学者们的进一步研究。

◆ 案情简介

2003 年，国内多家媒体先后报道了一个"无案宗、无罪名、无判决、无期限"的"四无案件"，轰动了全国：案件的当事人谢某武在未经审判的情况下被关押在看守所 28 年。

1974 年的一天，广西壮族自治区玉林市兴业县农民谢某武所在的社队组织农民上山捡拾"反动传单"，谢也被派去，结果他空手而归，后被人举报其捡到了"反动传单"不上交（实际上他并未捡拾到"反动传单"，况且他不识字，不会私自留下）；当地民兵组织认为地主家庭出身的谢某武私藏"反动传单"，遂将其押送公安机关，被当地公安机关羁押于水均塘看守所；直到 20 多年后一个"偶然"的机会，也即 1996 年检察机关在开展修改后的《刑事诉讼法》落实情况的专项调查时，才发现仍羁押在看守所里的谢某武；但这时公、检、法三家谁也不知道谢某武犯了什么罪，因为除了非常偶然地"找到"一张 1974 年 6 月 24 日由当时的县公安局长签署的对谢某武实行强制措施的《刑事拘留证》之外，此案没有判决书和其他法律文书，没有案件卷宗，而且当初签署《刑事拘留证》的公安局长、其他当年负责谢某武一案的办案人员都已不在人世；当调查组询问看守所有关人员时，看守所的历任所长均表示"不知道谢某武犯了啥法"。经过长达 6 年的"查证"之后终于认定冤情，广西壮族自治区玉林市公安局在 2002 年 10 月签发了一份释放证明书将谢某武释放。

仅凭一张发黄的《刑事拘留证》就被羁押 28 年之久的谢某武在离开水均塘看守所时，那 10 348 天与世隔绝的日子已使他从一个 30 多岁的青年人变成了 60 多岁的白发苍苍、不能说话、失去记忆的驼背老人。尤其是，谢被单独关押在一间狭窄、阴暗、无窗户的"号子"里，享受"独居待遇"。据经过治疗逐渐恢复一点记忆的谢某武回忆："我在那间没有窗户的牢房里，每天都把耳朵贴在铁门上，听门外的脚步声，等待着有人路过这里，我最大的愿望是门外的人同我讲几句话。但是 28 年来，没有人注意到我的存在，没有人同我讲话……"长期单独关押、没有生活希望的囹圄生活，使得谢某武的身心健康恶化到极点，经南宁市第五医院医学鉴定为精神衰竭症。[1]

一、法律分析

1. 结合本案，解读"超期羁押"背后的司法理念

在刑事诉讼中尊重并保障被追诉者的人权，是刑事司法制度"现代性"的重要标志。对于被追诉方人权保障的强调，与无罪推定原则密切相关。无罪推定原则不仅仅是一条明确证明责任的证据法则、确定被追诉方主体地位的诉讼法则，更是一条人权保障原则。其历史意义，已经超出了一般法律原则的范畴。

我国《刑事诉讼法》第 12 条规定："未经人民法院依法判决，对任何人都不得确定有罪。"贯彻无罪推定原则，就会发现未决羁押与被追诉人的诉讼地位之间存在相当张力。采取剥夺被追诉方人身自由的方式固然能够最大限度地保障诉讼活动顺利进行，但如果适用不当或者滥用，也会对被追诉方的人身自由权利造成侵害。

具体到本案中，谢某武仅因为被当地民兵组织认为"私藏反动传单"，便被扭送到公安机关并送往看守所羁押 28 年，这非常典型地反映了在有罪推定观念的指导之下，刑事强制措施被赋予了刑罚预支的功能。应当明确，刑事强制措施与刑罚制裁的定位功能存在根本的实质性差异，强制措施作为一种程序性保障措施，其适用目的在于保障刑事诉讼活动的顺利进行，并不具备惩罚犯罪的实体性功能。公民在未经人民法院判决有罪并处以自由刑前，不能被提前预支刑罚。

2. 结合本案，从制度的角度解读"超期羁押"现象

公安机关、人民检察院与人民法院普遍实行绩效考核制度，用以衡量某

---

〔1〕 莫于川："超期羁押 28 年案件凸现我国人权法制的软肋——关于谢某武悲剧的法理与制度分析"，载《河南省政法管理干部学院学报》2005 年第 4 期。

一单位在一定时间之内的工作业绩及相关情况。绩效考核的最主要手段即为目标管理制度，即上级为下属、下级工作人员设定一定目标，在单位时间之后以此对其进行工作业绩考核。尤其重要的是，在一定行政区域内，上级部门会将辖区内的单位在一定时间内（通常是一年之内）的业绩予以公布，进行排名以及实施奖惩。所以，业绩考核之下的目标管理制度内容，在很大程度上影响着司法实践部门的行为选择。

《刑事诉讼法》第90条规定："人民检察院对于公安机关提请批准逮捕的案件进行审查后，应当根据情况分别作出批准逮捕或者不批准逮捕的决定。对于批准逮捕的决定，公安机关应当立即执行，并且将执行情况及时通知人民检察院。对于不批准逮捕的，人民检察院应当说明理由，需要补充侦查的，应当同时通知公安机关。"也就是说，检察院认为公安机关批准逮捕的申请达不到相应证明标准的，就可以作出不批准决定并说明理由。对于公安机关对不批准决定持有异议的，法律也规定了相应的复核程序。可在实践之中，由于公安局在对干警的绩效考核中有一项涉及不被批准的逮捕申请，会关涉干警的切身利益，也就会导致一种情况的出现："不少公安机关干警私下找检察官协商，请求后者如果觉得案件不够逮捕条件或者要不起诉的话，不要直接作出不批捕、不起诉的决定，最好能提前通知自己，好'悄悄地'将案卷拿回，这无疑规避或违反了法律对逮捕条件的规定"，等等。[1]

3. 结合本案，谈一谈羁押措施的救济问题

在实行严格司法审查制度的国家，追诉方在逮捕犯罪嫌疑人后，必须不迟疑地将其带到司法官面前，如果申请将其羁押，就要说明理由并且举证；而被追诉方则可以进行反驳或者聘请律师协助。

由于司法审查机制在中国刑事诉讼制度中很大程度上是缺位的，这就造成了对于犯罪嫌疑人、被告人是否适用强制措施，适用何种强制措施，适用期限如何的涉及人身自由权利的关键性问题全部由追诉机关一方决定、执行，犯罪嫌疑人、被告人并无太多异议权利。

例如，我国《刑事诉讼法》第81条规定了逮捕的三个条件：证据条件、刑罚条件和社会危险性条件，但对后两个条件的审查并没有给被追诉方保留程序参与、事后提请救济的余地。

---

[1] 参见朱桐辉："刑事诉讼中的计件考核"，载《法律和社会科学》2009年第1期。

其实可以将刑事诉讼进程中犯罪嫌疑人、被告人的权利救济分为三个阶段。第一，羁押决定前。如上文所述，被追诉方即使认为追诉方决定有误，羁押决定错误，现行法中也少有异议手段尤其是司法救济程序可以利用。第二，羁押执行过程中的救济，可以想见，这主要通过对于羁押决定的上诉、司法机关主动审查以及申请取保候审等途径来实现。对于申请取保候审，我国《刑事诉讼法》规定了犯罪嫌疑人、被告人及其法定代理人、近亲属以及律师有权申请，但也仅仅是"申请"而已。对于司法机关主动审查，《刑事诉讼法》第96条虽然规定了公安司法机关发现强制措施适用不当时的撤销、变更义务，但由于这种"发现"没有制度刚性规定，现实之中这种情况的发生注定是偶然的。第三，羁押执行之后的救济，这基本指国家赔偿措施。我国国家赔偿制度在1994年就已创立，但其本身规定的赔偿范围相当有限。在本案中，由于被羁押后权利救济制度的缺位，谢某武无论在羁押决定作出之前、决定过程之中还是之后都很难影响，遑论对抗国家追诉机关的羁押决定。

二、理论阐释：从本案谈超期羁押的可能危害

首先，在国家层面，刑事司法体系运行需要成本，不同的刑事诉讼运作方式会产生或高或低的运作成本。一个适用非羁押性强制措施比例较高的体制，其运作成本一定相对较低。相反，居高不下的羁押人口会为本就十分有限的司法资源带来沉重的负担。羁押需要场地、监管人员、后勤保障人员、设备供应等条件，运作成本也会随着羁押人数的增加而不断增长。而且实践中也存在一些犯罪嫌疑人、被告人突然转变态度，从速认罪，希望案件早日审结，可以由看守所尽快转入监狱，改善生活环境。这也就为导致冤假错案埋下了隐患。

其次，在社会层面，使用国家机器，造成大量未决羁押公民，不利于宽松良好社会环境的营造，更严重的是，助长了公民和国家对抗的情绪。如果说为了保障诉讼活动的顺利进行，基于案件情况，对某位或某些公民人身自由权暂时的剥夺不可避免，但这种剥夺必须是在必要的限度内，这就是强制措施适用的必要性原则。在公民面前，拥有强大公权力的国家追诉机关是强者，所以现代刑事诉讼程序设计了一系列制度对控辩双方进行平等武装。在审前，尽量使被追诉方保持自由之身，就是这种精神的延伸。

最后，在个人层面，在刑事诉讼审前程序中尽量适用非羁押性强制措施，

是更好保障公民人身自由权利的必然要求。刑事诉讼法不只是追究犯罪的程序法，更是人权保障的程序法。审前羁押率的高企，不仅直接妨碍了犯罪嫌疑人、被告人的人身自由权，也会影响到其辩护权的实现。犯罪嫌疑人、被告人如果被羁押，人身自由被剥夺，其获得社会帮助的空间等就会受到很大限制——我国刑事辩护律师会见难的问题到现在也不能说被完全解决，且新的情况还在不断发生。

三、扩展思考：应对超期羁押的防范对策

1. 将逮捕与羁押分离，强化未决羁押的司法审查性

目前我国的强制措施表现出一种弱司法审查性，即五种强制措施事实上只用经由国家追诉机关即公安机关与检察机关批准决定，无须交由中立第三方的人民法院进行审查。无论就域外普遍立法例还是我国审前羁押严峻现状而言，将逮捕与羁押分离都势在必行——这与提高以取保候审为代表的非羁押性强制措施的适用密切相关。因为将逮捕与羁押分离的直接目的即为，将羁押这种严重侵犯公民人身自由权利的强制措施置于独立的司法审查之下。

2. 明确规定比例原则

由于立法的模糊及弹性规定，实践中如前所述，追诉机关在羁押的问题上，基本采用"够罪即捕"的实用主义思路。要改变办案人员的羁押偏好，提高非羁押性强制措施的适用，在未来刑事诉讼法修改中明确规定比例原则是必要的。将比例原则确立为刑事诉讼的基本原则，对于强制措施的适用而言，则是要求国家追诉机关在作出决定时尽可能选择对公民人身自由权利影响最小的方式，这主要体现在对其自由裁量权的限制中。按照现行《刑事诉讼法》的规定，以"预期刑罚"作为标准，办案人员对被追诉方预期刑罚为非监禁刑的，不得适用羁押措施；预期刑罚为轻监禁刑的，不得适用长期羁押措施。进一步讲，可以依据比例原则设置与一定预期刑罚对应的羁押最长期限。比如，将预期刑罚分为 3 年以下有期徒刑、3 年以上 10 年以下有期徒刑、10 年以上有期徒刑三个档次，分别设定一个最高羁押期限。一旦达到最高羁押期限，如无特别事由，应立即变更强制措施。

3. 建立羁押复审及自动失效制度

从我国强制措施变更的实际状况出发，也可参照国外立法例，尝试建立羁押复审及自动失效两项制度。

第一，羁押复审制度。联合国《保护所有遭受任何形式拘留或监禁的人的原则》原则 39 规定：“除法律规定的特别情形外，以刑事罪名被拘留的人应有权利在审判期间按照法律可能规定的条件获释，除非司法当局或其他当局为了执法的利益而另有决定。这种当局应对拘留的必要性进行复审。”[1] 除了国际刑事司法准则中对于复审制度的原则性规定，羁押复审也是法治发达国家的一项共同做法，只不过具体表现形式可能有所不同。

第二，自动失效制度。根据案件情况，由强度较高的强制措施变更为较轻的或者直接解除该措施的规定，在我国立法中只是零星出现。如最高检《规则》第 105 条第 1 款规定：“取保候审期限届满或者发现不应当追究犯罪嫌疑人的刑事责任的，应当及时解除或者撤销取保候审。”但需要注意的是，该条第 2 款又规定：“解除或者撤销取保候审的决定，应当及时通知执行机关，并将解除或者撤销取保候审的决定书送达犯罪嫌疑人；有保证人的，应当通知保证人解除保证义务。”既然作为国家基本法的《刑事诉讼法》明文规定了诸如取保候审等强制措施的最长期限——虽然这个期限目前在理解上是含混的，那么，在该期限届满而追诉机关又没有作出变更强制措施的决定时，原措施的适用应被默认为自动、当然失效，而无须拿到一纸“撤销决定书”。就如本案中，对谢某武的羁押早已超出了法定期限，却唯有在其 28 年后拿到那张由公安机关正式签发的“释放证明书”之后，其才得以重获自由。

在强调联合国《公民权利和政治权利国际公约》第 9 条第 3 款所确立“等候审判的人受监禁不应作为一般规则”的同时，应针对中国的现实，将落脚点放在“贯彻及时变更原则”上，其具体制度设计，即为此处所讲的羁押复审及自动失效制度。适用羁押措施后，根据情况变化及时将其变更为非羁押性强制措施甚至撤销原来的羁押措施，是现阶段降低审前羁押率，维护刑事被追诉方人身自由权利的最优途径。

---

〔1〕　参见杨宇冠、杨晓春编：《联合国刑事司法准则》，中国人民公安大学出版社 2003 年版，第 233 页。

【附带民事诉讼】

◆ 案情概要

2019 年 7 月 3 日 19 时许，被告人谭某明、刘某涛、张某渠在河南省永城市东城区一烤串店聚餐饮酒后，谭某明驾驶豫 NE××××玛莎拉蒂越野车拉着刘某涛、张某渠离开，沿永城市东城区沱滨路、文化路等多条城市路段行驶。行至花园路时，连续剐蹭停在路边的 6 辆汽车后，又接连与对面驶来的一辆轿车和停在路边的一辆轿车相剐碰，因无法通行被迫停下，被撞车主及周围群众上前劝阻，坐在后排的刘某涛和张某渠让谭某明赶紧离开。谭某明即驾车强行冲出，沿花园路、车集路向东外环路方向逃逸，至东外环路和永兴街交叉口时，高速追尾正等待通行信号的豫 N0××××宝马轿车，致使宝马轿车起火燃烧，造成车内二人死亡、一人重伤，共造成他人车辆损失 10 余万元。

经鉴定：被告人谭某明、刘某涛、张某渠血液酒精含量分别为 167.66 毫克/100 毫升、231.10 毫克/100 毫升、170.36 毫克/100 毫升，被害人王某血液酒精含量为 0 毫克/100 毫升；豫 NE××××玛莎拉蒂车发生事故时车速约为 120 公里/小时至 135 公里/小时；被害人葛某、贾某在车辆起火中死亡，被害人王某的损伤程度为重伤一级；谭某明构成重伤二级，刘某涛构成重伤二级，张某渠构成轻伤一级。

7 月 4 日，谭某明等三人因涉嫌以危险方法危害公共安全罪被永城市公安局采取刑事强制措施。同日，谭某明的微博和微信朋友圈被网友扒出。谭某明发布的炫富内容令其被贴上"富二代"的标签。7 月 6 日，永城警方发布通报，公布谭某明等人身份、伤情信息。8 月 13 日，永城市人民检察院以涉

---

〔1〕　参见人民法院报网：http://rmfyb.chinacourt.org/paper/html/2020-11/07/content_ 173556. htm? div=-1，2022 年 2 月 6 日访问。

嫌以危险方法危害公共安全罪对犯罪嫌疑人谭某明等3人批准逮捕。

2020年1月16日,商丘市中级人民法院在永城市人民法院开庭审理此案。庭审中,谭某明当庭认罪,痛哭、下跪并向受害者家属道歉,表示对不起父母,向社会道歉;张某渠不认罪,刘某涛表示服从法庭判决。宝马车上2名死者和1名伤者的家属,均表示不同意调解,要求判处3名被告人死刑。2020年10月12日,商丘市中级人民法院辟谣"玛莎拉蒂案主犯赔2600万买命"传闻不实。2020年11月5日,经法院会同相关部门做了大量工作,3名受害者的家属和3名被告人已就民事赔偿部分达成和解。

11月6日,河南省商丘市中级人民法院在永城市人民法院对被告人谭某明、刘某涛、张某渠以危险方法危害公共安全一案公开宣判。法院以以危险方法危害公共安全罪,分别判处被告人谭某明无期徒刑,剥夺政治权利终身;被告人刘某涛有期徒刑3年,缓刑3年;被告人张某渠有期徒刑3年,缓刑3年。

一、法律分析

1. 结合本案,简述提起附带民事诉讼的条件

本案中被害人物质损失赔偿部分经调解程序加以解决,当事人双方达成了民事赔偿的和解协议。《刑事诉讼法》第101条规定,被害人由于被告人的犯罪行为而遭受物质损失的,在刑事诉讼过程中,有权提起附带民事诉讼。被害人死亡或者丧失行为能力的,被害人的法定代理人、近亲属有权提起附带民事诉讼。第103条规定,人民法院审理附带民事诉讼案件,可以进行调解。本案中,当事人提起的附带民事诉讼也可由法院作出判决或者裁定。提起附带民事诉讼程序的条件主要包括:

(1)附带民事诉讼的成立以刑事诉讼的成立为前提条件。附带民事诉讼是由刑事诉讼所追究的犯罪行为引起的,是在追究被告人刑事责任的同时,附带追究其应承担的民事赔偿责任。因此,附带民事诉讼必须以刑事诉讼的成立为前提。

(2)有请求赔偿的具体要求和事实根据。具体要求主要指要求赔偿的范围及数额等;事实根据主要指被告人的犯罪行为造成被害人物质损失(相关证据材料证明)。如果被告人的犯罪行为没有造成被害人的损失,或者被害人的损失不是被告人的犯罪行为造成的,而是被告人的其他行为造成的,都不

符合提起附带民事诉讼的事实条件。

（3）被害人遭受的损失必须是物质损失，同时该物质损失与被告人的犯罪行为之间必须存在因果关系。值得指出，最高法《解释》第 175 条第 2 款对比修改为"因受到犯罪侵犯，提起附带民事诉讼或者单独提起民事诉讼要求赔偿精神损失的，人民法院一般不予受理"。司法实践中已出现该类案件判决赔偿精神损失的情况。

（4）提起附带民事诉讼的原告人、法定代理人符合法定条件。除被害人外，被害人死亡或者丧失行为能力的，被害人的法定代理人、近亲属也有权提起附带民事诉讼。

（5）有明确的被告人。附带民事诉讼的被告人，是指对犯罪行为造成的物质损失负有赔偿责任的人。

（6）属于人民法院受理附带民事诉讼的范围。附带民事诉讼必须同时符合其前提成立的刑事案件审判法院的地区管辖和级别管辖的有关规定。

本案中，被害人的刑事附带民事诉讼提起之时，针对谭某明危险驾驶罪的刑事诉讼已经成立，并且谭某明的危险驾驶行为的确给被害人造成了一定的物质损失，被害人向人民法院提起刑事附带民事诉讼，符合提起刑事附带民事诉讼的各项条件。

2. 结合本案，简述附带民事诉讼的请求权人

本案中，3 名被害人 2 名死亡、1 名重伤，皆由其近亲属行使刑事附带民事诉讼的请求权。根据《刑事诉讼法》第 101 条规定，被害人由于被告人的犯罪行为而遭受物质损失的，在刑事诉讼过程中，有权提起附带民事诉讼。被害人死亡或者丧失行为能力的，被害人的法定代理人、近亲属有权提起附带民事诉讼。由此可知，附带民事诉讼的成立，原告必须是有权提起民事诉讼之人。具体包括：

（1）因犯罪行为侵害而遭受物质损失的刑事被害人，包括自然人和单位。

（2）已死亡被害人的近亲属。

（3）无行为能力或者限制行为能力被害人的法定代理人。

（4）特殊情况下的人民检察院。如果是国家财产、集体财产遭受损失的，受损失的单位未提起附带民事诉讼，人民检察院可以在提起公诉时提起附带民事诉讼。人民检察院提起附带民事诉讼的，应当列为附带民事诉讼原告人。

3. 结合本案，简述附带民事诉讼中依法负有赔偿义务的人

本案中，谭某明、刘某涛、张某渠 3 人的犯罪行为给 3 名被害人造成了重大的物质损失，应当依法承担相应赔偿责任。

具体而言，附带民事诉讼中依法负有赔偿义务的人需要满足以下条件：刑事被告人的犯罪行为给被害人造成了物质损失；对刑事被告人的犯罪行为负有民事赔偿责任；在刑事诉讼中，被民事原告人或者人民检察院提起了要求损害赔偿的附带民事诉讼；具有民事诉讼权利能力。

最高法《解释》第 180 条规定，以下几类人是附带民事诉讼中依法负有赔偿义务的人：①刑事被告人以及未被追究刑事责任的其他共同侵害人；②刑事被告人的监护人；③死刑罪犯的遗产继承人；④共同犯罪案件中，案件审结前死亡的被告人的遗产继承人；⑤对被害人的物质损失依法应当承担赔偿责任的其他单位和个人。

4. 结合本案，简述附带民事诉讼的财产保全

本案中，附带民事诉讼原告即 3 名被害人家属，可以向人民法院申请采取保全措施，查封、扣押或者冻结被告人的财产，人民法院也可以根据案件情况，主动采取保全措施，以保障被害人受侵害的合法权益得到赔偿。

最高法《解释》第 189 条规定，人民法院对可能因被告人的行为或者其他原因，使附带民事判决难以执行的案件，根据附带民事诉讼原告人的申请，可以裁定采取保全措施，查封、扣押或者冻结被告人的财产；附带民事诉讼原告人未提出申请的，必要时，人民法院也可以采取保全措施。有权提起附带民事诉讼的人因情况紧急，不立即申请保全将会使其合法权益受到难以弥补的损害的，可以在提起附带民事诉讼前，向被保全财产所在地、被申请人居住地或者对案件有管辖权的人民法院申请采取保全措施。申请人在人民法院受理刑事案件后 15 日以内未提起附带民事诉讼的，人民法院应当解除保全措施。

二、理论阐释：附带民事诉讼制度的基本理论

刑事附带民事诉讼是指司法机关在刑事诉讼过程中，在解决被告人刑事责任的同时，附带解决因被告人的犯罪行为所造成的物质损失赔偿问题而进行的诉讼活动。

（1）刑事附带民事诉讼是一种特殊的民事诉讼。首先，附带民事诉讼嵌

入进刑事诉讼程序当中，解决的是与犯罪行为相关的民事权利损害赔偿问题，但附带民事诉讼又与一般民事诉讼存在区别，在民事赔偿起因上，附带民事诉讼由犯罪行为引起，而一般民事诉讼大多不涉及刑事犯罪。其次，刑事附带民事诉讼的赔偿范围仅限于被告人受刑事追诉行为所引起的民事赔偿，并且该民事赔偿仅限于被刑事追诉行为所造成的物质损失，一般不包括精神损失。最后，附带民事诉讼的被告人不限于刑事犯罪行为实施者本人，存在例外情形。在刑事被告人为未成年人、精神病人、已被执行死刑之人或者共同犯罪案件审结前死亡之人、某些职务行为犯罪人的情况下，基于继承、财产代管等原因，附带民事诉讼中也可将其他公民作为被告人。

（2）附带民事诉讼需要兼顾多重法律。刑事附带民事诉讼除应遵循《刑法》《刑事诉讼法》等刑事法律规范之外，还要兼顾《民法典》《民事诉讼法》等民事法律规范之规定。从某种程度上而言，对多重法律的兼顾要求赋予了附带民事诉讼审判工作一定的挑战性。

（3）附带民事诉讼具有一定的依附性。附带民事诉讼以刑事案件的成立为前提，依附于刑事诉讼程序，在审判人员的组成上，附带民事诉讼与刑事诉讼审判人员相同；在案件的判决上，附带民事诉讼不得与刑事案件的判决有冲突；在起诉时效和管辖法院上，附带民事诉讼需要与所依附刑事案件保持一致。可见，附带民事诉讼对刑事诉讼具有一定的依附性。但附带民事诉讼依附于刑事诉讼的同时，也具有相对独立性。其在提起之后，可由公安机关和人民检察院进行调解，并非只能由人民法院作出最终结论，即使被告人被免予处罚或宣告无罪，只要其违法行为给附带民事原告人造成损害，就可以进行赔偿。

三、扩展思考：附带民事诉讼的存废之争

可以进一步思考的是，本案中，商丘市中级人民法院审理的主要是被告人的刑事责任，附带解决其民事责任。然而，刑事诉讼与民事诉讼完全是两种不同的机制，二者在诉讼目的、证明标准、证明责任等方面截然不同，那么，附带民事诉讼到底有无必要存在，这是值得进一步探讨的问题。

对于刑事附带民事诉讼的存废，学界一直存在诸多争议。一些学者认为刑事附带民事诉讼制度应当保留，理由主要是诉讼效率与实际效果的现实统一，而且具有实现的可能。附带民事诉讼可以高效解决刑事追诉中的民事赔

偿问题，既无需当事人另行提起民事诉讼，给予其诉讼便宜，亦可整合司法资源，由同一审判组织解决矛盾纠纷。在现有制度框架下，基于对司法资源紧缺的考量，附带民事诉讼利大于弊。也有一些学者认为附带民事诉讼应当废除，主要理由是附带民事诉讼需要在刑事诉讼中考量民事诉讼。一方面，二者在诉讼目的、举证责任分配、诉讼利益衡量等方面存在诸多差异，最为重要的是，理念的差异意味着二者之间存在不可调和的矛盾；另一方面，刑事与民事法律规范的综合适用也给审判工作带来一定挑战，为保证审判结果的专业化，应当由不同的审判组织作出结论。

　　笔者认为刑事附带民事诉讼有保留的价值。首先，在刑事诉讼程序中解决民事赔偿纠纷，都属于"诉"的解决范围。从当事人的角度来讲，在刑事程序中一并解决民事赔偿，可以节约诉讼开支，减轻诉讼负担；从审判机关角度来讲，同一审判组织一并解决刑民问题，有利于避免案件的重复审理，节约司法资源，在审理案件的同时，刑民之间存在证据交叉，同一审判组织了解案情，有利于刑民纠纷的迅速、合理解决，判决结果使人信服，亦避免了上诉、上访等程序对司法资源的占用。其次，附带民事诉讼的优势不仅仅在于提升司法效率、节约司法资源，在实体性权益的保障方面，附带民事诉讼也具有一定价值。附带民事诉讼针对的是被告人的犯罪行为所造成的物质损失，在大部分的犯罪当中，特别是人身伤害案件当中，对被告人施以刑罚上的惩罚，起到的多是社会层面的震慑作用以及对被害人及其家属的心理宽慰，而民事上的赔偿，可以对被害人及其家属作出实质性弥补。因此，只有在刑事和民事双重责任实现的角度下，才能尽可能地实现惩罚犯罪和救济被害人的要求。再次，附带民事诉讼制度的存在可以在一定程度上弥补刑事被害人诉讼权利的不足和缺失，例如上诉权、公诉案件的调解权。最后，在认罪认罚从宽制度中，附带民事诉讼的处理结果往往是认定是否认罚的考量因素，具有重要作用。另外，持否定态度的争议亦具有一定的可吸收借鉴之处，对于刑事诉讼与民事诉讼在一些方面的矛盾和冲突，应当在实践当中加以调和，以确保案件处理结果具有信服力。总之，附带民事诉讼在现有司法背景之下，仍有保留的价值。

周某军故意杀人、盗窃案[1]

【附带民事诉讼赔偿范围】

◆ **案情概要**

2013 年 3 月 2 日 7 时许，周某军在长春市西四环路与隆化路交会处的吉林建筑工程学院城建学院门前等候班车时，到隆化路许某甲、邓某某夫妇经营的××超市购买饮料。见许某甲几次到超市门前停放的丰田越野车内照看儿子许某乙，且未用遥控器开车门，周某军遂产生盗车之念。

2013 年 3 月 4 日 6 时 40 分，周某军再次来到××超市门前，发现该车未熄火停放在超市门前。2013 年 3 月 4 日 7 时许，周某军将车盗走。上车后，周某军发现婴儿在后排座上熟睡，仍驾车驶往公主岭市怀德镇方向。为防被发现，他将车牌掰下，解下轮毂上的红布条置于车内。行驶中，车上婴儿啼哭，周某军遂停车用手掐住婴儿颈部致其昏迷。后婴儿苏醒再次啼哭，周某军用从轮毂上解下的红布条勒住婴儿颈部，直至婴儿死亡。

2013 年 3 月 4 日 8 时 20 分左右，周某军将婴儿埋于积雪中，再将车内女式挎包、婴儿衣物等抛至路旁沟内。9 时许，周某军将所盗车辆存放于一养殖场院内，后搭乘一辆经过此处的面包车回城，并将被盗车辆的前、后牌照弃至某村生态公厕便池内。9 时 30 分，周某军乘出租车到怀德镇其大姐家，提出自己有辆车想存放在此，未获应允。周某军恐积雪融化暴露尸体，当日 12 时许返回埋尸地点和丢弃物品地点，重新掩埋。周某军为逃避抓捕，找长春市一旅店欲租住一个月，并交了押金，后反悔离开。

周某军回家后，从家人及网络得知公安机关正在本省和邻省进行全力抓捕，也知道社会公众在自发寻找被盗车辆及婴儿，在无处可逃的情况下，于

---

〔1〕 参见北大法宝：http://www.pkulaw.cn/case/pfnl_ a25051f3312b07f349df61811cde30c2cf0a2975264149bfbdfb.html？keywords＝周某军 &match＝Exact，2022 年 2 月 6 日访问。

2013 年 3 月 5 日 16 时 40 分向公安机关投案自首。2013 年 3 月 7 日 18 时，周某军被检察机关依法批准逮捕。经鉴定，被盗车辆价值为 134 900 元，后已返还给被害人家属。

得知消息后婴儿家属悲痛万分，婴儿母亲闻噩耗后精神崩溃被送入医院。

2013 年 5 月 27 日，长春市中级人民法院依法审理被告人周某军故意杀人、盗窃案，并作出一审判决：被告人周某军被以故意杀人罪，判处死刑，剥夺政治权利终身；以盗窃罪，判处有期徒刑 5 年，并处罚金人民币 5 万元；决定执行死刑，剥夺政治权利终身，并处罚金人民币 5 万元；赔偿被害人家属经济损失 17 098.5 元。宣判后，周某军提出上诉，请求从轻判罚。许某甲也以赔偿太低为由提出上诉。

2013 年 7 月 24 日，吉林省高级人民法院终审维持一审对周某军的死刑判决。法院认为，被告人周某军的犯罪事实，有经庭审核实的证据予以证实，周某军亦供认不讳。被告人周某军以非法占有为目的，窃取汽车，价值巨大，车内的婴儿啼哭，周某军害怕被抓获，残忍地将婴儿掐、勒颈部致死，然后抛尸荒野雪地，故意非法剥夺他人生命，其行为已构成故意杀人罪、盗窃罪，应依法对其数罪并罚。周某军在自知无处可逃的情况下投案，虽成立自首，但其故意杀人态度坚决，人身危险性和社会危害性极大，犯罪手段极其残忍，犯罪后果极其严重，不足以从轻处罚。对被害人家属提出的附带民事诉讼，根据相关司法解释规定，依法赔偿丧葬费 17 098.5 元。

2013 年 11 月 22 日，经最高人民法院核准，长春"3·4 盗车杀婴案"罪犯周某军在吉林省长春市被依法执行了死刑。

一、法律分析

1. 结合本案，简述附带民事诉讼的赔偿范围

本案中，周某军除了应负因盗车杀婴依法被判处的刑事责任，还应对被害人家属提出的附带民事诉讼承担赔偿责任。根据相关司法解释规定，周某军依法赔偿被害人家属丧葬费 17 098.5 元。

附带民事诉讼的性质，首先是一种民事诉讼。我国《刑事诉讼法》第 101 条规定，被害人因被告人的犯罪行为而遭受物质损失的，在刑事诉讼过程中，有权提起附带民事诉讼。这种要求损害赔偿的诉讼是由被告人的犯罪行为引起的，损害事实与被告人的犯罪行为之间必须具有因果关系，这是允许

提起附带民事诉讼赔偿之诉的前提之一。被告人所实施的危害社会的行为，在刑法上构成犯罪，应当追究刑事责任；在民法上又属于民事侵权行为，应当承担民事赔偿责任。达成调解、和解协议的，赔偿范围、数额不受上述规定的限制。依据《刑事诉讼法》及相关规范性文件，附带民事诉讼的赔偿范围主要包括：因人身权利受到犯罪侵犯而遭受的物质损失；因财物被犯罪分子毁坏而遭受的物质损失。

最高法《解释》第 192 条对刑事附带民事诉讼中"物质损失"的范围进行了界定，即"犯罪行为造成被害人人身损害的，应当赔偿医疗费、护理费、交通费等为治疗和康复支付的合理费用，以及因误工减少的收入。造成被害人残疾的，还应当赔偿残疾生活辅助器具费等费用；造成被害人死亡的，还应当赔偿丧葬费等费用"。对于附带民事诉讼的赔偿范围，理解时还需要注意以下几点：①一般不包括精神损失。最高法《解释》第 175 条第 2 款规定："因受到犯罪侵犯，提起附带民事诉讼或者单独提起民事诉讼要求赔偿精神损失的，人民法院一般不予受理。"②不包括死亡赔偿金和残疾赔偿金。死亡赔偿金和残疾赔偿金不包含在最高法《解释》第 192 条规定的"犯罪行为造成的物质损失"赔偿范围内。③不包括犯罪分子非法占有、处置被害人财产而使其遭受的物质损失。最高法《解释》第 176 条规定："被告人非法占有、处置被害人财产的，应当依法予以追缴或者责令退赔。被害人提起附带民事诉讼的，人民法院不予受理……"在盗窃、诈骗等以非法占有为目的的侵犯财产型犯罪中，被害人因犯罪分子非法占有、处置被害人财产而遭受的物质损失只能依照《刑法》第 64 条的规定予以追缴或责令退赔，而不能通过附带民事诉讼直接获得赔偿。

这就是本案中附带民事诉讼的赔偿范围没有包括被盗车辆损失的原因，只能破案之后退赔给当事人。本案中，周某军盗车杀婴，由于其犯罪行为导致被害人死亡，在刑法上犯盗窃罪与故意杀人罪，在民法上侵犯被害人的财产权、生命权。由于当时司法解释将死亡赔偿金视为精神损害赔偿而不包括在附带民事诉讼赔偿范围之内，所以即使此案对被害人家属精神伤害极大，最后附带民事诉讼也仅判决周某军赔偿被害人家属 1.7 万余元的丧葬费。

2. 结合本案，简述附带民事诉讼的审理程序

本案中，附带民事诉讼由被害人许某乙的父亲许某甲提起，法院审查后立案受理。《刑事诉讼法》第 101 条第 1 款明确规定："被害人由于被告人的

犯罪行为而遭受物质损失的，在刑事诉讼过程中，有权提起附带民事诉讼。被害人死亡或者丧失行为能力的，被害人的法定代理人、近亲属有权提起附带民事诉讼。"本案中，长春市中级人民法院同一审判组织对许某甲提起的附带民事诉讼与周某军盗车杀婴刑事案件一并审理并作出刑事附带民事判决书。关于附带民事诉讼的审理程序，《刑事诉讼法》第 104 条及相关规范予以了明确：附带民事诉讼应当同刑事案件一并审判，只有为了防止刑事案件审判的过分迟延，才可以在刑事案件审判后，由同一审判组织继续审理附带民事诉讼。开庭审理时，一般应当分阶段进行，先审理刑事部分，然后审理附带民事部分，附带民事部分的审理程序参照民事审判程序进行。另外，值得一提的是，人民法院审理刑事附带民事案件，不收取诉讼费用。

3. 结合本案，简述附带民事诉讼判决的执行程序

本案中，最高人民法院核准周某军数罪并罚判处死刑，剥夺政治权利终身，并处罚金 5 万元人民币，赔偿被害人家属 1.7 万余元丧葬费的刑事附带民事裁判。最高法《解释》第 522 条规定，刑事裁判涉财产部分和附带民事裁判应当由人民法院执行的，由第一审人民法院负责裁判执行的机构执行。所以，本案执行机关即作出本案一审裁判的长春市中级人民法院执行机构。

关于本案罚金与赔偿给被害人家属的丧葬费履行顺序问题，依据最高法《解释》第 527 条的规定，被判处财产刑，同时又承担附带民事赔偿责任的被执行人，应当先履行民事赔偿责任。因此，依照上述规定，假如周某军的个人财产不足以完全履行 5 万元人民币的罚金与 1.7 万余元人民币的赔偿金，按照相关规范性文件的规定，应当先履行支付许某甲一家的丧葬费，剩余财产再行支付罚金。

二、理论阐释：附带民事诉讼的立法修改与完善

我国 1979 年第一部《刑事诉讼法》即开始规定刑事附带民事诉讼制度，但 40 余年间该制度其实一直没有实质修改和变化。此制度的立法条文数量相对不足、内容不细，导致实践运行中出现一些分歧。以争议较大的死亡赔偿金是否属于附带民事诉讼赔偿范围的规定为例，依据 2012 年最高法《解释》的规定，残疾及死亡赔偿金被一并排除在刑事附带民事诉讼受理范围之外，将"两金"都视为精神损害赔偿，法院不予受理，本案即为典型例证。实践中审理附带民事诉讼存在同案不同判现象。2021 年最高法《解释》对该制度

进行了完善,其第 175 条第 2 款规定:"因受到犯罪侵犯,提起附带民事诉讼或者单独提起民事诉讼要求赔偿精神损失的,人民法院一般不予受理。"而在此之前的司法解释规定:"……人民法院不予受理。"新增的"一般"二字为刑事附带民事诉讼精神损害赔偿预留了些许空间。实践中,2021 年 6 月,上海即出现针对未成年人被强奸案件判决 3 万元精神损害赔偿的情况。这是自司法解释修改以来的第一起判决支持精神损害赔偿的案例。该案二审法院认为在对"严重精神后果"的认定方面,以性侵害未成年人为例,这种损害并不以性器官受损为必要条件,没有物质损害不等于没有精神损害,物质损害之诉与精神损害之诉可以独立存在。被害人虽未达到评残等级,但现有证据显示,被害人被性侵后,存在脾气暴躁、害怕与陌生人接触、不敢一个人独自睡觉等情况,表明侵权行为严重影响了被害人的日常生活,对其造成了永久性伤害。被害人虽智力残障,但其人格权同样受法律保护;同时,结合对智力残障的未成年被害人多次奸淫的事实,可以认定给被害人造成了"严重精神损害"。最终,该案判处被告人有期徒刑 10 年,剥夺政治权利 1 年,一次性赔偿被害人精神抚慰金 3 万元。实践中这些新情况、新现象的出现,为附带民事诉讼制度向更好的方向发展提高了契机和可能,为该制度进一步完善提供了肥沃土壤。总之,附带民事诉讼的立法修改与完善亟待加强,建议将司法实践、司法解释中比较成熟的做法、制度,如赔偿范围的扩大问题适时考虑吸收进立法。如此,将有利于保障被害人方的民事赔偿权,实现权利保障和利益最大化。

三、扩展思考:附带民事诉讼是否应当赔偿精神损失之争鸣

关于附带民事诉讼的赔偿范围,理论上存在有争议、探讨多,司法实践中存在当事人意见大、分歧多的问题,主要集中围绕精神损害赔偿展开。1979 年《刑事诉讼法》第 53 条第 1 款规定,"被害人由于被告人的犯罪行为而遭受物质损失的,在刑事诉讼过程中,有权提起附带民事诉讼",即将附带民事诉讼法的赔偿范围限于物质损失。1996 年、2012 年、2018 年《刑事诉讼法》均延续了此项规定,相关司法解释也作如是规定。人民法院作出这样规定主要基于以下几点考虑,一是对被告人宣告刑事处罚之后,再通过附带民事诉讼程序要求其承担精神损害赔偿构成对被告人的重复评价,形成了实质上的双重处罚;二是在暴力犯罪中,被告人很可能身处社会底层,赔偿能力

极为有限，易产生"空判"问题，赔偿执行不了，被害人不满，影响司法权威；三是认为精神是无价的，难以用金钱计算和衡量，精神损害赔偿标准难以统一，不好确定、难以把握，可操作性差，既难以计算又难以执行，不如不赔。

主流观点认为，附带民事诉讼赔偿范围应当包括精神损害方面的赔偿。首先，1979年颁布《刑事诉讼法》时，民事损害赔偿的理论与实践都没有扩大到精神方面的损害赔偿，因此，《刑事诉讼法》将附带民事诉讼的赔偿范围限定为物质损失。1986年《民法通则》通过后，我国民事侵权损害赔偿范围已涉及侵害财产权与人格权。由于附带民事诉讼在性质上属于民事诉讼，因此附带民事诉讼赔偿范围也应随之调整，增加精神损害赔偿。其次，实践中，较轻的侵权行为都能从民事诉讼中获得精神损害赔偿，刑事案件中的被害人遭到了更为严重的暴力甚至被剥夺了生命，反而却不能要求精神损害赔偿了，理论上说不通。这谈何公平？被害人的民事赔偿权利被大幅限制，微薄的物质损失赔偿难以弥补犯罪行为对其身心造成的伤害。增加精神损害赔偿是充分保障被害人合法权利的应有之义。

从比较法的视角来看，许多国家已经在立法上明确规定了包括精神方面的损害赔偿。例如，《法国刑事诉讼法》第3条第2款规定："民事诉讼应包括作为起诉对象的罪行所造成的物质的、肉体的和精神的全部损失（求偿）。"《德国刑事诉讼法》也将"因侮辱和伤害身体"而遭受的损失包括在附带民事诉讼的请求范围之内。这些对我国将来的立法修改和完善，均有一定的参考价值。

我国最高人民法院在新司法解释中为被害人提出的精神损害赔偿申请预留了受理的空间。最高法《解释》第175条第2款规定："因受到犯罪侵犯，提起附带民事诉讼或者单独提起民事诉讼要求赔偿精神损失的，人民法院一般不予受理。"这修改了原先法院对于提起附带民事诉讼要求精神损失赔偿不予受理的规定。由"不予受理"改为"一般不予受理"，体现了最高人民法院对附带民事诉讼中的精神损害赔偿请求由一律不予支持到可依具体情况考虑的态度转变。希望附带民事诉讼是否应当赔偿精神损失之争鸣随着相关立法修改早日得出圆满答案。

案例十七 "辣笔小球"侵害英雄烈士名誉、荣誉案[1]

【附带民事公益诉讼】

◆ 案情概要

2021年5月31日下午，江苏省南京市建邺区人民法院依法公开开庭审理被告人仇某明（新浪微博名"辣笔小球"）侵害英雄烈士名誉、荣誉一案。南京市建邺区人民检察院派员出庭支持公诉并履行公益诉讼人职责，提请追究被告人仇某明刑事责任，并请求判令其承担民事侵权责任，公开赔礼道歉，消除影响。被告人暨附带民事公益诉讼被告人仇某明及其辩护人暨委托诉讼代理人到庭参加诉讼。

法院经审理查明：2021年2月19日上午，被告人仇某明在卫国戍边官兵誓死捍卫国土的英雄事迹报道后，为博取眼球，获得更多关注，在住处使用其新浪微博账号"辣笔小球"（粉丝数250余万），先后于10时29分、10时46分发布2条微博，歪曲卫国戍边官兵的英雄事迹，诋毁贬损卫国戍边官兵的英雄精神，造成恶劣的社会影响，侵害了英雄烈士名誉、荣誉。上述微博在网络上迅速扩散，引发公众强烈愤慨，造成恶劣社会影响。

2018年5月1日施行的《中华人民共和国英雄烈士保护法》未单独设立"侮辱、诽谤英雄烈士罪"，司法机关大都依据诽谤罪、寻衅滋事罪等罪名，追究违法行为人的刑事责任。2021年3月1日，《刑法修正案（十一）》正式实施，修正后的《刑法》第299条之一明确将侮辱、诽谤英雄烈士的行为纳入罪刑处罚范围，最高可处3年有期徒刑。南京大学法学院副教授张淼称："仇某明先被认定为涉嫌'寻衅滋事罪'，是当时法律规定下的选择，寻衅滋事罪最高刑罚是5年有期徒刑。新法实施后，对嫌疑人的行为有了新罪名，此时检察机关以涉新罪批捕并起诉犯罪嫌疑人，体现刑法的从轻原则。"

---

〔1〕 参见搜狐网：https://www.sohu.com/a/522002951_391398，2022年2月11日访问。

法院认为，公诉机关指控仇某明犯侵害英雄烈士名誉、荣誉罪的事实清楚，证据确实、充分，指控罪名成立。仇某明归案后如实供述自己的罪行，且认罪认罚，当庭表示绝不再犯。据此，法院根据案件事实、证据，综合庭审中控辩双方意见，依法当庭宣判，认定被告人仇某明犯侵害英雄烈士名誉、荣誉罪，判处有期徒刑8个月；并责令其自判决生效之日起10日内通过国内主要门户网站及全国性媒体公开赔礼道歉，消除影响。

一、法律分析

1. 结合本案，简述人民检察院提起附带民事公益诉讼的条件

首先，人民检察院提起附带民事公益诉讼的条件，在刑法和刑事诉讼法中并没有明确的规定。最高人民法院、最高人民检察院《关于检察公益诉讼案件适用法律若干问题的解释》（以下简称《公益诉讼解释》）第20条规定："人民检察院对破坏生态环境和资源保护，食品药品安全领域侵害众多消费者合法权益，侵害英雄烈士等的姓名、肖像、名誉、荣誉等损害社会公共利益的犯罪行为提起刑事公诉时，可以向人民法院一并提起附带民事公益诉讼，由人民法院同一审判组织审理。人民检察院提起的刑事附带民事公益诉讼案件由审理刑事案件的人民法院管辖。"仇某明在其微博账号"蜡笔小球"中发表歪曲卫国戍边官兵的英雄事迹，诋毁贬损卫国戍边官兵的英雄精神，侵害了英雄烈士的名誉、荣誉，严重危害了社会公共利益，南京市建邺区人民检察院提起刑事附带民事公益诉讼的做法符合《公益诉讼解释》第20条的规定。

其次，提起刑事附带民事公益诉讼的原告是跟公益诉讼标的没有直接利害关系的特定群体。《公益诉讼解释》第13条规定，人民检察院在履行职责中发现破坏生态环境和资源保护，食品药品安全领域侵害众多消费者合法权益，侵害英雄烈士等的姓名、肖像、名誉、荣誉等损害社会公共利益的行为，拟提起公益诉讼的，应当依法公告，公告期间为30日。公告期满，法律规定的机关和有关组织、英雄烈士等的近亲属不提起诉讼的，人民检察院可以向人民法院提起诉讼。一般通过人民检察院在提起诉讼前发出公告，公告期截止后，没有法律规定的机关和有关组织提起诉讼，则由人民检察院提起诉讼。本案中，对于仇某明侵害戍边战士的危害行为，南京市建邺区人民检察院派员出庭支持公诉并履行公益诉讼人职责。另外，英雄烈士公益诉讼案件与其

他类型公益诉讼案件不同的是，人民检察院办理侵害英雄烈士等的姓名、肖像、名誉、荣誉的民事公益诉讼案件，可以直接征询英雄烈士等的近亲属的意见。

最后，提起刑事附带民事公益诉讼的公告程序一直是很多学者争执的问题。在最高人民法院、最高人民检察院《关于人民检察院提起刑事附带民事公益诉讼应否履行诉前公告程序问题的批复》中，明确规定了"人民检察院提起刑事附带民事公益诉讼，应履行诉前公告程序。对于未履行诉前公告程序的，人民法院应当进行释明，告知人民检察院公告后再行提起诉讼"。但是对于诉讼公告程序适用的具体阶段以及形式要求，并没有具体的法律规定，在后续完善相关法律的过程中可以相应地细化诉前公告程序的具体要求。

2. 结合本案，简述人民检察院提起的附带民事公益诉讼的诉讼请求

《刑事诉讼法》第101条第1款规定，被害人因人身权利受到犯罪侵犯或者财物被犯罪分子毁坏而遭受物质损失的，有权在刑事诉讼过程中提起附带民事诉讼。即刑事附带民事诉讼的赔偿范围仅限于直接的财产损失，对于以其他侵权责任方式造成的损失以及非财产损失，法院不予受理。而对于刑事附带民事公益诉讼能不能提出对以其他侵权责任方式造成的损失以及非财产损失赔偿诉求，存在观点争议。

本书认为检察机关提起刑事附带民事公益诉讼，不能仅受限于刑事附带民事诉讼，还需考虑公益诉讼的特殊性。即可以诉讼要求被告停止侵害、排除妨碍、消除危险、恢复原状、赔偿损失、赔礼道歉等。本案中，公开赔礼道歉和消除影响属于民事侵权责任的承担方式，也契合公益诉讼本身。南京市建邺区人民检察院提起刑事附带民事公益诉讼，请求法院判令仇某明承担民事侵权责任，公开赔礼道歉，消除影响的诉讼请求符合法律规定。

3. 结合本案，简述人民法院对检察院提起的附带民事公益诉讼应当如何判处

刑事附带民事公益诉讼在一般的刑事附带民事诉讼中，除了相应的刑事处罚，法院还会判处被告承担一定的民事侵权责任，如消除影响、恢复原状、赔礼道歉、支付赔偿金等民事责任。《人民检察院公益诉讼办案规则》第98条规定，人民检察院可以向人民法院提出要求被告停止侵害、排除妨碍、消除危险、恢复原状、赔偿损失等诉讼请求。针对不同领域案件，还可以提出以下诉讼请求：……③英雄烈士等的姓名、肖像、名誉、荣誉保护案件，可以提出要求被告消除影响、恢复名誉、赔礼道歉等诉讼请求。本案中，仇某

明成立侵害英雄烈士名誉、荣誉罪，检察院可以要求被告仇某明消除影响、恢复烈士名誉、赔礼道歉等诉讼请求。针对检察机关、行政机关或公益组织提起公益诉讼工作中存在的问题，法官要加强审前沟通，依照诉讼法规定、结合案件情况，就诉讼请求、举证责任等进行必要的释明，指导相关主体依法提出诉求，做好诉讼准备。综上，法院最终判处仇某明有期徒刑8个月；并责令其自判决生效之日起10日内通过国内主要门户网站及全国性媒体公开赔礼道歉，消除影响。

二、理论阐释：刑事附带民事公益诉讼

刑事附带民事公益诉讼源于《公益诉讼解释》第20条，其规定："人民检察院对破坏生态环境和资源保护，食品药品安全领域侵害众多消费者合法权益，侵害英雄烈士等的姓名、肖像、名誉、荣誉等损害社会公共利益的犯罪行为提起刑事公诉时，可以向人民法院一并提起附带民事公益诉讼，由人民法院同一审判组织审理。人民检察院提起的刑事附带民事公益诉讼案件由审理刑事案件的人民法院管辖。"但这一司法解释规定只是原则性地规定了对于民刑交叉公益诉讼案件可以在刑事诉讼中提起附带民事公益诉讼，具体如何适用却没有作出规定。根据是否可以在刑事诉讼过程中一并进行被害人民事赔偿的民事诉讼，英美法系和大陆法系基于不同的法律文化传统形成了不同的做法。英美法系国家因诉讼客体采取诉因制度，严格限定参诉主体，同时也对刑事和民事诉讼进行严格区分；而大陆法系国家通常允许刑民一体的附带模式，通过一个程序同时解决刑事和民事责任。我国在刑事附带民事诉讼模式下，同样产生刑事附带民事公益诉讼。

关于刑事附带民事公益诉讼的性质，学者众说纷纭，有刑事附带民事诉讼说、民事公益诉讼说、独立说。通说认为，刑事附带民事公益诉讼的性质属于民事公益诉讼，原因有二：其一，《公益诉讼解释》第20条规定了刑事附带民事公益诉讼，然该条在法条目录中隶属于"民事公益诉讼"部分；其次，刑事附带民事公益诉讼的目的是保护公共利益不受侵害，与民事公益诉讼的价值取向一致，故刑事附带民事公益诉讼属于一类民事公益诉讼。

关于刑事附带民事公益诉讼的管辖，人民检察院对破坏生态环境和资源保护、食品药品安全领域侵害众多消费者合法权益等损害社会公共利益的犯罪行为提起刑事公诉时，可以向人民法院一并提起附带民事公益诉讼，由人

民法院同一审判组织审理。人民检察院提起的刑事附带民事公益诉讼案件由审理刑事案件的人民法院管辖。也就是说，刑事附带民事公益诉讼的管辖在民事诉讼管辖一般原理的基础上，更有依附于刑事管辖和体现诉讼效率的特点。

关于刑事附带民事公益诉讼的证明标准，虽然通说认为刑事附带民事公益诉讼属于民事公益诉讼，但是如果完全依照民事公益诉讼的相关规定，也会有相应的问题出现。由于诉讼目的的不同，刑事诉讼与民事诉讼的证明标准有着明显的差异，对于刑事诉讼，证明标准为证据确实、充分，排除合理怀疑；对于民事诉讼，证明标准是一方证据证明的事实具有高度的盖然性。故刑事附带民事公益诉讼的证明标准有待进一步研究。

三、扩展思考：刑事附带民事公益诉讼的进一步完善

本案反映出了刑事附带民事公益诉讼对于英雄烈士名誉、荣誉的公共利益的保护。可以进一步思考的是，刑事附带民事公益诉讼作为一类新型公益诉讼，如何进一步完善才能更好地保护公共利益？

首先，应当增设惩罚性赔偿制度。一般而言，惩罚性赔偿制度，是指人民法院基于公正、惩戒等价值考量，根据相关法律的规定并且结合具体案情，判决行为主体承担超过实际损害数额的责任。为了体现该制度的法律威慑，可适时考虑适当引入惩罚性赔偿制度。另外，惩罚性赔偿与适用罚金的关系也有待研究。

其次，应当设立公益诉讼赔偿资金管理制度。完善公益诉讼赔偿资金管理制度，将在一定程度上实现公益与私权的相对统一。当前对于公益诉讼赔偿资金的管理尚无明确的法律规定，而侵犯英雄烈士名誉、荣誉类刑事附带民事公益诉讼案件规模较小，关于赔偿金的管理少有实践探索。设立该制度可以解决判令侵权人承担赔偿责任但英雄烈士没有亲属等的情况下所获得赔偿金额的归属问题。

【法定期间】

◆ 案情概要

2019 年 11 月 12 日，被告人孙某斌之母（95 岁）因患哮喘、心脏病、脑梗死后遗症等疾病到北京市第一中西医结合医院住院治疗，同月 22 日出院。其间，医院曾下达病危病重通知书。同年 12 月 4 日，因孙母在家中不能正常进食，孙某斌联系 999 急救车将母亲送至北京市民航总医院。孙母经急诊诊治未见好转，被留院观察。孙某斌认为孙母的病情未好转与首诊医生杨某（被害人，女，殁年 51 岁）的诊治有关，遂对杨某怀恨在心。同月 8 日，孙某斌返回其暂住地取了一把尖刀随身携带，扬言要报复杨某，并多次拒绝医院对母亲作进一步检查和治疗。同月 24 日 6 时许，当杨某在急诊科抢救室护士站向孙某斌介绍其母亲病情时，孙某斌突然从腰间拔出尖刀，当众持刀反复切割杨某颈部致杨某倒地，后又不顾他人阻拦，再次持刀捅刺杨某颈部，致杨某颈髓横断合并创伤失血性休克死亡。孙某斌作案后用手机拨打 110 报警投案，旋即被朝阳公安分局依法刑事拘留。

2019 年 12 月 27 日，北京市人民检察院第三分院经依法审查，对在北京市朝阳区民航总医院急诊科抢救室内行凶的犯罪嫌疑人孙某斌，以涉嫌故意杀人罪批准逮捕。2019 年 12 月 30 日，经侦查终结，北京市公安局对犯罪嫌疑人孙某斌在民航总医院内杀害医生杨某案，以涉嫌故意杀人罪移送北京市人民检察院第三分院审查起诉。北京市人民检察院第三分院依法受理。2020 年 1 月 3 日，北京市人民检察院第三分院经审查，依法对被告人孙某斌以故意杀人罪向北京市第三中级人民法院提起公诉。2020 年 1 月 16 日，北京市第

---

〔1〕　参见［2020］京 03 刑初 9 号刑事判决书；https://www.court.gov.cn/zixun-xiangqing-228681.html，人民法院依法惩处涉医犯罪典型案例，2022 年 5 月 1 日访问。

3. 结合本案，简述死刑立即执行的法定期间

《刑事诉讼法》第 261 条第 1 款规定，最高人民法院判处和核准的死刑立即执行的判决，应当由最高人民法院院长签发执行死刑的命令。因此，死刑立即执行的核准与执行死刑的命令不同。本案中，2020 年 3 月 17 日最高人民法院裁定核准了对孙某斌的死刑判决，但尚未签发执行死刑的命令。

《刑事诉讼法》第 262 条规定，除在执行前发现判决可能有错误、在执行前罪犯揭发重大犯罪事实或者有其他重大立功表现而可能需要改判，或者罪犯正在怀孕等例外情形外，下级人民法院接到最高人民法院执行死刑的命令后，一般应当在 7 日内交付执行。因此，"7 日"这一期间自下级人民法院接到执行死刑命令时起算。本案不存在法定的三种例外情况，故不适用该条的但书规定。

此外，最高法《解释》第 506 条规定，第一审人民法院在执行死刑 3 日以前，应当通知同级人民检察院派员临场监督。该解释第 509 条规定，负责执行的人民法院应当在执行死刑后 15 日内将执行情况，包括罪犯被执行死刑前后的照片，上报最高人民法院。

本案刑事诉讼进程时间线：

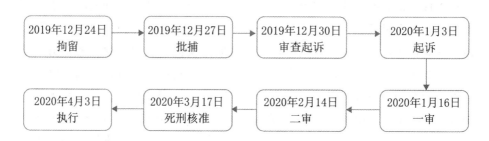

二、理论阐释：刑事诉讼期间制度

本案是一起患者家属因患者病情未见好转而预谋报复杀害医生的典型案例，2019 年年底案发后产生巨大且恶劣的社会影响。对此，公安司法机关在刑事诉讼法定期间内，以雷霆之速展开刑事追诉活动，体现了坚决惩治暴力杀医犯罪的严正立场。

刑事诉讼期间是指公安司法机关、诉讼当事人和其他诉讼参与人进行刑事诉讼活动应遵循的期限。依据是否由法律规定可分为法定期间与指定期间。

法定期间由法律明文规定，起始期基于某种法律事实的发生而开始。主要包括强制措施、侦查羁押、审查起诉、一审程序、上诉与抗诉、二审程序、再审程序、执行等期间。指定期间则由公安司法机关指定，其虽无法律规定，但须考虑多方因素以作适当之指定，特别是衡量实质真实之查明与被追诉人诉讼权利之保障。未遵守法定期间者，依其法律效果之不同而得分为下述类别。其一，权利人因未在期间经过前作成诉讼行为而丧失权利。例如上诉期间，诉权人未在法定上诉期间提出上诉的，失去上诉权。其二，公安司法机关未遵守法定期间而应承担法律责任。例如，超期羁押被追诉人、未在法定期间内向诉讼当事人送达裁判文书等。

期间的计算，以时、日、月为计算单位。以时、日计算的，开始之时或开始之日不计入期间，以下一时、次日起算。以月计算的，依据司法解释的相关规定确定。最高法《解释》第 202 条第 2 款规定了以年、月为单位的刑期计算规则，与时、日之计算方式不同。此外，还存在一些特殊的期间计算规则。例如，期间最后一日为法定节假日的，顺延至节后第一个工作日为期间届满之日，但被追诉人在押期间除外；法定期间之计算，扣除在途时间，以求诉讼行为人之间的机会对等。

期间恢复制度是一种补救措施，规定于《刑事诉讼法》第 106 条，指当事人由于不能抗拒的原因或者有其他正当理由而耽误期限的，在障碍消除后 5 日内，可以申请法院准许其继续进行应在期满前完成的诉讼行为。不能抗拒的原因是指不以人的意志为转移的不可抗力，其他正当理由是指不可抗力以外的其他合理原因。例如，上诉权人由于不能抗拒的原因或者其他正当理由而未能在法定上诉期间内提出上诉的，可以在障碍消除后 5 日内依法提出上诉。

我国期间制度亦存在不合理之处，不可不察。一方面，部分期间过长、弹性条款过多，法定期间具有不确定性。例如，《刑事诉讼法》第 156 条至第 160 条规定，侦查羁押的期限原则上不超过 2 个月，但是多条弹性条款使该期限可累积至 7 个月。另一方面，程序倒流机制过多，期间的限制作用空置。例如，审查起诉阶段和审判阶段的退回补充侦查机制，都可能成为延长办案期限的技术手段。加之我国办案期限与羁押期间的事实重合，极易导致对被追诉人进行"合法的"超期羁押。

三、扩展思考：期间与期日的区别

期间与期日，均为刑事诉讼中诉讼行为的时间制度，旨在使诉讼迅速进行。在本案中，鉴于暴力杀医等涉医违法犯罪所造成的恶劣社会影响，刑事政策上依法从严惩处、及时审判，兼顾惩罚犯罪与诉讼效率，有利于迅速恢复正常医疗秩序、保障人民生命与健康。

期间，是各诉讼行为人分别应为各自诉讼行为的时间，为一个时间段。期日，是公安司法机关、诉讼当事人及其他诉讼参与人共同在一定场所进行诉讼行为的时间，以时、日为计算方式，如某日、某时。例如开庭审理、现场勘验、宣告判决等期日。《刑事诉讼法》并未对期日作出明文规定，而是由公安司法机关进行指定。其为使诉讼当事人及其他诉讼参与人汇合实施某诉讼行为，根据法定期间和案件具体情况预先确定期日。例如，《刑事诉讼法》第 187 条规定了"人民法院确定开庭日期"后的通知和送达义务，该开庭日之确定，即属期日之确定。

期间与期日的区别主要包括以下方面：①期间一般由法律规定，通常不得变更，但期日由公安司法机关指定，可变更或延长，变更指取消原定期日，另定新的期日；延长指期日开始后，因未终了，再定期日继续进行；②期间为公安司法机关与诉讼参与人各自实施其应为诉讼行为的时间规定，期日则是公安司法机关与诉讼参与人各方共同实施某项诉讼活动的时间要求；③期间有始期与终期，但期日仅为一个特定的时间单位，无始期与终期。就如何确定期间与期日之开始，亦因此不同。期间自其相应法律事实发生时起算，期日原则上以指定的某日、某时为开始。如果期日未明确指定某时开始，则应以该日计划所共同进行的诉讼行为之实际开始为开始，以该诉讼行为实际终了为结束。这也与期日旨在使专门机关与诉讼参与人共同实施诉讼活动的意旨相符，而与有确定始期和终期的期间不同。

案例十九　于某故意伤害案[1]

【送达】

◆ 案情概要

2014 年 7 月，山东源大工贸有限公司负责人苏某向赵某借款 100 万元，双方口头约定月息 10%。2016 年 4 月 14 日 16 时许，赵某以欠款未还清为由纠集郭某、程某、严某等十余人先后到山东源大工贸有限公司催要欠款。当日 20 时许，杜某驾车来到该公司，并在该公司办公楼大门外的抱厦台上与其他人一起烧烤饮酒。约 21 时 50 分，杜某等多人来到苏某及其子被告人于某所在的办公楼一楼接待室内催要欠款，并对二人有侮辱言行。约 22 时 10 分，冠县公安局经济开发区派出所民警接警后到达接待室，询问情况后到院内进一步了解情况。于某欲离开接待室被阻止，与杜某、郭某、程某、严某等人发生冲突，于某持尖刀将杜某、程某、严某、郭某捅伤，出警民警闻讯后返回接待室，令于某交出尖刀，将其控制。杜某、严某、郭某、程某被送往医院抢救。杜某因失血性休克于次日 2 时许死亡，严某、郭某伤情构成重伤二级，程某伤情构成轻伤二级。

于某因涉嫌犯故意伤害罪于 2016 年 4 月 15 日被刑事拘留，同月 29 日被逮捕。山东省聊城市人民检察院指控被告人于某犯故意伤害罪，于 2016 年 11 月 21 日提起公诉。在诉讼过程中，被害人严某、程某，与已故被害人杜某的近亲属（父母子女）及杜某子女法定代理人（杜某之妻李某）提起附带民事诉讼。其中，杜某家属委托诉讼代理人修某、被害人严某委托诉讼代理人吴某、被害人程某委托诉讼代理人陈某出庭。此外，被害人郭某则委托诉讼代

---

[1]　参见［2016］鲁 15 刑初 33 号刑事附带民事判决书；［2017］鲁刑终 151 号刑事附带民事判决书；https://www.court.gov.cn/shenpan-xiangqing-104262.html，最高人民法院第 18 批指导性案例，指导案例 93 号：于某故意伤害案，2022 年 5 月 1 日访问。

理人杜明某出庭。聊城市中级人民法院于 2016 年 12 月 15 日公开开庭，对本案进行了合并审理。公诉机关指派检察员出庭支持公诉。被告人于某及其辩护人，附带民事诉讼原告人及其诉讼代理人，以及其他被害人的诉讼代理人到庭参加诉讼。聊城市中级人民法院于 2017 年 2 月 17 日作出 ［2016］鲁 15 刑初 33 号刑事附带民事判决，认定被告人于某犯故意伤害罪，判处无期徒刑，剥夺政治权利终身，并赔偿附带民事原告人经济损失。宣判后，被告人于某及部分附带民事诉讼原告人不服，分别提出上诉。

山东省高级人民法院受理后，依法组成合议庭，于 2017 年 5 月 20 日召开庭前会议，同月 27 日公开开庭审理了本案刑事部分。山东省人民检察院指派检察员出庭履行职务。上诉人于某及其辩护人、附带民事诉讼代理人，被害人杜某的近亲属（父母子女）及杜某子女法定代理人（杜某之妻李某）、诉讼代理人方某，原审附带民事诉讼原告人严某及其诉讼代理人，原审附带民事诉讼原告人程某到庭参加诉讼。山东省高级人民法院对本案附带民事部分，经过阅卷、调查，听取当事人、诉讼代理人的意见，进行了不开庭审理。并于 2017 年 6 月 23 日作出 ［2017］鲁刑终 151 号刑事附带民事判决：驳回附带民事上诉，维持原判附带民事部分；撤销原判刑事部分，认定于某属于防卫过当，构成故意伤害罪，予以减轻处罚，改判为有期徒刑 5 年。

一、法律分析

1. 结合本案，简述刑事判决书的送达对象

刑事判决书的送达是除执行外刑事诉讼中的最后一个环节，判决书所载的案件事实认定、法律适用等内容是诉讼当事人及其他诉讼参与人决定嗣后是否实施诉讼行为的法律依据，对作为公诉机关的检察机关履行追诉职能、发挥监督作用，具有重要意义。

《刑事诉讼法》第 202 条第 2 款规定，当庭宣判的，应当在 5 日内将判决书送达当事人和提起公诉的人民检察院；定期宣判的，应当在宣告后立即将判决书送达当事人和提起公诉的人民检察院。判决书应同时送达辩护人和诉讼代理人。最高法《解释》第 303 条规定，刑事判决书的送达对象包括人民检察院、当事人、法定代理人、辩护人、诉讼代理人，并可以送达被告人的近亲属。被害人死亡，其近亲属申请领取判决书的，人民法院应当及时提供。而且在判决生效后，还应当送达被告人的所在单位或者户籍地的公安派出所，

或者被告单位的注册登记机关。被告人系外国人，且在境内有居住地的，应当送达居住地的公安派出所。

本案中，一审判决书应当送达聊城市人民检察院、于某及其辩护人、被害人严某及其诉讼代理人吴某、被害人程某及其诉讼代理人陈某、已故被害人杜某的父母及其子女法定代理人李某、杜某家属的诉讼代理人修某、被害人郭某的诉讼代理人杜明某，以及被告人于某户籍所在地的公安派出所。

二审判决书应当送达聊城市人民检察院、上诉人于某及其辩护人和附带民事诉讼代理人、作为上诉人的已故被害人杜某的父母及其子女的法定代理人李某、杜某家属委托的诉讼代理人方某、原审附带民事诉讼原告人严某及其诉讼代理人、原审附带民事诉讼原告人程某，以及被告人于某户籍所在地的公安派出所。

2. 结合本案，简述刑事判决书的送达期间

刑事判决书的送达期间是指依法向收件人送交刑事判决书所应遵循的期限。送达期间是一个时间段，有始期与终期。送达日期属于送达期间的范畴。刑事判决书的送达日期是嗣后救济程序期间起算的起始点，具有法律效力。因此，明确和严格遵守送达期间的规定，与国家专门机关依法履行职责、诉讼当事人及其他诉讼参与人主张其合法权利密切相关。

《刑事诉讼法》第202条第2款和最高法《解释》第302条规定，当庭宣判的，应在5日以内送达判决书。定期宣判的，应于判决宣告后立即送达判决书。最高法《解释》第204条规定，收件人或者代收人在送达回证上签收的日期为送达日期。收件人或者代收人拒绝签收而采用留置送达的，与直接送达同其效力，送达回证上注明拒收的日期为送达日期。第206条规定，委托送达的，受托法院应于收到后10日以内送达收件人，并将送达回证寄送委托法院。第207条规定，将诉讼文书、送达回证邮寄给收件人的，签收日期为送达日期。第208条规定，进行转交送达的，有关部门、单位收到后应立即交收件人签收，并将送达回证及时寄送人民法院。

本案一审与二审均未当庭宣判，故第一审判决书在2017年2月17日、第二审判决书在2017年6月23日宣判后应立即送达。

二、理论阐释：刑事诉讼送达制度

刑事诉讼送达，是指公安司法机关按照法定程序和方式将有关诉讼文件

送交收件人的一种诉讼行为。据此定义，送达的主体具有特定性，限于公安司法机关等专门机关，送达对象则可以是国家专门机关、诉讼参与人或相关机关、单位。因此，诉讼参与人向专门机关递交或诉讼参与人之间相互递交诉讼文书的行为，不属于送达。送达的内容主要是公安司法机关制作的诉讼文书，但诉讼参与人制作的自诉状副本、附带民事诉讼诉状及答辩状副本、上诉状副本等诉讼文书亦得通过人民法院送达。

送达是刑事诉讼中的必要制度，旨在使收件人了解送达文书的内容，以参与诉讼活动、行使诉讼权利、履行诉讼义务。向国家专门机关送达诉讼文书，有利于促进其了解程序进程、依法履行职责。向诉讼当事人及其他诉讼参与人送达诉讼文书，有利于其知悉必要的诉讼信息，从而保障其合法权利。故此，送达有利于刑事诉讼有序、顺利地进行。自法律效力方面言之，诉讼文书一经送达即发生一定的法律后果，例如上诉、抗诉期限的起算。《刑事诉讼法》第230条规定，不服判决的上诉和抗诉的期限为10日，不服裁定的上诉和抗诉的期限为5日，从接到判决书、裁定书的第2日起算。因此，送达关乎诉讼当事人及相关诉讼参与人及时行使其诉讼权利、推动诉讼继续进行。故送达应遵循严格的法定程序要求。非经依法送达，相关诉讼文书即无法律效力。其中，送达回证是公安司法机关制作的用以证明送达行为及其结果是否合法的诉讼文件，也是认定当事人与其他诉讼参与人相关诉讼行为是否有效的依据。

根据《刑事诉讼法》第107条、最高法《解释》第204条至第208条、第652条等相关规定，送达分为直接送达、留置送达、委托送达、邮寄送达与转交送达。直接送达是指公安司法机关派员将诉讼文书直接送交收件人，无需经过转交等中间环节的送达方式。但是如果本人不在，则可根据《刑事诉讼法》第107条的规定，交给他的成年家属或者所在单位的负责人员代收。因直接送达较为可靠且效率高，故公安司法机关一般以该种送达方式为原则。留置送达则是指收件人本人或者代收人拒绝签收向其送达的诉讼文书时，送达人依法将该文书留在收件人住处的送达方式。就程序而言，送达人得在见证人到场的情况下，说明情况并在送达回证上注明拒绝送达的事由、送达的日期，经送达人、见证人签名或者盖章，或者采用拍照、录像等方式记录送达过程。但是，不得以无法找到收件人本人或代收人为由采用留置送达。留置送达与直接送达具有同等的法律效力，但非所有诉讼文书均可适用留置送达，例如调解书。委托送达是指，收件人所在地并非作为送达主体的公安司法机关的所在地，公安司法机关向其直接送达诉讼文书有困难的，便委托收件人所在地的公安司法机关代为交给收件人的送达方式。邮寄送达是指公安司法机关通过邮局将诉讼文书以挂号方式邮寄给收件人的送达方式。转交送达是指公安司法机关将诉讼文书送交收件人所在机关、单位，由其代收后再转交收件人的送达方式。但仅限于收件人是军人、正在服刑人员和正在接受专门矫正教育的人员等三种情形。

三、扩展思考：涉外刑事诉讼程序的送达

涉外刑事诉讼程序的送达，是指一国司法机关根据本国法律和国际公约等将传票、通知书、起诉书、判决书和其他司法文书送交给居住在国外的当事人的行为。涉外送达是涉外诉讼的重要环节，不仅关乎国家刑罚权实现与刑事诉讼效率，而且直接影响当事人合法权益是否能够及时实现。涉外刑事诉讼程序的送达可分为我国向外国送达诉讼文书和外国请求我国送达文书两种。送达方式主要为协议方式、外交方式等。

我国向外国送达诉讼文书的，根据最高法《解释》第495条和第496条第1款规定，主要通过以下方式：①根据受送达人所在国与我国缔结或者共同参加的国际条约规定的方式送达；②通过外交途径送达，请求送达的文书须经高级人民法院审查后报最高人民法院审核，最高人民法院认为可以发出后交外交部主管部门转递；③委托我国驻受送达人所在国的使领馆代为送达，但前提是受送达人具有我国国籍，且所在国法律允许或者经所在国同意；④向受送达人委托的有权代其接受送达的诉讼代理人送达，适用于当事人是自诉案件的自诉人或者附带民事诉讼原告人的情形；⑤向受送达人在我国领域内设立的代表机构或者有权接受送达的分支机构、业务代办人送达，适用于当事人是外国单位的情形；⑥受送达人所在国法律允许的，可以邮寄送达；自邮寄之日起满3个月，送达回证未退回，但根据各种情况足以认定已经送达的，视为送达；⑦受送达人所在国法律允许的，可以采用传真、电子邮件等能够确认受送达人收悉的方式送达。我国《国际刑事司法协助法》第20条、第21条规定，办案机关应制作刑事司法协助请求书并附相关材料，经所属主管机关审核同意后，由对外联系机关及时向外国提出请求。请求书应当载明受送达人的姓名或者名称、送达的地址以及需要告知受送达人的相关权

利和义务。

　　外国请求我国送达刑事诉讼文书的，首先根据我国《国际刑事司法协助法》第 22 条之规定，我国协助送达司法文书不代表对外国司法文书法律效力的承认，且对于要求我国公民接受讯问或者作为被告人出庭的传票，不负有协助送达的义务。通过外交途径请求人民法院送达刑事诉讼文书的，根据最高法《解释》第 496 条第 2 款之规定，由该国驻华使馆将法律文书交我国外交部主管部门转最高人民法院审核，审核后认为属于人民法院职权范围且可代为送达的，应转有关人民法院办理。《国际刑事司法协助法》第 24 条之规定，负责执行协助送达文书的办案机关应及时将执行协助送达文书的结果通过所属主管机关告知对外联系机关，由对外联系机关告知请求国。

　　值得注意的是，我国涉外刑事诉讼程序的送达在实践中仍存在较多问题。虽然我国法律规定了多种涉外送达的方式，但向域外被追诉人送达刑事司法文书的效率与成功率较低仍是涉外追诉的短板。2018 年《刑事诉讼法》在第五编"特别程序"中新增的"缺席审判程序"，便与贪官携巨额赃款外逃而难以及时送达诉讼文书、进行追诉有关。送达难严重阻碍了涉外刑事诉讼程序的进行及当事人合法权益的实现，故有必要进一步优化该种送达程序，提高我国涉外送达的效率和成功率。

第二编

立案、侦查、提起公诉

案例二十　　钱某涉嫌强奸案〔1〕

【立案的材料来源及审查】

◆ **案情概要**

钱某，某卫视节目主持人。

2021年8月24日，一位名为"小艺希望坏人被惩罚"（以下简称小艺）的网友在网上发文控诉钱某曾在2019年把她灌醉后实施强奸，同时附有多张聊天记录和酒店监控截图。称事后钱某曾想通过打钱哄骗等手段压下这件事，女方随后报警，但在警方传唤女方做笔录后没有下文，女方陷入深度抑郁。

24日晚，上海长宁警方回应钱某事件不立案，经查，2019年2月15日22时许，长宁警方接到肖某（即发帖网民）控告称，其于2019年2月14日晚与钱某等朋友聚餐饮酒唱歌后，在钱某住处遭其强奸，警方即依法受理。鉴于案件的复杂性，成立了由刑侦、法制等部门组成的专案组，并商请检察机关提前介入调查。专案组第一时间开展了全面调查取证工作：为控告人开具验伤单进行身体检查；对案发现场进行细致勘查，提取双方相关生物检材并进行司法鉴定；对涉事双方、参与聚餐相关人员、网约车司机、小区保安等开展调查取证；调取案发地周边场所视频资料等。专案组综合证据情况认为，现有证据不能证明存在强奸犯罪事实。2019年3月15日，长宁警方依法作出不予立案决定，将《不予立案通知书》直接送达肖某，并告知其可在收到通知书之日起7日内向公安机关申请复议。肖某未提出异议并签字确认，之后也未申请复议。

2021年8月26日，网友小艺声称遭某卫视主持人钱某强奸事件有了最新进展，小艺的两名代理律师到上海市长宁区虹桥路派出所递交了材料，但未透露材料的具体内容。

---

〔1〕　参见搜狐网：https://www.sohu.com/a/485483216_121119256，2022年2月6日访问。

一、法律分析

1. 结合本案，简述立案的材料来源

本案是由被害人主动控告"强奸行为"引起的，侦查机关进而开始收集证据、调查案件事实，进行更深层次的侦查活动。

《刑事诉讼法》第110条第2款规定："被害人对侵犯其人身、财产权利的犯罪事实或者犯罪嫌疑人，有权向公安机关、人民检察院或者人民法院报案或者控告。"立案作为刑事诉讼的开始，是公安司法机关获取有关犯罪事实以及犯罪嫌疑人情况的材料的渠道或途径。因此，立案的材料，应当是有可以说明部分犯罪事实和犯罪嫌疑人存在的材料。根据法律规定和司法实践，立案的材料来源主要有：犯罪人向公安机关、人民检察院或者人民法院自首，主动说明犯罪事实；公安机关或者人民检察院发现犯罪事实或者犯罪嫌疑人；被害人对侵犯其人身、财产权利的犯罪事实或者犯罪嫌疑人直接向公安机关、人民检察院或者人民法院提出的报案或者控告；单位和个人发现有犯罪事实或者犯罪嫌疑人，向公安机关、人民检察院或者人民法院报案或者举报。

具体来看，公安机关和人民检察院在日常的执勤和执行任务过程中有可能发现犯罪，在侦查、预审工作中也有可能发现犯罪事实或线索，这些都是刑事立案的材料来源。从《刑事诉讼法》及相关规范性文件来看，控告是指被害人（包括自诉人和被害单位）就其人身权利、民主权利、财产权利遭受不法侵害的事实及犯罪嫌疑人的有关情况，向公安司法机关揭露和告发，要求依法追究其刑事责任的诉讼行为。报案、控告和举报作为公民的民主权利，天然受国家法律保护，任何单位或个人都不得以任何借口对报案人、控告人、举报人进行阻止、压制或者打击报复。对报案人、控告人、举报人进行报复、陷害构成犯罪的，依法追究刑事责任。

本案中的肖某作为"被害人"，是犯罪行为的直接受害者，具有揭露犯罪、惩罚犯罪的强烈愿望和积极主动性，又因与犯罪嫌疑人有过直接接触，能够提供较为详细、具体的有关犯罪事实和犯罪嫌疑人的情况。因此，被害人的控告是本案重要的立案材料来源。

2. 结合本案，简述对立案材料的审查

对刑事立案材料的审查是指公安机关、人民检察院和人民法院依照法律规定，对发现和接收到的报案、控告、举报和自首材料，在作出立案或不立案决定之前所进行的一切审查和调查的诉讼活动。

刑事立案审查的内容主要包括案件的事实条件和法律条件。

对于事实条件，需要达到"认为有犯罪事实"的标准。实践中，主要包含以下几个方面：第一，已获得的立案材料所能证明的案件事实应当为犯罪事实，即依照刑法相关规定需要判处刑罚的事实，而非一般的违法行为、违纪行为或违反治安管理条例等行为或是仅为不道德的行为；第二，事实应当是通过立案材料能够证明确实存在过的，既不是司法工作人员通过一些线索主观思考得出的，也不应是受社会舆论或上级压力而虚构的，更不应是道听途说甚至是凭空编造的；第三，只需要达到认为材料所反映的犯罪事实存在的标准即可，不要求准确地证实出犯罪事实的详细情节，也不需要过多的证据以及具体罪名。

对于法律条件，"需要追究刑事责任"是指立案材料证明的案件事实已达到按照《刑法》需要追究刑事责任的程度。设立刑事立案审查制度的目的在于判断一个行为是否需要通过立案开展下一步的侦查等诉讼活动，而该行为是否达到需要追究刑事责任的程度即为立案审查中需要审查的法律条件。同时，在立案审查中，还需要审查该行为是否属于法律规定的不需要追究刑事责任的行为，即《刑事诉讼法》第 16 条规定的六种情形，对于符合六种情形中一项或者多项的，公安司法机关同样不应当进行立案。

对立案的程序规范要求主要规定在公安部《规定》第 171 条、最高检《规则》第 169 条。立案机关在必要时可以开展部分调查核实措施进行审查，这些措施包括询问、查询、勘验、鉴定、调取证据材料等非强制性的措施。公安机关接受案件时，应当制作受案登记表和受案回执，并及时将受案回执送达控告人。

本案是否能够立案的重点在于是否满足事实条件，即钱某是否实施过强奸行为。为查明案件事实，专案组立刻进行全面调查取证工作，及时为控告人肖某进行身体检查；对控告人所称的案发现场进行细致勘查，提取双方相关生物检材并进行司法鉴定；对涉事人员与相关证人开展调查取证；调取案发地周边场所视频资料，最终并未找到可以认定钱某实施犯罪行为的相关证据后警方依法作出不予立案决定，将《不予立案通知书》直接送达肖某，程序符合法律规范。

3. 结合本案，简述被害人对不立案决定的救济途径

本案官方通报中明确指出，《不予立案通知书》送达时肖某签字表示确认，没有申请复议。公安机关也表明了态度，如果肖某有新的证据可以提交给公安机关，结合新证据能够证明钱某存在犯罪嫌疑的，不排除重新作出立案决定的可能。综合刑事诉讼的相关法律规定，被害人对不立案决定的救济途径主要分为以下三种方式：

第一，向作出不予立案决定的公安机关申请复议。公安部《规定》第179条规定，控告人对不予立案决定不服的，可以在收到不予立案通知书后7日以内向作出决定的公安机关申请复议；公安机关应当在收到复议申请后30日以内作出决定，并将决定书送达控告人。控告人对不予立案复议决定不服的，可以在收到复议决定书后7日以内向上一级公安机关申请复核；上一级公安机关应当在收到复核申请后30日以内作出决定。对上级公安机关撤销不予立案决定的，下级公安机关应当执行。案情重大、复杂的，公安机关可以延长复议、复核时限，但是延长时限不得超过30日，并书面告知申请人。

第二，向检察机关提出刑事立案监督申请。《刑事诉讼法》第113条规定，人民检察院认为公安机关对应当立案侦查的案件而不立案侦查的，或者被害人认为公安机关对应当立案侦查的案件而不立案侦查，向人民检察院提出的，人民检察院应当要求公安机关说明不立案理由。人民检察院认为公安机关不立案理由不能成立的，应当通知公安机关立案，公安机关接到通知后应当立案。

第三，主动向人民法院提起自诉。《刑事诉讼法》第114条规定，对于自诉案件，被害人有权向人民法院直接起诉。被害人死亡或者丧失行为能力的，被害人的法定代理人、近亲属有权向人民法院起诉。人民法院应当依法受理。自诉案件范围体现在《刑事诉讼法》第210条规定，包括：①告诉才处理的案件；②被害人有证据证明的轻微刑事案件；③被害人有证据证明对被告人侵犯自己人身、财产权利的行为应当依法追究刑事责任，而公安机关或者人民检察院不予追究被告人刑事责任的案件。

本案中，肖某有权通过有效的合法途径寻求救济。

二、理论阐释：刑事立案程序

在大多数国家的刑事诉讼中并未设置立案阶段，只有部分国家在刑事诉

讼中规定了类似于我国立案程序的提起刑事诉讼程序。以俄罗斯为例，其刑事诉讼中规定的"提起刑事诉讼程序"中的审查与我国的立案审查程序相似。俄罗斯学者古岑科认为，提起刑事诉讼阶段的审查属于"实施非诉讼性质的行为"，在审查中，如果发现"不存在提起刑事案件的根据或存在排除案件诉讼的任何一种情况"，则应当拒绝提起刑事诉讼。

《刑事诉讼法》对刑事立案相关材料的审查主体进行了明确规定，即公安机关、人民检察院和人民法院。上述机关对案件的立案审查也有各自的管辖范围，各机关只能在自己的管辖范围内对案件开展立案审查活动。除以上机关外，其他机关和个人无权对刑事案件开展立案审查。以上三个机关内部也有具体的部门进行刑事立案审查工作。根据公安部《规定》及公安部《关于改革完善受案立案制度的意见》之规定，公安机关管辖的刑事案件应由受案民警进行审查，并交由法制部门进行审核，最终由分管领导审批。根据最高检《规则》之规定，检察院管辖的刑事案件应由负责侦查的部门进行立案审查，并报检察长审批。根据最高人民法院《关于人民法院立案工作的暂行规定》之规定，刑事自诉案件的立案审查工作应由法院立案庭办理。

需要注意的是，立案处于刑事案件的最初阶段，是社会公众广泛关注的重要内容，也是提高执法公信力的关键节点。及时有效的刑事立案审查过程、公开公正的刑事立案审查结果，对于提高司法执法机关的司法执法权威、提升司法执法公信力有着重要作用。

三、扩展思考：自诉案件的立案程序

自诉案件，是指被害人及其法定代理人或近亲属，为追究被告刑事责任，自行向人民法院起诉，并由人民法院直接受理的刑事案件。对于自诉案件的具体范围，最高法《解释》第1条明确规定，人民法院直接受理的自诉案件包括：①告诉才处理的案件：侮辱案，诽谤案，暴力干涉婚姻自由案，虐待案，侵占案；②人民检察院没有提起公诉，被害人有证据证明的轻微刑事案件：故意伤害案，非法侵入住宅案，侵犯通信自由案，重婚案，遗弃案，生产、销售伪劣商品案，侵犯知识产权案，《刑法》分则第四章、第五章规定的，可能判处3年有期徒刑以下刑罚的案件，对其中证据不足，可以由公安机关受理的，或者认为对被告人可能判处3年有期徒刑以上刑罚的，应当告知被害人向公安机关报案，或者移送公安机关立案侦查；③被害人有证据证

明对被告人侵犯自己人身、财产权利的行为应当依法追究刑事责任，且有证据证明曾经提出控告，而公安机关或者人民检察院不予追究被告人刑事责任的案件。

对于自诉案件的提起细节，刑事诉讼规范也有具体规定。首先，自诉之控告可以书面或口头形式提出，接受口头控告的办案人员应当制作笔录，确认无误后由控告人签章。首先，最高法《解释》第 318 条规定："提起自诉应当提交刑事自诉状；同时提起附带民事诉讼的，应当提交刑事附带民事自诉状。"可见，自诉之控告应当以书面形式提出。其次，人民法院在收到自诉控告材料后，应迅速对是否存在案件事实、应否追究刑事责任进行审查，符合条件的，应予立案。此外，最高法《解释》对自诉案件不予立案的程序与范围予以了进一步明确。

根据最高法《解释》第 320 条，"迅速审查"为"在十五日以内审查完毕"。不予受理等情况则包括不属于自诉案件范围、缺乏罪证、已过追诉时效、被告人死亡或下落不明、撤诉或调解结案后重复告诉，属于该解释第 1 条第 2 项规定的案件（人民检察院没有提起公诉，被害人有证据证明的轻微刑事案件）但公安机关正在立案侦查或者人民检察院正在审查起诉的、不服人民检察院对未成年犯罪嫌疑人作出的附条件不起诉决定或者附条件不起诉考验期满后作出的不起诉决定，向人民法院起诉的。若自诉为上述情形之一的，人民法院应说服自诉人撤诉，若不撤诉的，裁定不予受理。

自诉案件在实践中也存在诸多问题，根据相关司法解释，法院受理起诉需要满足三个要件：一是明确的被告人，这针对的是在很多自诉案件中，部分自诉人对于何者侵犯其法益并没有明确的认识，常常出现不能提供对方真实姓名、住址、联系方式等情形。在此情形下，自诉人不能提供具体的审判对象，审判无法进行。二是具体的诉讼请求，即请求判处被告人何种罪名、是否提起刑事附带民事诉讼等，不能仅仅要求判处其有罪，还应说明指控构成何罪。三是证明被告人犯罪事实的证据，只有刑事自诉状不能引起审判，还需要为其指控提出一定的证据，但并未对证据的种类以及数量提出限制。

毛某宁涉嫌妨害传染病防治案

【立案的条件 程序】

◆ 案情概要

2021 年 7 月 21 日，毛某宁擅自离开已采取封控管理措施的南京居住地至扬州，居住在其位于扬州市邗江区念四新村的姐姐家中。

2021 年 7 月 21 日至 27 日，毛某宁未按照邗江区新冠肺炎疫情防控指挥部发布的《关于实施各类居民小区封控管理的通告》要求，主动向社区报告南京旅居史，并频繁活动于扬州市区多处人员高度密集的饭店、商店、诊所、棋牌室、农贸市场等，致使新型冠状病毒肺炎疫情在扬州市区扩散蔓延，造成了极其严重的后果。

国家卫生健康委员会经国务院批准发布 2020 年第 1 号公告，明确将新型冠状病毒感染的肺炎纳入《中华人民共和国传染病防治法》（以下简称《传染病防治法》）规定的乙类传染病，并采取甲类传染病的预防、控制措施。毛某宁违反《传染病防治法》的相关规定，未按防控措施要求向所在社区报告，隐瞒行程。在公安机关第一时间对其调查时，其拒绝说出到达扬州之后的行程，拒绝执行县级以上疾病预防控制机构依照《传染病防治法》提出的预防、控制措施，引起按甲类传染病预防、控制措施的新型冠状病毒肺炎扩散传播。其行为违反了《刑法》第 330 条之规定，涉嫌妨害传染病防治罪。2021 年 7 月 29 日，扬州市公安局邗江分局依法对毛某宁（女，64 岁）以涉嫌妨害传染病防治罪立案侦查并决定对毛某宁采取刑事拘留措施。

《刑法》第 330 条规定，妨害传染病防治罪，是指单位或者个人违反《传染病防治法》的规定，引起甲类传染病传播或者有传播严重危险的行为，其中包括拒绝执行卫生防疫机构依照《传染病防治法》提出的预防、控制措施的情形。犯本罪的，处 3 年以下有期徒刑或者拘役；后果特别严重的，处 3

年以上 7 年以下有期徒刑。

毛某宁的行为涉嫌妨害传染病防治罪，需要追究刑事责任，因此扬州市公安局邗江分局依法对毛某宁立案侦查。

一、法律分析

1. 结合本案，简述立案的法定条件

本案中，毛某宁违反疫情管理规定，造成新型冠状病毒的传播，公安机关对其进行立案侦查符合法定的立案条件。立案作为刑事诉讼开始的标志会对公民权益造成一定侵害，因此我国《刑事诉讼法》对其规定了严格的条件。

《刑事诉讼法》第 109 条规定，公安机关或者人民检察院发现犯罪事实或者犯罪嫌疑人，应当按照管辖范围，立案侦查。同时，《刑事诉讼法》第 112 条也规定，人民法院、人民检察院或者公安机关对于报案、控告、举报和自首的材料，应当按照管辖范围，迅速进行审查，认为有犯罪事实需要追究刑事责任的时候，应当立案；认为没有犯罪事实，或者犯罪事实显著轻微，不需要追究刑事责任的时候，不予立案，并且将不立案的原因通知控告人。控告人如果不服，可以申请复议。

由此可见，对于公诉案件而言，立案需要具备以下条件：第一，有犯罪事实且该犯罪事实是已经发生的、客观存在的；第二，依法需要追究刑事责任；第三，符合管辖范围。本案中，毛某宁违反《传染病防治法》的相关规定，引起新型冠状病毒肺炎扩散传播。毛某宁不仅有犯罪事实且毛某宁的行为造成了严重后果，因此需要追究刑事责任，扬州市公安局邗江分局对其进行立案符合立案的法定条件。

有犯罪事实发生是立案的首要条件也是立案的事实条件。如果没有犯罪事实存在，也就谈不到立案的问题了。有犯罪事实，包含两个方面的内容。首先，需要立案追究的行为必须是依照刑法的规定构成犯罪的行为。根据《刑法》规定，犯罪行为是指触犯刑法的、应受刑罚处罚的、危害社会的行为。立案应当而且只能针对犯罪行为进行。如果不是犯罪的行为，就不能立案。其次，要有一定的事实材料证明犯罪事实确已发生。所谓确已发生包括犯罪行为已经实施、正在实施和预备实施三种情形。当然，立案仅仅是刑事诉讼的初始阶段，在这一阶段，尚不能要求证据能够证明犯罪事实达到排除合理怀疑的程度。

立案的第二个条件是需要追究刑事责任。这是从排除立案阻却事由的角度，对法律价值与法律规则相融合的规定。《刑事诉讼法》第16条规定，有下列情形之一的，不追究刑事责任，已经追究的，应当撤销案件，或者不起诉，或者终止审理，或者宣告无罪：①情节显著轻微、危害不大，不认为是犯罪的；②犯罪已过追诉时效期限的；③经特赦令免除刑罚的；④依照《刑法》告诉才处理的犯罪，没有告诉或者撤回告诉的；⑤犯罪嫌疑人、被告人死亡的；⑥其他法律规定免予追究刑事责任的。本案中，毛某宁不存在以上六种情形，因此需要追究刑事责任。

2. 结合本案，简述立案的法定程序

立案是每一个刑事案件都必须经历的法定阶段。立案是法定机关的专门活动，除公安机关、国家安全机关、人民检察院和人民法院，以及其他侦查机关外的任何单位和个人都无权立案。

我国《刑事诉讼法》规定了立案的法定程序。从《刑事诉讼法》及其相关规范性文件来看，立案的程序主要分为对立案材料的接受与对立案材料的调查核实两步。首先，专门机关需要接受立案材料。公安部《规定》第169条规定，公安机关对于公民扭送、报案、控告、举报或者犯罪嫌疑人自动投案的，都应当立即接受，问明情况，并制作笔录，经核对无误后，由扭送人、报案人、控告人、举报人、投案人签名、捺指印。必要时，应当对接受过程录音录像。《刑事诉讼法》第109条规定，公安机关或者人民检察院发现犯罪事实或者犯罪嫌疑人，应当按照管辖范围，立案侦查。本案立案的材料来源主要是扬州市公安局邗江分局发现的毛某宁涉嫌妨害传染病防治罪的犯罪线索。

其次，我国为了更好地惩罚犯罪和保障人权，规定了对立案材料的调查核实程序。公安部《规定》第174条规定，对接受的案件，或者发现的犯罪线索，公安机关应当迅速进行审查。发现案件事实或者线索不明的，必要时，经办案部门负责人批准，可以进行调查核实。调查核实过程中，公安机关可以依照有关法律和规定采取询问、查询、勘验、鉴定和调取证据材料等不限制被调查对象人身、财产权利的措施。但是，不得对被调查对象采取强制措施，不得查封、扣押、冻结被调查对象的财产，不得采取技术侦查措施。本案中，扬州市公安局邗江分局对毛某宁的犯罪线索进行审查后，发现毛某宁的行为涉嫌妨害传染病防治罪，故对其进行立案侦查。

公安机关对立案材料进行审查后决定是否立案。公安部《规定》第178条规定，公安机关接受案件后，经审查，认为有犯罪事实需要追究刑事责任，且属于自己管辖的，经县级以上公安机关负责人批准，予以立案；认为没有犯罪事实，或者犯罪事实显著轻微不需要追究刑事责任，或者具有其他依法不追究刑事责任情形的，经县级以上公安机关负责人批准，不予立案。决定不予立案后又发现新的事实或者证据，或者发现原认定事实错误，需要追究刑事责任的，应当及时立案处理。本案中，毛某宁违反《传染病防治法》的相关规定，未按要求报告并且隐瞒行程，引起新型冠状病毒肺炎扩散传播。扬州市公安局经审查后以妨害传染病防治罪对毛某宁进行立案侦查。扬州市公安局的行为符合我国关于立案的法定程序。

二、理论阐释：立案监督

立案监督制度以程序公正、权力制衡、权利保障等作为制度的价值导向，旨在通过对立案活动的监督确保控制侦查权力、救济公民权利的功能得以实现。

首先，我国立案监督制度受到程序公正的价值影响。公正不仅要实现，还要以看得见的方式实现。侦查机关有案不立或者滥用立案权等是对程序价值的无视。设立立案监督制度，通过侦查机关之外的专门机关行使监督立案的权力，确保立案满足相关程序条件，实现程序正义。

其次，制衡论使立案监督具有正当性。我国刑事诉讼的纵向构造是建立在刑事诉讼法所规定的分工负责、互相配合、互相制约原则的基础上的。在我国，人民检察院对刑事诉讼负有法律监督的职责。我国的立案监督更多体现的是检察监督，即对侦查权力的制衡。

再次，立案监督也是权利保障的必然要求。如果没有立案监督，被害人就无法通过国家设立的刑事诉讼程序寻求救济，也无法获得权利保障。立案监督是公力救济的保障手段。

最后，立案监督制度受到错误救济论的影响。美国著名法学家庞德曾说："法律承认提供的事实并根据事实来宣布指定的法律后果。但是事实并不是现成提供给我们的，确定事实是一个充满着可能出现许许多多错误的过程。"在司法实践中，由于刑事案件的复杂性使得刑事案件的出错具有极大可能性。为了不使任何一个犯罪的人逃脱法律的制裁，同时也不使任何一个无罪的人受到法律的制裁，我国《刑事诉讼法》规定了立案监督制度。

我国立案监督广义上包括检察监督（启动方式有依职权启动和依申请启动两种方式）和公安机关的内部监督。前者在《刑事诉讼法》第113条规定中体现，即人民检察院认为公安机关对应当立案侦查的案件而不立案侦查的，或者被害人认为公安机关对应当立案侦查的案件而不立案侦查，向人民检察院提出的，人民检察院应当要求公安机关说明不立案的理由。人民检察院认为公安机关不立案理由不能成立的，应当通知公安机关立案，公安机关接到通知后应当立案。后者属广义的监督，即内部监督（复议、复核）规定在公安部《规定》第179条，控告人对不予立案决定不服的，可以在收到不予立案通知书后7日以内向作出决定的公安机关申请复议；公安机关应当在收到复议申请后30日以内作出决定，并将决定书送达控告人。控告人对不予立案的复议决定不服的，可以在收到复议决定书后7日以内向上一级公安机关申请复核；上一级公安机关应当在收到复核申请后30日以内作出决定。对上级公安机关撤销不予立案决定的，下级公安机关应当执行。案情重大、复杂的，公安机关可以延长复议、复核时限，但是延长时限不得超过30日，并书面告知申请人。

法治国家的实质是依法限制公权，保障公民权利。法治国家的核心是以法律作为治理国家的根本措施，崇尚法治高于任何人的意志。为了实现依法治国，尊重和保障人权，在法治国家的建设中，就必须重视法律监督，以便保障法律的正确实施。在刑事诉讼中，若没有法律监督（立案监督），现行的法律制度（立案制度）很难实现。

三、扩展思考：对立案材料的调查核实

可以进一步思考的是：在刑事诉讼中，究竟应当如何对立案材料进行调查核实？本案反映出对立案材料进行充分的调查核实在惩罚犯罪与保障人权方面具有重要的作用。

但始终需要明确的是，立案侦查会对一个人造成严重影响，因此对立案应当严格审查。立案前的审查正是为了确定是否启动立案程序，确保无辜或不应被追究者不被错误追诉。按照管辖范围，进行核对和调查，公、检、法三机关对于接受的立案材料进行审查核实，是正确及时立案的关键。

现代法治原则的一项基本要求是：国家机关权力的行使，必须有法律上

明确具体的规定，凡是法无明文规定的，就不得实施该权力，因此我国《刑事诉讼法》对立案材料的调查核实进行了严格的规定。在对是否立案进行调查核实时，根据相关法律和规范性文件要求，各机关必要时可以采取询问、查询、勘验、鉴定和调取证据材料等不限制被调查对象基本权利的措施。调查核实被定位为立案审查阶段采取的措施和手段，在强度和性质上绝不能等同于侦查措施。各机关在立案阶段只能适用一般调查方法，只能采取不限制被查对象人身、财产权利的措施，不得对被调查对象采取强制措施，不得查封、扣押、冻结被调查对象的财产。

早年的"初查"到现在的"调查核实"，均在最高人民检察院司法解释或公安部部门规章中得到明确规定。未来，我国的《刑事诉讼法》对此也应予以明确，以使立案审查的工作机制更加完善。

女排国家队队长朱婷被诽谤案 [1]

【自诉案件的立案】

◆ 案情概要

2020年，作为里约奥运会冠军的中国女排在东京奥运会铩羽而归，小组赛遭遇三连败，未能出线，以1984年洛杉矶奥运会以来历史最差战绩结束奥运征程。比赛期间，中国女排队长朱婷手腕处旧伤复发，严重程度连郎平教练都感到吃惊。在采访中郎平曾表示，朱婷已经尽力了，但是奥运会期间她也不能休息。在提前无缘八强之后，朱婷缺席了中国女排最后两轮小组赛。

中国女排参赛成绩不理想，网上流言四起，其中大部分内容涉及队长朱婷，包括了她在备战期间的训练态度以及代言商业广告的所谓"内幕"。

2021年8月11日深夜，朱婷在个人社交媒体贴出《上海市公安局案(事)件接报回执》以及公证书首页，称已完成证据收集整理及公证事项办理，并配文："下一站，人民法院。"上海市公安局报案回执显示："经核，该案为人民法院告诉才处理的案件。案(事)件进展情况查询方式：朱婷以及代表律师可通过来电查询案(事)件接报、受理情况。"

2021年12月3日，自诉人朱婷委托的诉讼代理人到郑州市惠济区人民法院提交刑事自诉状及证据材料，以今日头条用户"排球人生""顽童说球""柯南话乒乓"和微信订阅号"排球Dialogue"、新浪微博ID"第一球迷胖哥"五人捏造事实、通过网络诽谤自诉人朱婷且情节严重为由，要求以诽谤罪追究五被告人的刑事责任、赔礼道歉并赔偿有关财产损失。法院审查过程中，通知自诉代理人补充了相关证明材料，依职权调取了有关证据。经审查，朱婷的自诉符合《刑事诉讼法》相关规定，已于2021年12月27日依法立案。

---

〔1〕 参见扬子晚报网：https://www.yangtse.com/content/1356130.html，2022年2月6日访问，内容有删节。

一、法律分析

1. 结合本案，简述告诉才处理的案件范围

本案受害人朱婷在遭受网络诽谤之后选择向公安机关报案处理，上海市公安局报案回执显示："经核，该案为人民法院告诉才处理的案件。"随后，朱婷以刑事案件自诉人身份向人民法院提出刑事自诉并获立案。

《刑法》规定"告诉才处理"的案件通常涉及以下五种罪名：第一，侮辱、诽谤罪，《刑法》第246条第1、2款规定："以暴力或者其他方法公然侮辱他人或者捏造事实诽谤他人，情节严重的，处三年以下有期徒刑、拘役、管制或者剥夺政治权利。前款罪，告诉的才处理，但是严重危害社会秩序和国家利益的除外。"第二，暴力干涉婚姻自由罪。《刑法》第257条规定："以暴力干涉他人婚姻自由的，处二年以下有期徒刑或者拘役。犯前款罪，致使被害人死亡的，处二年以上七年以下有期徒刑。第一款罪，告诉的才处理。"第三，虐待罪。《刑法》第260条规定："虐待家庭成员，情节恶劣的，处二年以下有期徒刑、拘役或者管制。犯前款罪，致使被害人重伤、死亡的，处二年以上七年以下有期徒刑。第一款罪，告诉的才处理，但被害人没有能力告诉，或者因受到强制、威吓无法告诉的除外。"第四，侵占罪。《刑法》第270条规定："将代为保管的他人财物非法占为己有，数额较大，拒不退还的，处二年以下有期徒刑、拘役或者罚金；数额巨大或者有其他严重情节的，处二年以上五年以下有期徒刑，并处罚金。将他人的遗忘物或者埋藏物非法占为己有，数额较大，拒不交出的，依照前款的规定处罚。本条罪，告诉的才处理。"

由此可见，在我国，只有侵占罪属于绝对的告诉才处理的案件，没有公诉的例外，其他告诉才处理的罪名类型均有公诉例外的情况。本案涉及的罪名是诽谤罪，根据基本案情可知，相关涉嫌诽谤的内容并未达到"严重危害社会秩序和国家利益"的程度。因此，当朱婷通过公诉途径向公安机关寻求维护自身权利之时，公安机关并无相关管辖权，随后朱婷向人民法院就涉嫌诽谤的侵害行为提起刑事自诉是符合法律规定的。

2. 结合本案，简述告诉才处理的案件的告诉主体

《刑事诉讼法》第210条规定："自诉案件包括下列案件：（一）告诉才处理的案件；（二）被害人有证据证明的轻微刑事案件；（三）被害人有证据

证明对被告人侵犯自己人身、财产权利的行为应当依法追究刑事责任，而公安机关或者人民检察院不予追究被告人刑事责任的案件。"可见，告诉才处理的案件属于自诉案件的一种。同时，《刑事诉讼法》第114条规定："对于自诉案件，被害人有权向人民法院直接起诉。被害人死亡或者丧失行为能力的，被害人的法定代理人、近亲属有权向人民法院起诉。人民法院应当依法受理。"本案中，朱婷是具有完全行为能力的自然人，因此应当由其本人向人民法院提起自诉。

3. 结合本案，简述告诉才处理的案件的受理程序

以本案为例，被害人朱婷在法定的起诉时效期限内，可以用书面或口头的方式直接向有管辖权的人民法院提出。自诉一般采取书面的形式，即应当制作并向法院呈递刑事自诉状。但是，自诉人书写自诉状确有困难的，可以口头告诉，由人民法院工作人员作出告诉笔录，向自诉人宣读，自诉人确认无误后，应当签名或盖章。

对于当事人提起刑事自诉，人民法院应当进行审查，如果符合立案条件，人民法院就应当予以立案并且直接进入审判程序。告诉才处理案件的立案条件有：第一，属于刑事自诉案件的范围；第二，属于受诉人民法院管辖；第三，刑事案件被害人提起自诉；第四，有明确的被告、具体的诉讼请求和证明被告人犯罪事实的相关证据。

二、理论阐释：人民法院直接受理的案件

《刑事诉讼法》对公检法三机关的立案管辖权进行了划分。《刑事诉讼法》第19条规定："刑事案件的侦查由公安机关进行，法律另有规定的除外。人民检察院在对诉讼活动实行法律监督中发现的司法工作人员利用职权实施的非法拘禁、刑讯逼供、非法搜查等侵犯公民权利、损害司法公正的犯罪，可以由人民检察院立案侦查。对于公安机关管辖的国家机关工作人员利用职权实施的重大犯罪案件，需要由人民检察院直接受理的时候，经省级以上人民检察院决定，可以由人民检察院立案侦查。自诉案件，由人民法院直接受理。"可以看出，由人民法院直接受理的案件限于自诉案件。同时《刑事诉讼法》第210条对自诉案件的范围又作出了详细的规定："自诉案件包括下列案件：（一）告诉才处理的案件；（二）被害人有证据证明的轻微刑事案件；（三）被害人有证据证明对被告人侵犯自己人身、财产权利的行为应当依法追

究刑事责任，而公安机关或者人民检察院不予追究被告人刑事责任的案件。"

对于上述三类案件相关主体有权直接向人民法院提起刑事自诉。第一类案件是告诉才处理的案件；第二类案件是可自诉可公诉的案件，主要包括人民检察院没有提起公诉，被害人有证据证明的轻微刑事案件：故意伤害案、非法侵入住宅案、侵犯通信自由案、重婚案、遗弃案、生产、销售伪劣商品案、（《刑法》分则第三章第一节规定的，但严重危害社会秩序和国家利益的除外）侵犯知识产权案（《刑法》分则第三章第七节规定的，但严重危害社会秩序和国家利益的除外）以及属于《刑法》分则第四章、第五章规定的，对被告人可能判处 3 年有期徒刑以下刑罚的案件。需要注意的是，对于这八类案件，被害人直接向人民法院提起自诉的，人民法院应当依法受理，如果证据不足或者认为被告人可以判处 3 年以上有期徒刑以上刑罚的，应当告知被害人向公安机关报案，或者移送公安机关立案侦查。第三类案件则属于公诉转自诉的案件。《刑事诉讼法》第 210 条第 3 项规定："被害人有证据证明对被告人侵犯自己人身、财产权利的行为应当依法追究刑事责任，而公安机关或者人民检察院不予追究被告人刑事责任的案件。"

公诉权是人类历史发展的产物，其经历了由"私力救济"向"公力救济"转化这一漫长的过程。回溯到原始社会，"同态复仇""血亲复仇"等各类"私力救济"是冲突的主要解决方式。"私力救济"的弊端是显而易见的，其不仅无法起到定纷止争的作用，更有扩大矛盾、加深冲突的可能。"公力救济"伴随着人类社会的发展应运而生。由国家统一行使刑事案件的起诉权，形成了真正意义上的公诉权的概念。但是，现代刑事诉讼体制对于一些社会危害性较弱的案件类型，又将追诉权交由被害人，这也是刑罚谦抑性在程序上的体现。

三、扩展思考：三类自诉案件之不同点

由上可知，自诉案件可划分为告诉才处理的案件、可自诉可公诉的案件以及公诉转自诉的案件。我国《刑事诉讼法》之所以作如此划分有着如下的考量：

首先，社会危害性不同。通过对三类自诉案件所涵盖的罪名的比较可以发现，告诉才处理的案件所涵盖的罪名社会危害性最低，无论是侮辱、诽谤、暴力干涉婚姻自由、虐待还是侵占，除了法条规定的例外情况，社会危害性

均较低。同时，此类案件的加害人与被害人之间通常具备特殊关系，比如家庭成员，不宜采取较为激烈的方式进行处置。第二类可自诉可公诉的案件涵盖了故意伤害案、非法侵入住宅案、侵犯通信自由案、重婚案、遗弃案、生产、销售伪劣商品案、侵犯知识产权案以及属于《刑法》分则第四章、第五章规定的，对被告人可能判处 3 年有期徒刑以下刑罚的案件。通过具体罪名的构成要件便可判断出其社会危害性较低。规定此类案件为可自诉可公诉也是出于对效率的考量，两种诉讼途径并进方便案件被害人能够及时维护自身的合法权益。而第三类公诉转自诉的案件，本身就属于公诉案件，自诉仅作为公权机关不作为的救济，因此其社会危害性最高。此类案件被纳入自诉范围，是赋予公诉案件被害人通过自诉的方式进行救济的权利。

其次，追诉方式不同。第一类告诉才处理的案件只能通过刑事自诉的方式追究嫌疑人的刑事责任，公安检察机关无权立案侦查。第二类可自诉可公诉的案件，被害人可以选择寻求公权力介入追究被告人刑事责任，也可以直接向人民法院提起刑事自诉。第三类公诉转自诉的案件则要求被害人必须是在寻求公权力追诉未果的情况下方能向人民法院提起刑事自诉，公安机关或者人民检察院不予追究被告人刑事责任是被害人提起刑事自诉的前置条件。

再次，诉讼程序不同。对于第一类和第二类自诉案件，可以适用简易程序，由审判员一人独任审判。

最后，诉讼主体权利不同。第一，对于第一类和第二类自诉案件，可以在查明案件事实、辨明是非的基础上，根据自愿、合法的原则进行调解，但是第三类自诉案件不适用调解。第二，第一类和第二类自诉案件的被告人或其法定代理人在诉讼过程中，可以对自诉人提起反诉，但是第三类自诉案件不可以反诉。

　杭州来女士失踪案[1]

【侦查概述】

◆ **案情概要**

2020 年 7 月 6 日下午，许某利向警方报案称：7 月 5 日凌晨，其妻子来某利失踪。7 月 4 日 17 时 10 分，来某利和小女儿拿着蛋糕和书籍出现在电梯间内，这是她最后一次出现在监控视频中。

案件发生后，杭州市公安局上城分局四季青派出所寻找几日未果，将该案移交杭州市公安局江干区分局，分局成立专案组，立即组织警方开展调查寻人工作。分局刑侦也介入了侦查。警方利用监控、警犬等多种手段对小区地下室、天台、绿化景观进行了地毯式的搜索，没有发现线索。

家属在征得职能部门同意后，连同小区物业一起抽干了小区隔壁的景观河进行查找，也没有发现任何线索。

7 月 22 日下午，天气好转满足勘验条件后，专案组对化粪池开展了抽取工作。7 月 22 日晚，警方将侦查重点集中到化粪池，集中多辆吸污车、吸粪车对化粪池进行抽吸。从 22 日下午 3 点到 23 日下午 4 点，全过程共 25 小时。民警在接近 40 度的高温天气中，身着全封闭的隔离服，连续奋战，对抽取的 38 车污秽物进行冲洗、筛查，现场提取检测后，发现有疑似人体组织，经 DNA 比对系失踪女士来某利的人体组织。警方由此推断出来某利可能遇害，案件调查取得重大突破，许某利具有重大犯罪嫌疑。

结合侦查发现的犯罪事实和相关数据，专案组在 7 月 23 日 1 时以涉嫌故意杀人罪对许某利进行了刑事传唤。考虑到犯罪嫌疑人事发后配合报案并接受媒体采访等情形，省、市两级公安机关组织刑侦专家，多次召开案情分析

---

[1] 参见百度百科：https://baike.baidu.com/item/7·5 杭州女子失踪案/52391191？fr=aladdin，2022 年 2 月 6 日访问，内容有删节。

会，提前针对许某利制定了周密的审讯策略和方案。经审讯，突破了犯罪嫌疑人的口供。

7月23日10时，许某利初步交代，其因家庭生活矛盾对来某利产生不满，于7月5日凌晨在家中趁来某利熟睡之际，将其杀害并分尸扔至化粪池内。许某利被警方依法予以刑事拘留。

7月30日，杭州市公安局以涉嫌故意杀人罪提请批准逮捕犯罪嫌疑人许某利。杭州市人民检察院在前期依法提前介入的基础上，经审查认为，犯罪嫌疑人许某利的犯罪手段残忍，性质恶劣，已涉嫌故意杀人罪，于8月6日对其作出批准逮捕决定。

2021年1月5日，"杭州杀妻案"移送杭州市人民检察院审查起诉。5月14日9时，浙江省杭州市中级人民法院一审公开开庭审理被告人许某利故意杀人刑事附带民事诉讼一案，杭州市人民检察院派员出庭支持公诉。12时47分，庭审结束。

2021年7月26日14时30分，浙江省杭州市中级人民法院对被告人许某利故意杀人刑事附带民事诉讼一案进行公开宣判，以故意杀人罪判处被告人许某利死刑，剥夺政治权利终身；判决其赔偿附带民事诉讼原告人经济损失人民币20万元。

2021年8月4日，当事人许某利明确表示不服一审判决，提出上诉。2022年1月25日，浙江省高级人民法院二审公开开庭审理被告人许某利故意杀人（上诉）一案。二审庭审中，上诉人许某利认为，一审认定事实不清、证据不足，二审应改判其无罪。许某利最后陈述，再次要求宣告无罪。本案目前尚未宣判。

一、法律分析

1. 结合本案，简述侦查行为

我国《刑事诉讼法》规定的侦查行为主要有讯问犯罪嫌疑人，询问证人、被害人，勘验、检查，侦查实验，搜查，查封、扣押，查询、冻结，鉴定，辨认，技术侦查，通缉等。侦查机关通过实施这些侦查行为，可以有效收集证据、查明案情、查获犯罪嫌疑人，并保障无罪之人不受刑事追究。根据案情介绍可知，本案中侦查机关主要运用了勘验、鉴定和讯问三种侦查行为。

所谓勘验，是指侦查人员对于与案件相关的场所、物品、尸体等进行的勘查、检验。通常根据勘验对象的不同，勘验可以分为现场勘查、物品检验和尸体检验等类型。其中现场勘查是指侦查机关对犯罪嫌疑人实施犯罪或遗留相关证据的现场进行的勘查活动，其重要目的之一即在于通过现场勘查以获得相关证据。本案中侦查机关通过对化粪池开展抽取工作提取疑似人体组织的做法即为现场勘查。

所谓鉴定，是指侦查机关指派或聘请具有专业资格之人对案件的专门问题等进行审查鉴定以作出鉴定意见的行为。本案中，侦查机关通过 DNA 比对判断从化粪池中提取的疑似人体组织系失踪者来某利的人体组织，即为进行 DNA 鉴定。鉴定需要注意以下几点：第一，鉴定所针对的专门问题，是指普通人或侦查人员无法判断的、必须经过特定专业人士进行审查的问题，例如法医学问题，而非一般问题或法律问题；第二，鉴定人必须具有鉴定资格，是在鉴定机构中从事鉴定工作的专业人员；第三，鉴定人需经过侦查机关指派或聘请，与案件无涉且不是回避的对象；第四，鉴定人必须遵循鉴定规则、运用科学方法作出鉴定意见。

所谓讯问，是指侦查人员以言词方式对犯罪嫌疑人进行提问以了解案件情况的侦查行为。讯问是刑事侦查的必经阶段，通过讯问侦查人员可以查明犯罪事实、核实相关证据，犯罪嫌疑人也有机会作出供述或辩解，本案中侦查机关对犯罪嫌疑人许某利的审讯即为讯问。讯问中最重要的问题在于保证犯罪嫌疑人的供述自愿性、防止刑讯逼供等非法取供的行为。我国《刑事诉讼法》及相关法律法规通过对讯问人员、地点、时间、步骤、程序、全程录音录像等问题进行规定以保证讯问的合法性。

2. 结合本案，简述侦查终结的处理

侦查终结是指侦查机关完成一系列侦查工作后，认为犯罪事实清楚、证据确实、充分，而决定结束侦查工作，并对案件作出撤销案件或向检察机关提出起诉意见。《刑事诉讼法》第 162 条规定："公安机关侦查终结的案件，应当做到犯罪事实清楚，证据确实、充分，并且写出起诉意见书，连同案卷材料、证据一并移送同级人民检察院审查决定；同时将案件移送情况告知犯罪嫌疑人及其辩护律师。犯罪嫌疑人自愿认罪的，应当记录在案，随案移送，并在起诉意见书中写明有关情况。"因此，侦查终结的条件是侦查机关认为"犯罪事实清楚，证据确实、充分"，而侦查终结应做三方面的工作：一是制作起诉意见书并装订立卷后将案卷材料、证据一并移送检察机关；二是将案件移送情况告知辩方；三是将犯罪嫌疑人认罪的情况随案移送。本案中，侦查机关即在相关侦查工作完成的基础上，认定本案犯罪嫌疑人许某利的犯罪事实已然清楚、证据已确实、充分，故而将案件移送检察机关审查起诉。

同时，《刑事诉讼法》第163条规定，在侦查过程中，发现不应对犯罪嫌疑人追究刑事责任的，应当撤销案件。因此，侦查中如发现属于不应追究刑事责任的情形，侦查机关应当作出撤销案件的决定，从而终结侦查。具体而言，不应追究刑事责任的情况包括本案不存在犯罪事实、犯罪嫌疑人的行为不构成犯罪以及属于《刑事诉讼法》第16条规定的情形即①情节显著轻微、危害不大，不认为是犯罪的；②犯罪已过追诉时效期限的；③经特赦令免除刑罚的；④依照《刑法》告诉才处理的犯罪，没有告诉或者撤回告诉的；⑤犯罪嫌疑人、被告人死亡的；⑥其他法律规定免予追究刑事责任的。

3. 结合本案，简述侦查监督

侦查监督，专指检察机关对侦查机关侦查行为合法性进行的监督。我国《宪法》第134条规定："中华人民共和国人民检察院是国家的法律监督机关。"据此，《刑事诉讼法》第8条规定："人民检察院依法对刑事诉讼实行法律监督。"由于检察机关对刑事诉讼进行全程的法律监督，因此侦查监督亦是其中一部分内容。

最高检《规则》第256条规定，经公安机关商请或者人民检察院认为确有必要时，可以派员适时介入重大、疑难、复杂案件的侦查活动，参加公安机关对于重大案件的讨论，对案件性质、收集证据、适用法律等提出意见，监督侦查活动是否合法。本案中，检察机关即依法通过此种提前介入的方式实施侦查监督。

最高检《规则》第567条规定，人民检察院应当对侦查活动中是否存在以下违法行为进行监督：①采用刑讯逼供以及其他非法方法收集犯罪嫌疑人供述的；②讯问犯罪嫌疑人依法应当录音或者录像而没有录音或者录像，或者未在法定羁押场所讯问犯罪嫌疑人的；③采用暴力、威胁以及非法限制人身自由等非法方法收集证人证言、被害人陈述，或者以暴力、威胁等方法阻止证人作证或者指使他人作伪证的；④伪造、隐匿、销毁、调换、私自涂改证据，或者帮助当事人毁灭、伪造证据的；⑤违反《刑事诉讼法》关于决定、执行、变更、撤销强制措施的规定，或者强制措施法定期限届满，不予释放、解除或者变更的；⑥应当退还取保候审保证金不退还的；⑦违反《刑事诉讼法》关于讯问、询问、勘验、检查、搜查、鉴定、采取技术侦查措施等规定的；⑧对与案件无关的财物采取查封、扣押、冻结措施，或者应当解除查封、扣押、冻结而不解除的；⑨贪污、挪用、私分、调换、违反规定使用查封、扣押、冻结的财物及其孳息的；⑩不应当撤案而撤案的；⑪侦查人员应当回避而不回避的；⑫依法应当告知犯罪嫌疑人诉讼权利而不告知，影响犯罪嫌疑人行使诉讼权利的；⑬对犯罪嫌疑人拘留、逮捕、指定居所监视居住后依法应当通知家属而未通知的；⑭阻碍当事人、辩护人、诉讼代理人、值班律师依法行使诉讼权利的；⑮应当对证据收集的合法性出具说明或者提供证明材料而不出具、不提供的；⑯侦查活动中的其他违反法律规定的行为。

二、理论阐释：刑事侦查的一般理论

我国《刑事诉讼法》第108条对侦查作出了明确定义："侦查"是指公安机关、人民检察院对于刑事案件，依照法律进行的收集证据、查明案情的工作和有关的强制性措施。据此，应从以下几个方面理解刑事侦查。

第一，侦查是独立的诉讼阶段。我国刑事诉讼中的公诉案件，除职务犯罪案件需经过监察委员会调查外，都必须经历侦查阶段。侦查的目的在于收集证据、查明案件情况、查获犯罪嫌疑人，除此之外，侦查中还要注意尊重和保障人权，保障无辜之人不受错误的刑事追究，同时教育公民守法。

第二，侦查的主体特定。在我国，公安机关是主要的侦查机关，绝大多数的公诉案件都是由公安机关实施侦查的。除公安机关外，根据《刑事诉讼法》和其他相关法律的规定，我国的侦查机关还包括人民检察院、国家安全机关、军队保卫部门、中国海警局、监狱和海关缉私部门。其中人民检察院对于在法律监督过程中发现的司法工作人员利用职权实施的非法拘禁、刑讯逼供、非法搜查等侵犯公民权利、损害司法公正的犯罪行使侦查权，国家安全机关对危害国家安全的刑事案件行使侦查权，军队保卫部门对军队内部发生的刑事案件行使侦查权，中国海警局对海上发生的刑事案件行使侦查权，监狱对罪犯在监狱内犯罪的案件行使侦查权。另外，需要注意的是，职务犯罪案件虽不经过刑事侦查，但要由监察委员会进行调查后方可移送起诉。

第三，侦查的内容包括收集证据以查明案情和采取有关的强制性措施。其中收集证据以查明案情的工作主要指侦查机关根据《刑事诉讼法》第二编第二章之规定而实施的各类侦查行为；而采取有关的强制性措施分为两类，一类是对人的强制性措施，即《刑事诉讼法》第一编第六章所指的"强制措施"，包括拘传、取保候审、监视居住、拘留、逮捕五种，另一类是对物或隐私的强制性措施，如搜查、扣押、技术侦查等。

第四，我国的侦查体制较为特殊。侦查体制指侦查机关与起诉机关的关系，从世界各国的情况看，侦查体制主要可分侦诉一体和侦诉分离两类：其中侦诉一体是指侦查机关与起诉机关合一或者侦查机关受起诉机关领导，大陆法系国家通常采用此种侦诉合一的侦查体制；而侦诉分离指侦查机关与起诉机关互相独立，分别行使侦查权和起诉权，英美法系国家一般采取此种侦诉分离的侦查体制。而我国的侦查体制有三方面特点：其一，绝大多数案件中，侦查机关与起诉机关即公安机关和检察机关分别独立行使侦查权和起诉权，即为侦诉分离；其二，在检察院自侦案件中，检察机关既是侦查机关又是起诉机关，即为侦诉合一；其三，检察机关对所有刑事案件实施上文所述的侦查监督。

三、扩展思考：侦查期限与侦查羁押期限

法律对侦查工作并无期限之限制，这是因为侦查的主要工作是收集证据以查明案情，然而现实中各类案件情况各异，重大、疑难、复杂案件所需的侦查期限难以预测，因此包括《刑事诉讼法》在内的相关法律法规并无关于侦查机关必须在多长期限内完成侦查工作之规定。例如震惊全国的白银连环杀人案，1988 年 5 月 26 日第一位被害人被杀害，警方立案后从未停止对案件的侦查，但直至 2016 年 8 月 26 日才查获犯罪嫌疑人高某勇，2016 年 11 月 24 日案件才被移送审查起诉，案件侦查过程长达 28 年。

然而，尽管侦查无期限限制，但侦查羁押有法定期限。《刑事诉讼法》第156 条至第 160 条规定，对犯罪嫌疑人逮捕后的侦查羁押期限不得超过 2 个月；案情复杂、期限届满不能终结的案件，可以经上一级人民检察院批准延长 1 个月；交通十分不便的边远地区的重大复杂案件，重大的犯罪集团案件，流窜作案的重大复杂案件，犯罪涉及面广、取证困难的重大复杂案件，经省、自治区、直辖市人民检察院批准或者决定，可以延长 2 个月；对犯罪嫌疑人可能判处 10 年有期徒刑以上刑罚，经省、自治区、直辖市人民检察院批准或者决定，可以再延长 2 个月；因为特殊原因，在较长时间内不宜交付审判的特别重大复杂的案件，由最高人民检察院报请全国人民代表大会常务委员会

批准延期审理。除此之外，在侦查期间，发现犯罪嫌疑人另有重要罪行的，自发现之日起重新计算侦查羁押期限；犯罪嫌疑人不讲真实姓名、住址，身份不明的，应当对其身份进行调查，侦查羁押期限自查清其身份之日起计算，但是不得停止对其犯罪行为的侦查取证。

席某掩饰、隐瞒犯罪所得案[1]

【补充侦查】

◆ 案情概要

被告人席某，格鲁吉亚人。

2018 年 8 月 1 日 14 时左右，席某的同国籍朋友班某在西安市雁塔区某小区物业收费处，使用假枪抢走该小区物业部收取的物业费人民币 67 682 元。事后，班某分两次将 20 000 元现金交给席某，并告知这是其抢劫小区物业部的物业费，让其帮助购买回国机票。席某从该 20 000 元中支出 4255 元用于购买班某的回国机票。班某后又将 47 000 余元藏在席某家中的鞋盒里。

2018 年 8 月 2 日，班某潜逃回格鲁吉亚，在席某送班某去机场的路上，班某再次告知这笔钱是其抢劫小区物业部的钱。2018 年 8 月 4 日、8 月 11 日、8 月 13 日，席某通过其本国朋友那某（身份信息不详）分三次将该笔赃款中的 20 795 元转账给已回格鲁吉亚的班某；剩余赃款除在席某的中国银行借记卡中查扣的 14 033.87 元、在其家中查扣的 6082 元外，被席某用于日常花销、偿还自身债务及支付房屋租金。

2018 年 8 月 1 日，西安市公安局雁塔分局接到被害人报案后以抢劫罪立案侦查。后在侦查过程中发现涉案相关赃款存入了席某的个人账户，于 2018 年 8 月 24 日将席某抓获归案。

2018 年 9 月 26 日，席某被西安市雁塔区人民检察院以掩饰、隐瞒犯罪所得罪批准逮捕。2018 年 12 月 29 日，由西安市人民检察院指定西安市碑林区人民检察院管辖。2019 年 1 月 23 日，因部分事实不清、证据不足，检察机关将案件退回公安机关补充侦查。2019 年 2 月 18 日，公安机关补充侦查完毕后

---

[1] 参见上海市人民检察院第二分院网：https://www.sh.jcy.gov.cn/efjc/yasf/67832.jhtml，2022 年 2 月 6 日访问，有删节。

重新移送检察机关审查起诉。经审查，检察机关认为案件的关键证据缺乏，一是无法确定上游犯罪是由谁实施的，不属于上游犯罪已经查证属实；二是本案犯罪嫌疑人席某是否属于抢劫罪的共犯，在班某未到案的情况下，无法确定；三是本案犯罪嫌疑人席某供述的将部分赃款通过那某转给已经回国的班某一事，因未找到那某，未调取到相关的转账记录，也无法证实。2019 年 3 月 18 日，检察机关第二次将案件退回公安机关补充侦查，建议公安机关重点查证上游犯罪的具体情况以及本案犯罪嫌疑人席某是否参与了抢劫。

根据检察机关的建议，2019 年 12 月 14 日，西安市公安局雁塔分局工作组赴格鲁吉亚开展调查取证工作。在我国驻格鲁吉亚使馆的协助下，工作组与格鲁吉亚哥里市地方检察院办案人员及内务部调查人员进行了沟通，并通过当地警方对班某进行了询问，同时也对班某及其律师的提问作出回答。工作组还提取了班某的笔迹，并请求格方执法机关提取班某的 DNA 信息后尽快将上述证据移送给我方。

2019 年 5 月 31 日，西安市碑林区人民检察院将案件起诉至西安市碑林区人民法院，因调取证据问题，分别于 2019 年 9 月 9 日和 2019 年 12 月 2 日两次申请延期审理，2020 年 1 月 2 日，申请恢复庭审。西安市碑林区人民法院开庭审理本案。2020 年 6 月 23 日，西安市碑林区人民法院判决席某犯掩饰、隐瞒犯罪所得罪，判处有期徒刑 1 年又 11 个月（自 2018 年 9 月 17 日至 2020 年 8 月 2 日止），并处罚金 5 万元，附加驱逐出境。目前，席某刑期已满，于 2020 年 8 月 28 日被驱逐出境。

一、法律分析

1. 结合本案，简述审查起诉程序的补充侦查

本案在审查起诉阶段，因部分事实不清、证据不足，检察机关将案件退回公安机关补充侦查，即为审查起诉阶段的补充侦查。

《刑事诉讼法》第 175 条第 2 至 4 款规定："人民检察院审查案件，对于需要补充侦查的，可以退回公安机关补充侦查，也可以自行侦查。对于补充侦查的案件，应当在一个月以内补充侦查完毕。补充侦查以二次为限。补充侦查完毕移送人民检察院后，人民检察院重新计算审查起诉期限。对于二次补充侦查的案件，人民检察院仍然认为证据不足，不符合起诉条件的，应当作出不起诉的决定。"最高检《规则》第 342 条规定，人民检察院认为犯罪事

实不清、证据不足或者存在遗漏罪行、遗漏同案犯罪嫌疑人等情形需要补充侦查的，应当制作补充侦查提纲，连同案卷材料一并退回公安机关补充侦查。人民检察院也可以自行侦查，必要时可以要求公安机关提供协助；第345条规定，人民检察院负责捕诉的部门对本院负责侦查的部门移送起诉的案件进行审查后，认为犯罪事实不清、证据不足或者存在遗漏罪行、遗漏同案犯罪嫌疑人等情形需要补充侦查的，应当制作补充侦查提纲，连同案卷材料一并退回负责侦查的部门补充侦查。必要时，也可以自行侦查，可以要求负责侦查的部门予以协助。

据此可见，审查起诉阶段的补充侦查有以下特点：第一，人民检察院有权决定是否进行补充侦查；第二，既可以由人民检察院自行补充侦查，也可以退回公安机关补充侦查；第三，审查起诉阶段的退回补充侦查以2次为限，每次最多1个月；第四，第一次补充侦查后人民检察院仍认为证据不足不符合起诉条件的，可以作出不起诉决定或者决定再次补充侦查，但第二次补充侦查后人民检察院仍认为证据不足不符合起诉条件的，应当作出不起诉的决定。

2. 结合本案，简述审判程序的补充侦查

本案中，2019年5月31日，西安市碑林区人民检察院将案件起诉至西安市碑林区人民法院，因调取证据问题，分别于2019年9月9日和2019年12月2日两次申请延期审理，此种情形即为审判程序的补充侦查。

《刑事诉讼法》第204条规定："在法庭审判过程中，遇有下列情形之一，影响审判进行的，可以延期审理：（一）需要通知新的证人到庭，调取新的物证，重新鉴定或者勘验的；（二）检察人员发现提起公诉的案件需要补充侦查，提出建议的；（三）由于申请回避而不能进行审判的。"第205条规定："依照本法第二百零四条第二项的规定延期审理的案件，人民检察院应当在一个月以内补充侦查完毕。"最高法《解释》第274条规定，审判期间，公诉人发现案件需要补充侦查，建议延期审理的，合议庭可以同意，但建议延期审理不得超过2次。人民检察院将补充收集的证据移送人民法院的，人民法院应当通知辩护人、诉讼代理人查阅、摘抄、复制。补充侦查期限届满后，人民检察院未将补充的证据材料移送人民法院的，人民法院可以根据在案证据作出判决、裁定。第277条第2款规定，审判期间，被告人提出新的立功线索的，人民法院可以建议人民检察院补充侦查。第297条规定，审判期间，人民法院发现新的事实，可能影响定罪量刑的，或者需要补查补证的，应当通知人民检察院，由其决定是否补充、变更、追加起诉或者补充侦查。

根据这些规定与有关司法解释，审判阶段的补充侦查要注意以下事项：第一，公诉案件审判期间，补充侦查的建议一般应由检察人员提出，检察人员发现案件需要补充侦查，建议延期审理的，合议庭可以同意；但是如果发现被告人新的立功线索，人民法院也可以建议人民检察院补充侦查。第二，审判阶段的补充侦查由人民检察院自行侦查，以二次为限，每次最多 1 个月，补充侦查期限届满后，人民检察院未将补充的证据材料移送人民法院的，人民法院可以根据在案证据作出判决、裁定。第三，补充侦查后人民检察院将补充收集的证据移送法院的，法院应通知辩护人、诉讼代理人查阅、摘抄、复制，以便其了解情况，进行辩护和代理。

二、理论阐释：补充侦查

补充侦查，是指侦查机关在原有侦查工作和成果的基础上，根据法律规定、依照法定程序，对案件的部分事实继续进行侦查、补充收集证据的诉讼活动。补充侦查并非侦查的必经程序，而是在原侦查工作完成后事实仍然不清、证据仍然不足或者遗漏罪行、遗漏同案犯罪嫌疑人等情况下才能适用。补充侦查只能由公安机关或人民检察院实施。补充侦查，其本质是对原有侦查工作的补充和继续，因此实际上是一项查缺补漏的工作，是在原有侦查工作未能完成侦查任务的情况下对案件部分事实、情节进行的补充性侦查和收集证据的行为。补充侦查虽然不是每个案件的必经程序，但作为一项弥补性的工作，对于查清案件全部事实、全面收集证据，从而完成侦查任务、保证办案质量，仍然具有非常重要的意义。

根据《刑事诉讼法》和相关法律的规定，补充侦查共有两种方式，即退回补充侦查和自行补充侦查。退回补充侦查，是指人民检察院将案件退回到公安机关，由公安机关进行的补充侦查。但值得注意的是，退回侦查的案件限于公安机关立案侦查的案件，人民检察院不得将法律规定由人民检察院立案侦查的案件退给公安机关补充侦查。自行补充侦查，是指人民检察院自行对案件进行的补充侦查。自行补充侦查的案件，可以是公安机关立案侦查的案件，也可以是人民检察院立案侦查的案件。

补充侦查主要有以下三种类型：审查批捕阶段的补充侦查、审查起诉阶段的补充侦查、审判阶段的补充侦查。除上文所述的审查起诉阶段的补充侦查和审判阶段的补充侦查之外，《刑事诉讼法》第90条规定："人民检察院对于公安机关提请批准逮捕的案件进行审查后，应当根据情况分别作出批准逮捕或者不批准逮捕的决定。对于批准逮捕的决定，公安机关应当立即执行，并且将执行情况及时通知人民检察院。对于不批准逮捕的，人民检察院应当说明理由，需要补充侦查的，应当同时通知公安机关。"据此，在审查批捕阶段，人民检察院作出不批准逮捕决定的，如果认为需要补充审查的，应当通知公安机关补充侦查，该补充侦查的通知和不批准逮捕决定书同时作出并送达公安机关。公安机关收到补充侦查的通知和不批准逮捕决定书后，应当实施补充侦查，并依照法律规定释放犯罪嫌疑人或者变更强制措施为取保候审或监视居住。

在审查起诉阶段，如果案件需要补充侦查，人民检察院既可以退回公安机关补充侦查，也可以由人民检察院自行补充侦查，具体取决于补充侦查事实的内容和性质，如果主要事实不清、证据不足或者遗漏罪行、遗漏同案犯罪嫌疑人，一般退回公安机关补充侦查；如果次要事实不清、证据不足，则应尽量自行补充侦查，以便提高诉讼效率。在审判阶段，如果案件需要补充侦查，只能由人民检察院自行补充侦查，而不能再退回公安机关，但必要时可以要求公安机关提供协助。

根据公安部《规定》第296条之规定，对人民检察院退回补充侦查的案件，根据不同情况，报县级以上公安机关负责人批准，分别作如下处理：①原认定犯罪事实不清或者证据不够充分的，应当在查清事实、补充证据后，制作补充侦查报告书，移送人民检察院审查；对确实无法查明的事项或者无法补充的证据，应当书面向人民检察院说明情况；②在补充侦查过程中，发现新的同案犯或者新的罪行，需要追究刑事责任的，应当重新制作起诉意见书，移送人民检察院审查；③发现原认定的犯罪事实有重大变化，不应当追究刑事责任的，应当撤销案件或者对犯罪嫌疑人终止侦查，并将有关情况通知退查的人民检察院；④原认定犯罪事实清楚，证据确实、充分，人民检察院退回补充侦查不当的，应当说明理由，移送人民检察院审查。

三、扩展思考：人民检察院审查起诉中的退回监察机关补充调查

2018年《监察法》通过，根据其规定，监察委员会对涉嫌职务犯罪的，

将调查结果移送人民检察院依法审查、提起公诉。同年《刑事诉讼法》也作了相应修正，其第 170 条第 1 款规定："人民检察院对于监察机关移送起诉的案件，依照本法和监察法的有关规定进行审查。人民检察院经审查，认为需要补充核实的，应当退回监察机关补充调查，必要时可以自行补充侦查。"而最高检《规则》第 344 条第 1 款规定："对于监察机关移送起诉的案件，具有下列情形之一的，人民检察院可以自行补充侦查：（一）证人证言、犯罪嫌疑人供述和辩解、被害人陈述的内容主要情节一致，个别情节不一致的；（二）物证、书证等证据材料需要补充鉴定的；（三）其他由人民检察院查证更为便利、更有效率、更有利于查清案件事实的情形。"由此产生了人民检察院审查起诉中的退回监察机关补充调查的问题，具体需要注意以下几点：

（1）补充核实的方式。对于监察机关移送起诉的案件，人民检察院经审查认为需要补充核实的，并非只有退回监察机关补充调查一种选择，在必要时亦可以由人民检察院自行补充侦查。具体采取何种方式，取决于需补充核实事实或证据的内容和性质，一般而言为：主要事实不清、证据不足，应当退回补充调查，次要事实不清、证据不足，则出于诉讼效率之考虑，可以由检察院自行补充侦查。

（2）退回补充调查的程序。最高检《规则》第 343 条第 2 款的规定，需要退回补充调查的案件，人民检察院应当出具补充调查决定书、补充调查提纲，写明补充调查的事项、理由、调查方向、需补充收集的证据及其证明作用等，连同案卷材料一并送交监察机关。

（3）退回补充调查时犯罪嫌疑人的处理。最高检《规则》第 343 条第 3 款规定："人民检察院决定退回补充调查的案件，犯罪嫌疑人已被采取强制措施的，应当将退回补充调查情况书面通知强制措施执行机关。监察机关需要讯问的，人民检察院应当予以配合。"据此，退回补充调查时无需将被采取强制措施的嫌疑人退回监察机关，即"退卷不退人"。

（4）退回补充调查的次数和时间。最高检《规则》第 346 条规定，审查起诉中的退回监察机关补充调查与退回公安机关补充侦查在次数和时间限制方面的规定一致，即退回监察机关补充调查的时间限制为 1 个月，监察机关应当在 1 个月以内补充调查完毕，且以两次补充调查为限。

（5）退回补充调查后再移送审查起诉的处理。监察机关补充调查完毕移送起诉后，人民检察院重新计算审查起诉期限。人民检察院对于二次退回补充调查的案件，仍然认为证据不足，不符合起诉条件的，经检察长批准，依法作出不起诉决定。人民检察院对于经过一次退回补充调查的案件，认为证据不足，不符合起诉条件，且没有再次退回补充调查或者补充侦查必要的，经检察长批准，也可以作出不起诉决定。人民检察院对已经退回监察机关二次补充调查的案件，在审查起诉中又发现新的犯罪事实，应当将线索移送监察机关，但对已经查清的犯罪事实，应当依法提起公诉。

谢某军等人受贿、徇私舞弊减刑、暂予监外执行案

【检察机关自行侦查】

◆ **案情概要**

被告人谢某军、汪某明、于某波徇私舞弊减刑、暂予监外执行，失职致使在押人员脱逃，受贿，行贿，挪用公款，贪污一案，由辽宁省人民检察院侦查终结，依法指定辽宁省沈阳市人民检察院审查起诉。2003 年 7 月 24 日，沈阳市人民检察院向沈阳市中级人民法院提起公诉。2003 年 11 月 4 日，沈阳市中级人民法院依法组成合议庭对此案进行了公开审理。起诉书认定被告人谢某军、汪某明、于某波犯罪事实如下：

（1）1995 年 12 月至 2001 年 5 月，被告人谢某军在任辽宁省大连市监狱监狱长期间，收受被判处死刑缓期执行的罪犯邹某卫的贿赂，指使时任该监狱副监狱长的被告人汪某明和时任该监狱四监区监区长的被告人于某波采取虚报和夸大事实的手段，编造邹某卫有检举和立功情况材料，致使邹某卫于 1997 年 12 月 13 日被法院裁定由原判死刑缓期二年执行减为有期徒刑 17 年，1999 年 3 月 26 日邹某卫又被法院裁定减刑 1 年 11 个月。此后，被告人谢某军、汪某明、于某波又为邹某卫编造保外就医的假材料，致使邹某卫于 2000 年 3 月 21 日被保外就医 2 个月。2000 年 4 月 7 日晚，被告人谢某军、汪某明、于某波得知罪犯邹某卫在保外就医期间重新犯罪后，将其收监送到于某波负责的四监区，并未采取严格监管措施，致使邹某卫于次日被他人带出监狱长期脱逃。

被告人谢某军收受罪犯邹某卫的贿赂款人民币 54 万元。被告人汪某明、于某波分别收受邹某卫的贿赂款人民币 1 万元。

（2）1998 年初，被告人谢某军以其姐姐买房为名，向于某波索要人民币

4万元。

（3）1999年底，被告人谢某军按杨某某（系某企业集团董事长）的要求对在监狱服刑的罪犯李某某予以特殊照顾。2001年春节前，被告人谢某军以看望领导的名义向杨某某索要人民币10万元。

（4）被告人谢某军为了升任辽宁省监狱管理局副局长，多次找辽宁省监狱管理局领导郭某某疏通关系，先后于2000年春节和2000年4月，向郭某某行贿15万元。

（5）1997年5月，被告人谢某军将汤某某上交监狱的人民币10万元承包利润款挪用，借给他人经商，直到2003年1月案发后才将该款追回。

（6）1998年6月至1999年11月间，被告人于某波贪污公款188 183.25元。

沈阳市中级人民法院经审理认为，被告人谢某军、汪某明、于某波徇私舞弊对不符合减刑、暂予监外执行条件的罪犯，采取虚报、编造事实的手段，为在押罪犯呈报减刑和办理保外就医，致使罪犯邹某卫被两次大幅度减刑和保外就医，且在保外就医期间重新犯罪并造成致人死亡的后果，其行为均已构成徇私舞弊减刑、暂予监外执行罪，情节严重，邹犯因涉嫌重新犯罪被收监后，由于3名被告人严重不负责任，致使邹犯被他人带出监狱长期脱逃，同时又构成失职致使在押人员脱逃罪；利用职务之便，非法收受他人财物，为他人谋取利益，还构成受贿罪。其中被告人谢某军还具有索贿情节，应从重处罚。被告人谢某军利用职务上的便利，挪用公款归个人使用，数额较大，进行营利性活动，其行为已经构成挪用公款罪；为谋取不正当利益，给予国家工作人员钱财，其行为还构成行贿罪，应予惩处。被告人于某波利用职务上的便利，侵吞公款，其行为已经构成贪污罪。被告人谢某军、汪某明认罪态度较好，可酌情从轻处罚。被告人汪某明检举他人犯罪，并经查证属实，确有立功表现，可从轻处罚。

2003年11月4日，沈阳市中级人民法院对此案作出一审判决：被告人谢某军犯徇私舞弊减刑、暂予监外执行罪，判处有期徒刑7年；犯失职致使在押人员脱逃罪，判处有期徒刑1年；犯受贿罪，判处有期徒刑13年，并处没收个人财产7万元；犯行贿罪，判处有期徒刑3年；犯挪用公款罪，判处有期徒刑3年；总和刑期27年，数罪并罚，决定执行有期徒刑20年，并处没收个人财产7万元。被告人汪某明犯徇私舞弊减刑、暂予监外执行罪，判处有期徒刑6年；犯失职致使在押人员脱逃罪，判处有期徒刑1年；犯受贿罪，判处有期徒刑 2 年，总和刑期 9 年，数罪并罚，决定执行有期徒刑 7 年。被告人于某波犯徇私舞弊减刑、暂予监外执行罪，判处有期徒刑 6 年；犯失职致使在押人员脱逃罪，判处有期徒刑 1 年；犯受贿罪，判处有期徒刑 2 年；犯贪污罪，判处有期徒刑 11 年，并处没收个人财产人民币 2 万元；总和刑期 20 年，数罪并罚，决定执行有期徒刑 18 年，并处没收个人财产 2 万元。

被告人于某波对沈阳市中级人民法院一审刑事判决不服提出上诉。2004 年 8 月 16 日，辽宁省高级人民法院经过审理及对上诉人于某波贪污犯罪事实的重新认定，作出二审判决，维持一审法院对被告人谢某军、汪某明的判决，改判上诉人于某波犯徇私舞弊减刑、暂予监外执行罪，判处有期徒刑 6 年；犯失职致使在押人员脱逃罪，判处有期徒刑 1 年；犯受贿罪，判处有期徒刑 2 年；犯贪污罪，判处有期徒刑 5 年；总和刑期 14 年，数罪并罚，决定执行有期徒刑 13 年。

一、法律分析

1. 结合本案，简述 2018 年《刑事诉讼法》修正后检察院自侦权的变化

1996 年和 2012 年《刑事诉讼法》规定的检察院自侦案件的范围较广，如 2012 年《刑事诉讼法》第 18 条第 2 款规定："贪污贿赂犯罪，国家工作人员的渎职犯罪，国家机关工作人员利用职权实施的非法拘禁、刑讯逼供、报复陷害、非法搜查的侵犯公民人身权利的犯罪以及侵犯公民民主权利的犯罪，由人民检察院立案侦查。对于国家机关工作人员利用职权实施的其他重大的犯罪案件，需要由人民检察院直接受理的时候，经省级以上人民检察院决定，可以由人民检察院立案侦查。"因此，检察院享有对贪污贿赂案件、渎职案件和国家工作人员侵犯公民人身权利和民主权利的案件的自侦权，除此之外检察机关还有机动管辖权，即对于本属于其他侦查机关管辖的国家机关工作人员利用职权实施的重大犯罪案件，需要由人民检察院直接受理的时候，经省级以上人民检察院决定，可以由人民检察院立案侦查。因此，本案中被告人谢某军、汪某明、于某波徇私舞弊减刑、暂予监外执行，失职致使在押人员脱逃，受贿，行贿，挪用公款，贪污等罪名均由检察机关侦查。

随着 2018 年《监察法》的颁布实施，贪污贿赂犯罪、国家工作人员的渎职犯罪改由监察委员会调查，检察院的反贪、反渎等侦查部门也向监察委员会转隶，于是 2018 年《刑事诉讼法》对于检察机关的自侦权也作了相应的修

正，其第 19 条第 2 款规定："人民检察院在对诉讼活动实行法律监督中发现的司法工作人员利用职权实施的非法拘禁、刑讯逼供、非法搜查等侵犯公民权利、损害司法公正的犯罪，可以由人民检察院立案侦查。对于公安机关管辖的国家机关工作人员利用职权实施的重大犯罪案件，需要由人民检察院直接受理的时候，经省级以上人民检察院决定，可以由人民检察院立案侦查。"可见，检察机关自侦案件的范围被限缩为司法工作人员利用职权实施的侵犯公民权利、损害司法公正的犯罪，但其机动侦查权得以保留。

在 2018 年最高人民检察院《关于人民检察院立案侦查司法工作人员相关职务犯罪案件若干问题的规定》中，明确规定了人民检察院自侦案件的范围，即人民检察院在对诉讼活动实行法律监督的过程中，发现司法工作人员涉嫌利用职权实施的下列侵犯公民权利、损害司法公正的犯罪案件，可以立案侦查的 14 类案件：①非法拘禁罪（非司法工作人员除外）；②非法搜查罪（非司法工作人员除外）；③刑讯逼供罪；④暴力取证罪；⑤虐待被监管人罪；⑥滥用职权罪（非司法工作人员滥用职权侵犯公民权利、损害司法公正的情形除外）；⑦玩忽职守罪（非司法工作人员玩忽职守侵犯公民权利、损害司法公正的情形除外）；⑧徇私枉法罪；⑨民事、行政枉法裁判罪；⑩执行判决、裁定失职罪；⑪执行判决、裁定滥用职权罪；⑫私放在押人员罪；⑬失职致使在押人员脱逃罪；⑭徇私舞弊减刑、假释、暂予监外执行罪。本案倘若发生在当下，根据《刑事诉讼法》及相关规定，本案中被告人谢某军、汪某明、于某波的徇私舞弊减刑、暂予监外执行，失职致使在押人员脱逃两项罪名将由检察机关侦查，而受贿、行贿、挪用公款、贪污等罪名均由监察机关调查。

2. 结合本案，简述自侦案件侦查阶段的特殊规定

检察机关办理自侦案件，原则上适用《刑事诉讼法》关于侦查的相关规定，但是考虑到检察机关的特殊性，又有一些特殊的程序规定，具体包括以下几点：

（1）《刑事诉讼法》第 165 条规定，人民检察院自侦案件中适用拘留的两种情形，即犯罪后企图自杀、逃跑或者在逃的，以及有毁灭、伪造证据或串供可能的，由检察机关决定拘留并交公安机关执行，即针对此种拘留，检察机关有决定权无执行权。

（2）《刑事诉讼法》第 167 条规定，检察机关自侦案件中对于被拘留的犯罪嫌疑人认为需要逮捕的，应在 14 日内作出决定，特殊情况可延长 1 至 3 日。

（3）最高检《规则》第241条规定，上级人民检察院侦查终结的案件，依照刑事诉讼法的规定应当由下级人民检察院提起公诉或者不起诉的，应当将有关决定、侦查终结报告连同案卷材料交由下级人民检察院审查。本案中，谢某军、汪某明、于某波涉嫌犯罪由辽宁省人民检察院侦查终结，依法指定辽宁省沈阳市人民检察院审查起诉，即是依此办理。

（4）最高检《规则》第253条规定，人民检察院直接受理侦查的案件，对犯罪嫌疑人没有采取取保候审、监视居住、拘留或者逮捕措施的，负责侦查的部门应当在立案后2年以内提出移送起诉、移送不起诉或者撤销案件的意见；对犯罪嫌疑人采取取保候审、监视居住、拘留或者逮捕措施的，负责侦查的部门应当在解除或者撤销强制措施后1年以内提出移送起诉、移送不起诉或者撤销案件的意见。即检察机关自侦案件有侦查期限的限制。

二、理论阐释：检察机关对刑事诉讼的全程监督

检察机关是《宪法》规定的国家法律监督机关，在刑事诉讼中进行全程的监督，具体体现在以下方面：

（1）检察机关有权对公安机关的立案或不立案决定进行监督。《刑事诉讼法》第113条规定，人民检察院认为公安机关应当立案而不立案的，或者被害人向检察院提出公安机关应当立案而不立案的，人民检察院应当要求公安机关说明不立案的理由，认为此种不立案理由不能成立的，应当通知公安机关立案。最高检《规则》第558条至第561条规定，人民检察院对公安机关不应当立案而立案的控告、申诉，认为需要公安机关说明立案理由的，如对于有证据证明公安机关可能存在违法动用刑事手段插手民事、经济纠纷，或者利用立案实施报复陷害、敲诈勒索以及谋取其他非法利益等违法立案情形，应当要求公安机关书面说明立案理由，认为公安机关立案理由不能成立的，经检察长决定，应当通知公安机关撤销案件。

（2）检察机关有权对公安机关的侦查活动进行监督。第一，检察机关有审查批捕的权力。对于公安机关提请批准逮捕的，可以根据案情情况作出批准逮捕或不批准逮捕的决定，并在此过程中监督侦查活动的合法性。第二，检察机关有监督逮捕执行的权力。对于检察机关批准逮捕的决定，公安机关执行后需将执行回执及时送达作出批准逮捕决定的人民检察院；如果未能执行，公安机关也应将执行回执送达，检察院并写明原因；对于检察机关不批

准逮捕的决定，公安机关应立即释放在押的犯罪嫌疑人或者变更强制措施，并将执行回执送达人民检察院。由此，检察机关可以监督逮捕的执行情况。第三，检察机关有羁押必要性审查的权力。人民检察院在办案过程中可以依职权主动进行羁押必要性审查，也可以依犯罪嫌疑人、被告人及其法定代理人、近亲属或者辩护人的申请进行羁押必要性审查。第四，检察机关有审查起诉的权力。对于公安机关侦查终结移送审查起诉的案件，检察机关审查的重要内容之一就是审查公安机关侦查行为的合法性，检察机关可以通过退回补充侦查、排除非法证据、作出不起诉决定的方式实现对侦查活动的监督。

（3）检察机关有权对法院的审判活动进行监督。第一，检察机关可以通过抗诉权的行使实现对法院作出的判决、裁定的监督。对于一审法院作出的未生效判决或裁定，同级检察机关可以提起抗诉以启动二审程序；对于法院作出的生效判决或裁定，最高人民检察院或上级检察院认为确有错误，可以提起抗诉启动审判监督程序。第二，检察机关有权对法院的审判活动本身进行监督。人民检察院认为人民法院审理案件过程中，有违反法律规定的诉讼程序的情况，在庭审后提出书面纠正意见，人民法院认为正确的，应当采纳。需要注意的是，对于法院审判活动的监督，应当是事后的，此种监督不应对法院正常的庭审活动造成干预。

（5）检察机关有权对执行活动进行监督。《刑事诉讼法》第276条规定，检察机关是执行监督机关，对各种刑罚的执行都有监督权。第一，在执行死刑时，检察机关应当派员临场监督。第二，对于暂予监外执行，监狱、看守所提出暂予监外执行的书面意见的，应当将书面意见的副本抄送人民检察院，人民检察院可以向决定或者批准机关提出书面意见；事后，决定或者批准暂予监外执行的机关应当将暂予监外执行决定抄送人民检察院。人民检察院认为暂予监外执行不当的，应当自接到通知之日起1个月以内将书面意见送交决定或者批准暂予监外执行的机关，决定或者批准暂予监外执行的机关接到人民检察院的书面意见后，应当立即对该决定进行重新核查。第三，对于减刑、假释，执行机关提出建议书后需报请人民法院审核裁定，并将建议书副本抄送人民检察院，人民检察院可以向人民法院提出书面意见；人民检察院认为人民法院减刑、假释的裁定不当，应当在收到裁定书副本后20日以内，向人民法院提出书面纠正意见。人民法院应当在收到纠正意见后1个月以内重新组成合议庭进行审理，作出最终裁定。

三、扩展思考：监察留置与刑事强制措施的衔接

监察留置与刑事强制措施的衔接发生在监察调查终结后对涉嫌职务犯罪的案件移送人民检察院依法审查起诉的阶段。《刑事诉讼法》第170条第2款规定："对于监察机关移送起诉的已采取留置措施的案件，人民检察院应当对犯罪嫌疑人先行拘留，留置措施自动解除。人民检察院应当在拘留后的十日以内作出是否逮捕、取保候审或者监视居住的决定。在特殊情况下，决定的时间可以延长一日至四日。人民检察院决定采取强制措施的期间不计入审查起诉期限。"

对于《刑事诉讼法》规定的监察留置与刑事强制措施的衔接制度，需做以下解释：

（1）先行拘留的性质。检察机关对监察机关移送的已被采取留置措施的犯罪嫌疑人采取的先行拘留是一项特殊制度，此处的先行拘留是过渡性、衔接性的拘留，其目的在于确保已被采取留置措施的犯罪嫌疑人在检察机关决定是否采取下一步的强制措施之前处于可控状态，与《刑事诉讼法》第82条规定的公安机关对于现行犯或者重大嫌疑分子的先行拘留或第71条和第76条规定的违反取保候审或监视居住需要逮捕前的先行拘留存在明显区别。

（2）先行拘留的决定与执行。先行拘留由检察机关决定，检察机关对监察机关移送的已被采取留置措施的犯罪嫌疑人作出拘留决定后，交公安机关执行，因此检察机关对于先行拘留也是仅有决定权、没有执行权。犯罪嫌疑人被执行拘留后，其留置措施自动解除。

（3）先行拘留的时间限制和时间变更要求。由于先行拘留是一项过渡性制度，根据《刑事诉讼法》第170条之规定，此种先行拘留有时间限制，检察机关需在此时间限制内及时决定下一步应采取的刑事强制措施。即检察院应当在执行拘留后的10日以内、特殊情况下可延长至14日内作出是否逮捕、取保候审或者监视居住的决定。

（4）退回补充调查情形下犯罪嫌疑人的处置。最高检《规则》第343条规定，人民检察院决定退回补充调查的案件，犯罪嫌疑人已被采取强制措施的，应当将退回补充调查情况书面通知强制措施执行机关，监察机关需要讯问的，人民检察院应当予以配合。即在需要补充调查的情况下，检察机关

仅向监察机关"退卷"而不"退人"。

当然，目前我国监察留置与刑事强制措施的衔接仍存在一些问题，例如，监察留置的设置相对单一，与刑事强制措施的丰富层级不相协调；先行拘留措施的性质仍不够明晰，其正当性也受到一定质疑；检察机关审查起诉中对监察留置的必要性缺乏审查机制，等等。这些问题对于监察留置与刑事强制措施的顺畅衔接甚至整个监察程序与刑事司法程序的顺畅衔接都有重要意义，需在今后予以解决或完善。

刘某某编造、故意传播虚假信息案

【技术侦查】

◆ 案情概要

2020年1月24日，被告人刘某某在北京市通州区新建村二期8号楼1单元1503号的暂住地内，利用其微信号（昵称：故乡的游子）编造其感染新型冠状病毒（以下简称"新冠"）后到公共场所通过咳嗽的方式向他人传播病毒的虚假信息，发送至其另一微信号（昵称：我和未来有个约定），并将该聊天记录截图后发送至微信朋友圈、1个微信群、2个微信好友及3个QQ群，直接覆盖人员共计2700余人，并被其他个人微博转发；公安机关掌握该信息后，采取了技术侦查、落地查控、封控图片等紧急措施；被告人刘某某于2020年1月26日被民警抓获，涉案手机已起获。

北京市通州区人民法院经审理于2020年2月28日作出［2020］京0112刑初229号刑事判决，认定被告人刘某某构成编造、故意传播虚假信息罪，判处被告人刘某某有期徒刑8个月，同时对作案工具手机予以没收。一审宣判后，被告人未提出上诉，公诉机关亦未提出抗诉，该判决已经生效。

法院生效裁判认为，被告人刘某某在新冠肺炎疫情防控期间，编造自己感染新冠肺炎后前往公共场所故意传染他人的虚假疫情信息，在信息网络上传播，严重扰乱社会秩序，致使相关职能部门采取紧急应对措施，其行为构成编造、故意传播虚假信息罪，依法应予惩处。公诉机关指控被告人刘某某犯编造、故意传播虚假信息罪的事实清楚，证据确实、充分，指控的罪名成立。被告人刘某某在新冠肺炎疫情防控期间编造、传播虚假疫情信息，依法酌情从重处罚。被告人刘某某到案后如实供述自己的罪行，自愿认罪认罚，依法可以从轻处罚。公诉机关所提量刑建议适当，应予采纳。被告人刘某某犯罪时所用的本人手机，应当予以没收。故依法作出上述判决。

一、法律分析

1. 结合本案，简述技术侦查的适用案件类型

《刑事诉讼法》第 150 条规定，技术侦查适用于两类案件：一是公安机关立案侦查的危害国家安全犯罪、恐怖活动犯罪、黑社会性质的组织犯罪、重大毒品犯罪或者其他严重危害社会的犯罪案件；二是检察机关立案侦查的利用职权实施的严重侵犯公民人身权利的重大犯罪案件。在这两类案件中，根据侦查犯罪的需要，经过严格的批准手续，可以采取技术侦查措施。但同时该条第 3 款又规定，追捕被通缉或者批准、决定逮捕的在逃的犯罪嫌疑人、被告人，经过批准，可以采取追捕所必需的技术侦查措施，因此在此种情形下技术侦查措施的使用不受前述两种案件类型的限制。

公安部《规定》对"其他严重危害社会的犯罪案件"进行了扩充解释，扩大了公安机关适用技术侦查的案件范围，其第 263 条第 1 款规定："公安机关在立案后，根据侦查犯罪的需要，可以对下列严重危害社会的犯罪案件采取技术侦查措施：（一）危害国家安全犯罪、恐怖活动犯罪、黑社会性质的组织犯罪、重大毒品犯罪案件；（二）故意杀人、故意伤害致人重伤或者死亡、强奸、抢劫、绑架、放火、爆炸、投放危险物质等严重暴力犯罪案件；（三）集团性、系列性、跨区域性重大犯罪案件；（四）利用电信、计算机网络、寄递渠道等实施的重大犯罪案件，以及针对计算机网络实施的重大犯罪案件；（五）其他严重危害社会的犯罪案件，依法可能判处七年以上有期徒刑的。"这样的规定，使得公安机关可以使用技术侦查措施的案件种类更加丰富。

本案中，刘某某涉嫌的编造、故意传播虚假信息罪，即便属于公安部《规定》第 263 条第 1 款第 4 项所称之"利用电信、计算机网络、寄递渠道等实施的"犯罪，但根据案情以及最终仅被法院判处有期徒刑 8 个月的情况看，也难以称得上"重大"，因此在本案中公安机关采用技术侦查措施，值得商榷。

2. 结合本案，简述技术侦查的审批和执行程序

《刑事诉讼法》第 151 条规定："批准决定应当根据侦查犯罪的需要，确定采取技术侦查措施的种类和适用对象。批准决定自签发之日起三个月以内有效。对于不需要继续采取技术侦查措施的，应当及时解除；对于复杂、疑难案件，期限届满仍有必要继续采取技术侦查措施的，经过批准，有效期可

以延长，每次不得超过三个月。"根据这一条文，并结合最高检《规则》和公安部《规定》的相关内容，对于技术侦查的审批应注意以下几个方面问题：第一，批准的机关。公安部《规定》第 265 条规定，需要采取技术侦查措施的，应当制作呈请采取技术侦查措施报告书，报设区的市一级以上公安机关负责人批准，制作采取技术侦查措施决定书。第二，批准的案件限制。批准决定应当根据侦查犯罪的需要，确定采取技术侦查措施的种类和适用对象，即此种批准决定取决于案情需要，不应超出案件侦查需要而滥用技术侦查。第三，批准的有效期限。批准决定自签发之日起 3 个月以内有效，期限届满仍有必要继续采取技术侦查措施的，经过批准，有效期可以延长，每次不得超过 3 个月，有效期限届满，应当立即解除技术侦查措施。公安部《规定》规定，对复杂、疑难案件，采取技术侦查措施的有效期限届满仍需要继续采取技术侦查措施的，经负责技术侦查的部门审核后，报批准机关负责人批准，制作延长技术侦查措施期限决定书。

《刑事诉讼法》第 152 条对技术侦查的执行作出规定，根据该条，采取技术侦查措施，必须严格按照批准的措施种类、适用对象和期限执行。侦查人员对采取技术侦查措施过程中知悉的国家秘密、商业秘密和个人隐私，应当保密；对采取技术侦查措施获取的与案件无关的材料，必须及时销毁。采取技术侦查措施获取的材料，只能用于对犯罪的侦查、起诉和审判，不得用于其他用途。公安机关依法采取技术侦查措施，有关单位和个人应当配合，并对有关情况予以保密。因此，技术侦查的执行，需注意以下几点。第一，采取技术侦查措施，必须严格按照批准的措施种类、适用对象和期限执行。在有效期限内，需要变更技术侦查措施种类或者适用对象的，应当重新办理批准手续。第二，侦查人员对采取技术侦查措施过程中知悉的国家秘密、商业秘密和个人隐私，应当保密；对采取技术侦查措施获取的与案件无关的材料，必须及时销毁，并对销毁情况制作记录。第三，采取技术侦查措施获取的材料，只能用于对犯罪的侦查、起诉和审判，不得用于其他用途。使用技术侦查措施收集的材料作为证据时，可能危及有关人员的人身安全，或者可能产生其他严重后果的，应当采取不暴露有关人员身份和使用的技术设备、侦查方法等保护措施。必要时，可以建议不在法庭上质证，由审判人员在庭外对证据进行核实。

本案中，侦查机关对犯罪嫌疑人刘某某采取的技术侦查措施，也需遵守以上规定，按照技术侦查的批准程序进行审批后方可采取，且其执行中需对知悉的国家秘密、商业秘密和个人隐私予以保密，取得的材料只能用于对刘某某犯罪的侦查、起诉和审判，不得用于其他目的。

二、理论阐释：技术侦查的制度发展

犯罪的"高科技化"使得技术侦查成为必然需求，面对网络犯罪等新型犯罪的追诉需要，各国均以立法的方式允许警察使用高科技手段执法、进行技术侦查，甚至联合国公约也对技术侦查予以确认。如《联合国反腐败公约》第 50 条第 1 款罗列了三种特殊侦查手段，规定"为有效地打击腐败，各缔约国均应当在其本国法律制度基本原则许可的范围内并根据本国法律规定的条件在其力所能及的情况下采取必要措施，允许其主管机关在其领域内酌情使用控制下交付和在其认为适当时使用诸如电子或者其他监视形式和特工行动等其他特殊侦查手段，并允许法庭采信由这些手段产生的证据"，其中就包括电子或其他形式的监视，但条约开放性文本的表达方式意味着，条文中的罗列性规定不排斥其他高科技侦查手段的适用。《联合国打击跨国有组织犯罪公约》第 20 条也有类似的规定。

我国对于技术侦查经历了从默认到明示规定的过程。在相当长一段时间内，尽管包括监听、监视等在内的科技手段一直为侦查机关所使用，但在法律条文中，尤其是国家层级的法律中难觅相关规定，直至 1993 年《国家安全法》第 10 条规定"国家安全机关因侦察危害国家安全行为的需要，根据国家有关规定，经过严格的批准手续，可以采取技术侦察措施"，1995 年《人民警察法》第 16 条规定，"公安机关因侦查犯罪的需要，根据国家有关规定，经过严格的批准手续，可以采取技术侦察措施"，技术侦查才走上明面。由于我国是《联合国反腐败公约》和《联合国打击跨国有组织犯罪公约》，对于公约规定的技术侦查需在立法中予以确立，2012 年《刑事诉讼法》修正后第 148 条明确了适用技术侦查的案件类型和审批程序，使得技术侦查在刑事诉讼中得以正式确立。

然而，技术侦查是一把双刃剑，虽可以预防和打击犯罪，但也存在被滥用的风险，其中最值得关注的就是违法运用技术侦查手段可能对普通公民的权利造成侵犯，尤其可能侵犯公民的隐私权。目前以《刑事诉讼法》为代表的法律文本中对于技术侦查手段的规定较为笼统粗疏，缺乏对技术侦查手段适用的启动条件、运用方式等的细化规定，对于技术侦查的实施主体缺乏外部监督和制约。同时过于强调对公安等侦查机关的授权，而忽略对公民权利的保护，公安部《规定》和最高检《规则》虽对相关制度加以补充和细化，但仍未改变此种"重授权、轻保护"的特征。为避免技术侦查被公权力机关所滥用而造成对公民隐私权或其他合法权利的过度侵害，应当对技术侦查制度加以改革和完善，实现打击犯罪和保障人权的价值平衡。

三、扩展思考：刑事诉讼中的个人信息保护

信息时代下，互联网、大数据、人工智能等新技术的广泛运用改变了信息的传播方式，在给人们的生活带来便利的同时也引发了人们对个人信息失控的担忧，个人信息保护已成为信息时代的重要议题。在这样的时代背景下，刑事诉讼中自然也存在着保护个人信息的需求。信息时代下刑事诉讼中的公权力机关通过运用大数据等技术，大量收集个人信息，并在所收集的个人信息的基础上建立各种类型的数据库，对于预防和追诉犯罪有重要意义。此外，由于刑事诉讼系以国家强制力为后盾，因此其中的个人信息收集与使用，也明显地带有强制性特征，相较于其他领域内的个人信息收集和使用的行为，"对公民个人信息的干预广度、深度都远远超越公民个人、商业机构、社会机构"，其强度也大于民商事领域或者政府行政领域。此外，在智慧警务、智慧检务与智慧法院的浪潮下，各个公权力机关之间有"互联互通"的要求，个人信息在不同数据库之间的传输与流动，也会导致发生泄露和失控的风险。

从总体上看，目前我国对于刑事诉讼中的个人信息保护问题仍不够重视，现有的规定也主要存在两方面的问题。第一方面的问题是缺乏完整的规范体系。关于刑事诉讼中个人信息保护的规定散见于《刑事诉讼法》和其他相关法律法规中，且规定的方式不成系统，这样极容易导致在实践中司法工作人员忽视对个人信息的保护。针对这一问题，有两种解决方案，一种是日后在关于个人信息保护的专门法律中专章规定刑事诉讼中保护个人信息的问题，另一种则是在未来时机成熟的情况下修改《刑事诉讼法》时设置关于个人信息保护的专章规定。第二方面的问题在于相关的规定较为重视对公权力机关的权力授予，而对作为信息主体的公民的赋权和对公权力机关的权力制约规定不足。例如，《刑事诉讼法》中规定的技术侦查，其涉及个人信息的收集和使用，但相关的制约性规定仍然过于粗疏；再如，《中华人民共和国网络安全

法》第28条规定网络运营者应当为公安机关、国家安全机关依法维护国家安全和侦查犯罪的活动提供技术支持和协助，但是缺少对刑事诉讼中公民个人信息权利的赋权性规定，难以实现权利对权力的制约。

　　针对上述问题，应当从赋予公民个人信息权、明确公权力机关义务与责任两个方面，加强刑事诉讼中的个人信息保护。第一，赋予公民个人信息权。在刑事诉讼中，当事人和其他诉讼参与人都可能成为信息主体，按照个人信息保护的一般原理，这些信息主体应当享有前置性权利、程序性权利和救济性权利这三类权利。所谓前置性权利，是指信息主体享有知悉其个人信息被收集、使用的权利。程序性权利主要是在诉讼过程中查阅访问相关数据的权利。救济性权利主要包括更正权、被遗忘权、限制处理权等。第二，明确公权力机关的义务与责任。公权力机关所承担的义务主要有两类，包括告知义务和协助义务，其责任主要包括因使用信息而承担的信息安全保障责任。

【审查起诉的内容和程序】

◆ **案情概要**

　　赵某永出生于 1951 年，曾担任中共陕西省委书记等职务，2018 年正式退休。2003 年至 2018 年，他利用职务上的便利，伙同他人非法牟利 7.17 亿元，查封资产约 6.31 亿元，股权和房产约 1 亿元，其中 2.9 亿元并未真正获得。他的贪污金额，也破了十八大后，内蒙古自治区人大常委会原副主任邢某贪污 4.49 亿元的记录。

　　2003 年至 2018 年，被告人赵某永利用担任中共陕西省委常委、政法委书记、陕西省人民政府副省长、中共陕西省委副书记、陕西省人民政府代省长、省长、中共陕西省委书记等职务上的便利，为有关单位和个人在工程承揽、企业经营、职务晋升、工作调动等事项上谋取利益，单独或伙同其妻等人非法收受他人给予的财物，共计折合人民币 7.17 亿余元。其中 2.9 亿余元尚未实际取得，属于犯罪未遂。

　　2019 年 1 月 9 日，央视在节目中公开了秦岭违建别墅一事，称陕西省相关领导对此事极不重视。此前，秦岭北麓的大量违建对生态造成不良影响，在相关批示下发至陕西省后，陕西省并未对此事进行研究，主要领导只是批复相关部门和西安市查明并汇总资料上报，时任陕西省主要领导的正是赵某永。

　　节目播出 6 天后，2019 年 1 月 15 日，退休还不满 1 年的赵某永被查，16 日，陕西省通报了对赵某永的调查决定。2020 年 1 月 4 日，他被开除党籍。1 月 8 日被捕。2020 年 2 月，赵某永涉嫌受贿一案由国家监察委员会调查终结，

──────────

　　〔1〕　参见腾讯网：https://xw.qq.com/amphtml/20210205A01SWC00；河南省高级人民法院网：http://www.hncourt.gov.cn/public/detail.php? id=181879，2022 年 2 月 6 日访问。

经最高人民检察院指定，交由天津市人民检察院第一分院审查起诉。随后，天津市人民检察院第一分院向天津市第一中级人民法院提起公诉。2020 年 5 月 11 日，天津市第一中级人民法院一审公开开庭审理了赵某永受贿一案。庭审中，检察机关出示了相关证据，被告人赵某永及其辩护人进行了质证，控辩双方在法庭的主持下充分发表了意见，赵某永进行了最后陈述并当庭表示认罪悔罪。人大代表、政协委员、新闻记者及各界群众数十人旁听了庭审。

2020 年 7 月 31 日，天津市第一中级人民法院公开宣判赵某永受贿案。国家监察委员会扣押、查封并移送司法机关涉赵某永案财物折合人民币共计约 6.31 亿元。同时，还查封、冻结了与赵某永有关的房产和公司股权，合计约 1 亿元。据介绍，赵某永案扣押的涉案资金和物品，均已收缴到位；查封的涉案房产和冻结的公司股权，将按照司法机关判决进行处置。此外，赵某永违纪违法财物已由纪检监察机关全部追缴到位。

2020 年 7 月 31 日，天津市第一中级人民法院公开宣判赵某永受贿案，对被告人赵某永以受贿罪判处死刑缓期二年执行，剥夺政治权利终身，并处没收个人全部财产，在其死刑缓期执行二年期满依法减为无期徒刑后，终身监禁，不得减刑、假释。赵某永当庭表示服从法院判决，不上诉。

一、法律分析

1. 结合本案，简述审查起诉的内容

对于本案而言，检察机关审查起诉的内容应当根据《刑事诉讼法》第 171 条之规定："人民检察院审查案件的时候，必须查明：（一）犯罪事实、情节是否清楚，证据是否确实、充分，犯罪性质和罪名的认定是否正确；（二）有无遗漏罪行和其他应当追究刑事责任的人；（三）是否属于不应追究刑事责任的；（四）有无附带民事诉讼；（五）侦查活动是否合法。"另外，最高检《规则》第 330 条则规定得更为详细："人民检察院审查移送起诉的案件，应当查明：（一）犯罪嫌疑人身份状况是否清楚，包括姓名、性别、国籍、出生年月日、职业和单位等；单位犯罪的，单位的相关情况是否清楚；（二）犯罪事实、情节是否清楚；实施犯罪的时间、地点、手段、危害后果是否明确；（三）认定犯罪性质和罪名的意见是否正确；有无法定的从重、从轻、减轻或者免除处罚情节及酌定从重、从轻情节；共同犯罪案件的犯罪嫌疑人在犯罪活动中的责任认定是否恰当；（四）犯罪嫌疑人是否认罪认罚；（五）证明犯罪事实的证据材料是否随案移送；证明相关财产系违法所得的证据材料是否随案移送；不宜移送的证据的清单、复制件、照片或者其他证明文件是否随案移送；（六）证据是否确实、充分，是否依法收集，有无应当排除非法证据的情形；（七）采取侦查措施包括技术侦查措施的法律手续和诉讼文书是否完备；（八）有无遗漏罪行和其他应当追究刑事责任的人；（九）是否属于不应当追究刑事责任的；（十）有无附带民事诉讼；对于国家财产、集体财产遭受损失的，是否需要由人民检察院提起附带民事诉讼；对于破坏生态环境和资源保护，食品药品安全领域侵害众多消费者合法权益，侵害英雄烈士的姓名、肖像、名誉、荣誉等损害社会公共利益的行为，是否需要由人民检察院提起附带民事公益诉讼；（十一）采取的强制措施是否适当，对于已经逮捕的犯罪嫌疑人，有无继续羁押的必要；（十二）侦查活动是否合法；（十三）涉案财物是否查封、扣押、冻结并妥善保管，清单是否齐备；对被害人合法财产的返还和对违禁品或者不宜长期保存的物品的处理是否妥当，移送的证明文件是否完备。"

2. 结合本案，简述审查起诉的程序

（1）审阅案件材料。审阅侦查机关、侦查部门或调查机关移送的案件材料是审查起诉工作人员接触案件、了解案情的基础性工作。审查起诉工作人员应当全面阅读案件材料，必要时制作阅卷笔录。

（2）讯问犯罪嫌疑人。《刑事诉讼法》第173条规定，审查起诉应当讯问犯罪嫌疑人。就本案而言，审查起诉人员在审查案件之时应当讯问本案的被追诉人赵某永。

（3）听取被害人意见。《刑事诉讼法》第173条规定，审查起诉应当听取被害人意见。被害人作为案件的当事人，同时也与案件的处理结果有着直接利害关系，因此，听取被害人意见不仅能够获取案件信息，也是尊重被害人的诉讼权利。需要指出的是，本案所涉及的罪名为贪污、受贿，并不存在一般意义上的被害人主体。

（4）听取辩护人、诉讼代理人意见。《刑事诉讼法》第173条还规定，审查起诉应当听取辩护人、诉讼代理人意见，并记录在案。在方式上，可以直接听取辩护人、诉讼代理人意见，记录在案，辩护人、诉讼代理人也可以提交书面意见，并被附卷。

（5）进行必要的鉴定活动。最高检《规则》第332条规定："人民检察院认为需要对案件中某些专门性问题进行鉴定而监察机关或者公安机关没有鉴定的，应当要求监察机关或者公安机关进行鉴定。必要时，也可以由人民检察院进行鉴定，或者由人民检察院聘请有鉴定资格的人进行鉴定。"

（6）调查核实其他证据。审查起诉人员在阅卷案卷材料，讯问犯罪嫌疑人，听取被害人、辩护人、诉讼代理人的意见以及进行必要的鉴定活动之后，如果发现证据材料有疑点或者相互之间存在矛盾，可以要求调查人员或者侦查人员提供获取、制作的有关情况，必要时也可以询问提供相关证据材料的人员和见证人并制作笔录附卷，对物证、书证、视听资料、电子数据进行鉴定。

（7）补充侦查、调查。最高检《规则》规定，人民检察院认为犯罪事实不清、证据不足或者存在遗漏罪行、遗漏同案犯罪嫌疑人等情形需要补充侦查的，应当制作补充侦查提纲，连同案卷材料一并退回公安机关补充侦查。人民检察院也可以自行侦查，必要时可以要求公安机关提供协助。人民检察院对于监察机关移送起诉的案件，认为需要补充调查的，应当退回监察机关补充调查。必要时，可以自行补充侦查。自行补充侦查完毕后，应当将相关证据材料入卷，同时抄送监察机关。人民检察院自行补充侦查的，可以商请监察机关提供协助。

3. 结合本案，简述提起公诉的条件

（1）提起公诉的实体条件。实体条件包括两个：一是犯罪嫌疑人的犯罪事实已经查清，证据确实、充分；二是依法应当追究刑事责任。本案中，被告人的犯罪事实已经查清，证据确实、充分，同时本案被告人属于依法应当追究刑事责任。

（2）提起公诉的程序条件即人民检察院对提起公诉的案件符合管辖权的相关规定。在审查起诉阶段，根据本案的涉案金额判断被追诉人很有可能被判处无期徒刑及以上刑罚，应当由地市一级检察机关向中级人民法院提起公诉。因此，本案由天津市人民检察院第一分院向天津市第一中级人民法院提起公诉是符合法律规定的。

4. 结合本案，简述提起公诉的程序

（1）作出提起公诉的决定。案件审查完毕，需要提起公诉的，应当由检察长决定或由检察委员会讨论决定。在实行主诉检察官办案责任制的情况下，主诉检察官对其办理的部分案件可以决定提起公诉。

（2）制作起诉书。人民检察院作出起诉决定后，应当制作起诉书。起诉书必须加盖检察院的公章并附上有关证据目录、证人名单和主要证据复印件或者照片。

（3）移送起诉书和其他证据材料。根据《刑事诉讼法》第 176 条及最高检《规则》第 359 条、第 361 条之规定，人民检察院提起公诉的案件，应当向人民法院移送起诉书、案卷材料、证据和认罪认罚具结书等材料。如果人民法院提出书面意见要求补充移送材料，人民检察院认为有必要移送的，应当自收到通知之日起 3 日内补送。

二、理论阐释：提起公诉的一般理论

人类社会最早的起诉方式是自诉。犯罪发生后，一般由被害人及其近亲属等直接向有管辖权的司法机关控告犯罪人。随着社会的发展和进步，国家的统治者逐步意识到，犯罪行为并不仅仅是对被害人个人利益的侵犯，更重要的是，犯罪的泛滥也从根本上危害了国家和社会利益，对整个统治秩序都构成威胁。为了有效地维护统治阶级的利益和社会秩序，国家开始设立专门的机构和官员来承担起诉职能，这就促使刑事公诉制度逐步形成。公诉权的权力基础是刑罚权，刑罚权的主体同样是国家，在刑罚权的基础上生成公诉权、审判和刑罚执行权等诸项权力。而刑罚权的产生无论是契约说、强力说、神授说，其共同的前提都基于犯罪，即有犯罪才有刑罚，无犯罪则刑罚就失去了合理的前提。

从犯罪学理论的发展看，犯罪最初只被视为侵犯被害人利益的行为（无被害人犯罪除外），但现代犯罪学理论已抛弃了对犯罪的这一片面认识，全面地认识了犯罪的实际侵害客体，即除将犯罪视为侵犯被害人利益的同时侵犯了国家利益。维持公共秩序、维护公共安全和保障公共福利是国家的重要职能，也是国家作为一种组织形式、一种统治体系得以存在的合理依据和长治久安的必要条件，因而作为维护国家利益手段的刑罚权的行使，不能完全委诸个人，由此，必须建立公诉制度，切实落实国家刑罚权。单纯由被害人行使控诉权，存在不可解决的难题。除有些案件并无实体的被害人外，尚有因被害人不能、不敢、不愿行使控诉权而使国家刑罚权落空的种种情形，诸如被害人因恐惧不敢起诉、因贪图充分的损害赔偿而自愿私下和解不愿起诉，因事过境迁懈怠起诉或者身体受到强制，身心存在疾患而不能起诉，等等。采取公诉制度还可以避免因被害人无举证能力或者举证能力不足导致法院代行侦查职能而复归"纠问式"的审理模式的现象，与诉讼文明、科学的发展潮流相符合。

三、扩展思考：刑事诉讼中对涉案财物的处理

在刑事诉讼中，正确认定并处置涉案财物对于案件事实的查明和正确处理意义重大，但理论界与司法实务部门对涉案财物称谓不统一，认定不一致，处理结果也不一样，存在诸多争议。

一方面，我国刑事诉讼领域对于涉案财物处置的规定较为分散，缺乏系统性，条文规定较为模糊也给实务部门的操作带来了麻烦。我国现行《刑法》《刑事诉讼法》均未对"刑事涉案财物"下过确切的法律定义，理论界和实务部门也没有形成统一的概念认知。《刑法》第64条规定，犯罪分子违法所得的一切财物，应当予以追缴或责令退赔；对被害人的合法财产，应当及时返还；违禁品和供犯罪所用的本人财物，应当予以没收。没收的财物和罚金，一律上缴国库，不得挪用和自行处理。这一规定大致确定了刑事涉案财物的范围，即违法所得、违禁品、供犯罪所用的犯罪行为人本人财物。我国《刑事诉讼法》并没有直接使用"刑事涉案财物"一词，但最高法《解释》第十八章即以"涉案财物的处理"为章名。最高检《规则》也有多项条款使用"涉案财物"一语。在司法实践中，除"刑事涉案财物"之外，还存在着"查封、扣押、冻结之物""赃款赃物""违法所得"等提法，将上述诸概念视为等同并相互混用的情况亦不鲜见。

另一方面，随着扫黑除恶的常态化进行，对于净化社会治安环境，营造良好的市场经济秩序起到了无可比拟的作用。但在个别案件中，尤其是在涉企业、涉产权类的黑恶势力犯罪案件中，"重打击，轻保护"的理念依然起着主导作用，滥用刑事涉案财物处置措施的现象较为普遍。

邢某某玩忽职守案[1]

【酌定不起诉、法定不起诉】

◆ **案情概要**

2016年5月7日晚，根据北京市公安局昌平分局专项行动部署，东小口派出所时任副所长邢某某带领民警孔某、辅警周某、保安员孙某某、张某某等人在昌平区龙锦三街涉黄足疗保健店附近进行便衣蹲守。

当晚21时许，雷某在足疗保健店接受有偿性服务后离开时，被邢某某等人发现。因怀疑雷某有嫖娼行为，邢某某等人立即追赶，示明警察身份后对其进行盘查。因雷某试图逃跑，遂对其拦截并抱腰将其摔倒。在制服和控制雷某过程中，邢某某等人对雷某实施了用手臂围圈颈项部、膝盖压制颈面部、摁压四肢、掌掴面部等行为，后邢某某违规安排周某、孙某某、张某某独立驾车押送。

在车辆行驶至龙锦苑东五区南门内丁字路口西侧转弯处时，雷某试图跳车逃跑，并呼喊、挣脱。邢某某等人再次对雷某进行控制，并使用手铐约束，再次向雷某示明身份。其间，邢某某等人对雷某实施了脚踩颈面部、强行拖拽上车等行为，致使雷某体位多次出现变化。

后雷某出现身体瘫软和不再呼喊、挣脱等状况。邢某某等人在发现雷某身体出现异常后，未及时进行现场急救、紧急呼救和送医抢救。待后送到医院抢救时雷某已无生命体征，于当晚22时55分被宣告死亡。

经委托司法鉴定机构鉴定，雷某符合生前胃内容物吸入呼吸道致窒息死亡；本例吸入性窒息的形成不排除与死者生前在饱食状态下，因执法过程导致的外力作用及剧烈活动、体位变化等因素有关。

事发后，邢某某在接受媒体采访时作虚假陈述，引发公众质疑，并与其

---

〔1〕 参见环球网：https://society.huanqiu.com/article/9CaKrnJZlgJ，2022年2月6日访问。

他 4 名涉案警务人员故意编造事实、隐瞒真相，妨碍侦查。

北京市丰台区人民检察院依法认定：邢某某等 5 人在执行公务活动过程中，不正确履行职责，存在不当执法行为，执法行为超出合理限度，致执法对象发生吸入性窒息；不履行职责，在发现雷某身体出现异常后，未及时进行现场急救、紧急呼救和送医抢救，致执法对象未得到及时救治，以致发生死亡结果，且事后故意编造事实、隐瞒真相、妨碍侦查。该行为触犯了《刑法》第 397 条第 1 款之规定，符合玩忽职守罪构成条件。鉴于邢某某等 5 人系根据上级统一部署开展执法活动，对雷某执行公务具有事实依据与合法前提且雷某有妨碍执法行为，犯罪情节轻微，能够认罪悔罪，综合全案事实和情节，根据《刑法》第 37 条之规定，不需要判处刑罚，依据《刑事诉讼法》第 173 条第 2 款之规定，决定对邢某某等 5 名涉案警务人员不起诉。同时，检察机关已向纪检监察机关通报有关涉案党员违纪情况，向公安机关发出检察意见书，并移送相关材料，建议纪检监察机关和公安机关对邢某某等 5 名涉案警务人员及相关责任人依纪依规严肃处理。

一、法律分析

1. 结合本案，简述酌定不起诉的适用条件

《刑事诉讼法》第 177 条第 2 款规定："对于犯罪情节轻微，依照刑法规定不需要判处刑罚或者免除刑罚的，人民检察院可以作出不起诉决定。"从该规定看，酌定不起诉的适用必须同时具备两个条件：一是犯罪嫌疑人的行为已构成犯罪，应当负刑事责任；二是犯罪行为情节轻微，依照《刑法》规定不需要判处刑罚或者免除刑罚。本案被告人邢某某的不正确履行职责及不当执法行为以及被认为是犯罪情形，符合前一项规定；同时，其犯罪情节轻微，能够认罪悔罪，综合全案事实和情节不需要判处刑罚。因此，可以适用酌定不起诉条款。

但需要注意的是，人民检察院必须在犯罪情节轻微的前提条件下才能考虑适用酌定不起诉。即人民检察院要根据犯罪嫌疑人的年龄、犯罪目的和动机、犯罪手段、危害后果、悔罪表现以及一贯表现等进行综合考虑，只有在确实认为不起诉比起诉更为有利时，才能作出不起诉决定。

符合酌定不起诉情形规定的，人民检察院应当公开宣布，同时还应当送达被害人或其近亲属及其诉讼代理人、被不起诉人以及被不起诉人所在单位、

公安机关。如果被不起诉人对人民检察院作出的不起诉决定不服，还可以在规定时间内提起申诉，以便检察机关对他是否有罪进行复查。

2. 结合本案，简述不起诉决定的效力

人民检察院作出的不起诉决定具有终结刑事诉讼程序的法律效力。

第一，不起诉表明刑事诉讼程序的终止。人民检察院作出不起诉决定，即表明不将案件移送法院审判，刑事诉讼在起诉环节终止，犯罪嫌疑人不再具有被追诉人的身份。如果在押，应立即释放；财产被扣押、冻结的，应予以解除，故应当解除本案中的被不起诉人邢某某等5人的所有刑事强制措施。需由行政机关处理的，应移送行政机关。尽管被害人、被不起诉人有权提出申诉，公安机关有权申请复议、复核，但在变更不起诉决定前，刑事诉讼仍处于终止的状态。

第二，不起诉是人民检察院对案件在程序上的处理。《刑事诉讼法》第12条规定："未经人民法院依法判决，对任何人都不得确定有罪。"这表明人民法院具有专属定罪权。人民检察院的不起诉决定是人民检察院放弃起诉权而非对案件的实体进行处置。因为，检察机关的不起诉决定作出后，被害人或其法定代理人有权提起自诉，也表明案件的实体性问题并未因不起诉而得到解决。

第三，不起诉决定是因放弃起诉权而作出的无罪认定。无论是何种类型的不起诉决定，其法律后果都是不确认有罪。基于无罪推定原则，本案当中的5名被不起诉人享有完全的无罪身份。对于酌定不起诉，因其适用条件是"犯罪情节轻微，依照刑法规定不需要判处刑罚或者免除刑罚"，容易使人理解为对被不起诉人作了有罪认定。但"犯罪情节轻微"只是指控机关的认定意见，不具有定罪效力，因此，酌定不起诉与其他两种不起诉一样，都是在作无罪认定的同时终止诉讼。不起诉的无罪认定与人民法院所作的无罪判决性质上也不同：后者是对被告人作出无罪的实体确认后终结诉讼，前者则是在没有进入实体确认的审判阶段就终止诉讼，是因程序上公诉机关放弃诉权而形成的无罪，两者终止诉讼的原因不同。

3. 结合本案，简述被害人对不起诉决定不服的救济

《刑事诉讼法》第180条规定："对于有被害人的案件，决定不起诉的，人民检察院应当将不起诉决定书送达被害人。被害人如果不服，可以自收到决定书后七日以内向上一级人民检察院申诉，请求提起公诉。人民检察院应

当将复查决定告知被害人。对人民检察院维持不起诉决定的，被害人可以向人民法院起诉。被害人也可以不经申诉，直接向人民法院起诉。人民法院受理案件后，人民检察院应当将有关案件材料移送人民法院。"也就是说，对于有被害人的案件，我国刑事诉讼实行起诉二元制的做法，即以公诉为主、自诉为辅；公诉优先、自诉救济。

由于本案的被害人已经死亡，其近亲属可以就该不起诉决定向丰台区人民检察院的上一级人民检察院提起申诉，或者直接向人民法院提起自诉。

二、理论阐释：酌定不起诉与法定不起诉之异同

（1）相同点。第一，酌定不起诉与法定不起诉均会产生相同的程序效力即终止刑事诉讼程序。第二，酌定不起诉与法定不起诉均会产生相同的实体结果即被不起诉人获得无罪的结果，如果被不起诉人在押，应立即释放；财产被扣押、冻结的，应予以解除。

（2）不同点。第一，适用条件不同。法定不起诉又称绝对不起诉，是指符合《刑事诉讼法》第16条规定的六种情况之一："（一）情节显著轻微、危害不大，不认为是犯罪的；（二）犯罪已过追诉时效期限的；（三）经特赦令免除刑罚的；（四）依照刑法告诉才处理的犯罪，没有告诉或者撤回告诉的；（五）犯罪嫌疑人、被告人死亡的；（六）其他法律规定免予追究刑事责任的。"而酌定不起诉的适用条件为《刑事诉讼法》第177条第2款规定："对于犯罪情节轻微，依照刑法规定不需要判处刑罚或者免除刑罚的，人民检察院可以作出不起诉决定。"第二，检察机关的裁量权不同。只要犯罪嫌疑人符合《刑事诉讼法》第16条的规定之一，检察机关必须以此为依据作出不起诉决定。但是，酌定不起诉赋予了检察机关一定的自由裁量权，其可以作出不起诉决定也可以作出起诉决定。第三，被不起诉人的救济权不同。法定不起诉的被不起诉人并不享有申诉的权利，而酌定不起诉的被不起诉人可以自收到决定书后7日内向人民检察院申诉。人民检察院应当进行复查，并在3个月内作出复查决定，案情复杂的，最长不得超过6个月。复查后应当提出复查意见，复查决定书应当送达被不起诉人、被害人，撤销不起诉决定或者变更不起诉的事实或者法律根据的，应当同时抄送移送审查起诉的公安机关和本院有关部门。

三、扩展思考：附条件不起诉、特别不起诉

附条件不起诉是指检察机关在审查起诉时，对于未成年人涉嫌《刑法》分则第四章、第五章、第六章规定的犯罪，可能判处 1 年有期徒刑以下刑罚，符合起诉条件，但有悔罪表现的，人民检察院可以作出附条件不起诉的决定。在附条件不起诉的考验期内，由人民检察院对被附条件不起诉的未成年犯罪嫌疑人进行监督考察。未成年犯罪嫌疑人的监护人，应当对未成年犯罪嫌疑人加强管教，配合人民检察院做好监督考察工作。附条件不起诉的考验期为 6 个月以上 1 年以下，从人民检察院作出附条件不起诉的决定之日起计算。

我国附条件不起诉制度的设计及运用存在两个问题。第一，附条件不起诉挤压了未成年人适用酌定不起诉的空间。附条件不起诉相对于酌定不起诉是一项特殊制度，那么对于未成年人涉嫌《刑法》分则第四章、第五章、第六章规定的犯罪，可能判处 1 年有期徒刑以下刑罚的案件，必须要优先适用附条件不起诉而在一定程度上排除了酌定不起诉制度，导致未成年人反而需要适用条件更为苛刻的附条件不起诉。第二，附条件不起诉制度的适用范围过窄。我国的附条件不起诉制度仅限于未成年人。附条件不起诉制度是"宽严相济"刑事政策的优秀体现，可能获得不起诉决定给予了行为人去标签化的可能，不影响其正常融入社会，同时附条件的考察期又将刑罚的威慑力具象地笼罩在行为人身心之上，发挥了刑罚的特殊预防作用。

特别不起诉又称特殊不起诉，是 2018 年《刑事诉讼法》新增的不起诉类型。《刑事诉讼法》第 182 条规定："犯罪嫌疑人自愿如实供述涉嫌犯罪的事实，有重大立功或者案件涉及国家重大利益的，经最高人民检察院核准，公安机关可以撤销案件，人民检察院可以作出不起诉决定，也可以对涉嫌数罪中的一项或者多项不起诉。根据前款规定不起诉或者撤销案件的，人民检察院、公安机关应当及时对查封、扣押、冻结的财物及其孳息作出处理。"这被认为是立法在审前程序中对特殊案件贯彻认罪认罚从宽的具体规定。

<table>
<tr><td rowspan="2">案例二十九</td><td>"为救儿涉贩毒" 母亲走私、运输、
贩卖毒品案[1]</td></tr>
<tr><td>【酌定不起诉救济 起诉裁量权】</td></tr>
</table>

◆ **案情概要**

李芳（化名）的孩子刚出生不久就被诊断婴儿癫痫伴游走性局灶性发作综合征。为给孩子治病，她找人代购管制药物氯巴占，还帮代购代收寄此类药品，也因此卷入贩毒案件。2021年9月3日，因涉嫌运输毒品罪，李芳被取保候审，后以涉嫌走私、运输、贩卖毒品罪被送检。

11月23日，李芳收到了当地检察院的《不起诉决定书》，认定其行为构成走私、运输、贩卖毒品罪，但不予起诉。在该决定书中，中牟县人民检察院称，氯巴占系国家管制的二类精神药品，对于癫痫病人有较好的疗效，在国内市场不允许私自买卖。

对此，李芳心情复杂：一方面感谢检方的不起诉决定，一方面对自己的行为被认定构成走私、运输、贩卖毒品罪感到不舒服。同时，她担心，如果氯巴占被认定为毒品，以后给孩子买药会更困难。11月29日，李芳向当地检察院递交了申诉材料。

12月6日，北青—北京头条记者了解到，李芳已于12月3日下午接到检方电话，受理申诉，一周左右会有结果。

此前接受采访时，李芳曾向记者表示孩子的药量只够维持两周。她说，目前已经从本地病友处借了10粒药，可以维持13天。"如果药量不够，再找本地病友借一些，就能等到合法渠道了。我对合法购药有信心，因为大家都在关爱我们这个群体。"

---

〔1〕 参见凤凰网：https://news.ifeng.com/c/8BkV4sLf3QA，2022年2月6日访问。

一、法律分析

1. 结合本案，简述被不起诉人对酌定不起诉决定不服的救济

酌定不起诉的被不起诉人可以自收到决定书后 7 日内向人民检察院申诉。人民检察院应当进行复查，并在 3 个月内作出复查决定，案情复杂的，最长不得超过 6 个月。复查后应当提出复查意见，复查决定书应当送达被不起诉人、被害人，撤销不起诉决定或者变更不起诉的事实或者法律根据的，应当同时抄送移送审查起诉的公安机关和本院有关部门。

本案中的被不起诉人李芳应当向中牟县人民检察院申诉，要求中牟县人民检察院复查，中牟县人民检察院应当在 2022 年 2 月 28 日至迟于 2022 年 5 月 29 日前将复查决定书送达被不起诉人李芳，同时抄送移送审查起诉的公安机关和本院有关部门。

酌定不起诉是检察机关认为被不起诉人的行为构成了犯罪，虽然不需要判处刑罚或者免除刑罚，但是对犯罪行为的认定也是对被不起诉人的一种否定性评价。所以，在被不起诉人认为自己不构成犯罪，不应当承受"构成犯罪"这一否定性评价之时就必须赋予被不起诉人相应的救济权，被不起诉人要求检察机关提起公诉的目的是通过正式审判获取无罪判决从而摆脱否定性评价。最高检《规则》第 385 条规定："对于人民检察院依照刑事诉讼法第一百七十七条第二款规定作出的不起诉决定，被不起诉人不服，在收到不起诉决定书后七日以内提出申诉的，应当由作出决定的人民检察院负责捕诉的部门进行复查；被不起诉人在收到不起诉决定书七日以后提出申诉的，由负责控告申诉检察的部门进行审查。经审查，认为不起诉决定正确的，出具审查结论直接答复申诉人，并做好释法说理工作；认为不起诉决定可能存在错误的，移送负责捕诉的部门复查。人民检察院应当将复查决定书送达被不起诉人、被害人。复查后，撤销不起诉决定，变更不起诉的事实或者法律依据的，应当同时将复查决定书抄送移送起诉的监察机关或者公安机关。"

2. 结合本案，简述酌定不起诉与存疑不起诉之异同

存疑不起诉，又称证据不足不起诉，是指检察机关对于经过补充侦查的案件，仍然认为证据不足，不符合起诉条件的，作出的不起诉决定。酌定不起诉，又称相对不起诉，是指犯罪情节轻微，依照《刑法》规定不需要判处

刑罚或免除刑罚的，经检察长或者检察委员会批准，可以作出不起诉决定。

两者的相同点在于：第一，酌定不起诉与存疑不起诉均会产生相同的程序结果即终止刑事诉讼程序。第二，酌定不起诉与存疑不起诉均会产生相同的实体结果即被不起诉人获得无罪的结果，即便酌定不起诉是检察机关认为被不起诉人的行为构成了犯罪，但未经法院依法判决依然应当视为无罪。如果被不起诉人在押，应立即释放；财产被扣押、冻结的，应予以解除。第三，酌定不起诉与存疑不起诉均是检察机关行使自由裁量权的结果。

不同点在于：第一，是否查明案情不同。存疑不起诉的要件是"证据不足"，证据不足的案件通常无法查明案件事实。而酌定不起诉的适用条件为，对于犯罪情节轻微，依照《刑法》规定不需要判处刑罚或者免除刑罚的。适用酌定不起诉的案件是在查明案件事实的情况下，认为是犯罪但不需要判处刑罚或者免除刑罚。以本案为例，检察机关认为被不起诉人李芳的行为构成了走私、运输、贩卖毒品罪，但是不需要判处刑罚或者免除刑罚。第二，是否需要补充侦查、调查不同。最高检《规则》第367条规定："人民检察院对于二次退回补充调查或者补充侦查的案件，仍然认为证据不足，不符合起诉条件的，经检察长批准，依法作出不起诉决定。人民检察院对于经过一次退回补充调查或者补充侦查的案件，认为证据不足，不符合起诉条件，且没有再次退回补充调查或者补充侦查必要的，经检察长批准，可以作出不起诉决定。"可见，至少进行一次补充侦查或调查是存疑不起诉的前置条件。但是酌定不起诉不需要以进行补充侦查或调查为前提。第三，被不起诉人的救济权不同。法定不起诉的被不起诉人并不享有申诉的权利，而酌定不起诉的被不起诉人可以自收到决定书后7日内向人民检察院进行申诉。人民检察院应当进行复查，并在3个月内作出复查决定，案情复杂的，最长不得超过6个月。复查后应当提出复查意见，复查决定书应当送达被不起诉人、被害人，撤销不起诉决定或者变更不起诉的事实或者法律根据的，应当同时抄送移送审查起诉的公安机关和本院有关部门。

3. 结合本案，简述审查起诉的期限

《刑事诉讼法》第172条规定："人民检察院对于监察机关、公安机关移送起诉的案件，应当在一个月以内作出决定，重大、复杂的案件，可以延长十五日；犯罪嫌疑人认罪认罚，符合速裁程序适用条件的，应当在十日以内作出决定，对可能判处的有期徒刑超过一年的，可以延长至十五日。人民检察院审查起诉的案件，改变管辖的，从改变后的人民检察院收到案件之日起计算审查起诉期限。"最高检《规则》第614条第5项规定，"案件退回补充侦查，或者补充侦查完毕移送起诉后重新计算审查起诉期限的"，办案部门应当在作出决定或者收到决定书、裁定书后10日以内通知本院负有监督职责的部门。

本案因不属于认罪认罚从宽案件，所以应当适用一个月期限，可以延长15日。

二、理论阐释：起诉法定主义与起诉便宜主义

现代各国的刑事公诉制度主要分两种类型：一种是刑事公诉独占制定，即刑事案件的起诉权被国家垄断，排除被害人自诉；另一种是刑事公诉兼自诉制度，即较为严重犯罪案件的起诉权由检察机关代表国家行使，而少数轻微的刑事案件允许公民自诉。对于符合起诉条件的刑事公诉案件是否必须向审判机关起诉的问题，也存在两种不同的原则：一是起诉法定主义或起诉合法主义，即只要被告人的行为符合法定起诉条件，公诉机关不享有自由裁量的权力，必须起诉，而不论具体情节；二是起诉便宜主义或起诉合理主义，即被告人的行为在具备起诉条件时，是否起诉，由检察官根据被告人及其行为的具体情况以及刑事政策等因素自由裁量，现代刑事诉讼普遍强调起诉法定主义与起诉便宜主义的二元并存、相互补充的起诉原则。

我国刑事诉讼实行以公诉为主、自诉为辅的犯罪追诉机制，即在对刑事犯罪实行国家追诉的同时，兼采被害人追诉主义。绝大多数刑事案件由人民检察院代表国家向人民法院提起公诉，只有部分刑事案件由被害人及其法定代理人、近亲属直接向人民法院提起自诉，由人民法院直接受理。我国实行公诉为主、自诉为辅的起诉机制的目的是在保护国家利益、社会利益的同时，最大限度地保护被害人等的个人合法权益。公诉和自诉两种控诉形式互相补充，构成了我国刑事起诉的完整体系。在起诉原则上，我国采用以起诉法定主义为主，兼采起诉便宜主义，检察官的起诉裁量权受到严格限制。

例如，《刑事诉讼法》规定，人民检察院认为犯罪嫌疑人的犯罪事实已经查清，证据确实、充分，依法应当追究刑事责任的，应当作出起诉决定，按照审判管辖的规定，向人民法院提起公诉，并将案卷材料、证据移送人民法

院。这就是起诉法定主义的具体体现。另外,《刑事诉讼法》又规定,对于犯罪情节轻微,依照《刑法》规定不需要判处刑罚或者免除刑罚的,人民检察院可以作出不起诉决定。这就是起诉便宜主义。

三、扩展思考:人民检察院起诉裁量权的立法完善

广义上的起诉裁量权主要包括以下几个方面:不起诉裁量权、暂缓起诉裁量权、选择起诉裁量权、认罪认罚协商裁量权和变更起诉裁量权。我国人民检察院的起诉裁量权主要存在以下几个方面的不足:不起诉裁量权范围较小,成年人案件中暂缓起诉裁量权空白、选择起诉裁量权适用范围极窄以及认罪认罚从宽协商裁量权不完整。

(1)我国检察机关的不起诉分为法定不起诉、酌定不起诉、存疑不起诉、附条件不起诉以及特别不起诉。附条件不起诉仅适用于未成年人案件,而特别不起诉的适用条件更为严格。法定不起诉是绝对不起诉,未给检察机关留有自由裁量的空间,存疑不起诉是疑罪从无在审查起诉阶段的具体体现。仅剩酌定不起诉能够让检察机关行使不起诉自由裁量。但是,《刑事诉讼法》对酌定不起诉也有硬性条件限制,即"必须是犯罪情节轻微,依照刑法规定不需要判处刑罚或免除刑罚的",将检察机关的不起诉裁量权限定于犯罪情节轻微的案件,同时不需要判处刑罚或免除刑罚,这便造成了属于酌定不起诉的案件本身就没有动用刑罚处置的必要,真正因为特殊原因需要"酌定不起诉"的个案,检察机关又不能行使不起诉自由裁量权。

(2)成年人案件中暂缓起诉裁量权空白。我国的附条件不起诉制度仅限于未成年人。附条件不起诉制度是"宽严相济"刑事政策的优秀体现,可能获得不起诉决定给予了行为人去标签化的可能,不影响其正常融入社会,同时附条件的考察期又将刑罚的威慑力具象地笼罩在行为人身心之上,发挥了刑罚的特殊预防作用。因此,建议将附条件不起诉制度推广到成年人案件。

(3)选择起诉裁量权适用范围极窄。我国检察机关选择起诉权仅限特别起诉制度之中,并且附加了诸如"犯罪嫌疑人自愿如实供述""重大立功""案件涉及国家重大利益的,经最高人民检察院核准"等条件,检察机关选择起诉的权限较小,适用案件类型较为狭窄。从提升诉讼效率、节约司法自愿的角度出发,对于一人犯数罪的案件,如果其中的一罪情节轻微,其可能判处的刑罚对于执行刑罚无太大影响,应当赋予检察机关选择起诉裁

量权。

（4）认罪认罚从宽协商裁量权不完整。我国认罪认罚从宽案件中的控辩双方仅能就量刑幅度进行协商，不能就罪名多寡以及何种罪名进行协商。鉴于我国认罪认罚从宽制度与辩诉交易之间的差异，编者认为暂时无需改变认罪认罚从宽协商裁量权的范围。

黄某向华硕索赔案

【存疑不起诉与其他不起诉的区别】

◆ **案情概要**

2006 年 2 月 9 日，黄某在华硕计算机代理商北京新人伟业科技有限公司（以下简称"新人公司"）以人民币 20 900 元购买了一台华硕 V6800V 型笔记本电脑。当天下午，黄某就发现电脑运行时出现了蓝屏死机，强行关机后再不能开机的情况。与新人公司联系后，由新人公司陪同前往华硕计算机北京海淀分公司（太平洋大厦 11 层）进行检测。

华硕公司工程师进行检测后告知，计算机无任何硬件故障，重新安装系统软件之后工作正常。2 月 10 日上午，华硕公司通知黄某将计算机取回。然而，维修过的电脑仍然存在故障。2 月 10 日下午，黄某再次将该计算机送到华硕计算机北京海淀分公司进行检测，并要求公司退货。

在得知如果有硬件故障可以退货，如果没有硬件故障的话不能退货之后，黄某再次将电脑送检。工程师告诉她，机器没有硬件故障，还是重新安装软件，问题解决了。同时，他们为黄某开具了华硕皇家俱乐部服务行为报告单。

2 月 10 日晚，电脑运行仍不稳定、频繁死机。开机不到一小时，机身的温度就把写字台的木头表层烫坏了。于是，黄某想起了母亲精通电脑的朋友周某宇。

周某宇使用软件检查之后发现该计算机内部原配的原装正式版 Pentium-m 760 2.0G CPU 被更换成了工程样品处理器 ES 2.13G CPU，报告单上也明确注明：升级原 2.0G CPU 为 2.13G CPU。问题在于，按照英特尔公司的规定，工程样品处理器 CPU 是不允许使用到最终用户产品上的。按照周某宇的推理，华硕的行为无疑是在欺诈消费者。自此，他毫不犹豫地承担起黄某代理人的职责，与华硕进行谈判。不过，从 2 月 10 日晚上发现问题，到他们再次前往华硕协调间隔了 3 天。

2 月 14 日，黄某正式委托周某宇和长济律师事务所舒梅律师代理向华硕公司维权的相关法律事宜。当天上午，黄某一行携带录音设备和摄像设备前往华硕公司。而华硕公司工程师这时承认更换了 CPU 的情况，但他保证所换 CPU 为华硕公司原装正品。得到证据的黄某决定向华硕公司讨个说法。为了保护自己，她用母亲的姓氏，给自己化名"龙思思"。

2006 年 2 月 15 日，黄某拿着录像资料，与周某宇一起找到了华硕电脑中国业务事业群总经理许某嘉，就工程样品 CPU 一事进行了初次交谈。在谈判期间，黄某提出，按照华硕年营业额 0.05% 进行惩罚性赔偿，数额为 500 万美元。

2006 年 3 月 1 日，在多次协商未果后，黄某向华硕公司宣布终止和解谈判，并准备提起诉讼。3 月 7 日上午，当黄某与周某宇再次来到华硕公司时，海淀警方出现，将两人带走，原因是华硕报案称遭敲诈勒索。黄某后来从律师处得知，华硕报案时，隐瞒了 CPU 曾经更换的情况。随后，黄某和周某宇因涉嫌敲诈勒索被刑事拘留直至批准逮捕，并被送到海淀看守所羁押。

同时，华硕公司发布声明称："近日，周某宇、'龙思思'两人借华硕公司在维修过程中使用测试版 CPU 为由，向华硕电脑敲诈勒索 500 万美元，严重地侵犯了我公司的合法权益，也对我公司的正常业务造成了极大的影响。"

2006 年 4 月 14 日，黄某因涉嫌敲诈勒索被北京市海淀区人民检察院批准逮捕，并进了看守所。

2007 年 11 月 9 日，海淀区人民检察院以证据不足为由，对黄某作出不起诉决定。不起诉决定书中写道：检察院认为海淀公安分局认定的黄某的犯罪（敲诈勒索）事实不清，证据不足，不符合起诉条件，故决定对黄某不起诉。

2008 年 6 月 5 日，黄某的代理律师张平向北京市海淀区人民检察院提出了国家赔偿，内容为："申请人没有犯罪事实而被错误逮捕羁押，从 2006 年 3 月 7 日至 2006 年 12 月 26 日已经被羁押 295 天，被申请人理应支付申请人赔偿金人民币 46 855.62 元（295 天×158.8326 元/天）。"

2008 年 11 月 27 日，北京市海淀区人民检察院作出国家赔偿决定，决定给予黄某 29 197.14 元的赔偿金。

一、法律分析

1. 结合本案，简述存疑不起诉的适用条件

本案中，北京市海淀区人民检察院在审查起诉过程中以现有证据不足为由认定黄某不构成犯罪，作出不予起诉的决定。我国 1996 年修正的《刑事诉讼法》取消了免予起诉制度，扩大了不起诉的范围，其中增设了存疑不起诉这一新的不起诉类型。存疑不起诉应当具备两个条件：一是程序条件，即案件经过补充侦查；二是实质条件，即证据不足，不符合起诉条件。

就存疑不起诉的程序条件而言，《刑事诉讼法》第 175 条第 4 款规定："对于二次补充侦查的案件，人民检察院仍然认为证据不足，不符合起诉条件的，应当作出不起诉的决定。"但最高检《规则》对补充侦查的次数有变通性规定，其第 367 条第 2 款规定："人民检察院对于经过一次退回补充调查或者补充侦查的案件，认为证据不足，不符合起诉条件，且没有再次退回补充调查或者补充侦查必要的，经检察长批准，可以作出不起诉决定。"

就存疑不起诉的证据条件而言，最高检《规则》第 368 条规定："具有下列情形之一，不能确定犯罪嫌疑人构成犯罪和需要追究刑事责任的，属于证据不足，不符合起诉条件：（一）犯罪构成要件事实缺乏必要的证据予以证明的；（二）据以定罪的证据存在疑问，无法查证属实的；（三）据以定罪的证据之间、证据与案件事实之间的矛盾不能合理排除的；（四）根据证据得出的结论具有其他可能性，不能排除合理怀疑的；（五）根据证据认定案件事实不符合逻辑和经验法则，得出的结论明显不符合常理的。"本案中，华硕报案称遭敲诈勒索，随后北京市海淀区人民检察院批准逮捕黄某，海淀警方经过 10 个月的侦查，最终由海淀区人民检察院作出不起诉决定。不起诉决定书中写道：检察院认为海淀公安分局认定的黄某的犯罪（敲诈勒索）事实不清，证据不足，不符合起诉条件，故决定对黄某不起诉。海淀区人民检察院对黄某作出不起诉决定主要是因为现有证据无法证明黄某实施了敲诈勒索的犯罪行为，即现有证据不足，因而不符合起诉条件。

2. 结合本案，简述存疑不起诉与法定不起诉、酌定不起诉的区别

对于不起诉，我国《刑事诉讼法》主要规定了三种形式：依法不追究刑事责任的不起诉，即法定不起诉（绝对不起诉）；依法不需要判处刑罚或者可以免除刑罚的不起诉，即酌定不起诉（相对不起诉）；证据不足不符合起诉条

件的不起诉，即存疑不起诉（证据不足不起诉）；对未成年人的附条件不起诉；特别不起诉。此部分只比较前三种比较常见不起诉的区别。

所谓法定不起诉，又称为绝对不起诉，《刑事诉讼法》第 177 条第 1 款规定了其适用条件："犯罪嫌疑人没有犯罪事实，或者有本法第十六条规定的情形之一的，人民检察院应当作出不起诉决定。"第 16 条规定："有下列情形之一的，不追究刑事责任，已经追究的，应当撤销案件，或者不起诉，或者终止审理，或者宣告无罪：（一）情节显著轻微、危害不大，不认为是犯罪的；（二）犯罪已过追诉时效期限的；（三）经特赦令免除刑罚的；（四）依照刑法告诉才处理的犯罪，没有告诉或者撤回告诉的；（五）犯罪嫌疑人、被告人死亡的；（六）其他法律规定免予追究刑事责任的。"所谓酌定不起诉，又称为相对不起诉，《刑事诉讼法》第 177 条第 2 款规定："对于犯罪情节轻微，依照刑法规定不需要判处刑罚或者免除刑罚的，人民检察院可以作出不起诉决定。"酌定不起诉的适用条件有以下三类：一为犯罪情节轻微，具有《刑法》总则规定的免除处罚情节；二为犯罪情节轻微，具有《刑法》分则或司法解释规定免除处罚的情节；三为虽然没有法定免除处罚情节，但检察机关综合案件事实情节和犯罪嫌疑人表现，认为犯罪情节轻微，不需要判处刑罚的，检察机关经过对案件事实审查，根据犯罪手段、危害后果、犯罪动机等，认为犯罪嫌疑人主观恶性较小、社会危害和社会危险性不大，属于犯罪情节轻微不需要判处刑罚的。所谓存疑不起诉，又称证据不足不起诉，《刑事诉讼法》第 175 条第 4 款对存疑不起诉的适用条件作出了规定，前文亦已述。

三者的主要区别包括：第一，适用条件不同。如前所述，法定不起诉适用于依法不追究刑事责任的情况或者该人没有犯罪事实；酌定不起诉适用于犯罪情节轻微且依照《刑法》不需判处刑罚或免除刑罚的情况；存疑不起诉适用于案件经过补充侦查但证据不足、不符合起诉条件的情况。第二，申诉与救济不同。只有被酌定不起诉的人可以对该类不起诉决定申诉，即被酌定不起诉人如果不服，可以自收到决定书后 7 日以内向人民检察院申诉。人民检察院应当作出复查决定，通知被不起诉的人，同时抄送公安机关。

二、理论阐释：存疑不起诉与"无罪推定""疑罪从无"原则

存疑不起诉（证据不足不起诉）的理论基础是疑罪从无和无罪推定，而疑罪从无是无罪推定原则的应有之义。

所谓无罪推定，即指任何人未经司法机关依法判决确定有罪之前，应视其或推定其无罪。贝卡里亚在《论犯罪与刑罚》中提道，"在没有作出有罪判决之前，任何人都不能被称作罪犯，任何人，当他的罪行没有得到证明时，根据法律他应当被看作无罪的人"，这也是在法律的发展历史上第一个提到此原则。法国《人权和公民权宣言》第 9 条规定，"任何人在其未被宣告为犯罪之前，应当被假定为无罪，即使认为必须予以逮捕"。此外，联合国《公民权利和政治权利国际公约》第 14 条第 2 款规定："凡受刑事控告者，在未依法证实有罪之前，应有权被视为无罪"。这也通常被视为联合国的刑事司法准则之一。

所谓疑罪从无，即指现有证据既不能证明被追诉人实施了犯罪行为，也不能完全排除被追诉人实施了被追诉犯罪行为的嫌疑，根据无罪推定原则，从法律上推定被追诉人无罪，从而终结诉讼的行为。疑罪从无的核心问题为"疑罪"，疑罪的认定标准为"事实不清，证据不足"，即无法达到案件证明标准的为疑罪。纵观我国对疑罪案件的处理原则，可以明晰疑罪从无原则和存疑不起诉机制从无到有、从无到落实的过程。我国古代推崇严刑峻法，对疑罪采取从有原则；近代受严刑主义等影响，未确立疑罪从无原则；1979 年《刑事诉讼法》并未对存疑不起诉作出规定；1996 年《刑事诉讼法》确立疑罪从无原则，即该法第 162 条（现《刑事诉讼法》第 200 条）第 3 项规定："证据不足，不能认定被告人有罪的，应当作出证据不足、指控的犯罪不能成立的无罪判决。"2012 年《刑事诉讼法》进一步明确了存疑不起诉的适用条件和法定结果。可见，我国相关司法体制改革早已为疑罪从无的落实奠定了良好的司法体制机制基础。

应当指出的是，以无罪推定原则与疑罪从无原则为理论基础的存疑不起诉（证据不足不起诉）是《刑事诉讼法》明确赋予检察机关的职权，同时可以通过其他程序予以纠正。因而，存疑不起诉（证据不足不起诉）不仅适用于一般刑事案件，也是防止冤假错案的有力抓手。

三、扩展思考：结合本案，简述存疑不起诉制度的完善

本案中，北京市海淀区人民检察院决定对黄某不起诉是检察机关审查起诉功能的发挥。但无法否认的是，一方面，存疑不起诉（证据不足不起诉）具有非终局性的特征。有学者认为，"检察官自由裁量权的关键，是其可以在

一定范围内对犯罪嫌疑人作出具有实体意义的处理。这种实体处理不能决定对嫌疑人的刑罚处置，但可以在一定条件下决定对其刑罚不处置，具有否定性实体处置权"。检察机关的不起诉决定在法律上产生了否定嫌疑人有罪的效果，虽然不起诉决定对被告人有利，但在事实上可能难以彻底起到否定嫌疑人有罪的效果。本案中，检察机关虽对黄某作出了存疑不起诉（证据不足不起诉）的决定，但检察机关或侦查机关在发现新证据之后可以重新启动对黄某的追诉程序，因而对黄某的存疑不起诉（证据不足不起诉）决定在当时引起了巨大的争议。另一方面，近年来，存疑不起诉（证据不足不起诉）数量上升的趋势比较明显，司法责任制改革后存疑不起诉（证据不足不起诉）适用不当可能出现问题。需要进一步思考的是：如何加强检察人员履职能力建设，完善其工作机制，促使检察人员合理行使权力。

存疑不起诉（证据不足不起诉）制度的完善方面可以考虑继续对其听证制度予以改进。2020年《人民检察院审查案件听证工作规定》提到对拟不起诉案件在内的情况可以举行听证会。一方面，检察机关作出存疑不起诉（证据不足不起诉）决定的程序中如果没有吸收侦查机关和当事人，则意味着检察机关作出存疑不起诉决定的程序是一个没有相关主体方平等对抗性质的封闭程序，这与现代刑事诉讼的公开精神相违背。另一方面，存疑不起诉（证据不足不起诉）的救济措施均为事后救济，事后救济具有明显的滞后性。设立存疑不起诉的听证制度可以吸收当事人及社会公众以提升程序的公开性、公正性，从而减少当事人、社会公众对存疑不起诉决定结果及对被追诉人的质疑，即可以在保留事后救济的同时增强同步性的程序参与程度。未来应继续完善听证相关程序和规定。

农某壮贩毒案[1]

【存疑不起诉】

◆ **案情概要**

2016 年，四川省广安市公安局禁毒民警经过分析禁毒工作平台数据发现，广安境内的海洛因吸食和零包贩卖死灰复燃。为彻底切断毒品网络，公安机关选择暂不收网，顺藤摸瓜，力争找出"上家"。经过秘密侦查，发现了以苟某和为首的三人贩毒团伙。此后，广安市公安机关于 2016 年 6 月在某高速路收费站及南充市内分别抓获三人，并在其中一名犯罪嫌疑人的背包内查获海洛因 2098.7 克。3 人到案后，除苟某和拒不供述外，其余 2 人如实供述了犯罪事实。经勘验苟某和的手机短信，查询其银行交易明细发现，案发期间，苟某和多次转账数万元至一个名为农某壮的银行账户。另外，在其手机中还发现一段通话录音，内容主要为讨论毒品交易金额。通话对方在该手机的通讯录中被储存的名字为"胖子"。据此，公安机关将农某壮列为网上追逃人员。2016 年 8 月，农某壮被警方抓获并移交至广安市公安局。

广安市人民检察院在办理农某壮涉嫌贩卖毒品案时，认为现有证据尚不能证明苟某和手机中的"胖子"就是农某壮。经两次退回公安机关补充侦查，虽然有一定证据证实农某壮涉嫌贩卖毒品，但证据尚达不到确实、充分的程度。2017 年 5 月，对农某壮作出存疑不起诉决定。检察机关在作出不起诉决定后，继续引导公安机关获取相关检材，积极协调开展司法鉴定，对其同案犯苟某和进行说服教育等思想工作，促使苟某和主动要求指认、辨认农某壮。至此，证实农某壮贩卖 2000 余克海洛因给苟某和的证据链条已形成。

---

〔1〕 参见贺曦、刘德华："大毒贩坚持'沉默是金'如何破解"，载《检察日报》2019 年 4 月 30 日；最高人民检察院："强化法律监督 推进毒品犯罪检察治理典型案例"，载 https://www.spp.gov.cn/xwfbh/wsfbt/202006/t20200626_ 468560.shtml#2，2022 年 4 月 6 日访问。

2018 年 2 月 6 日，广安市人民检察院以涉嫌贩卖毒品罪对农某壮提起公诉。法院经审理查明，2016 年 6 月 20 日，贩毒人员苟某和电话联系被告人农某壮购买毒品海洛因，双方达成一致。6 月 25 日，苟某和向农某壮的中国农业银行账户转款人民币 5 万元，并安排张燕、冯昌全携带人民币约 40 万元在广西壮族自治区凭祥市农某壮处购得毒品海洛因 6 块，并于当日乘车将毒品海洛因运往四川省南充市。6 月 26 日，冯昌全、张燕乘坐的大巴车到达 G75 兰海高速巴南收费站时，被公安机关现场挡获，公安机关在冯昌全携带的背包内查获毒品海洛因 6 块。经鉴定，查获的 6 块海洛因共重 2098.724 克，海洛因含量在 76.15%~77.66% 之间。2019 年 3 月 27 日，一审法院判决认定农某壮犯贩卖毒品罪，判处死刑缓期二年执行，剥夺政治权利终身，并处没收个人全部财产。农某壮不服提出上诉，二审法院裁定维持原判。

一、法律分析

1. 结合本案，简述存疑不起诉的适用条件

《刑事诉讼法》第 176 条规定，人民检察院认为犯罪嫌疑人的犯罪事实已经查清，证据确实、充分，依法应当追究刑事责任的，应当作出起诉决定，按照审判管辖的规定，向人民法院提起公诉。通说认为，在我国，提起公诉的条件由三部分组成：一是证据条件，即人民检察院认为犯罪嫌疑人的犯罪事实已经查清，证据确实、充分；二是对犯罪嫌疑人依法应当追究刑事责任，如果案件具有《刑事诉讼法》第 16 条规定的六种情形之一，不能作出提起公诉的决定；三是人民检察院提起公诉应当符合审判管辖规定。

上述条件之中，如果案件情况不符合需要追究刑事责任的条件，检察机关依法作出的不起诉决定，称为法定不起诉；如果案件情况不能满足提起公诉的证据条件，检察机关依法作出的不起诉决定，称为存疑不起诉。

本案中，广安市人民检察院办理农某壮涉嫌贩卖毒品案时，经两次退回公安机关补充侦查，证据仍不符合起诉条件，检察院依法作出的不起诉决定便是上述存疑不起诉。存疑不起诉，也称证据不足不起诉，此类不起诉的法律依据由《刑事诉讼法》第 176 条和《刑事诉讼法》第 175 条第 4 款共同组成。其中，《刑事诉讼法》第 176 条界定了提起公诉的证据条件，人民检察院未能认为"犯罪事实已经查清，证据确实、充分"的案件，属不符合起诉条件，不能提起公诉；而《刑事诉讼法》第 175 条第 4 款明确了存疑不起诉的

具体适用条件，即"对于二次补充侦查的案件，人民检察院仍然认为证据不足，不符合起诉条件的，应当作出不起诉的决定"。最高检《规则》第367条对《刑事诉讼法》第175条第4款的内容予以细化，"人民检察院对于二次退回补充调查或者补充侦查的案件，仍然认为证据不足，不符合起诉条件的，经检察长批准，依法作出不起诉决定"，"人民检察院对于经过一次退回补充调查或者补充侦查的案件，认为证据不足，不符合起诉条件，且没有再次退回补充调查或者补充侦查必要的，经检察长批准，可以作出不起诉决定"。据此，对存疑不起诉适用条件的理解，包括以下方面：

（1）证据不足，不符合起诉条件。最高检《规则》第368条规定，具有以下情形之一的，属于不符合起诉条件的"证据不足"：犯罪构成要件事实缺乏必要的证据予以证明的；据以定罪的证据存在疑问，无法查证属实的；据以定罪的证据之间、证据与案件事实之间的矛盾不能合理排除的；根据证据得出的结论具有其他可能性，不能排除合理怀疑的；根据证据认定案件事实不符合逻辑和经验法则，得出的结论明显不符合常理的。

（2）需经过退回补充侦查或补充调查。通常认为，根据《刑事诉讼法》第175条第4款、最高检《规则》第367条之规定，我国的存疑不起诉需以经过补充侦查或补充调查为前提。从学理角度观之，这一要求具有防止检察机关消极行使公诉权导致国家刑罚权落空的制度功能。鉴于补充侦查包括退回补充侦查的自行补充侦查，最高检《规则》明确了作为存疑不起诉前提的补充侦查是指退回补充侦查。

（3）并非必须经过两次退回补充侦查或补充调查方能作出存疑不起诉决定。最高检《规则》规定，"二次"退回补充侦查或补充调查仍认为证据不足，"应当"作出不起诉决定；"一次"退回补充侦查或补充调查且没有再次退回必要的，经检察长批准，"可以"作出不起诉决定。

本案中，广安市人民检察院认为现有证据尚不能证明苟某和手机中的"胖子"就是犯罪嫌疑人农某壮，证明犯罪事实的证据还未能达到确实、充分的程度，且该案已经两次退回公安机关补充侦查，符合存疑不起诉的适用条件，因而对农某壮依法作出不起诉决定。

2. 结合本案，简述存疑不起诉决定后再行起诉的条件

存疑不起诉是检察机关因证据情况不符合起诉条件而作出的程序性决定，不具有阻却对同一案件再行起诉的终局性效力，但具有在证据情况未发生改

变时的确定力，"发现新的证据"是排除该确定力的必要条件。最高检《规则》第 369 条规定，人民检察院根据《刑事诉讼法》第 175 条第 4 款规定决定不起诉的，在发现新的证据，符合起诉条件时，可以提起公诉。据此，检察机关对某一案件作出存疑不起诉决定后，满足以下条件时，仍然可以对该案件提起公诉：一是符合起诉条件。这是从起诉条件角度对存疑不起诉决定业已作出后又予起诉的基本限定，是所有案件提起公诉时必须满足的前提。二是发现新的证据。存疑不起诉的正当性基础在于作出该决定时证据情况尚未达到起诉条件之要求，撤销该决定需以证据情况发生变化为必要条件。如果存疑不起诉作出后证据情况并未发生改变，便不能否定该决定的确定力，否则会给不起诉决定的公信力以及被不起诉人法律地位的安定性带来不利影响。

本案中，经过两次退回补充侦查，证据仍不能证明苟某和手机中的"胖子"就是农某壮。检察机关在作出不起诉决定后，继续引导公安机关获取相关检材，进行声纹鉴定，结合同案犯苟某和指认、辨认情况，发现了指控犯罪的新证据，形成了证实农某壮贩卖 2000 余克海洛因给苟某和的证据链条，案件证据情况符合了起诉条件，因而依法对农某壮提起公诉。

二、理论阐释：不起诉决定的法律效力

我国的不起诉包括法定不起诉、酌定不起诉、存疑不起诉、特别不起诉、附条件不起诉五种类型。不起诉决定的法律效力是刑事诉讼法学理论研究予以关注的议题。

首先，不起诉决定有无既判力。既判力（res judicata）本指已由司法裁决最终解决的事项。理论研究中，多从约束效力的角度理解和使用既判力一词。既判力的存在，意味着诉讼主体的争议最终并决定性地得到解决，可以作为抗辩事由阻却再次起诉和再次审判。通说认为，既判力的讨论对象是法院的裁判，即司法裁判。不起诉决定是检察机关作出的程序性决定，不同于法院的司法裁判，不涉及既判力问题。[1]这意味着，已经作出不起诉决定的案件，如果检察机关再行起诉，被追诉人不能以案件曾作出不起诉决定而最终解决

---

〔1〕 近年来也有观点认为，不起诉决定是否具有既判力的问题宜分情况讨论，有些类型的不起诉决定应当具有既判力，否则将会给程序安定性和被追诉人权利带来损害。

为由，对法院受理检察机关再行起诉的案件提出抗辩。

其次，不起诉决定有无确定力。确定力的讨论对象可以扩及刑事诉讼中法院裁判之外的其他决定。不起诉决定的形式确定力，是指不起诉决定对本案诉讼活动产生程序上的终结作用，该决定具有执行力，不得随意撤销。不起诉决定的实质确定力，是指禁止再行起诉的效力。有观点认为，与实体事项有关的不起诉决定有实质确定力，例如存疑不起诉、酌定不起诉等；因程序性要件欠缺而作出的不起诉决定没有实质确定力，例如告诉才处理的案件因没有告诉而作出不起诉决定，若之后经合法告诉，则仍可启动公诉。一般认为，排除不起诉决定的实质确定力，至少应当符合下列两项条件之一：①发现新的证据，或者②原不起诉决定所依据的证据存在伪造、变造情形。检察机关无正当理由而否定不起诉决定实质确定力的做法，可能构成公诉权滥用。农某壮一案中，检察机关在作出存疑不起诉的决定后，引导公安机关对案件继续进行侦查，发现了新的证据，符合不起诉决定实质确定力排除事由，因而撤销原不起诉决定，对案件提起公诉。

同样地，基于不起诉决定的确定力理论，如果当事人对检察院的不起诉决定存在异议并诉诸法院，此时，法院的审理对象应当是不起诉决定的合法性问题，而非案件本身。我国学界对公诉转自诉制度应否适用于酌定不起诉的讨论，也与不起诉决定确定力问题密切相关。

三、扩展思考："检察引导侦查"相关理论发展与实践探索

本案中，检察机关在作出不起诉决定后，继续引导公安机关获取相关检材，积极协调开展司法鉴定，最终形成了证实农某壮贩卖2000余克海洛因给苟某和的证据链条。"检察引导侦查"是体现我国警检关系的重要办案机制，旨在解决我国实践中侦诉衔接不畅、影响起诉质量的问题。该机制的早期探索出现于我国地方司法实践，河南省周口市人民检察院最早实施了相关改革并取得成效。2000年，针对实践中收集证据不符合起诉要求的情况比较突出的问题，最高人民检察院召开的第一次侦查监督工作会议首次提出了"检察引导侦查"的概念，明确侦查监督部门的工作重点要放在引导侦查取证工作上，以保证侦查活动依法进行。2014年，党的十八届四中全会提出推进以审判为中心的诉讼制度改革，强调审判活动对认定证据和查明事实的决定性作用，由此也对起诉质量提出了更高要求。近年来，如何理顺侦、诉两种职能

之间的关系，提升侦查质量和起诉质量，成为各级检察机关、公安机关致力探索的问题，"检察引导侦查"办案机制的探索实践进入新的发展期。最高人民检察院在互联网金融犯罪、电信网络诈骗犯罪、毒品犯罪、未成年人检察、知识产权检察等重点领域的司法解释或司法解释性文件中，均涉及了检察引导侦查机制的相关内容。

在内涵上，"检察引导侦查"有广义与狭义两种理解。广义理解认为，"检察引导侦查"既包括检察机关介入侦查引导取证，也包括检察机关对公安机关的侦查监督。狭义理解认为，"检察引导侦查"仅指检察机关介入侦查引导取证，是公诉职能的延伸。在规范层面，相关司法解释往往将引导取证与侦查监督两者同时作为"检察引导侦查"的内容。例如，2015年最高人民检察院《关于加强出庭公诉工作的意见》要求，"通过出席现场勘查和案件讨论等方式，按照提起公诉的标准，对收集证据、适用法律提出意见，监督侦查活动是否合法，引导侦查机关（部门）完善证据链条和证明体系"。

在实践中，检察引导侦查的模式主要体现为两类：一是传统模式，包括批准逮捕、退回补充侦查、参加重大案件讨论等具体方式。这一模式具有检察机关与侦查机关保持适当距离进行引导的特征。近年来，最高人民检察院、公安部联合发布司法解释，对该模式下的侦诉衔接机制予以优化，例如2020年最高人民检察院、公安部《关于加强和规范补充侦查工作的指导意见》。二是新型模式，主要体现为正在探索之中的"派驻检察室（官）"制度，即将检察人员派驻在派出所、公安机关法制部门、执法办案管理中心等公安机关办案部门，进行监督和协作。这一模式具有检察机关近距离引导的特征，有学者称之为"亲历型引导"。2021年10月印发的最高人民检察院、公安部《关于健全完善侦查监督与协作配合机制的意见》谈到的"侦查监督与协作配合办公室"便是这种新型模式的具体体现。意见要求，人民检察院刑事检察部门与公安机关法制部门共同牵头设立侦查监督与协作配合办公室；办公室依托公安机关执法办案管理中心，由人民检察院指派的常驻检察官和公安机关法制部门指定的专门人员共同负责。

关于"检察引导侦查"，以下方面可以进一步思考：一是程序理论层面，法律监督职能与公诉职能之间的关系；二是制度设计层面，"检察引导侦查"的新型模式下，派驻检察的制度功能定位以及派驻检察官的具体职责。

第三编

审　判

王某清受贿、非法获取国家秘密案[1]

【公开审判原则】

◆ **案情概要**

2008 年至 2018 年，王某清利用担任最高人民法院民一庭助理审判员职务上的便利或职权、地位形成的便利条件，单独或伙同他人，为相关单位和个人在案件审理等事项上提供帮助，非法收受榆林市凯奇莱能源投资有限公司（以下简称"凯奇莱公司"）等 2 个单位和律师程某、律师杨某等 11 名个人给予的财物共计折合人民币 2190 万余元。其中，2011 年至 2018 年，为凯奇莱公司在案件审理、执行等事项上提供帮助，收受该公司法定代表人赵某琦给予的美元 5 万元和价值人民币 5 万元的购物卡，共计折合人民币 35 万余元。

2018 年 6 月至 8 月，王某清在赵某琦的唆使下，商定由王某清获取凯奇莱公司与陕西省地质矿产勘查开发局西安地质矿产勘查开发院合作勘查合同纠纷一案的卷宗材料。王某清先后采用借阅、骗取案卷材料后偷拍等方式，非法获取凯奇莱公司案件的大量卷宗材料，通过手机微信或者电子邮件等方式将所拍摄材料提供给赵某琦。经国家保密局鉴定，王某清伙同赵某琦非法获取的材料中有 5 份属机密级国家秘密。

2018 年 12 月 26 日，"凯奇莱案"卷宗丢失事件在网上传播，王某清通过崔某元在网上发布视频"证实"卷宗被盗、监控黑屏等问题，引发社会广泛关注。2019 年 1 月，由中央政法委牵头，中央纪委国家监委、最高人民检察院、公安部参加，成立联合调查组依法依纪开展调查。

---

[1] 参见最高人民检察院官网：https://www.spp.gov.cn/spp/zdgz/202205/t20220507_556293.shtml，2022 年 5 月 7 日访问；新华网：http://www.xinhuanet.com/legal/2019-05/10/c_1124477698.htm?baike，2022 年 5 月 7 日访问；中国政府网：http://www.gov.cn/xinwen/2019-02/22/content_5367791.htm，2022 年 5 月 7 日访问。

2019 年 2 月 22 日，联合调查组公布调查结果，对调查中发现的有关违法犯罪线索，依法移交北京市公安机关立案侦查。经北京市公安机关侦查，有证据显示，2016 年 11 月，王某清因对单位不满，私自将"凯奇莱案"卷宗材料带回家中隐匿，后为毁灭证据将材料销毁。2018 年 12 月，王某清、赵某琦为达到混淆视听、获取个人利益的目的，捏造"凯奇莱案"卷宗丢失、王某清受打击报复等虚假情况，并将相关材料交给崔某元通过互联网发布。

北京市第二中级人民法院于 2021 年 10 月 26 至 27 日对王某清案依法进行了审理，其中对王某清被指控受贿事实部分公开开庭审理，对涉及国家秘密的王某清被指控非法获取国家秘密事实部分不公开开庭审理。庭审中，检察机关出示了相关证据，被告人、辩护人进行了质证，控辩双方均发表了辩论意见，被告人进行了最后陈述。法庭充分保障了被告人、辩护人的诉讼权利。

北京市第二中级人民法院经审理后认为，王某清身为国家工作人员，利用职务上的便利，为他人谋取利益，或者利用职权、地位形成的便利条件，通过其他国家工作人员职务上的行为，为他人谋取不正当利益，非法收受他人财物，数额特别巨大，其行为构成受贿罪；以窃取方法非法获取国家秘密，情节严重，其行为构成非法获取国家秘密罪。王某清作为司法工作人员，知法犯法，受贿数额特别巨大，严重侵害了司法行为的廉洁性，破坏了司法公信力；其非法获取国家秘密，交由赵某琦后被扩散，造成了恶劣的社会影响，应依法惩处。鉴于其因涉嫌非法获取国家秘密被抓获后，主动交代了办案机关尚未掌握的全部受贿犯罪事实，具有自首情节；对被控受贿罪认罪悔罪，受贿赃款赃物已全部追缴，具有法定、酌定从轻处罚情节，依法可以对其受贿罪从轻处罚。

2022 年 5 月 7 日，北京市第二中级人民法院一审公开宣判被告人王某清受贿、非法获取国家秘密案，对被告人王某清以受贿罪判处有期徒刑 10 年，并处罚金人民币 100 万元，以非法获取国家秘密罪判处有期徒刑 5 年，决定执行有期徒刑 14 年，并处罚金人民币 100 万元；对其受贿所得财物及其孳息依法予以追缴，上缴国库。

被告人近亲属、人大代表、政协委员及各界群众旁听了王某清案公开部分的庭审、宣判。

一、法律分析

1. 结合本案，简述公开审判的例外情形

我国《宪法》第130条规定："人民法院审理案件，除法律规定的特别情况外，一律公开进行……"《刑事诉讼法》重述了上述《宪法》的要求，并规定了审判公开的例外情形。《刑事诉讼法》第188条第1款规定，下列案件不公开审理：①涉及国家秘密的案件，不公开审理。这是为了防止泄露国家秘密，危害国家安全或其他国家利益。②有关个人隐私的案件，不公开审理。这是为了保护当事人的名誉和防止对社会产生不良的影响和后果。③涉及商业秘密的案件，当事人申请不公开审理的，可以不公开审理。这是为了保障当事人的商业秘密，维护其正常的生产经营活动。本案中，王某清同时被指控犯受贿罪与犯非法获取国家秘密罪，后者涉及国家秘密，故对该部分事实的审理以不公开开庭庭审的方式进行。

另外，《刑事诉讼法》第285条对于未成年人刑事案件的不公开审理问题作出规定，审判的时候被告人不满18周岁的案件，不公开审理。但是，经未成年被告人及其法定代理人同意，未成年被告人所在学校和未成年人保护组织可以派代表到场。该规定是为了防止公开审判可能对未成年人的精神造成创伤，影响其健康成长，同时兼顾其合法权益的维护和保障。

2. 结合本案，简述不公开审判的案件的审理程序

（1）开庭审理前，确定存在不公开审理的事由。《刑事诉讼法》规定，有关国家秘密或者个人隐私的案件、审判的时候被告人不满18周岁的案件都应当不公开审理。有关商业秘密的案件，经当事人申请，才可以不公开审理。如果召开庭前会议，可以就是否申请不公开审理向控辩双方了解情况，听取意见。

（2）开庭审理时，对不公开审理的案件，应当当庭宣布不公开审理的理由。对公开审理的案件，如公诉人、诉讼参与人提出涉及国家秘密、商业秘密或者个人隐私的证据的，法庭应当制止；确与本案有关的，可以根据具体情况，决定将案件转为不公开审理，或者对相关证据的法庭调查不公开进行。

（3）法庭决定对证据收集的合法性进行调查时，如需播放讯问录音录像，而相关录音录像涉及国家秘密、商业秘密、个人隐私或者其他不宜公开内容的，法庭可以决定对讯问录音录像不公开播放、质证。

（4）对审判时被告人不满18周岁的案件，一律不公开审理。经未成年被告人及其法定代理人同意，未成年被告人所在学校和未成年人保护组织可以派代表到场。到场代表的人数和范围，由法庭决定。经法庭同意，到场代表可以参与对未成年被告人的法庭教育工作。对依法公开审理，但可能需要封存犯罪记录的案件，不得组织人员旁听；有旁听人员的，应当告知其不得传播案件信息。

（5）无论是否公开审理，宣告判决一律公开进行。

（6）无论是否公开审理，都应向当事人及其他诉讼参与人公开，允许其了解案情，到庭陈述、作证、辩护以及行使其他诉讼权利。

法庭在本案的审理过程中，对受贿的案件事实进行公开审理、对涉及国家秘密的案件事实部分进行不公开审理，并择期对本案进行公开宣判。被告人亲属、社会各界人士旁听了公开部分的庭审、宣判，是审判公开原则的体现。

二、理论阐释：简述审判公开原则

审判公开原则，是指法院在进行法庭审理和宣告判决时，应当向社会予以公开，允许社会公众参加旁听，允许新闻媒体公开报道案件审理和判决情况。具体而言，审判公开包含以下两层含义。

（1）向当事人公开、向社会公开。首先，审判公开意味着对当事人公开。我国《刑事诉讼法》规定，人民法院审判案件应当在当事人的参与下进行。为此，人民法院决定开庭审判后，应当将人民检察院的起诉书副本至迟在开庭10日以前送达被告人；传唤当事人，通知辩护人、诉讼代理人、证人、鉴定人和翻译人员，传票和通知书至迟在开庭3日以前送达。其次，审判公开还意味着向社会公开，即允许公众旁听，允许新闻媒体采访和报道。从诉讼法史上看，允许公民旁听是法庭审判从秘密走向公开的重要标志。而在现代社会，公众旁听、新闻媒体的采访和报道则是保证人民法院依法审判的重要手段。在公众和社会舆论的监督下，审判权被滥用的可能性也必将得到抑制。为了保障公众旁听的权利，对于公开审判的案件，人民法院应当在开庭3日以前先期公布案由、被告人姓名、开庭时间和地点。

（2）除法庭评议外，法庭审理过程与判决结果都应当公开。前者是指由法庭主持进行的全部审理过程，应当向社会予以公开，公众可以参加旁听，新闻媒体可以进行报道；后者则是指法庭对任何案件的判决结果均应予以宣告或者公布，这种公开宣判既可以采取开庭宣判的方式，也可以采取通过媒体或者互联网公布裁判结果的方式。

　　审判公开不仅是刑事审判的基本原则，也是我国《宪法》确立的一项重要司法原则。之所以要确立这一原则，主要是基于三个方面的理由：审判公开是民主政治的要求，是保障诉讼的民主性、公正性的关键措施。首先，法院通过审判公开，将审判过程置于社会监督之下，增加诉讼的透明度，加强群众监督，防止法院审判不公造成错案。其次，审判公开体现了诉讼的科学性，可以促使侦查、起诉、审判机关严格依法办案，保证诉讼质量，防止片面性，客观公正地查明案件情况，正确地适用刑法。最后，审判公开也是法制宣传和教育的有效途径。通过公开审判，使社会了解案情，增强社会公众的法治意识，自觉守法，敢于同犯罪行为作斗争。同时，审判公开对社会潜在危险分子也会产生震撼作用，预防犯罪发生。

　　十八届三中全会通过的《中共中央关于全面深化改革若干重大问题的决定》中强调，推进审判公开，录制并保留全程庭审资料。增强法律文书说理性，推动公开法院生效裁判文书。十八届四中全会通过的《中共中央关于全面推进依法治国若干重大问题的决定》具体要求，构建开放、动态、透明、便民的阳光司法机制，推进审判公开，依法及时公开执法司法依据、程序、流程、结果和生效法律文书，杜绝暗箱操作。加强法律文书释法说理，建立生效法律文书统一上网和公开查询制度。为落实上述要求，2013 年 11 月，最高人民法院发布了《关于推进司法公开三大平台建设的若干意见》和《关于人民法院在互联网公布裁判文书的规定》（已于 2016 年修订），对推进审判流程公开、裁判文书公开、执行信息公开三大平台建设，以及在互联网公布裁判文书等具体措施作出了规定，这是落实审判公开原则的重要规范性文件。2016 年 11 月，最高人民法院《关于深化司法公开、促进司法公正情况的报告》指出，以建设审判流程公开、庭审活动公开、裁判文书公开、执行信息公开四大平台为载体，司法公开得到了全面深化。各级地方法院也开始尝试允许成年公民自由旁听庭审过程、允许新闻媒体对案件的庭审过程进行广泛报道、开展庭审直播等改革措施。应当说，这些改革措施对于维护法院审判的公正进行，具有积极的作用。

三、扩展思考：不公开审理程序的完善

《刑事诉讼法》规定，我国刑事审判应当遵循"以公开审判为原则，以不公开审判为例外"的要求。但现行《刑事诉讼法》对不公开审理的规定较为粗疏，相关司法解释也未能进一步明确。在司法实践中，部分法院存在不当扩大不公开审理的案件范围，或者不当扩大不公开审理案件中的不公开审理范围的问题。对此，应当严格限定不公开审理的范围：对于案件个别事实、证据涉密或者个别情节涉及个人隐私的案件，可以对该部分庭审不公开审理，对其他部分应当公开审理；对于被告人涉数罪的案件，仅个别罪名依法不公开审理的，对其他罪名应当公开审理；对于未成年人与成年人共同实施的犯罪案件，应当充分运用分案审理机制，对未成年人不公开审理，对成年人公开审理。如本案中，被告人王某清涉嫌受贿罪与非法获取国家秘密罪，北京市第二中级人民法院对非法获取国家秘密罪依法应当不公开开庭审理的，对受贿罪进行公开审理，取得了良好的社会效果。

在制度设计方面，应当从司法过程公开与判决结果公开两个方面加以完善。目前，对于不公开审理的刑事案件，司法过程是否需要公开，哪些过程可以公开，可以公开哪些内容，我国法律及相关规范性文件并无明确的规定。这也导致司法实践中对司法过程公开的尺度把握不一。根据审判公开的要求，不公开审判也只是对庭审的不公开，开庭信息与审理结果等均应当属于公开的范围。故此，法院应当在开庭前发布开庭公告，宣判后应当及时、客观、全面地发布裁判结果信息。考虑可能涉及的国家秘密、个人隐私或者商业秘密，以及对未成年被告人保护的原因，可以对判决结果进行必要的技术性处理后及时在互联网公布。

另外有学者提出，从最大限度满足公众知情权和监督权，提升审判公信力的角度，有限地允许被告人、被害人家属等特定人员旁听审判，开庭或者庭审后及时客观全面发布庭审信息等做法，或可为不公开审理制度的进一步完善提供宝贵的思路与经验。

案例三十三　吴某某、陈某某等行贿、诈骗罪案

【变更起诉罪名 诉审关系】

◆ **案情概要**[1]

被告人吴某某、陈某某等人出资成立"恩平市华英职业技术培训学校"，2016 年 5 月 26 日，学校在广东省恩平市民政局登记成立，登记性质为非营利性民办非企业单位，法定代表人为陈某光，业务范围为技能培训，业务主管单位为恩平市人力资源和社会保障局（以下简称"人力局"）。

学校开办后，被告人吴某某得知组织学员参加免费培训，学员经考核合格后，机构可向人力局申领补贴。后与其他出资人商议，一致同意以学校作为平台申领补贴赚钱。在时任人力局长吴某的帮助下，2016 年 6 月 14 日学校与人力局签订了《劳动力技能晋升培训协议》，由学校组织学员参加电焊工、汽车美容等免费培训，在学员取得相关证书后，学校从中申领国家技能晋升培训补贴。

签订协议后，被告人吴某某提议并经全体出资人同意，决定通过以下方式骗取国家技能补贴。一是在获取学员资源方面，吴某某通过与恩平各个乡镇网点签订合同，按一个学员给予网点负责人 50 元介绍费、对参加考试的学员发放 200 元奖励金的方式，吸引更多人员参加培训。对戒毒所相关戒毒人员开展汽车美容、焊工培训，按参加人数给戒毒所所长回扣。二是在培训方面，聘请没有教师资质的工作人员任教，伪造部分学员上课签到表。三是在人力局进行技能鉴定考核中，向在场工作人员等发放红包以达到放松监管的目的，确保考生通过考核。

被告人通过上述方式获取学员技能证书后，向人力局申领技能补贴，骗

---

[1]　参见广东省恩平市人民法院［2020］粤 0785 刑初 354 号刑事判决书、广东省江门市中级人民法院［2021］粤 07 刑终 118 号刑事裁定书。

取国家技能补贴共 8 018 680 元。

另外，为感谢局长吴某之关照，被告人吴某某提议并经全体投资人同意将学校赚取的利润平分为六份，送一份给吴某。各被告人从学校套现后经被告人吴某某送给吴某共 350 000 元，并送上述四间公司的干股折值 415 416 元。为了学校的开办及日常监督，汽车美容、焊工的考试，申领补贴等方面提供便利关照、放松监管、提高考试通过率、加快补贴划拨，被告人吴某某提议行贿与开展培训相关的公职人员并经全体投资人同意，合共 456 100 元。综上，五被告人向多名国家工作人员行贿合共 1 221 516 元。

案发后，恩平市人民检察院以吴某某、陈某某等人犯行贿罪为由向恩平市人民法院起诉。经审理，法院于 2021 年 2 月 25 日作出判决，以诈骗罪、行贿罪对原审被告人判处刑罚。

一审判决后，各被告人不服原判决均提起上诉。检察院也提起抗诉，在程序上抗诉的理由之一即"本案以行贿罪一罪对各被告人的所有犯罪行为已作出全面的评价，再以诈骗罪对被告人的行为予以评价，违背了刑法理论中禁止重复评价的原则"。

支持抗诉机关江门市人民检察院也提出："恩平市人民法院在恩平市人民检察院指控的罪名之外增加了诈骗罪的罪名，超越了刑事审判权行使的范围，侵犯了上诉人的辩护权，适用法律错误。"

2021 年 5 月 11 日，江门市中级人民法院公开开庭审理了本案。其中，二审对上诉人、抗诉机关对程序质疑的回应系："原公诉机关以行贿罪对五上诉人提起公诉，原审法院经审理认为五上诉人的行为可能构成诈骗罪、行贿罪，再次开庭组织控辩双方围绕五上诉人的行为构成行贿一罪还是诈骗、行贿二罪进行辩论，原审法院审判程序合法。依据是最高法《解释》第 295 条之规定。本案中，原审法院就原公诉机关起诉书指控的犯罪事实进行审理后，认为起诉指控的事实清楚，证据确实、充分，但指控行贿罪一罪不当，依据法律和原公诉机关指控的犯罪事实，对五上诉人作出构成诈骗罪和行贿罪的有罪判决，原审判决并未超出原公诉机关指控的范围，程序合法，符合法律规定。"

一、法律分析

1. 结合本案，分析法院在审理过程中是否有权变更指控罪名

本案争议的重点在于，公诉机关起诉的罪名为"行贿罪"，但一审法院却判决被告人"行贿罪""诈骗罪"两个罪名。此种情形下，对"诈骗罪"的判罚是否符合诉讼原理？

为了防止纠问制下纠问法官的恣意用权，各国家或地区均将"不告不理"和"审判中立"作为诉讼程序的基本原理。这一诉讼基本构造决定了只有检察官或自诉人提起告诉，法院才能居中审理。但这并不意味着，检察官或自诉人提起的告诉，法院都要全盘接受。作为审判者，法院有独自认定事实、适用法律的职权，这也被视为是控审分离的重要界限之一。

最高法《解释》第 295 条第 1 款便规定了人民法院经第一审程序审理后的处理规则："对第一审公诉案件，人民法院审理后，应当按照下列情形分别作出判决、裁定：……（二）起诉指控的事实清楚，证据确实、充分，但指控的罪名不当的，应当依据法律和审理认定的事实作出有罪判决……"此即明确人民法院通过审理认定的罪名与指控的罪名不一致的，应当按照审理认定的罪名作出有罪判决的规定。换言之，人民法院有权依职权变更检察机关指控的罪名。

2. 结合本案，简述法院变更指控罪名的辩护权保障问题

在二审判决中，法院在论证上诉人、抗诉机关对程序的质疑时专门提到"（原审法院）再次开庭组织控辩双方围绕五上诉人的行为构成行贿一罪还是诈骗、行贿二罪进行辩论，原审法院审判程序合法"。此处对"开庭重新组织辩论"的强调，是法院对变更起诉罪名情况下辩护权行使的充分保障。

刑事诉讼法允许法院依职权变更指控罪名，但此一做法难免带来新的问题，即可能出现"突袭裁判"。所谓"突袭裁判"，是指裁判人员违反事实上和法律上的释明义务，没有公开自己的心证，因此剥夺了受不利裁判之当事人就相关事实与法律适用表明自己意见从而影响裁判人员的机会，并在此基础上作出的超出当事人合理预期的裁判结果。在法院变更罪名之前，辩护人的辩护活动主要围绕先前的罪名及其量刑展开，缺乏对变更后罪名的关注。因此，人民法院作出与指控的罪名不一致的有罪判决的，应当设法保障被告方的辩护权。也正是出于此项考虑，最高法《解释》第 295 条第 3 款明确提

有效应付日益繁重的"诉累"，以美国"辩诉交易"为代表的"协商式"司法制度开始进入大陆法系国家或地区的视野。德国、日本先后确立了所谓的"认罪协商"等制度，中国则于 2018 年将"认罪认罚从宽制度"写入《刑事诉讼法》。

上述制度的重点环节即控辩之间达成合意，但随之而来的问题是，法官是否要接受这一控辩合意？如果认为法官有义务接受上述控辩合意，那即是说：检察官在审前提出的量刑请求对法官是具有法律约束力的。诸多学者认为我国《刑事诉讼法》第 201 条第 1 款"对于认罪认罚案件，人民法院依法作出判决时，一般应当采纳人民检察院指控的罪名和量刑建议……"便体现了这一立场，可这又与传统理论"起诉范围划定审判范围，但起诉意见并不一定约束审判结果"的传统诉审关系逻辑大相径庭。如何在新的诉讼制度背景下理解诉审关系，恐怕是当下诉讼理论中亟待解决的问题。

三、扩展思考：如果一审法院只就"行贿罪"部分作出判决，请问对未予审酌的"诈骗罪"部分，当以何种程序救济

本案一审法院在审理过程中发现了一审公诉机关已经起诉但未指控的"诈骗罪"罪名，遂根据最高法《解释》第 295 条第 1 款第 2 项之规定作出判决。但这里值得思考的是，倘若一审法院也只支持了公诉机关指控的"行贿罪"，没有对"诈骗罪"部分作出判决，此"遗漏"部分应以何种程序救济？

对于这一问题，或许会有实务部门回答"通过审判监督程序重新审判"，但这一做法值得商榷。且不说对被告人提起"不利的再审"在理论上有违"禁止双重危险"原则，只讨论此案是否属于可以提起审判监督程序的类型。我国《刑事诉讼法》规定审判监督程序提起的前提系"原生效判决确有错误"，但题设的假设中，原生效判决并未对"诈骗罪"部分予以审理，何谈错误之说？

这里就要区分大陆法系"针对同一案件之一部分的漏未判决"和"针对数起案件之一的漏判"两种情形。前者是指就同一案件的一部分法院未予审理的情形，例如甲绑架乙后将其杀害，根据我国《刑法》第 239 条第 2 款规定，属于绑架罪的加重处罚情形，但公诉机关仅指控甲犯故意杀人罪，法院也作出甲成立故意杀人罪的判决，但对于绑架部分的事实，法院未予审理，

此即"针对同一案件之一部分的漏未判决"；后者则指针对不具有同一性的数起案件法院有所遗漏只判决其中部分案件的情形，例如本案被告人犯行贿罪和诈骗罪，法院只审理了行贿罪部分，对于诈骗罪的遗漏，即属于"针对数起案件之一的漏判"。按照大陆法系理论，"针对同一案件之一部分的漏未判决"属于判决违背法令，可以通过第三审上诉的途径予以救济，如果判决已经生效，则可以通过非常上诉程序予以救济；而"针对数起案件之一的漏判"情形，则属于判决的遗漏，此时只需要请求法院"补判"即可，无须启动审判监督程序。

案例三十四　琚某忠盗窃案[1]

【速裁程序】

◆ 案情概要

被告人琚某忠，男，1985 年 11 月生，浙江省常山县人，农民。

2017 年 11 月 16 日下午，被告人琚某忠以爬窗入室的方式，潜入浙江省杭州市下城区某小区 502 室，盗取被害人张某、阮某某贵金属制品 9 件（共计价值人民币 28 213 元）、现金人民币 400 余元、港币 600 余元。案发后公安机关追回上述 9 件贵金属制品，并已发还被害人。

审查起诉期间，检察机关依法告知被告人琚某忠诉讼权利义务、认罪认罚的具体规定，向琚某忠核实案件事实和证据，并出示监控录像等证据后，之前认罪态度反复的被告人琚某忠表示愿意认罪认罚。经与值班律师沟通、听取意见，并在值班律师在场的情况下，检察官向琚某忠详细说明了本案的量刑情节和量刑依据，提出有期徒刑 2 年 3 个月，并处罚金人民币 3000 元的量刑建议，琚某忠表示认可和接受，自愿签署《认罪认罚具结书》。2018 年 3 月 6 日，杭州市下城区人民检察院以被告人琚某忠涉嫌盗窃罪提起公诉。杭州市下城区人民法院适用刑事速裁程序审理该案，判决采纳检察机关指控的罪名和量刑建议。

同年 3 月 19 日，琚某忠以量刑过重为由提出上诉，下城区人民检察院提出抗诉。杭州市中级人民法院认为，被告人琚某忠不服原判量刑提出上诉，导致原审适用认罪认罚从宽制度的基础已不存在，为保障案件公正审判，裁定撤销原判，发回重审。下城区人民法院经重新审理，维持原判认定的被告人琚某忠犯盗窃罪的事实和定性，改判琚某忠有期徒刑 2 年 9 个月，并处罚金人民币 3000 元。判决后，琚某忠未上诉。

---

[1]　检例第 83 号。

一、法律分析

1. 结合本案，简述速裁程序的适用条件

2018 年《刑事诉讼法》将经过试点经验总结的速裁程序正式纳入刑事诉讼制度。根据《刑事诉讼法》第 222 条、最高法《解释》第 369 条、两院三部《认罪认罚从宽意见》第 42 条之规定，速裁程序的适用条件包括三方面内容：一是基层人民法院管辖的案件，且可能判处 3 年有期徒刑以下刑罚；二是案件事实清楚，证据确实、充分；三是被告人认罪认罚并同意适用速裁程序。同时符合上述三项条件的案件，可以适用速裁程序，由审判员一人独任审判。

基层法院可以依申请也可以依职权适用速裁程序审理案件。①依申请适用速裁程序。具体又包括依控方申请适用和依辩方申请适用两类情况：依控方申请适用，是指根据《刑事诉讼法》第 222 条、最高检《规则》第 437 条和最高法《解释》第 369 条第 1 款之规定，对于符合前述条件的案件，人民检察院在提起公诉时，可以建议人民法院适用速裁程序审理；基层人民法院经审查认为符合速裁程序适用条件的，在将起诉书副本送达被告人时，应当告知被告人适用速裁程序的法律规定，询问其是否同意适用速裁程序；被告人同意适用速裁程序的，人民法院可以决定适用速裁程序，并在开庭前通知人民检察院和辩护人。依辩方申请适用，是指根据最高法《解释》第 369 条第 3 款之规定，被告人及其辩护人可以向人民法院提出适用速裁程序的申请。②依职权适用速裁程序。根据最高法《解释》第 369 条第 2 款之规定，对人民检察院未建议适用速裁程序的案件，人民法院经审查认为符合速裁程序适用条件的，可以决定适用速裁程序，并在开庭前通知人民检察院和辩护人。

此外，《刑事诉讼法》第 223 条、最高法《解释》第 370 条还规定了不适用速裁程序的情形，亦即速裁程序的适用阻却事由，包括：①被告人是盲、聋、哑人的；②被告人是尚未完全丧失辨认或者控制自己行为能力的精神病人的；③被告人是未成年人的；④案件有重大社会影响的；⑤共同犯罪案件中部分被告人对指控的犯罪事实、罪名、量刑建议或者适用速裁程序有异议的；⑥被告人与被害人或者其法定代理人没有就附带民事诉讼赔偿等事项达成调解或者和解协议的；⑦辩护人作无罪辩护的；⑧其他不宜适用速裁程序的情形。同样地，以《刑事诉讼法》第 223 条为依据，最高检《规则》第

438 条将相关情形规定为不得建议人民法院适用速裁程序的情形。鉴于检察院只有建议适用权，而不会对是否适用速裁程序产生决定性影响，其建议适用后仍需法院审查决定是否适用该程序审理案件，如果最高检《规则》不作此规定，亦不会对速裁程序的正确适用产生影响；但明确将速裁程序的适用阻却事由规定为排除建议适用的情形，亦有程序法上的意义，有助于节约司法资源、提升诉讼效率。

琚某忠涉嫌盗窃一案，属于基层人民法院管辖的可能判处 3 年有期徒刑以下刑罚的案件，案件事实清楚，证据确实、充分，且被告人琚某忠表示愿意认罪认罚。经与值班律师沟通、听取意见，并在值班律师在场的情况下，检察官向琚某忠详细说明了本案的量刑情节和量刑依据，琚某忠对检察机关的量刑建议表示认可和接受，自愿签署了《认罪认罚具结书》。两院三部《认罪认罚从宽意见》第 31 条之规定，具结书包括犯罪嫌疑人如实供述罪行、同意量刑建议、程序适用等内容，由此可知本案被告人琚某忠也同意适用速裁程序。此外，本案不存在速裁程序的适用阻却事由，所以依法采用速裁程序予以审理。

2. 结合本案，简述对速裁程序一审判决提出上诉案件的二审处理

《刑事诉讼法》第 236 条之规定，一般而言，我国二审程序对案件的处理方式包括三种：原判决认定事实和适用法律正确、量刑适当的，应当裁定驳回上诉或者抗诉，维持原判；原判决认定事实没有错误，但适用法律有错误，或者量刑不当的，应当改判；原判决事实不清楚或者证据不足的，可以在查清事实后改判；也可以裁定撤销原判，发回原审人民法院重新审判。此外，《刑事诉讼法》第 238 条之规定，二审法院发现一审法院的审理有该条所规定的违反法律规定诉讼程序的情形之一的，应当裁定撤销原判，发回原审人民法院重新审判。

对于速裁程序一审判决提出上诉案件的二审处理，特别之处体现于两院三部《认罪认罚从宽意见》第 45 条。根据该条规定，被告人不服适用速裁程序作出的第一审判决提出上诉的案件，第二审人民法院审查后，按照下列情形分别处理：发现被告人以事实不清、证据不足为由提出上诉的，应当裁定撤销原判，发回原审人民法院适用普通程序重新审理，不再按认罪认罚案件从宽处罚；发现被告人以量刑不当为由提出上诉的，原判量刑适当的，应当裁定驳回上诉，维持原判；原判量刑不当的，经审理后依法改判。最高法

《解释》第 377 条的内容与上述两院三部《认罪认罚从宽意见》第 45 条第 1 项相一致。

可以发现，两院三部《认罪认罚从宽意见》第 45 条对速裁程序二审案件处理方式的规定，对《刑事诉讼法》的一般性规定作出了调整，体现为被告人上诉事由对二审处理具有了意义。如果被告人上诉事由是"事实不清、证据不足"，法院只能裁定撤销原判，发回原审人民法院适用普通程序重新审理，且不再按认罪认罚案件从宽处罚；如果被告人上诉事由是"量刑不当"，法院需进一步判断原判量刑是否适当，分别作出维持原判或依法改判的处理。

本案中，琚某忠以原判量刑过重为由提出上诉，属于认为"量刑不当"，但杭州市中级人民法院并未采用两院三部《认罪认罚从宽意见》第 45 条第 2 项的处理方式（即判断原判量刑是否适当，进而作出维持原判或改判的处理），而是采用了该条第 1 项的处理方法，撤销原判，发回重审。采用这一方式处理的原因可以理解为，琚某忠已经同意检察院量刑建议且法院亦是采纳该量刑建议而作出量刑裁判，此后琚某忠认为量刑不当的具体内容是"原判量刑过重"，以此为由上诉表明其认罪不认罚的主观心态，原审适用认罪认罚从宽制度的基础已不存在，所以发回原审法院适用普通程序重新审理。

二、理论阐释：速裁程序与简易程序的异同

简易程序与速裁程序都是在第一审普通程序基础上进行适度简化而形成的一审程序类型，在诉讼数量急剧增长的现代社会中，这两种程序是繁简分流、有序配置诉讼资源的具体制度表现，并且均已在刑事司法实践中发挥化解案多人少矛盾的重要作用。两者之间的不同之处，在规范层面主要体现为简化程度上的差别；但更深层面的区别在于两者的产生背景不同，并体现于具体制度设计之中。

简易程序在法律中出现较早，1996 年《刑事诉讼法》在第一审程序中专节增设了"简易程序"，2012 年《刑事诉讼法》又进行了增补完善，该程序不再仅仅适用于轻罪案件。速裁程序最初出现于 2014 年 6 月全国人大常委会通过的《关于授权最高人民法院、最高人民检察院在部分地区开展刑事案件速裁程序试点工作的决定》，该决定授权全国 18 个地区开展刑事案件速裁程序试点工作，旨在探索一种比简易程序更为简化、进一步提升审判效率的程序模式。2016 年 7 月，中央全面深化改革领导小组第二十六次会议通过了

《关于认罪认罚从宽制度改革试点方案》，随后最高人民法院、最高人民检察院、公安部、国家安全部、司法部《关于在部分地区开展刑事案件认罪认罚从宽制度试点工作的办法》正式出台，明确在原刑事速裁程序试点的 18 个城市进行认罪认罚从宽制度试点，刑事速裁程序试点经验成为认罪认罚从宽制度的先行经验，速裁程序在产生之初便与认罪认罚从宽制度的改革探索紧密相关。经过多年试点经验积累，在 2018 年《刑事诉讼法》中，速裁程序正式成为与第一审普通程序、简易程序并行的新的一审程序类型。

就审判阶段的法律规定而言，速裁程序与简易程序的异同主要体现于以下方面：

（1）适用条件。①在案件范围上，简易程序和速裁程序都只能适用于基层法院管辖的案件，区别在于，速裁程序的适用案件范围更小，限定于可能判处 3 年有期徒刑以下刑罚的案件。此外，简易程序可以适用于公诉案件和自诉案件，但速裁程序与认罪认罚从宽制度存在天然联系，仅适用于公诉案件。②在证据情况上，简易程序和速裁程序都要求案件事实清楚、证据充分，区别在于，速裁程序对审前证据的要求更高，不仅应当"充分"，而且应当"确实"，为速裁程序高度简化的证据调查过程提供一定正当性基础。③在被告人对实体问题的态度上，简易程序需要以"被告人已承认自己所犯罪行，对指控的犯罪事实没有异议"为前提，速裁程序则需要以被告人认罪且认罚为其适用前提；而且，认罪不仅要求承认指控的犯罪事实，且应当对指控的罪名亦无异议。④在被告人对程序类型的选择上，无论简易程序还是速裁程序，都需要以被告人同意适用为前提。

（2）法庭审理。①在审判组织上，适用简易程序时，对可能判处 3 年有期徒刑以下刑罚的案件，可以组成合议庭审判，也可由审判员一人独任审判，可能判处的有期徒刑超过 3 年的，应当组成合议庭审判；速裁程序由审判员一人独任审判。②在庭审程序上，简易程序不受普通程序关于送达期限、讯问被告人、询问证人、鉴定人、出示证据、法庭辩论程序规定的限制，速裁程序则不仅不受普通程序关于送达期限的限制，而且一般不进行法庭调查、法庭辩论。但无论简易程序还是速裁程序，在判决宣告前都应当听取被告人的最后陈述意见，速裁程序还进一步要求在判决宣告前应当听取辩护人的意见。③在宣判形式上，简易程序审理案件，原则上当庭宣判；速裁程序审理案件，应当当庭宣判。④在审理期限上，简易程序案件应在受理后 20 日以内审结，对可能判处有期徒刑超过 3 年的，可以延长至一个半月；速裁程序案件应在受理后 10 日以内审结，对可能判处有期徒刑超过 1 年的，可以延长至15 日。

三、扩展思考：速裁程序与以审判为中心的诉讼制度改革

"推进以审判为中心的诉讼制度改革"和"完善刑事诉讼中认罪认罚从宽制度"都是十八届四中全会通过的《中共中央关于全面推进依法治国若干重大问题的决定》中"保证公正司法，提高司法公信力"一节的重要内容。其中，认罪认罚从宽制度被认为是推动宽严相济刑事政策具体化、制度化的重要探索；同时，该制度客观上具有针对不同案件特点进行繁简分流的效果，有利于优化司法资源配置，因而也被认为有利于将更多资源投入和保障复杂案件的审理，有助于推进以审判为中心的刑事诉讼制度改革，进而构建多元化、科学化的现代刑事诉讼体系。认罪认罚从宽制度下可以适用的程序包括速裁程序、简易程序和适当简化的普通程序。速裁程序并非认罪认罚从宽制度所对应的唯一程序，但却比后两类程序与认罪认罚从宽制度改革有着更为紧密的联系。首先，从制度发展来看，最高人民法院、最高人民检察院、公安部、国家安全部、司法部《关于在部分地区开展刑事案件认罪认罚从宽制度试点工作的办法》要求在原刑事速裁程序试点的 18 个城市进行认罪认罚从宽制度试点，速裁程序试点经验是认罪认罚从宽制度试点的先行经验。其次，从适用条件来看，"认罪认罚"是速裁程序的必要条件，但却并非另两类程序的必要条件。最后，从实践适用数据来看，大多数认罪认罚案件适用速裁程序审结，在制度试点时期，速裁程序审结的案件便已占全部认罪认罚案件的68.5%。由此可见，前段所述认罪认罚从宽制度对以审判为中心的诉讼制度改革的保障性作用，主要体现在速裁程序领域，实现"简案快审、疑案精审"。尽管速裁程序经多年实践已经具备了较多经验支撑，并已取得一定的制度成效，但仍存在若干实践难题有待理论研究回应，例如，在速裁程序的诉辩关系上，如何保障和认定被追诉人的"自愿性"；在速裁程序的诉审关系上，如何理顺公诉机关与审判机关在量刑问题上的关系等。

孙某铭以危险方法危害公共安全案[1]

【附带民事诉讼审理程序】

◆ **案情概要**

四川省成都市中级人民法院审理被告人孙某铭犯以危险方法危害公共安全罪一案，于2009年7月22日作出刑事判决，认定被告人孙某铭犯以危险方法危害公共安全罪，判处死刑，剥夺政治权利终身。原审被告人孙某铭不服，提出上诉。四川省高级人民法院于2009年8月4日受理后，依法组成合议庭，于2009年9月4日公开开庭审理了本案。2009年9月8日上午，四川省高级人民法院对孙某铭以危险方法危害公共安全罪一案公开宣判，作出判决如下：①维持四川省成都市中级人民法院对被告人孙某铭的定罪部分；②撤销四川省成都市中级人民法院对被告人孙某铭的量刑部分；③上诉人（原审被告人）孙某铭犯以危险方法危害公共安全罪，判处无期徒刑，剥夺政治权利终身。

四川省高级人民法院经审理查明，2008年5月28日，上诉人（原审被告人）孙某铭购买了车牌号为川A4××××的别克牌轿车。在未取得驾驶证的情况下，孙某铭长期无证驾驶该车，并有交通违法记录。2008年12月14日中午，孙某铭与其父母在成都市成华区万年场"四方阁"酒楼为亲属祝寿，期间大量饮酒。16时许，孙某铭驾驶川A4××××车送其父母到成都市火车北站搭乘火车，之后驾车折返至城东成东路向成都市龙泉驿区方向行驶。17时许，行至成龙路"蓝谷地"路口时，孙某铭驾车从后面冲撞与其同向行驶的川A9×××
×比亚迪轿车尾部。其后，孙某铭继续驾车向前超速行驶，并在成龙路"卓锦乘"路段违章超越过道路中心黄色双实线，与对面车道正常行驶的川AV×××

---

[1]　参见四川新闻网：http://scnews.newssc.org/system/2009/09/08/012313103_01.shtml，2022年2月6日访问。

×福特蒙迪欧轿车、川 AM××××奇瑞 QQ 轿车发生碰撞擦刮，致川 AU××××长安奔奔牌轿车内张某全及尹某辉夫妇、金某民及张某秀夫妇死亡，另一乘客代某秀重伤，造成公私财产损失共计 5 万余元。交通警察接群众报案后赶至现场将孙某铭抓获，经鉴定，孙某铭驾驶的车辆碰撞前瞬间的行驶速度为 134 公里/小时至 138 公里/小时；孙某铭案发时血液中的乙醇含量为 135.8/100 毫升。

另查明，案发后上诉人（原审被告人）孙某铭委托其父变卖名下财产筹款、其父亦全力筹款，倾力赔偿被害人的经济损失，获得了被害人及其亲属的谅解。

综合二审审理中上诉人孙某铭提出的上诉理由、辩护人发表的辩护意见及出庭检察员提出的检察意见，对本案中孙某铭行为的定罪和量刑焦点问题，四川省高级人民法院认为：

关于孙某铭行为的定罪。孙某铭作为受过一定教育、具有完全刑事责任能力的人，明知国家的规定，仍漠视社会公众和重大财产安全，藐视法律、法规，长期持续违章驾车行驶于车辆、人群密集的公共道路，威胁公众安全。尤其是在本次醉酒驾车发生追尾交通事故后，孙某铭不计后果，放任严重后果的发生，以超过限速二倍的速度驾车在车辆、人流密集的道路上穿行逃逸，以致又违章跨越道路黄色双实线，冲撞多辆车辆，造成四死一伤、公私财产损失数万元的严重后果。事实表明，孙某铭对其本次行为可能造成严重危害公共安全的后果完全能够预见，其虽不是积极追求这种结果发生，但其完全放任这种结果的发生，其间无任何避免的措施，其行为符合《刑法》关于以危险方法危害公共安全罪的构成规定，应以以危险方法危害公共安全罪定罪。辩护人所提孙某铭在犯罪主观上属于过于自信过失的意见，不能成立。

关于对孙某铭的量刑。上诉人孙某铭无证、醉酒、超限速驾驶机动车在道路上进行危险驾驶，致四人死亡、一人重伤，并造成直接经济损失 5 万余元，犯罪情节恶劣，后果严重，应依法严惩。但孙某铭系间接故意犯罪，不希望、也不积极追求危害后果的发生，与驾车撞击车辆、行人并造成重大伤亡后果的直接犯罪有所不同，主观恶性不是很深，人身危险性不是很大；其犯罪时处于严重醉酒状态，对自己行为的认识和控制能力有所减弱；归案后，其真诚悔罪，并通过亲属积极赔偿被害人，获得了被害人及其亲属的谅解，因此出具了谅解书，依法可从轻处罚。基于以上因素综合衡量，孙某铭尚不属罪行极其严重必须施予极刑的罪犯。

综上，四川省高级人民法院认为，对上诉人（原审被告人）孙某铭应以危险方法危害公共安全罪定罪处罚。孙某铭及其辩护人所提的有真诚悔罪表现、原判量刑过重的意见成立，予以采纳。原判认定事实和定罪正确，审判程序合法，但量刑不当。

一、法律分析

1. 结合本案，简述附带民事诉讼的起诉条件

最高法《解释》第 175 条规定，被害人因人身权利受到犯罪侵犯或者财物被犯罪分子毁坏而遭受物质损失的，有权在刑事诉讼过程中提起附带民事诉讼；被害人死亡或者丧失行为能力的，其法定代理人、近亲属有权提起附带民事诉讼。第 182 条规定，附带民事诉讼的起诉条件是：①起诉人符合法定条件；②有明确的被告人；③有请求赔偿的具体要求和事实、理由；④属于人民法院受理附带民事诉讼的范围。

从上述法条可知，提起附带民事诉讼的原告人、法定代理人必须符合法定条件。本案中，被害人张某全及尹某辉夫妇、金某民及张某秀夫妇已经死亡，所以其近亲属具有附带民事诉讼原告人的资格。被害人代某秀重伤但并未丧失行为能力，所以其本人具有提起附带民事诉讼的资格。提起附带民事诉讼，还必须有明确的被告人。本案中孙某铭无证、醉酒、超限速驾驶机动车在道路上危险驾驶，导致四死一重伤结果的行为已经构成犯罪，孙某铭为该附带民事诉讼中的被告人。张某全及尹某辉夫妇、金某民及张某秀夫妇的近亲属，代某秀本人提起附带民事诉讼时，还必须有请求赔偿的具体内容，即要求法院予以救济的具体内容。最后该案必须属法院管辖，如果案件属于法院以外的其他机关主管或管辖，则不能提起附带民事诉讼，而只能通过其他途径解决。

2. 结合本案，简述附带民事诉讼的提起期间

最高法《解释》第 184 条规定，附带民事诉讼应当在刑事案件立案后及时提起。附带民事诉讼应当在刑事案件立案以后第一审判决宣告之前提起。提起附带民事诉讼应当提交附带民事起诉状。

本案中，被害人张某全及尹某辉夫妇、金某民及张某秀夫妇的近亲属，

以及代某秀本人提起附带民事诉讼的时间为刑事案件立案以后。目前最高法《解释》已经修改提起附带民事诉讼的终结时间为一审判决宣告前的规定。即最高法《解释》第198条规定，第一审期间未提起附带民事诉讼，在第二审期间提起的，第二审人民法院可以依法进行调解；调解不成的，告知当事人可以在刑事判决、裁定生效后另行提起民事诉讼。

3. 结合本案，简述第二审程序中对附带民事诉讼的处理程序

最高法《解释》第198条规定，第一审期间未提起附带民事诉讼，在第二审期间提起的，第二审人民法院可以依法进行调解；调解不成的，告知当事人可以在刑事判决、裁定生效后另行提起民事诉讼。

在本案中，若张某全及尹某辉夫妇、金某民及张某秀夫妇的近亲属，代某秀在第一审期间未提起附带民事诉讼，在第二审期间提起的，第二审人民法院可以依法进行调解；调解不成的，告知其可以在刑事判决生效后另行提起民事诉讼。

4. 结合本案，简述附带民事诉讼的调解

最高法《解释》第190条和第191条规定，人民法院审理附带民事诉讼案件，可以根据自愿、合法的原则进行调解。经调解达成协议的，应当制作调解书。调解书经双方当事人签收后，即具有法律效力。调解达成协议并即时履行完毕的，可以不制作调解书，但应当制作笔录，经双方当事人、审判人员、书记员签名后即发生法律效力。调解未达成协议或者调解书签收前当事人反悔的，附带民事诉讼应当同刑事诉讼一并判决。最高法《解释》第185条规定，审前阶段调解，审判阶段再提起附带民事诉讼的处理方式是："侦查、审查起诉期间，有权提起附带民事诉讼的人提出赔偿要求，经公安机关、人民检察院调解，当事人双方已经达成协议并全部履行，被害人或者其法定代理人、近亲属又提起附带民事诉讼的，人民法院不予受理，但有证据证明调解违反自愿、合法原则的除外。"

本案中，原审被告人孙某铭委托其父变卖名下财产筹款、其父亲亦全力筹款，倾力赔偿被害人的经济损失，获得了被害人及其亲属的谅解。但是尚未与被害人及其近亲属经调解达成协议并履行完毕，所以被害人及其近亲属仍然可以提起附带民事诉讼。

二、理论阐释：附带民事诉讼与认罪认罚从宽制度的关系

刑事附带民事诉讼是指人民法院、人民检察院、公安机关在刑事诉讼过程中，在依法追究被告人刑事责任的同时，为附带解决被告人的犯罪行为所造成的物质损失的赔偿问题而进行的诉讼活动。附带民事诉讼在本质上是一种民事诉讼，但是其同刑事诉讼又具有密切的联系，是一种依附于刑事诉讼的特殊民事诉讼。认罪认罚从宽制度是我国刑事司法领域的一项重大制度变革，为彻底化解刑事纠纷、促进被诉人回归社会、被害人获得及时赔偿，以及为提升诉讼效率、节约司法资源等方面提供助力。附带民事诉讼的设立也是为了使公权力在追究犯罪人刑事责任的同时考虑民事赔偿问题，可以减轻被害人的举证责任，有助于被害人民事权利救济的实现。而在办理认罪认罚案件中，准确把握民事赔偿对量刑建议的影响，对提高认罪认罚案件质效有重大意义。所以，民事赔偿对于附带民事诉讼和认罪认罚从宽制度都起着决定性作用，两种制度之间也有着相辅相成的关系。

犯罪嫌疑人、被告人对被害人进行民事赔偿反映出犯罪嫌疑人、被告人认罪认罚的态度和犯罪后积极改过的态度。根据两院三部《认罪认罚从宽意见》第 7 条，"认罚"考察的重点是犯罪嫌疑人、被告人的悔罪态度和悔罪表现，应当结合退赃退赔、赔偿损失、赔礼道歉等因素来考量。犯罪嫌疑人、被告人虽然表示"认罚"，却暗中串供、干扰证人作证、毁灭、伪造证据或者隐匿、转移财产，有赔偿能力而不赔偿损失，则不能适用认罪认罚从宽制度。最高人民法院《关于刑事附带民事诉讼范围问题的规定》（已失效）第 4 条规定，被告人已经赔偿被害人物质损失的，人民法院可以作为量刑情节予以考虑。两院三部《认罪认罚从宽意见》和最高人民法院《关于刑事附带民事诉讼范围问题的规定》（已失效）都已明确将刑事案件中犯罪嫌疑人、被告人进行民事赔偿的情况规定为酌定量刑情节，这些规定为认罪认罚案件民事赔偿影响量刑建议提供了法律基础。

若被告人与附带民事诉讼原告人积极调解并赔偿，则可将此认定为被告人认罪认罚的态度；若被告人认罪认罚，并与被害方达成了和解协议，那么也会减少被害方提起附带民事诉讼的比例。因为根据两院三部《认罪认罚从宽意见》第 16 条，办理认罪认罚案件，应当听取被害人及其诉讼代理人的意见，并将犯罪嫌疑人、被告人是否与被害方达成和解协议、调解协议或者赔

偿被害方损失，取得被害方谅解，作为从宽处罚的重要考虑因素。

本案发生时《刑事诉讼法》虽然还未确立认罪认罚从宽制度，但是被告人孙某铭归案后真诚悔罪，并通过亲属积极赔偿被害人，获得了被害人及其亲属的谅解，因此出具了谅解书，二审法院也将此作为了酌定量刑情节，因此最后二审法院虽然维持了一审判决中的定罪部分，但是在量刑部分撤销了一审判决中的死刑，改判为无期徒刑。

犯罪嫌疑人积极主动对被害人进行民事赔偿有利于及时有效地弥补被害人的人身、财产损害，缓解其生活上的艰难处境，这在刑事附带民事判决执行难的现实情况下具有重要意义。对于犯罪嫌疑人而言，如果赔偿被害人的人身、财产损失可以影响量刑建议的话，那么其为争取从轻、减轻的量刑建议势必会更加积极地对被害人进行民事赔偿。对于社会而言，犯罪嫌疑人、被告人对被害人进行民事赔偿并取得被害人的谅解有利于修复被损害的社会关系，实现社会的和谐稳定。刑事犯罪发生后，对被害人进行民事赔偿能够在社会、被害人、被追诉人三方取得多赢的效果，既可以缓解被害人报复情绪，又能减少被追诉人上诉与申诉，还可以促进被损害的社会关系的修复，使社会尽可能恢复到原来的和谐状态，符合司法实践的需要。

三、扩展思考：附带民事诉讼赔偿范围是否包括死亡赔偿金

刑事附带民事诉讼是保障被害人及其亲属合法权益的重要方式之一，但我国刑事附带民事诉讼的赔偿范围较为狭窄，仅限于物质损失，不包括精神损害，并且一般也不予赔偿死亡赔偿金。由于司法解释和各地法院审理业务文件中的规定不一、前后反复，死亡赔偿金该不该纳入附带民事诉讼赔偿范围在我国的司法实践中出现过一段时期的混乱。如在 2020 年 11 月，四川省高级人民法院印发的《关于刑事附带民事诉讼赔偿范围的意见》第 4 条中，就明确将死亡赔偿金和残疾赔偿金纳入刑事附带民事诉讼的赔偿范围。而2021 年最高法《解释》第 175 条第 2 款规定，因受到犯罪侵犯，提起附带民事诉讼或者单独提起民事诉讼要求赔偿精神损失的，人民法院一般不予受理。新增的"一般"二字较之以往的条文，为刑事附带民事诉讼精神损害赔偿预留了些空间。但死亡赔偿金问题仍未明确。

对于附带民事诉讼赔偿范围是否应包含死亡赔偿金，大多持肯定态度。理论上，死亡赔偿金应属于物质损失。此外，根据最高法《解释》第 201 条

规定，人民法院审理附带民事诉讼案件，除刑法、刑事诉讼法以及刑事司法解释已有规定的以外，适用民事法律的有关规定。这里也应当考虑适用民事法律的有关规定，而根据《民法典》规定，死亡赔偿金是被纳入赔偿范围之列的。最后，死亡赔偿金制度有利于保护被害人方近亲属的合法权益，也与设立附带民事诉讼制度的法理相符。

任某利等故意杀人、帮助毁灭证据案[1]

【涉案财物追缴】

◆ **案情概要**

被告人任某利与前妻刘某梅因离婚后的财产分割等问题产生矛盾。2008年3月5日7时许，任某利在北京市石景山区杨庄北区18栋2门502号房屋内，采取扼、勒刘某梅颈部等手段将刘杀死并分尸，后任某利将上述按照离婚协议应归属刘某梅所有的房屋变卖，用卖房款以被告人焦某华（在任某利离婚前便已与其保持不正当男女关系）的名义购买了北京市门头沟区增产路32栋1门504号房屋，并将刘某梅尸块砌埋于该房屋阳台水泥台下。被告人焦某华在明知任某利犯罪的情况下，仍积极帮助其购买水泥、沙石砌埋尸块。被告人任某利、焦某华作案后分别被查获归案。

在诉讼过程中，被害人的父母及女儿提起了附带民事诉讼，要求被告人任某利及焦某华对被害人的死亡承担民事赔偿责任，同时请求法院将北京市石景山区杨庄北区18栋2门502号房屋的买卖合同予以撤销，确认北京市门头沟区增产路32栋1门504号房屋为被害人遗产。被告人焦某华的辩护人暨诉讼代理人认为，附带民事诉讼原告人提出的确认房屋权属的诉求，不属于刑事附带民事诉讼的赔偿范围。

后经合议庭与检察院沟通，法院建议检察院就审理中新发现的事实补充起诉。检察院经过研究，向法院提交了变更起诉书，在原起诉事实的基础上，增加了"任某利杀害刘某梅后，将按照离婚协议应归属刘某梅所有的房屋（北京市石景山区杨庄北区18栋2门502号房屋）变卖，用卖房款以被告人焦某华的名义购买了北京市门头沟区增产路32栋1门504号房屋"的事实。

北京市第一中级人民法院经审理认为："被告人任某利故意非法剥夺他人

---

〔1〕〔2009〕一中刑初字第1073号；〔2009〕高刑终字第503号。

生命，致人死亡并碎尸，其行为已构成故意杀人罪，且犯罪性质极其恶劣，情节、后果特别严重，社会危害性极大；被告人焦某华明知被告人任某利犯罪，仍帮助任某利毁灭证据，情节严重，其行为已构成帮助毁灭证据罪，二被告人的行为均应依法惩处。北京市人民检察院第一分院指控被告人任某利犯故意杀人罪、焦某华犯帮助毁灭证据罪的事实清楚，证据确实、充分，指控的罪名成立。被告人任某利的犯罪行为致使附带民事诉讼原告人遭受的经济损失，依法应予赔偿。对于原告人要求焦某华与任某利共同承担赔偿责任的诉讼请求，经查，根据现有的在案证据，焦某华不应对任某利故意杀人的行为承担附带民事赔偿责任，故此项诉讼请求本院不予支持。对于被害人父母要求赔偿医疗费、护理费及请求法院将北京市石景山区杨庄北区18栋2门502号房屋的买卖合同予以撤销，确认北京市门头沟区增产路32栋1门504号房屋为被害人遗产的诉讼请求，经查，该项诉讼请求不属于法律规定的刑事附带民事诉讼案件的受案范围，本院不予支持。对于被告人任某利、焦某华非法处置被害人刘某梅所有的北京市石景山区杨庄北区18栋2门502号房屋的违法所得，在案证据证明该款已全部转入焦某华账户，依法应予追缴。追缴被告人任某利、焦某华非法处置被害人刘某梅所有的北京市石景山区杨庄北区18栋2门502号房屋违法所得人民币63万元，发还被害人刘某梅的女儿。用被告人焦某华名下的北京市门头沟区增产路32栋1门504号房屋折抵追缴款，不足部分继续追缴。"

一、法律分析

1. 结合本案，简述被告人非法处置被害人财产问题适用何种程序解决

在本案审理过程中，北京市石景山区杨庄北区18栋2门502号房屋的产权归属以及被告人变卖该房产的行为定性问题逐渐成为庭审中的矛盾焦点。该问题首先由刑事附带民事诉讼原告在其诉讼请求中提出，请求法院将北京市石景山区杨庄北区18栋2门502号房屋的买卖合同予以撤销，确认北京市门头沟区增产路32栋1门504号房屋为被害人遗产。但附带民事诉讼被告人的诉讼代理人认为，该事项并不属于附带民事诉讼的法定范围。

根据当时适用的1996年《刑事诉讼法》第77条（对应现行《刑事诉讼法》第101条），被害人由于被告人的犯罪行为而遭受物质损失的，在刑事诉讼过程中，有权提起附带民事诉讼。据此，附带民事诉讼的审理对象是由于

被告人的犯罪行为而遭受物质损失的赔偿问题。本案中被告人任某利将按照离婚协议应归属刘某梅所有的房屋变卖，并用卖房款以被告人焦某华名义购买门头沟区增产路 32 栋 1 门 504 号房屋的行为，属于非法处置被害人财产。本案附带民事诉讼原告人在该财产上的利益，并非因被告人故意杀人行为遭受物质损失而应获得的赔偿。

任某利案审理于 2009 年，当时适用的 1998 年最高法《解释》中没有关于被告人非法处置被害人财产应当适用何种程序解决的规定，但在某些司法解释性文件中已经涉及了此类事项应当如何处理的内容。1999 年最高人民法院《全国法院维护农村稳定刑事审判工作座谈会纪要》指出："……人民法院审理附带民事诉讼案件的受案范围，应只限于被害人因人身权利受到犯罪行为侵犯和财物被犯罪行为损毁而遭受的物质损失，不包括因犯罪分子非法占有、处置被害人财产而使其遭受的物质损失。对因犯罪分子非法占有、处置被害人财产而使其遭受的物质损失，应当根据刑法第六十四条的规定处理，即应通过追缴赃款赃物、责令退赔的途径解决……"随后，2000 年最高人民法院《关于刑事附带民事诉讼范围问题的规定》（已失效）第 5 条对上述内容予以明确："犯罪分子非法占有、处置被害人财产而使其遭受物质损失的，人民法院应当依法予以追缴或者责令退赔……"本案法院便是以该条为依据，认为该项诉讼请求不属于刑事附带民事诉讼案件的受案范围，因而不予支持，并且认为应当通过刑事诉讼本身的涉案财物处理程序予以解决。该规定后因内容被 2012 年最高法《解释》吸纳而失效。现行最高法《解释》第 176 条继续保留了这一内容，即被告人非法占有、处置被害人财产的，应当依法予以追缴或者责令退赔；被害人提起附带民事诉讼的，人民法院不予受理。

2. 结合本案，简述刑事诉讼中的诉审关系以及公诉变更制度

现代刑事诉讼制度下的控审分离原则决定了法院审判范围受起诉范围制约。在实体效力上，起诉的内容框定了法院对案件的审判范围，法院不得就起诉中没有包含的内容进行审理和裁判。但起诉的内容并非不可改变，检察机关起诉后，因特定缘由改变公诉，统称为公诉变更。我国的公诉变更制度包括撤回起诉，变更起诉（狭义）和追加、补充起诉。《刑事诉讼法》对公诉变更没有予以规定，相关规范主要体现于最高法《解释》和最高检《规则》之中。公诉变更的启动方式有两种：一是检察院自身发现需要进行公诉变更；二是法院在审判期间发现新的事实而通知检察院，后者审查后认为需

要进行公诉变更。

本案中，附带民事诉讼原告人提出了被告人非法处置被害人财产的事实，并请求通过附带民事诉讼获得赔偿。但此类事项不属于附带民事诉讼审判对象，而应通过依法予以追缴或责令退赔的相关程序予以处理，后者需要公诉机关在起诉书中写明相关内容，从而将这一涉案财物处置事项纳入法院审判视野，否则，根据审判范围受起诉范围制约的基本原理，法院不能直接对被告人非法处置被害人财产的事实予以审理并形成裁判。本案公诉机关起初并未在起诉书中涉及该事实，法院在审理过程中发现了这一新事实，建议检察院补充起诉。检察院经过研究，向法院提交了变更起诉书，在原起诉事实的基础上，增加了"任某利杀害刘某梅后，将按照离婚协议应归属刘某梅所有的房屋（北京市石景山区杨庄北区 18 栋 2 门 502 号房屋）变卖，用卖房款以被告人焦某华的名义购买了北京市门头沟区增产路 32 栋 1 门 504 号房屋"的事实。法院据此对被告人非法处置被害人财产的事实予以审理，并判决追缴相关违法所得。

二、理论阐释：涉案财物追缴与附带民事诉讼的区别

在我国，涉案财物追缴与附带民事诉讼都涉及财产处分，但两者在概念内涵与外延上存在差别。涉案财物追缴是指对于犯罪分子的违法所得、供犯罪使用的个人财物、违禁品等予以追缴，并根据财产性质，进一步作出返还被害人或没收上缴国库的处理。附带民事诉讼是指刑事诉讼过程中，解决被告人刑事责任的同时，附带解决被告人犯罪行为所造成的物质损失的赔偿问题的诉讼活动。具体来讲，两者区别主要体现于以下方面：

（1）实体法依据。涉案财物追缴的实体法依据存在于《刑法》第 64 条，即"犯罪分子违法所得的一切财物，应当予以追缴或者责令退赔；对被害人的合法财产，应当及时返还；违禁品和供犯罪所用的本人财物，应当予以没收"。该条位于《刑法》第四章第一节"量刑"之中，但一般认为涉案财物追缴并非刑罚，而是一种保安处分或者独立处置措施。附带民事诉讼的实体法依据存在于《民法典》第七编"侵权责任"，诉讼标的是损害赔偿请求，相关理论领域是侵权行为之债；但基于其附带于刑事诉讼的特殊性，在赔偿范围等部分问题上，与一般民事诉讼中的侵权行为损害赔偿有所不同。

（2）程序性质。附带民事诉讼尽管以刑事诉讼程序为依托，但其本身的

性质仍然是民事诉讼，遵循民事诉讼的诉讼构造、证明责任分配、证明标准等基本要求。附带民事诉讼原告人通常是私权主体，例如因为犯罪行为而遭受物质损失的自然人，或者因犯罪行为而遭受物质损失的企事业单位、机关、团体等；也存在人民检察院提起附带民事诉讼的少数情况，但往往是因为国家财产、集体财产遭受损失，而被害单位没有提起附带民事诉讼。与此不同，涉案财物追缴的程序性质是刑事程序，对物追缴是与对人追诉并行的犯罪治理路径，两者共同存在于刑事诉讼程序之中，而且在我国大多数案件中如影随形、同步推进，仅当对人追诉出现诉讼障碍时（例如对人追诉程序因被追诉人逃匿、死亡而无法进行时），才通过违法所得没收程序实现独立的对物追缴。涉案财物追缴的申请主体是公诉机关，即人民检察院。定罪、量刑、涉案财物处理是法庭证据调查以及法庭辩论中控辩交锋的三个方面内容，2021年最高法《解释》业已予以明确。

（3）责任财产范围。附带民事诉讼因其对应的是实体法上的侵权行为之债，判决后实现赔偿的责任财产范围是附带民事诉讼被告人的所有财产，而非限定于某一具有可识别特征的财产。涉案财物追缴具有较强"对物性"特征，往往需要以证明罪财关联作为可追缴前提，其责任财产多数情况下限定于可识别并已证明与犯罪存在关联的财产。如果同时规定了"追征"制度，则可以在证明涉案财产已因挥霍、损毁等原因而无法追缴的基础上，将追缴范围扩及被告人的合法财产，我国的"责令退赔"制度可以认为在性质上类似追征。

三、扩展思考：刑事对物之诉的理论发展

我国刑事诉讼制度在较长一段时期里是以对人追诉为核心框架设置和展开的，对物追缴尽管也是刑事诉讼活动的重要内容，但长期以来尚未获得足够重视，至少体现于两个层面：一是在立法层面，对人追诉的制度设计相对更为完善，占据刑事诉讼制度条文的绝大部分篇幅和规范话语体系，并且一直以来是历次刑事司法改革的核心关注内容和主要逻辑支点，而对物追缴的相关规定则零星分布于各程序阶段，数量较少且缺乏体系；二是在司法执法层面，办案人员在侦查、起诉、审判等实践中将注意力集中于对人追诉与审理，对物追缴的证据收集、法庭审理则相对简单粗糙，办案人员缺乏对物追缴也是刑事诉讼重要组成部分的意识，甚至缺乏有关对物追缴问题的分析判

断能力。

2012 年《刑事诉讼法》修正后引入相对独立于对人追诉的违法所得没收程序，刑事对物之诉的概念逐渐进入理论和实务的视野，相关研究日益繁荣于刑事诉讼法领域，初期主要聚焦于未定罪没收和独立对物之诉的研究，并结合制度实践中发现的问题，在理论界与实务界的共同推动下，2017 年，最高人民法院、最高人民检察院出台《关于适用犯罪嫌疑人、被告人逃匿、死亡案件违法所得没收程序若干问题的规定》，完善和细化了相关规定。与此同时，一般刑事诉讼程序中的涉案财物处置问题也日益得到关注，附带于对人之诉中的对物之诉与独立于对人之诉外的对物之诉日渐共同构成和形塑着刑事对物之诉的理论研究范畴。2021 年最高法《解释》的亮点之一，便是在"公诉案件第一审普通程序"一节中大幅突出了涉案财物的法庭调查、法庭辩论等相关规定，将之作为与定罪、量刑并行的重要问题；最高法《解释》还就案外人对涉案财物提出权属异议如何处理的问题进行了规定，为案外人利益提供了一定程序性保障；除庭审阶段外，最高法《解释》在有关立案审查、庭前会议等阶段的条文中也对涉案财物相关问题予以了充实和完善。

伴随经济社会发展，越来越多的刑事案件涉及财物处理问题，涉案财物的数额价值越来越大，利益关系也越来越复杂。以财产获利为目的的经济犯罪在犯罪总数中比例攀升，与网络社会同时到来的，是新型涉财犯罪、网络金融犯罪、涉众型经济犯罪手段升级、数量激增。刑事对物之诉作为治理涉财型犯罪的法律体系组成部分，成为国际广泛关注的一项重要议题，值得深入研究和思考。

案例三十七　林某浩故意杀人案[1]

【全面审理原则　有专门知识的人】

◆ 案情概要

林某浩原系复旦大学医学院在校硕士研究生，与被害人黄某同一寝室。林因琐事对黄不满，逐渐怀恨在心，决意采用投毒的方法加害黄某。2013年3月31日下午，林某浩以取物为名，通过同学吕某进入复旦大学附属中山医院某影像医学实验室。林趁室内无人，取出其于2011年参与动物实验时剩余的装有剧毒化学品二甲基亚硝胺的试剂瓶和注射器，并装入一只黄色医疗废弃物袋中随身带离。当天17时50分许，林将上述物品带至寝室，趁室内无人之机，将二甲基亚硝胺投入寝室的饮水机内，而后将试剂瓶等物品连同黄色医疗废弃物袋带出宿舍楼予以丢弃。4月1日上午，黄某从饮水机中接取并喝下已被林某浩投入二甲基亚硝胺的饮用水。之后，黄某发生呕吐，并于当天中午前往医院就诊。次日下午，黄某再次就诊，被发现肝功能受损严重，遂留院观察。4月3日下午，黄某因病情严重，被转至外科重症监护室治疗。在黄某就医期间，林某浩故意隐瞒黄某的病因。4月11日，林某浩在两次接受公安人员询问时都没有供述其投毒事实，直到次日凌晨经公安机关依法予以刑事传唤到案后，才如实供述了自己的投毒事实。4月16日，黄某经抢救无效死亡。经鉴定，黄某符合二甲基亚硝胺中毒致急性肝坏死引起急性肝功能衰竭，继发多器官功能衰竭死亡。

一审法院认为，被告人林某浩为泄愤采用投放毒物的方法故意杀人，致被害人黄某死亡，其行为构成故意杀人罪。林某浩故意杀人的手段残忍，后果严重，社会危害极大，罪行极其严重，其到案后虽能如实供述罪行，但不足以从轻处罚。2014年2月18日，一审法院判处被告人林某浩死刑，剥夺政

---

〔1〕　[2013]沪二中刑初字第110号；[2014]沪高刑终字第31号。

治权利终身。一审宣判后，林某浩不服，提出上诉。其上诉理由为：其系为作弄黄某而投毒，在投毒后曾将饮水机内部分水舀出倒掉，并用自来水对饮水机内剩余水进行稀释，他主观上没有杀人故意。

2014 年 12 月 8 日，上海市高级人民法院二审公开开庭。在这次庭审中，林某浩的辩护人申请"有专门知识的人"胡某强出庭，提出黄某系爆发性乙型病毒性肝炎致急性肝坏死，最终因多器官功能衰竭死亡。同时，两位辩护人认为林某浩主观上没有杀人故意，不构成故意杀人罪。一名辩护人认为林某浩的行为构成故意伤害罪，另一位辩护人则认为构成过失致人死亡罪。经核准后，2015 年 1 月 8 日，上海市高级人民法院裁定驳回上诉，维持原判，根据《刑事诉讼法》规定，对林某浩的死刑判决依法报请最高人民法院核准。2015 年 12 月 11 日，上海市第二中级人民法院遵照最高人民法院院长签发的执行死刑命令，将该案罪犯林某浩执行死刑。

一、法律分析

1. 结合本案，简述刑事审判中的"有专门知识的人"

2012 年《刑事诉讼法》增加了"有专门知识的人"出庭的规定，该内容在 2018 年《刑事诉讼法》位于第 197 条第 2 款，"公诉人、当事人和辩护人、诉讼代理人可以申请法庭通知有专门知识的人出庭，就鉴定人作出的鉴定意见提出意见"；同条第 4 款进一步明确，该条中有专门知识的人出庭，适用鉴定人的有关规定。本案二审程序中的胡某强便是以"有专门知识的人"的身份出庭。

"有专门知识的人"一词本身并非 2012 年《刑事诉讼法》所创设，1979 年和 1996 年《刑事诉讼法》中已有这一表述，体现于"侦查"一章之中，即指派或聘请有专门知识的人进行勘验、检查或鉴定，2018 年《刑事诉讼法》继续保留了相关条款（第 128 条、第 146 条）。但此处的"有专门知识的人"并非用作一种程序身份术语，而仅仅是对某类人员工作特长的一般性描述，有时也被表述为"具有专门知识的人员"，其在程序中的身份称谓往往与其具体参与的工作有关。规定于法庭审判阶段的"有专门知识的人"则是一种特定的程序身份术语，尽管在其诉讼地位的问题上存在不同观点，但法律和司法解释对其在法庭审判活动中的诉讼职能、参与方式、意见效力等问题已经作出了比较明确的规定。

（1）诉讼职能。《刑事诉讼法》第197条第2款规定，有专门知识的人出庭的诉讼职能，是对鉴定人作出的鉴定意见提出意见。最高法《解释》第250条、最高检《规则》第404条体现了《刑事诉讼法》第197条第2款的内容。最高人民法院《人民法院办理刑事案件第一审普通程序法庭调查规程（试行）》第26条、中华全国律师协会《律师办理刑事案件规范》第102条对有专门知识的人出庭的诉讼职能定位作出了更为明确的表述，即协助质证，对鉴定意见提出意见。

（2）参与方式。首先，有专门知识的人出庭，可以是因为控辩双方中某一方向法庭提出申请，也可以是因为法庭依职权通知到庭。《刑事诉讼法》第197条第2款规定，公诉人、当事人和辩护人、诉讼代理人可以申请法庭通知有专门知识的人出庭；最高法《解释》第251条规定，为查明案件事实、调查核实证据，人民法院可以依职权通知有专门知识的人出庭。其次，有专门知识的人出庭协助质证的具体方式，是在对鉴定意见进行质证时提出意见，并接受询问，但不宜直接对鉴定对象得出结论性意见（例如本案胡某强当庭发表的部分意见属于直接作出结论，在其没有接触检材情况下作出结论性意见欠妥）；如果鉴定人出庭，有专门知识的人可以与鉴定人同时出庭，在鉴定人作证后向鉴定人发问，并对案件中的专门性问题提出意见，该内容规定于最高人民法院《人民法院办理刑事案件第一审普通程序法庭调查规程（试行）》第26条。

（3）意见效力。有专门知识的人对鉴定意见提出的意见，不属于我国《刑事诉讼法》第50条第2款所规定的法定证据种类，只为法庭审理提供来自专业角度的参考，但该意见可能对法庭判断是否采信相关鉴定意见发挥实质作用。最高人民法院《人民法院办理刑事案件第一审普通程序法庭调查规程（试行）》第52条第2款规定，有专门知识的人当庭质疑鉴定意见，鉴定人能够作出合理解释，并与相关证据印证的，可以采信鉴定意见；不能作出合理解释，无法确认鉴定意见可靠性的，有关鉴定意见不能作为定案的根据。

2. 结合本案，简述刑事诉讼第二审程序的审理方式和期限

《刑事诉讼法》第234条规定，刑事诉讼第二审程序的审理方式包括开庭审理和不开庭审理两种。其中，应当开庭审理的案件包括：①被告人、自诉人及其法定代理人对第一审认定的事实、证据提出异议，可能影响定罪量刑

的上诉案件；②被告人被判处死刑的上诉案件；③人民检察院抗诉的案件；④其他应当开庭审理的案件。此外，最高法《解释》进一步拓展了应当开庭审理的案件范围，其第 393 条第 2 款规定，被判处死刑的被告人没有上诉，同案的其他被告人上诉的案件，第二审人民法院应当开庭审理。上述情况之外的其他案件可以不开庭审理，但需要依照法定程序要求进行，包括合议庭全体成员阅卷（必要时应当提交书面阅卷意见），讯问被告人，听取其他当事人、辩护人、诉讼代理人的意见等。

本案中，上海市高级人民法院采用了公开开庭审理的方式，因为该案上诉符合了应当开庭审理的案件条件，一方面上诉人（原被告人）辩称自己主观上没有杀人故意，亦即对第一审认定的事实、证据提出了异议，并且可能影响定罪量刑；另一方面，该案同时也是被告人被判处死刑的上诉案件。需要说明的是，开庭审理包括公开审理和不公开审理两种方式，并非所有开庭审理都采用公开开庭的方式，本案因不存在依法不公开审理的情形，所以采用了公开开庭审理方式。

关于刑事诉讼第二审程序的审理期限，《刑事诉讼法》第 243 条规定，第二审人民法院受理上诉、抗诉案件，应当在 2 个月以内审结。对于可能判处死刑的案件或者附带民事诉讼的案件，以及有《刑事诉讼法》第 158 条规定情形之一的，经省、自治区、直辖市高级人民法院批准或者决定，可以延长 2 个月；因特殊情况还需要延长的，需报请最高人民法院批准。最高人民法院受理上诉、抗诉案件的审理期限，由最高人民法院决定。

二、理论阐释：刑事诉讼第二审程序的全面审理原则

全面审理原则是我国刑事诉讼第二审程序遵循的法定原则，其依据是《刑事诉讼法》第 233 条，"第二审人民法院应当就第一审判决认定的事实和适用法律进行全面审查，不受上诉或者抗诉范围的限制"；"共同犯罪的案件只有部分被告人上诉的，应当对全案进行审查，一并处理"。最高法《解释》第 388 条至第 391 条对该原则内容进行了细化，例如补充规定"自诉人只对部分被告人的判决提出上诉，或者人民检察院只对部分被告人的判决提出抗诉的，第二审人民法院应当对全案进行审查，一并处理"，以及"共同犯罪案件，上诉的被告人死亡，其他被告人未上诉的，第二审人民法院应当对死亡的被告人终止审理；但有证据证明被告人无罪，经缺席审理确认无罪的，应

当判决宣告被告人无罪。具有前款规定的情形，第二审人民法院仍应对全案进行审查，对其他同案被告人作出判决、裁定"。

第二审程序全面审理所涉及的方面包括：①第一审判决认定的事实是否清楚，证据是否确实、充分；②第一审判决适用法律是否正确，量刑是否适当；③在调查、侦查、审查起诉、第一审程序中，有无违反法定程序的情形；④上诉、抗诉是否提出新的事实、证据；⑤被告人的供述和辩解情况；⑥辩护人的辩护意见及采纳情况；⑦附带民事部分的判决、裁定是否合法、适当；⑧对涉案财物的处理是否正确；⑨第一审人民法院合议庭、审判委员会讨论的意见。

全面审理原则有利于公正司法，但在体现诉权原理方面有所不足，对诉讼活动整体效率亦有影响。十八届四中全会通过的《中共中央关于全面推进依法治国若干重大问题的决定》要求"完善审级制度"，提出"二审重在解决事实法律争议"，据此，在坚持全面审理原则的基础上，二审程序需要集中力量解决案件争议点。与此相呼应的规范内容体现于最高法《解释》第399条，该条规定，开庭审理上诉、抗诉案件，可以重点围绕对第一审判决、裁定有争议的问题或者有疑问的部分进行。具化到案件审理层面，根据案件情况，可以按照下列方式审理：①宣读第一审判决书，可以只宣读案由、主要事实、证据名称和判决主文等；②法庭调查应当重点围绕对第一审判决提出异议的事实、证据以及新的证据等进行；对没有异议的事实、证据和情节，可以直接确认；③对同案审理案件中未上诉的被告人，未被申请出庭或者人民法院认为没有必要到庭的，可以不再传唤到庭；④被告人犯有数罪的案件，对其中事实清楚且无异议的犯罪，可以不在庭审时审理。

本案中，尽管林某浩的上诉理由是自己没有杀人故意，法院仍对案件进行了全面审理。在此基础上，针对上诉人的上诉理由以及辩护人、检察机关的意见，重点围绕三个问题对一审判决相关争议进行了评判：①关于涉案毒物的认定；②关于被害人黄某的死亡原因；③关于林某浩的主观故意及本案定性。该案的二审审理既遵循了全面审理原则，也体现了着力解决案件争议点的要求。

三、扩展思考：有专门知识的人与鉴定人之比较

纵观《刑事诉讼法》及相关司法解释的规定，我国刑事诉讼中的"有专

门知识的人"主要体现为四类：一是在侦查阶段以其专业特长协助取证等侦查工作的人（例如参见《刑事诉讼法》第 128 条、第 146 条，最高检《规则》第 196 条，最高人民检察院《关于指派、聘请有专门知识的人参与办案若干问题的规定（试行）》第 7 条）；二是在审查起诉阶段协助检察机关对鉴定意见等专业事项进行审查并提供意见的人（例如参见最高检《规则》第 332 条、第 334 条、第 335 条，最高人民检察院《关于指派、聘请有专门知识的人参与办案若干问题的规定（试行）》第 8 条）；三是因特别事项尚无鉴定机构，而应指派、聘请就案件专门性问题出具报告的人，此种报告可以作为证据使用，其审查与认定参照适用鉴定意见相关规定（参见最高法《解释》第 100 条），这实际是在存在鉴定人空白的领域予以补位；四是在审判阶段出庭对鉴定意见提出意见的人，我们通常讨论"有专门知识的人"并与鉴定人加以比较的，主要是指此种情况，下述比较也是基于此一语境下有专门知识的人展开的。

首先，资格要求。鉴定人需要满足严格的资格条件，全国人民代表大会常务委员会《关于司法鉴定管理问题的决定》对鉴定人的资格条件进行了规定，而有专门知识的人没有相关的行业认证制度和组织管理要求。

其次，诉讼地位。《刑事诉讼法》第 108 条第 4 项规定，鉴定人在我国刑事诉讼中的诉讼地位是明确的，即诉讼参与人；有专门知识的人在刑事诉讼中发挥重要作用，但其诉讼地位尚不明确。《刑事诉讼法》第 197 条第 4 款规定，有专门知识的人出庭时适用鉴定人的有关规定，这只是对其出庭规则的设定，而非对其诉讼地位的设定。

再次，意见内容与形式。鉴定人所出具意见的内容，是根据检材对案件中的专门性问题作出分析判断，其意见形式是书面的《鉴定书》；有专门知识的人所提出意见的内容，是对鉴定意见的分析、质疑等，其意见形式一般是法庭上口头提出，是法庭质证的组成部分。

最后，意见效力。鉴定意见是我国法定证据种类之一，经依法审查认定后，可以用作定案依据；有专门知识的人就鉴定意见提出的意见，不属于我国法定证据种类，不能作为案件的证据，但对法官有办案参考意义，在法官审查认定鉴定意见过程中可能发挥重要作用。

【上诉不加刑　第二审程序的审理程序】

◆ 案情概要

2011 年，孙某明利用负责云南长丰星宇园房地产工程的职务便利，接受工程分包方恒安消防工程公司法定代表人刘某某的请托，为恒安消防工程公司解决工程款拖欠问题，并在北京市海淀区中国人民大学和云南省昆明世纪金源大酒店等地，先后两次收受刘某某给予的好处费人民币各 10 万元。2012 年 2 月至 2013 年 3 月，孙某明假称与刘某某买卖房屋，签订购房协议，陆续收取刘某某给予的"房款"130 万元，其间还以租金的名义向刘某某返还 43 000元。后因孙某明调动工作到北京，刘某某向孙某明索要 100 万元，并称将剩余 30 万元作为孙某明之前帮忙的好处费，孙某明同意并返还刘某某 100 万元。后孙某明因得知有人因类似问题被查处，于 2014 年 2 月 25 日找到刘某某补写了一张 30 万元的欠条以应付检查。通过上述手段，孙某明共收取刘某某给予的好处费人民币 257 000 元。

北京市海淀区人民检察院以孙某明涉嫌受贿罪，向北京市海淀区人民法院提起公诉。法院经审理认为，被告人孙某明身为国家工作人员，利用职务上的便利为他人谋取利益，非法收受他人财物，数额巨大，其行为已构成受贿罪。孙某明假借买卖房屋的名义，分多次收受刘某某支付的购房款 130 万元，又以租金的名义向刘某某还款 43 000 元，在购买协议解除后，又分三次向刘某某返还首付款共计 100 万元。故本着有利于被告人的原则，以孙某明实际获得的钱款数额认定其该起受贿数额为 257 000 元。一审法院认定孙某明犯受贿罪，判处有期徒刑 8 年，罚金人民币 5 万元；继续向孙某明追缴赃款人民币 457 000 元，予以没收。

---

〔1〕　[2016] 京 01 刑终 199 号。

一审宣判后，孙某明不服，提出上诉。上诉理由包括三方面：孙某明不符合国家工作人员的主体资格；涉案的 30 万元是孙某明的民事债务，不应认定为受贿；在案件审理期间，《刑法修正案（九）》公布实施，请求二审法院依法予以改判。

北京市第一中级人民法院经审理后认为，孙某明身为国家工作人员，利用职务上的便利，非法收受他人财物，为他人谋取利益，其行为已构成受贿罪，且数额巨大。孙某明的辩护人提出鉴于本案审理期间，《刑法修正案（九）》公布实施，根据从旧兼从轻原则，原判对孙某明量刑畸重，请求二审法院依法予以改判的辩护意见，酌予采纳。一审法院根据孙某明犯罪的事实、性质、情节和对社会的危害程度所作出的判决，定罪及适用法律正确，审判程序合法，唯二审审理期间最高人民法院、最高人民检察院发布施行《关于办理贪污贿赂刑事案件适用法律若干问题的解释》，致量刑标准发生变化，依法予以改判。二审法院判决如下：①维持原审判决主文第 1 项，即"继续向被告人孙某明追缴赃款人民币 457 000 元，予以没收"；②撤销原审判决主文第 1 项，即"被告人孙某明犯受贿罪，判处有期徒刑 8 年，罚金人民币 5 万元"；③孙某明犯受贿罪，判处有期徒刑 5 年，并处罚金人民币 40 万元。

一、法律分析

1. 结合本案，简述刑事诉讼第二审程序的提起

刑事诉讼第二审程序因上诉或抗诉而启动，本案中，第二审程序的启动是因为被告人孙某明对一审判决不服，提起上诉。《刑事诉讼法》第 227 条至第 232 条对提起第二审程序的主体、理由、方式、期限等问题作出了规定。

（1）提起的主体。有权上诉的人员包括以下几类：一是被告人、自诉人和他们的法定代理人；二是经被告人同意的辩护人、近亲属；三是附带民事诉讼的当事人和他们的法定代理人，可以对法院第一审判决、裁定中的附带民事诉讼部分提出上诉。有权抗诉的机关是地方各级人民检察院。被害人及其法定代理人虽然具有当事人的诉讼地位，但没有上诉的权利，法律只赋予其请求检察机关抗诉的权利。

（2）提起的理由与方式。我国法律对上诉理由没有限制，但对检察机关提起抗诉作出了规定，根据《刑事诉讼法》第 228 条之规定，人民检察院只有在认为第一审判决、裁定确有错误时，才能提起抗诉。最高检《规则》第

584 条对"确有错误"进行了细化，包括以下方面：认定的事实确有错误或者据以定罪量刑的证据不确实、不充分的；有确实、充分证据证明有罪判无罪，或者无罪判有罪的；重罪轻判，轻罪重判，适用刑罚明显不当的；认定罪名不正确，一罪判数罪、数罪判一罪，影响量刑或者造成严重社会影响的；免除刑事处罚或者适用缓刑、禁止令、限制减刑等错误的；人民法院在审理过程中严重违反法律规定的诉讼程序的。在提起方式上，上诉一般应通过上诉状的书面方式提出，书写确有困难的也可以口头提出；抗诉应当以抗诉书的书面方式提出。

（3）提起的期限。《刑事诉讼法》第 230 条规定，不服判决的上诉和抗诉的期限为 10 日，不服裁定的上诉和抗诉的期限为 5 日，从接到判决书、裁定书的第二日起算。最高法《解释》第 380 条第 2 款规定，对附带民事判决、裁定的上诉、抗诉期限，应当按照刑事部分的上诉、抗诉期限确定；附带民事部分另行审判的，上诉期限也应当按照刑事诉讼法规定的期限确定。

2. 结合本案，简述刑事诉讼第二审程序审理后改判的适用

根据《刑事诉讼法》第 236 条和第 238 条、最高法《解释》第 406 条之规定，第二审程序审理后对案件的处理包括四种情况：①原判决认定事实和适用法律正确、量刑适当的，应当裁定驳回上诉或者抗诉，维持原判；②原判决认定事实没有错误，但适用法律有错误，或者量刑不当的，应当改判；③原判决事实不清楚或者证据不足的，可以在查清事实后改判；也可以裁定撤销原判，发回原审人民法院重新审判；④第一审人民法院的审理有《刑事诉讼法》第 238 条所列违反法律规定的诉讼程序的情形之一的，或者违反《刑事诉讼法》第 239 条规定的，应当裁定撤销原判，发回原审人民法院重新审判。

据此，我国刑事诉讼第二审程序审理后改判的适用情形体现为两类：一是原判决认定事实没有错误，但适用法律有错误，或者量刑不当的，应当改判；二是原判决事实不清楚或者证据不足，且二审法院已查清事实的，可以改判。

本案中，上诉人孙某明的上诉理由包括三方面内容：孙某明不符合国家工作人员的主体资格；涉案的 30 万元是孙某明的民事债务，不应认定为受贿；在案件审理期间，《刑法修正案（九）》公布实施，请求二审法院依法予以改判。其中，前两项属于定罪事实认定方面的异议，后一项涉及量刑的

法律适用问题。二审法院对该案进行了全面审查，认为一审法院根据孙某明犯罪的事实、性质、情节和对社会的危害程度所作出的判决，定罪及适用法律正确，审判程序合法。但本案二审审理期间适逢最高人民法院、最高人民检察院《关于办理贪污贿赂刑事案件适用法律若干问题的解释》发布施行，贪污贿赂案件的量刑标准发生变化，故二审法院根据新司法解释对该案的量刑部分予以改判，撤销原审判决主文第一项"被告人孙某明犯受贿罪，判处有期徒刑 8 年，罚金人民币 5 万元"，改判为"孙某明犯受贿罪，判处有期徒刑 5 年，并处罚金人民币 40 万元"。

二、理论阐释：上诉不加刑原则及其适用

上诉不加刑原则是指刑事诉讼第二审法院审判只有被告人一方上诉的案件，不得以任何理由加重被告人刑罚的审判原则。该原则体现于《刑事诉讼法》第 237 条，最高法《解释》第 401 条至第 403 条对其具体适用予以了细化。

《刑事诉讼法》第 237 条规定："第二审人民法院审理被告人或者他的法定代理人、辩护人、近亲属上诉的案件，不得加重被告人的刑罚。第二审人民法院发回原审人民法院重新审判的案件，除有新的犯罪事实，人民检察院补充起诉的以外，原审人民法院也不得加重被告人的刑罚。人民检察院提出抗诉或者自诉人提出上诉的，不受前款规定的限制。"据此，对上诉不加刑原则内涵的理解包括以下方面：第一，上诉是被告人的合法权利，仅有被告人一方上诉的案件，不得加重被告人的刑罚；如果被告人一方上诉的同时，检察院提出抗诉或自诉人提出上诉，则不适用上诉不加刑原则。检察院提出抗诉或自诉人提出上诉未涉及的其他同案被告人，也不得加重其刑罚。第二，不仅第二审法院改判的案件适用上诉不加刑原则，如果第二审法院将案件发回重审，原审法院在重新审判时也不得加重被告人刑罚；例外情况是发回重审后，"有新的犯罪事实，人民检察院补充起诉"，此时上诉不加刑原则不再适用。

刑事诉讼中确立上诉不加刑原则具有重要意义。上诉权是被告人的一项重要的诉讼权利，但有时被告人会因为担心上诉后获得更为不利的裁判而心存顾虑，客观上限制了上诉权的行使，也使确有错误的一审裁判不能得到及时纠正。上诉不加刑原则有利于保障被告人依法行使上诉权，消除其思想顾虑，进而也有利于纠正错误的判决，保障国家审判权的正确行使。

最高法《解释》第 401 条至第 403 条对上诉不加刑原则的具体适用作出

规定，包括以下方面：①同案审理的案件，只有部分被告人上诉的，既不得加重上诉人的刑罚，也不得加重其他同案被告人的刑罚；②原判认定的罪名不当的，可以改变罪名，但不得加重刑罚或者对刑罚执行产生不利影响；③原判认定的罪数不当的，可以改变罪数，并调整刑罚，但不得加重决定执行的刑罚或者对刑罚执行产生不利影响；④原判对被告人宣告缓刑的，不得撤销缓刑或者延长缓刑考验期；⑤原判没有宣告职业禁止、禁止令的，不得增加宣告；原判宣告职业禁止、禁止令的，不得增加内容、延长期限；⑥原判对被告人判处死刑缓期执行没有限制减刑、决定终身监禁的，不得限制减刑、决定终身监禁；⑦原判判处的刑罚不当、应当适用附加刑而没有适用的，不得直接加重刑罚、适用附加刑。原判判处的刑罚畸轻，必须依法改判的，应当在第二审判决、裁定生效后，依照审判监督程序重新审判；⑧人民检察院只对部分被告人的判决提出抗诉，或者自诉人只对部分被告人的判决提出上诉的，第二审人民法院不得对其他同案被告人加重刑罚；⑨被告人或者其法定代理人、辩护人、近亲属提出上诉，人民检察院未提出抗诉的案件，第二审人民法院发回重新审判后，除有新的犯罪事实且人民检察院补充起诉的以外，原审人民法院不得加重被告人的刑罚，而且对于此类案件，原审人民法院对上诉发回重新审判的案件依法作出判决后，人民检察院抗诉的，第二审人民法院不得改判为重于原审人民法院第一次判处的刑罚。

本案一审宣判后，被告人孙某明不服，提出上诉，且仅有被告人一方提出上诉，属于上诉不加刑原则的适用范围。二审法院根据本案二审期间最高人民法院、最高人民检察院新发布的司法解释对该案的量刑部分予以改判，撤销原审判决主文第 1 项"被告人孙某明犯受贿罪，判处有期徒刑 8 年，罚金人民币 5 万元"，改判为"孙某明犯受贿罪，判处有期徒刑 5 年，并处罚金人民币 40 万元"。此处值得思考的问题是：改判后主刑减少、附加刑加重，是否属于"对被告人刑罚作出实质不利的改判"？本书认为，首先，主刑变化与附加刑变化宜分别评价；其次，就附加刑而言，最高法《解释》第 401 条第 1 款第 7 项可资参考，该项规定应当适用附加刑而没有适用的，不能直接改判适用附加刑，本案虽不属于应当适用而没适用的情况，而是加重附加刑量刑的情况，但从最高法《解释》该条内容背后的法理观之，在"不得作实质不利于被告人的改判"的立场上，上诉不加刑原则严格适用于附加刑量刑领域，二审期间实体法规范发生重要变化亦不能阻却适用该原则，本案直接

— 243 —

加重附加刑的改判值得商榷。

三、扩展思考：刑事诉讼法与刑法的关系

刑事诉讼法是与刑法对应的程序法。作为刑事实体法，刑法对犯罪以及刑罚予以规定；作为刑事程序法，刑事诉讼法规定了国家专门机关以及诉讼参与人通过刑事诉讼活动判断被告人刑事责任的方式、方法和规则。我国《刑事诉讼法》在开篇首条明确了刑事诉讼法的制定目的，即"为了保证刑法的正确实施"。这一目的可以从两个角度加以理解，一是保障角度，刑事诉讼法保障刑法的规定在具体案件中得以落实和应用，使得刑法调整社会关系的功能真正实现；二是规制角度，通过规范国家公权机关与个人的诉讼法律关系，避免无辜者遭受定罪，保障诉讼参与人的实体权利与程序权利。

丰富多样的司法实践使得两者关系远比理论上概括描述更为复杂，例如本案的相关分析便至少体现出两方面的复杂关系：一是程序法自身的某些价值考量，使得在量刑事实认定不存在问题的情况下，量刑结果也未必完全与实体法相一致，前述上诉不加刑原则便是一例；二是实体法内容在不同程序阶段发生改变时，复审制度如何因应。本案中，一审期间《刑法修正案（九）》公布实施，对受贿罪量刑予以参照的第 383 条内容作出了重要修改；[1]二审期间又逢最高人民法院、最高人民检察院发布施行《关于办理贪污贿赂刑事案件适用法律若干问题的解释》，量刑标准发生变化，将"数额巨大"的数额范围与量刑范围在该解释中予以明确。[2]就实体法适用而言，能够根据"从旧兼从轻"原则以及最高人民法院、最高人民检察院《关于适用刑事司法解释时间效力问题的规定》对本案作出法律适用上的判断，但是从诉讼法上的复审制度原理角度观察，却会发现一定问题，二审制度定位于对一审裁判的审查，而非对案件的重新审理，二审改判应是基于一审在法律适用、量刑或事实认定方面存在错误。本案二审法院认定一审法院"定罪及适用法律正确，

---

〔1〕《刑法修正案（九）》公布实施前，受贿 20 余万元的案件，判处 10 年以上有期徒刑或者无期徒刑，可以并处没收财产。《刑法修正案（九）》对此作出修改后，受贿 20 余万元的案件对应的刑罚是 3 年以上 10 年以下有期徒刑，并处罚金或者没收财产。

〔2〕 该解释第 2 条第 1 款规定"贪污或者受贿数额在二十万元以上不满三百万元的，应当认定为刑法第三百八十三条第一款规定的'数额巨大'，依法判处三年以上十年以下有期徒刑，并处罚金或者没收财产"；第 19 条规定"对贪污罪、受贿罪……判处三年以上十年以下有期徒刑的，应当并处二十万元以上犯罪数额二倍以下的罚金或者没收财产……"

审判程序合法"，对一审法院量刑是否适当未作直接评判，而是通过表述二审量刑改判原因是二审期间法律发生变化，间接表达了一审法院判决之时的量刑并非不当。尽管最终的二审裁判结果符合了实体法上的量刑要求，但此间过程却在程序法意义上存在可商榷之处，值得理论界与实务界进一步研究思考。

案例三十九　念某投放危险物质案[1]

【第二审审理后的处理　疑罪从无】

◆ **案情概要**

被告人念某与平潭县澳前镇南赖村丁某虾曾分别租用澳前 17 号与陈炎娇相邻的两间店面，经营水果、食杂等同类商品。2006 年 7 月 27 日晚，陈、丁两家用餐后 6 人同时中毒，丁某虾一对儿女经抢救无效死亡。事后，警方检验显示，两人系氟乙酸盐鼠药中毒死亡。当年 8 月 7 日，念某被警方带走。

2007 年 3 月，福州市中级人民法院审理福州市人民检察院指控被告人念某犯投放危险物质罪，附带民事诉讼原告人丁某虾、俞甲提起附带民事诉讼一案。在当年的庭审中，念某当庭翻供，并表示其作出的有罪供述，是在遭受了警方的刑讯逼供后承认的。2008 年 2 月 1 日，福州市中级人民法院对此案作出一审判决，判处念某死刑。宣判后念某不服判决，提起上诉。2008 年 12 月 18 日，福建省高级人民法院二审裁定：事实不清，证据不足，撤销原判，发回福州市中级人民法院重新审判。

2009 年 6 月 8 日，福州市中级人民法院再次判决念某死刑立即执行，念某上诉。福建省高级人民法院于 2010 年 4 月裁定驳回上诉，维持原判，报请最高人民法院核准。2010 年 10 月 28 日，最高人民法院以［2010］刑三复21722109 号刑事裁定不予核准，撤销二审裁定，发回福建省高级人民法院重新审判。2011 年 5 月 5 日，福建省高级人民法院裁定撤销原判，发回福州市中级人民法院重新审判。

2011 年 11 月 7 日，福州市中级人民法院经重新审判，再次对念某判处死刑，剥夺政治权利终身。被告人念某不服，第三次提出上诉。2013 年 7 月 4 日至 7 日，福建省高级人民法院依法组成合议庭，依法公开开庭审理了本案，

经审理认为：二被害人系中毒死亡，但原判认定致死原因为氟乙酸盐鼠药中毒的依据不足，认定的投毒方式依据不确实，毒物来源依据不充分，与上诉人的有罪供述不能相互印证，相关证据矛盾和疑点无法合理解释、排除，全案证据达不到确实、充分的证明标准，不能得出系上诉人念某作案的唯一结论。因此，原判认定上诉人念某犯投放危险物质罪的事实不清，证据不足，原公诉机关指控上诉人念某所犯罪名不能成立。原审判决上诉人念某赔偿附带民事诉讼原告人丁某虾、俞甲的经济损失无事实依据。2014 年 8 月 22 日，福建省高级人民法院作出终审判决：①撤销福州市中级人民法院［2011］榕刑初字第 104 号刑事附带民事判决。②上诉人念某无罪。③上诉人念某不承担民事赔偿责任。

一、法律分析

1. 结合本案，简述刑事诉讼第二审程序发回重审的适用情形

根据《刑事诉讼法》第 236 条和第 238 条、最高法《解释》第 406 条之规定，第二审程序审理后对案件的处理包括四种情况：①原判决认定事实和适用法律正确、量刑适当的，应当裁定驳回上诉或者抗诉，维持原判；②原判决认定事实没有错误，但适用法律有错误，或者量刑不当的，应当改判；③原判决事实不清楚或者证据不足的，可以在查清事实后改判；也可以裁定撤销原判，发回原审人民法院重新审判；④第一审人民法院的审理有下列违反法律规定的诉讼程序的情形之一的，应当裁定撤销原判，发回原审人民法院重新审判：违反刑事诉讼法有关公开审判的规定的；违反回避制度的；剥夺或者限制了当事人的法定诉讼权利，可能影响公正审判的；审判组织的组成不合法的；其他违反法律规定的诉讼程序，可能影响公正审判的。二审裁定发回重审后，因为上诉或抗诉再次启动二审程序，二审法院发现原审人民法院对于发回重新审判的案件，没有另行组成合议庭，依照第一审程序进行审判的，应当裁定撤销原判，发回重新审判。

据此，我国刑事诉讼第二审程序发回重审的适用情形体现为两类：一是原判决事实不清楚或者证据不足的，可以裁定撤销原判，发回重审。根据《刑事诉讼法》第 236 条第 2 款、最高法《解释》第 405 条之规定，此种发回重新审判的案件作出判决后，被告人提出上诉或者人民检察院提出抗诉的，第二审人民法院应当依法作出判决或者裁定，不得再发回原审人民法院重新

审判。二是一审存在《刑事诉讼法》第 238 条所列违反法律规定的诉讼程序的情形之一的，或者违反《刑事诉讼法》第 239 条规定的，应当裁定撤销原判，发回重审。

本案中，被告人念某一共三次提起上诉，二审法院先后发回重审两次。念某第一次上诉后，二审法院认为事实不清、证据不足，裁定撤销原判，发回原审人民法院重新审判。原审法院重新审理后，仍判处死刑立即执行，念某不服，第二次上诉，此次二审法院裁定驳回上诉，维持原判。由于是死刑立即执行案件，报请最高人民法院核准。根据 1998 年最高法《解释》第 285 条第 2 项规定，"对判处死刑的案件，复核后应当根据案件情形分别作出裁判：……（二）原审判决认定事实错误或者证据不足的，裁定撤销原判，发回重新审判"，最高人民法院裁定不予核准，撤销二审裁定，发回福建省高级人民法院重新审判。随后福建省高级人民法院裁定撤销原判，发回福州市中级人民法院重新审判。福州市中级人民法院再次对念某判处死刑，念某第三次上诉，福建省高级人民法院依法组成合议庭，依法公开开庭审理了本案，经审理认为，全案证据达不到确实、充分的证明标准，不能得出系上诉人念某作案的唯一结论，原判认定上诉人念某犯投放危险物质罪的事实不清，证据不足，依法改判念某无罪。

需要指出的是，1998 年最高法《解释》对于最高人民法院发回第二审法院重新审判，第二审法院能否继续发回第一审法院重新审判的问题没有规定，所以当时福建省高级人民法院将案件又发回了福州市中级人民法院重新审理。现行最高法《解释》已对此种情况有明确规定，最高法《解释》第 430 条第1、2 款规定："最高人民法院裁定不予核准死刑的，根据案件情况，可以发回第二审人民法院或者第一审人民法院重新审判。对最高人民法院发回第二审人民法院重新审判的案件，第二审人民法院一般不得发回第一审人民法院重新审判。"

2. 结合本案，简述刑事诉讼第二审发回重审后的审理程序

《刑事诉讼法》第 237 条、第 239 条、第 241 条等条文对第二审发回重审后的审理程序作出了规定。具体包括以下方面：

（1）审判组织。《刑事诉讼法》第 239 条规定，原审人民法院对于发回重新审判的案件，应当另行组成合议庭审理案件。

（2）审判程序。《刑事诉讼法》第 239 条规定，发回重审的案件依照第一

审程序进行审判，而且对于重新审判后的判决，仍然可以依法提出上诉或抗诉。《刑事诉讼法》第 236 条第 2 款规定，第二审人民法院因原判事实不清、证据不足，发回重新审判的案件，原审人民法院重新作出判决后，被告人上诉或者人民检察院抗诉的，第二审人民法院应当依法作出判决、裁定，不得再发回重新审判。

（3）审理期限。《刑事诉讼法》第 241 条规定，第二审人民法院发回原审人民法院重新审判的案件，原审人民法院从收到发回的案件之日起，重新计算审理期限。

（4）关于上诉不加刑原则。《刑事诉讼法》第 237 条规定，仅有被告人一方上诉的案件，如果第二审人民法院裁定发回原审人民法院重新审判，除有新的犯罪事实，人民检察院补充起诉的以外，原审人民法院不得加重被告人的刑罚。

二、理论阐释：疑罪从无原则

"疑罪从无"是无罪推定原则的重要体现。"疑罪从有""疑罪从轻""疑罪从挂"等做法与有罪推定、宁枉勿纵等观念相关。

刑事诉讼法的无罪推定原则与刑法的罪刑法定原则共同构成了现代刑事法律的基石。根据无罪推定原则，任何人在被依法证明有罪之前，都应当被推定为无罪。该原则在刑事证明制度层面集中体现为三项内容：一是控方承担证明被告人有罪的证明责任，被告人不承担证明自己无罪的责任，但有为自己辩护的权利；二是控方对被告人有罪的证明需要达到排除合理怀疑的程度，这是有罪证明的法定标准；三是如果控方对被告人有罪的证明没有达到排除合理怀疑的证明标准，意味着裁判者对被告人是否有罪的问题存在疑问，属于"疑罪"，应当作出"从无"的处理，判决无罪。上述最后一项内容即通常所说的"疑罪从无"。

疑罪从无原则在我国刑事审判阶段有明确的制度体现。最高法《解释》第 295 条规定，人民法院审理后，认为证据不足，不能认定被告人有罪的，应当以证据不足、指控的犯罪不能成立，判决宣告被告人无罪。这意味着检察机关或自诉人对被告人犯罪事实的证明无法达到证明标准时，法院应当作出有利于被告人的裁判。

错案治理是近年来刑事司法改革持续关注的问题。十八届四中全会通过的《中共中央关于全面推进依法治国若干重大问题的决定》中再次强调了防范与纠正冤假错案的重要性，要求"加强对刑讯逼供和非法取证的源头预防，健全冤假错案有效防范、及时纠正机制"。念某案在我国刑事司法制度史上具有重要意义，并不仅仅是因为这是成功纠正错案的又一实例，更是因为其与"亡者归来"的佘某林、赵某海等实际上并未发生犯罪的错案不同，念某案是因"证据不足"而改判无罪的案件，更体现"疑罪从无"原则在错案治理领域的运用实践。

本案中，福建省高级人民法院经审理发现证据存在以下问题：①关于被害人中毒原因。检辩双方出示的证据能够证实，被害人俞乙、俞丙系中毒死亡。但原判认定系氟乙酸盐鼠药中毒，证据不确实、不充分。②关于投毒方式。铝水壶、高压锅和铁锅的提取送检过程不清，检材来源相关证据间的矛盾和疑点得不到合理解释，检验过程不规范，检验结论可靠性存疑，理化检验报告不足以采信，因此，认定铝壶水有毒缺乏确实依据，原判认定念某将鼠药投放在铝壶水中事实不清，关键证据链条中断。③关于毒物来源。念某与杨某炎相互不能辨认，供证存在不吻合之处，配制鼠药工具的理化检验报告不足以采信，原判认定念某投放的鼠药系从杨某炎处购买依据不充分。④关于有罪供述。念某的庭前供述和辩解存在反复，庭前供述与其他证据不能相互印证，不足以采信。综上，全案证据达不到确实、充分的证明标准，不能得出系上诉人念某作案的唯一结论，原判认定上诉人念某犯投放危险物质罪的事实不清，证据不足，因而改判念某无罪。

三、扩展思考：刑事诉讼中对被害人的人权保障

念某案是一个刑事附带民事诉讼案件，最终判决包含两方面内容：一是念某无罪；二是念某不承担民事赔偿责任。人们对该案的讨论更多聚焦于冤案昭雪，较少关注到本案的被害人及其家属。根据媒体相关报道，本案最终宣判时，被害人亲属哭倒在法庭，徘徊于法院门前多日不愿离去。"疑罪从无"案件不同于"亡者归来"案件，后者实际上没有犯罪发生，不存在真正的被害人，而前者未必没有被害人，只是既有证据难以达到证明标准，而使得国家刑罚权无法落到实处。公民因错捕错判可以获得国家赔偿，但对于侦查权行使不力导致现场被破坏、取证质量低、错误锁定嫌疑人而丧失破案时机，进而无法成功追诉的情况，刑事案件被害人却无法向国家提出赔偿要求。

实践中，有些案件的被害人家属希望"这一次司法机关不要再搞错了"，体现出其内心的无奈与悲凉。

刑事案件被害人的权利保障问题值得我们关注和思考。这并非要否定"疑罪从无"本身，正如博登海默所言，"法律是一个带有许多大厅、房间、凹角、拐角的大厦，在同一时间里想用一盏探照灯照亮每一间房间、凹角和拐角是极为困难的"。疑罪从无原则的制度意义主要体现于对被追诉人的权利保障，被害人权利保障需要通过其他制度予以实现，从而在刑事诉讼整体制度结构上平衡被追诉人利益与被害人利益。

我国早在 2004 年，便开始了对刑事被害人救助制度的实践探索，率先由最高人民法院在部分地区开展了刑事被害人救助试点工作，经过多年司法实践，2008 年正式纳入中央司法体制改革总体部署。2009 年，国务院新闻办发布了《国家人权行动计划（2009-2010 年）》，提出要"推动刑事被害人国家救助制度立法工作，明确刑事被害人国家救助的条件、标准、程序等"；同年，中央政法委等八部委联合发布《关于开展刑事被害人救助工作的若干意见》，为我国司法机关开展刑事被害人救助工作提供了指引和保障。2014 年，中央政法委等六部委印发《关于建立完善国家司法救助制度的意见（试行）》。2016 年，《最高人民法院关于加强和规范人民法院国家司法救助工作的意见》《人民检察院国家司法救助工作细则（试行）》相继发布，落实了前述六部委意见。2019 年，最高人民法院印发《人民法院国家司法救助案件办理程序规定（试行）》，最高人民检察院、国务院扶贫开发领导小组办公室印发《关于检察机关国家司法救助工作支持脱贫攻坚的实施意见》。2021 年，最高人民检察院印发《人民检察院开展国家司法救助工作细则》。上述司法解释和司法性文件进一步明确了开展国家司法救助工作的相关要求。

目前，我国国家司法救助制度具有以下特点：一是对象范围上，不仅限于刑事案件被害人，还包括举报人、证人、鉴定人以及某些民事侵权行为的受害人等；二是救助标准上，将相关主体生活困难作为最主要考量因素，所以该制度在性质上是国家向存在经济困难的社会弱势群体提供的经济帮助，是一种社会救助制度，只是在引发经济困难的原因上与司法活动存在关联。错案中刑事案件被害人的权利保障问题尚未能够通过国家司法救助制度得到完全解决，应予以继续关注和破解。

案例四十　王某金强奸杀人案[1]
【报请复核及复核内容】

◆ 案情概要

2007 年 3 月 12 日，河北省邯郸市中级人民法院认定被告人王某金强奸并杀害被害人刘某某、张某甲、强奸被害人贾某某后杀害未遂的犯罪事实清楚，证据确实、充分，定罪准确，作出一审判决，以故意杀人罪判处王某金死刑，剥夺政治权利终身；以强奸罪判处王某金有期徒刑 14 年，剥夺政治权利 5 年，决定对王某金执行死刑，剥夺政治权利终身。

王某金上诉至河北省高级人民法院，上诉称，其曾供述在石家庄西郊对被害人康某某强奸杀人案应构成重大立功。2013 年 9 月 27 日，河北省高级人民法院二审宣判称，王某金供述与石家庄西郊强奸杀人案证据不符，不能认定王某金作案，驳回上诉，维持原判。随后，该案报请最高人民法院进行死刑复核。2020 年 7 月 28 日，最高人民法院作出刑事裁定，以案件出现新证据为由，不核准王某金死刑，发回邯郸市中级人民法院重新审判。

2020 年 12 月 22 日，王某金故意杀人、强奸案在邯郸市中级人民法院一审宣判，被告人王某金犯故意杀人罪，判处死刑，剥夺政治权利终身；犯强奸罪，判处有期徒刑 14 年，剥夺政治权利 5 年。决定执行死刑，剥夺政治权利终身。法院同时也认定，1994 年石家庄西郊玉米地奸杀案并非王某金所为。河北省高级人民法院二审全案维持原判，认定王某金犯故意杀人罪、强奸罪，对其判处死刑。二审裁定为终审裁定，将依法报最高人民法院死刑复核。

最高人民法院复核认为，被告人王某金构成强奸罪和故意杀人罪，主观

---

〔1〕　参见最高人民检察院网：https://www.spp.gov.cn/spp/zdgz/202102/t20210203_508350.shtml，界面新闻：https://baijiahao.baidu.com/s? id = 1683684372810639531&wfr = spider&for = pc，2022 年 2 月 6 日访问。

恶性极深，人身危险性和社会危害性极大，罪行极其严重，虽有自首情节，但不足以对其从轻处罚。第一审判决、第二审裁定认定王某金犯故意杀人罪、强奸罪的事实清楚，证据确实、充分，定罪准确，量刑适当。审判程序合法。据此，最高人民法院依法核准河北省高级法院维持第一审对被告人王某金以故意杀人罪判处死刑，剥夺政治权利终身；以强奸罪判处有期徒刑 15 年，剥夺政治权利 5 年，决定执行死刑，剥夺政治权利终身的刑事裁定。

2021 年 2 月 2 日，经最高人民法院核准并下达执行死刑命令，河北省邯郸市中级人民法院对犯故意杀人罪、强奸罪的罪犯王某金执行了死刑。

一、法律分析

1. 结合本案，简述死刑复核程序的报请核准程序

本案由邯郸市中级人民法院一审判处被告人王某金死刑立即执行，王某金上诉后，河北省高级人民法院二审裁定驳回上诉，维持原判，应当在作出裁定后 10 日以内报请最高人民法院核准。最高法《解释》第 425 条规定，报请复核的死刑案件，应当一案一报。报送的材料包括报请复核的报告，第一、二审裁判文书，死刑案件综合报告各五份以及全部案卷、证据。死刑案件综合报告，第一、二审裁判文书和审理报告应当附送电子文本。曾经发回重新审判的案件，原第一、二审案卷应当一并报送。

最高法《解释》第 423 条规定了死刑立即执行案件报请复核的基本程序：报请最高人民法院核准死刑的案件，应当按照下列情形分别处理：①中级人民法院判处死刑的第一审案件，被告人未上诉、人民检察院未抗诉的，在上诉、抗诉期满后 10 日以内报请高级人民法院复核。高级人民法院同意判处死刑的，应当在作出裁定后 10 日以内报请最高人民法院核准；认为原判认定的某一具体事实或者引用的法律条款等存在瑕疵，但判处被告人死刑并无不当的，可以在纠正后作出核准的判决、裁定；不同意判处死刑的，应当依照第二审程序提审或者发回重新审判；②中级人民法院判处死刑的第一审案件，被告人上诉或者人民检察院抗诉，高级人民法院裁定维持的，应当在作出裁定后 10 日以内报请最高人民法院核准；③高级人民法院判处死刑的第一审案件，被告人未上诉、人民检察院未抗诉的，应当在上诉、抗诉期满后 10 日以内报请最高人民法院核准。本案属于该规定中第②项的情形。

2. 结合本案，简述刑事审判组织

审判组织是指人民法院审判案件的具体组织形式，我国的刑事审判组织有独任庭、合议庭、审判委员会三种。

合议庭的人员组成，因审判程序和法院级别的不同而不同。《刑事诉讼法》第 183 条规定，基层人民法院、中级人民法院审判第一审案件，应当由审判员 3 人或者由审判员和人民陪审员共 3 人或者 7 人组成合议庭进行，但是基层人民法院适用简易程序、速裁程序的案件可以由审判员一人独任审判。高级人民法院审判第一审案件，应当由审判员 3 人至 7 人或者由审判员和人民陪审员共 3 人或者 7 人组成合议庭进行。最高人民法院审判第一审案件，应当由审判员 3 人至 7 人组成合议庭进行。人民法院审判上诉和抗诉案件，由审判员 3 人或者 5 人组成合议庭进行。《刑事诉讼法》第 249 条规定，最高人民法院复核死刑案件，高级人民法院复核死刑缓期执行的案件，应当由审判员 3 人组成合议庭进行。

合议庭的成员人数应当是单数，评议表决时按少数服从多数的民主集中制原则作出决定，作为案件判决的依据。合议庭评议的情况应当制作笔录，少数人的意见也应当记入笔录。最高法《解释》第 299 条规定，合议庭成员、法官助理、书记员应当在评议笔录上签名，在判决书、裁定书等法律文书上署名。

审判长主持和组织合议庭的活动并指挥法庭审判的进行。审判长由院长或者庭长指定一人担任，院长或庭长参加合议庭时，由院长或庭长担任审判长。

本案中，最高人民法院负责对王某金强奸杀人案件进行死刑复核，应当由审判员 3 人组成合议庭进行，其组成人员中不包括陪审员。

3. 结合本案，简述死刑复核程序的审查内容和审理方式

最高人民法院在对本案进行死刑复核时，应当全面审查，根据最高法《解释》第 427 条之规定，应全面审查以下内容：①被告人的年龄，被告人有无刑事责任能力、是否系怀孕的妇女；②原判认定的事实是否清楚，证据是否确实、充分；③犯罪情节、后果及危害程度；④原判适用法律是否正确，是否必须判处死刑，是否必须立即执行；⑤有无法定、酌定从重、从轻或者减轻处罚情节；⑥诉讼程序是否合法；⑦应当审查的其他情况。复核死刑、死刑缓期执行案件，应当重视审查被告人及其辩护人的辩解、辩护意见。

最高人民法院对本案进行死刑复核程序的方式主要包括：阅卷、讯问被告人、听取辩护律师的意见、制作复核审理报告。

第一，阅卷。阅卷是重要的复核方式，复核死刑案件，合议庭成员应当阅卷，并提出书面意见存查。对证据有疑问的，应当对证据进行调查核实，必要时到案发现场调查。

第二，讯问被告人及听取辩护律师的意见。讯问被告人是死刑复核程序中的重要环节。《刑事诉讼法》第251条第1款规定："最高人民法院复核死刑案件，应当讯问被告人，辩护律师提出要求的，应当听取辩护律师的意见。"该规定是对被告人及其辩护律师行使诉讼权利的保障。

第三，制作复核审理报告。最高人民法院对报请复核的死刑案件进行全面审查后，合议庭应当进行评议并写出复核审理报告。审核报告应当包括下列内容：①案件的由来和审理经过；②被告人和被害人简况；③案件的侦破情况；④原审判决要点和控辩双方意见；⑤对事实和证据复核后的分析与认定；⑥合议庭评议意见和审判委员会讨论决定意见；⑦其他需要说明的问题。

4. 结合本案，简述死刑复核程序复核后的处理

《刑事诉讼法》第250条规定，最高人民法院复核死刑案件，应当作出核准或者不核准死刑的裁定。对于不核准死刑的，最高人民法院可以发回重新审判或者予以改判。本案中，2020年7月28日，最高人民法院在复核死刑时，认为有新的影响定罪量刑的证据，应当裁定不予核准，并撤销原判，发回重新审判。因此，最高人民法院作出刑事裁定，以案件出现新的证据为由，不核准王某金死刑，发回邯郸市中级人民法院重新审判。

最高法《解释》第429条规定，最高人民法院复核死刑案件，应当按照下列情形分别处理：①原判认定事实和适用法律正确、量刑适当、诉讼程序合法的，应当裁定核准；②原判认定的某一具体事实或者引用的法律条款等存在瑕疵，但判处被告人死刑并无不当的，可以在纠正后作出核准的判决、裁定；③原判事实不清、证据不足的，应当裁定不予核准，并撤销原判，发回重新审判；④复核期间出现新的影响定罪量刑的事实、证据的，应当裁定不予核准，并撤销原判，发回重新审判；⑤原判认定事实正确、证据充分，但依法不应当判处死刑的，应当裁定不予核准，并撤销原判，发回重新审判；根据案件情况，必要时，也可以依法改判；⑥原审违反法定诉讼程序，可能影响公正审判的，应当裁定不予核准，并撤销原判，发回重新审判。

二、理论阐释：死刑复核程序的特点、意义

死刑复核程序是指人民法院对判处死刑的案件进行复审核准所依据的特殊审判程序。我国严格控制死刑的适用，除了在实体法中规定死刑不适用于未成年人、怀孕妇女和已满75周岁（手段残忍致人死亡的除外）的人等内容，还在程序法中对判处死刑的案件规定了一项特殊审查核准程序——死刑复核程序。

1. 死刑复核程序是一项特殊审判程序，其特点主要表现在：

第一，审理对象特定。这一程序只适用于判处死刑的案件，包括判处死刑立即执行和判处死刑缓期二年执行的案件。

第二，死刑复核程序是死刑案件的终审程序。死刑案件除最高人民法院判决的以外，在第一审、第二审程序之后，必须经过死刑复核程序才能发生法律效力。

第三，所处的诉讼阶段特殊。死刑复核程序的进行是在死刑判决作出之后，发生法律效力并交付执行之前。

第四，核准权具有专属性。有权进行死刑复核的机关只有最高人民法院和高级人民法院。

第五，程序启动上具有自动性。依照普通程序将案件审理完毕的人民法院应当自动将案件报送高级人民法院或者最高人民法院复核和核准。

第六，报请复核方式特殊。依照法律有关规定，报请复核应当按照法院的组织系统逐级上报（层报），不得越级报核。

2. 死刑复核程序的意义

第一，死刑复核程序可以保证正确适用死刑，发挥其在维护社会秩序中的积极作用。死刑复核程序是唯一使死刑判决发生法律效力的程序，又是必经程序，通过这一程序，依法核准死刑判决、裁定，发挥其制止、预防及减少犯罪和保障社会主义建设事业顺利进行的积极作用。

第二，死刑复核程序既是正确贯彻宽严相济政策、防止死刑滥用的可靠保证，又是以人为本、保障人权的重要措施。通过死刑复核程序，对那些适用死刑不当的判决、裁定，作出不予核准的决定，并依照法定程序，分别作出不同的处理：对客观无罪或因证据不足应判无罪的人，纠正错误裁判；对虽然有罪，但不应执行死刑的罪犯，可根据不同情况依法不予核准，改判为有期徒刑、无期徒刑、死刑缓期二年执行等，以观后效。

第三，死刑复核程序是统一死刑适用标准、平衡执法尺度的关键程序。死刑复核制度不仅是对死刑案件多设的一项程序，严把质量关口，防止冤杀、错杀，而且死刑（死缓）判决的核准权由最高人民法院和高级人民法院行使，这就从诉讼程序和权力归属上保证了统一死刑适用的执法尺度，以体现法律的尊严。

三、扩展思考：死刑复核程序的法定期间

刑事诉讼程序中对侦查羁押期限、审查起诉期限、一审期限、二审期限、审判监督程序审理期限均有明确规定，但对于死刑复核程序，并未规定法定期限。从立法初衷而言，是基于对死刑案件的慎重态度，应给最高人民法院充足的时间对死刑案件进行全面深入的审查后再作出是否核准的处理，不宜过于限制死刑复核程序的法定期限。所以在本案中，最高人民法院的死刑复核程序从2013年开始，直至2021年才最终核准死刑，后依法对王某金执行死刑，并未违反法律规定。

很多学者建议增加规定死刑复核的期限，主要理由：①从立法技术的周密性考虑，《刑事诉讼法》就第一审和第二审程序规定了审理期限，唯独对死刑复核程序审理期限的规定缺失，对此，需要从立法上予以明确规定，以保证其统一性和科学性。②确定死刑复核程序的期限，能够使死刑判决在一个可预期的期间内得以确定。一方面，可减少罪犯精神上对于不确定性的煎熬，使其在有限时间内作好安排；另一方面，可使羁押场所有所准备，便于看管，同时使办案人员重视效率观念，防止故意拖延。

死刑复核程序是由国家最高审判机关对死刑案件作出终局性裁判，从对死刑的慎重角度出发，期限不宜过短，但从判决的确定性和终局性角度出发，复核的期限也不宜过长。因此，应以案件严重性和复杂性进行区分，从死刑复核程序的实际需要出发，加之对很多死刑案件的复核还需要听取控辩双方意见，合议庭进行讨论评议后，还需要提交审判委员会讨论决定等诸多环节，设置适宜的法定期间。一方面，考虑到死刑案件确实特殊，在时限上应当留有余地，以便灵活掌握，避免由于案件本身的复杂性造成复核超期、程序违法；另一方面，是体现对此类案件处理的慎重，并体现该程序的威严。建议规定为自接到死刑复核案件之日起1年内复核完毕。对于案情特别重大复杂、涉案人员众多、在全国范围内有重大影响的案件的复核期限至迟不得超过2年。

◆ 案情概要

湖南省永州市中级人民法院审理永州市人民检察院指控被告人周某辉犯强迫卖淫罪、强奸罪和被告人秦某犯强迫卖淫罪、组织卖淫罪一案，于2008年6月6日以［2008］永中刑一初字第31号刑事附带民事判决，认定被告人周某辉犯强迫卖淫罪，判处死刑，剥夺政治权利终身，并处没收个人财产人民币1万元，犯强奸罪，判处有期徒刑10年，决定执行死刑，剥夺政治权利终身，并处没收个人财产人民币1万元；被告人秦某犯强迫卖淫罪，判处死刑，剥夺政治权利终身，并处没收个人财产人民币1万元，犯组织卖淫罪，判处有期徒刑10年，并处罚金人民币5000元，决定执行死刑，剥夺政治权利终身，并处没收个人财产人民币1万元，罚金人民币5000元。

宣判后，周某辉、秦某提出上诉，永州市人民检察院提出抗诉。湖南省高级人民法院经依法审理，于2008年8月8日以［2008］湘高法刑终字第245号刑事附带民事裁定中原判未指定律师为没有委托辩护人的周某辉提供辩护违反法定诉讼程序、可能影响公正审判为由，撤销原判，发回重审。永州市中级人民法院经依法另行组成合议庭进行重新审理，于2009年2月11日以［2008］永中刑一重初字第31号刑事附带民事判决，作出与原判决相同的认定。宣判后，周某辉、秦某再次提出上诉。湖南省高级人民法院经依法开庭审理，于2009年12月25日以［2009］湘高法刑终字第374号刑事附带民事裁定中部分事实不清、证据不足为由，撤销原判，发回重审。永州市中级人民法院经依法另行组成合议庭进行重新审理，于2011年3月28日以［2010］永中刑一初字第55号刑事附带民事判决，对二被告人均决定执行死刑，剥夺

〔1〕　参见搜狐网：http://news.sohu.com/20140905/n404095445.shtml，2022年2月6日访问。

政治权利终身。宣判后，周某辉、秦某又一次提出上诉。湖南省高级人民法院经依法开庭审理，于 2012 年 6 月 5 日以［2012］湘高法刑三终字第 31 号刑事附带民事裁定，驳回上诉，维持原判，并依法报请最高人民法院核准。最高人民法院依法组成合议庭，对本案进行了复核，依法讯问了被告人，听取了辩护律师意见。经复核认为，第一审判决、第二审裁定认定的强迫卖淫、强奸、组织卖淫事实清楚，证据确实、充分，定罪准确。审判程序合法。鉴于周某辉、秦某强迫卖淫的暴力、胁迫程度，犯罪情节的恶劣程度尚未达到情节特别严重，对二被告人以强迫卖淫罪判处死刑立即执行量刑不当。本案复核期间出现新的证据，可能影响对秦某是否构成立功的认定，依法应予查明。裁定不核准湖南省高级人民法院［2012］湘高法刑三终字第 31 号的刑事附带民事裁定，撤销湖南省高级人民法院［2012］湘高法刑三终字第 31 号刑事附带民事裁定中维持第一审对二被告人的定罪量刑部分，发回湖南省高级人民法院重新审判。

2014 年 9 月 5 日，湖南省高级人民法院对周某辉、秦某强迫卖淫、强奸、组织卖淫二审重审案进行公开宣判：上诉人周某辉犯强迫卖淫罪、强奸罪，决定执行无期徒刑，剥夺政治权利终身，并处没收个人财产人民币 1 万元。上诉人秦某犯强迫卖淫罪、组织卖淫罪，决定执行无期徒刑，剥夺政治权利终身，并处没收个人财产人民币 1 万元，罚金人民币 5000 元。

一、法律分析

1. 结合本案，简述死刑复核程序的发回重审

最高人民法院对本案进行复核时，认为第一审判决、第二审裁定认定的事实清楚，证据确实、充分，定罪准确。审判程序合法。但鉴于周某辉、秦某犯罪情节的恶劣程度尚未达到情节特别严重，对二被告人以强迫卖淫罪判处死刑立即执行量刑不当。且本案复核期间出现新的证据，可能影响对秦某是否构成立功的认定，依法应予查明。本案符合最高法《解释》第 429 条第 4 项、第 5 项的情形，应不核准死刑，发回重审，据此，最高人民法院依法不核准死刑，并发回湖南省高级人民法院重新审判。

关于发回重审的重审法院，最高法《解释》第 430 条第 1 款、第 2 款规定，最高人民法院裁定不予核准死刑的，根据案件情况，可以发回第二审人民法院或者第一审人民法院重新审判。对最高人民法院发回第二审人民法院

重新审判的案件，第二审人民法院一般不得发回第一审人民法院重新审判。此外，还应注意的是，最高法《解释》第 431 条规定，高级人民法院依照复核程序审理后报请最高人民法院核准死刑，最高人民法院裁定不予核准，发回高级人民法院重新审判的，高级人民法院可以依照第二审程序提审或者发回重新审判。本案中，湖南省高级人民法院是二审法院，最高人民法院依法在不核准死刑的同时，应将案件发回原二审法院，也就是湖南省高级人民法院重新审判，湖南省高级人民法院一般不得发回第一审法院重新审判。

关于发回重审案件的审理程序，最高法《解释》第 430 条第 3 款规定，第一审人民法院重新审判的，应当开庭审理。第二审人民法院重新审判的，可以直接改判；必须通过开庭查清事实、核实证据或者纠正原审程序违法的，应当开庭审理。因此，本案发回湖南省高级人民法院重审，湖南省高级人民法院依法开庭审理后，作出终审判决，改判为无期徒刑，本案以二审程序重审后生效。

2. 结合本案，简述死刑复核程序的律师辩护

本案中，最高人民法院进行死刑复核时，应保障辩护律师的诉讼权利。《刑事诉讼法》第 251 条第 1 款规定："最高人民法院复核死刑案件，应当讯问被告人，辩护律师提出要求的，应当听取辩护律师的意见。"此规定无疑是对被告人及其辩护律师行使诉讼权利的保障。但是，辩护律师提出要求并发表意见的前提是，能够及时介入诉讼程序并享有阅卷权等，否则其上述权利无从行使。

首先，死刑复核程序中要保障被告人委托辩护的权利。最高人民法院《关于死刑复核及执行程序中保障当事人合法权益的若干规定》第 1 条规定，高级人民法院在向被告人送达依法作出的死刑裁判文书时，应当告知其在最高人民法院复核死刑阶段有权委托辩护律师，并将告知情况记入宣判笔录；被告人提出由其近亲属代为委托辩护律师的，除因客观原因无法通知的以外，高级人民法院应当及时通知其近亲属，并将通知情况记录在案。

其次，死刑复核程序中要保障辩护律师的阅卷权。最高人民法院《关于办理死刑复核案件听取辩护律师意见的办法》第 4 条规定，辩护律师可以到最高人民法院办公场所查阅、摘抄、复制案卷材料。但依法不公开的材料不得查阅、摘抄、复制。

再次，死刑复核程序中要保障辩护律师提出意见的权利。最高法《解释》

第 434 条对死刑复核期间听取辩护律师意见的程序作出了进一步规定，死刑复核期间，辩护律师要求当面反映意见的，最高人民法院有关合议庭应当在办公场所听取其意见，并制作笔录；辩护律师提出书面意见的，应当附卷。

最后，死刑复核程序中要保障辩护律师对复核结果的知悉权。最高人民法院《关于办理死刑复核案件听取辩护律师意见的办法》第 9 条规定，复核终结后，受委托进行宣判的人民法院应当在宣判后 5 个工作日内将最高人民法院裁判文书送达辩护律师。

3. 结合本案，简述人民检察院如何参与死刑复核程序

本案中，最高人民检察院有权对死刑复核程序依法进行法律监督。为了确保死刑案件的复核质量，《刑事诉讼法》第 251 条第 2 款规定，在复核死刑案件过程中，最高人民检察院可以向最高人民法院提出意见。最高人民法院应当将死刑复核结果通报最高人民检察院。据此，最高人民检察院对死刑复核程序应当实行法律监督。

最高检《规则》第 602 条至第 611 条规定，最高人民检察院依法对最高人民法院的死刑复核活动实行法律监督。最高人民检察院经审查发现死刑复核案件具有法定情形的，应当经检察长决定，依法向最高人民法院提出检察意见。

对死刑复核监督案件的审查可以采取下列方式：①审查人民法院移送的材料、下级人民检察院报送的相关案卷材料、当事人及其近亲属或者受委托的律师提交的材料；②向下级人民检察院调取案件审查报告、公诉意见书、出庭意见书等，了解案件相关情况；③向人民法院调阅或者查阅案卷材料；④核实或者委托核实主要证据；⑤讯问被告人、听取受委托的律师的意见；⑥就有关技术性问题向专门机构或者有专门知识的人咨询，或者委托进行证据审查；⑦需要采取的其他方式。

最高法《解释》第 435 条规定了最高人民法院对最高人民检察院提出监督意见后的处理，根据该规定，死刑复核期间，最高人民检察院提出意见的，最高人民法院应当审查，并将采纳情况及理由反馈最高人民检察院。

4. 结合本案，简述死刑复核程序发回重审后回避的适用

本案中，最高人民法院在对案件进行复核后，裁定不核准死刑，发回湖南省高级人民法院重新审理，发回重审的理由有二：一是认为对二被告人以强迫卖淫罪判处死刑立即执行量刑不当，二是死刑复核期间出现新证据，可

能影响对秦某是否构成立功的认定，依法应予查明。两项理由分别属于最高法《解释》第 429 条第 4 项和第 5 项的情形，最高法《解释》第 432 条规定，最高人民法院裁定不予核准死刑，发回重新审判的案件，原审人民法院应当另行组成合议庭审理，但该解释第 429 条第 4 项、第 5 项规定的案件除外。据此，湖南省高级人民法院对本案重新审理时，依法可以不另组合议庭进行审理。

《刑事诉讼法》第 239 条规定，原审人民法院对于发回重审的案件，应当另行组成合议庭，依照第一审程序进行审判。这实际是要求原审合议庭回避。最高法《解释》第 29 条第 2 款规定，在一个审判程序中参与过本案审判工作的合议庭组成人员或者独任审判员，不得再参与本案其他程序的审判。但是，发回重新审判的案件，在第一审人民法院作出裁判后又进入第二审程序、在法定刑以下判处刑罚的复核程序或者死刑复核程序的，原第二审程序、在法定刑以下判处刑罚的复核程序或者死刑复核程序中的合议庭组成人员不受本款规定的限制。可见，发回重审的案件，重审的法院原则上应当另组合议庭进行审理，但上述最高法《解释》第 432 条规定的死刑复核程序发回重审的两种情形可不另组合议庭。重新审理后又进入二审程序、法定刑以下判处刑罚的复核程序或者死刑复核程序的，原二审程序、法定刑以下判处刑罚的复核程序或者死刑复核程序中的合议庭组成人员不需要回避。

二、理论阐释：两审终审制及其例外

《刑事诉讼法》第 10 条规定，人民法院审判案件，实行两审终审制。所谓两审终审制，是指一个案件至多经过相邻两级法院审理，普通审判程序即告终结的制度，对于第二审法院作出的终审判决、裁定，当事人等不得再提出上诉，人民检察院不得按照上诉审程序提出抗诉。

我国的两审终审制存在三种例外：第一，最高人民法院审理的第一审案件为一审终审；第二，死刑立即执行、死刑缓期执行的判决，一般须经过复核程序后，裁判才能交付执行；第三，地方各级人民法院根据《刑法》第 63 条第 2 款规定在法定刑以下判处刑罚的案件，必须经最高人民法院核准后，其裁判才能生效。

两审终审制是就刑事诉讼中的普通程序而言的，而死刑案件是特殊的案件，为确保质量，必须依法经过死刑复核的特殊诉讼程序后，始发生法律效力。根据法律规定和司法实践，死刑复核程序的任务是，享有核准权的人民法院对下级人民法院报请复核的死刑判决、裁定，在认定事实和适用法律上是否正确进行全面审查，并依法作出是否核准死刑的决定。死刑复核程序中的复核程序无需开庭，最高人民法院只需要在全面审查后，讯问被告人，听取提出要求的辩护律师的意见即可。因此，虽然死刑复核程序具有诸多特殊性，但是，这并不意味着对死刑案件实行三审终审制，而是两审终审制的例外程序，即对死刑案件的特别审核监督程序。因为最高人民法院、高级人民法院对这类案件的复核，并不属于一个审级，有上诉权或抗诉权的人和机关不能对这类案件的二审裁判提起上诉或抗诉。

死刑复核程序的性质是一种介于正规的审判程序与行政性的核准程序之间既有"审"又有"核"的准司法程序，不具备普通审判程序的诉讼化特征。学术界提出建议，认为对死刑复核程序还应加强诉讼化改造。死刑复核程序既然是审判程序，就应当加强诉讼化改造，虽然《刑事诉讼法》规定"应当听取辩护律师的意见"和"最高人民检察院可以向最高人民法院提出意见"，提高了死刑复核程序的诉讼化因素，但是，诉讼化功能仍未到位，控、辩、审诉讼模式并未形成，还有待完善。建议进一步完善辩护律师的相关权利，并规定附条件的听审程序，即控辩双方或一方对证据、事实及法律适用有重大异议的案件，法官除依法讯问被告人、听取辩护律师及检察人员的意见外，必要时以听审方式让被告人与证人、被害人对质，以体现诉讼程序的正当性和实现裁判的正确性。此外，建议增加规定"被害人及其委托的诉讼代理人经申请也可以参与死刑复核活动"。在被害人提出申请的情况下，复核死刑案件的审判员也应当听取被害人的意见。且死刑复核的结果可能是改判无罪或从轻改判，通过被害人对本程序的参与，可以使其了解改判的缘由，增强复核结果的可接受性和稳定性，降低日后被害人提起申诉的概率。通过上述措施，可以强化死刑复核程序中的控、辩、审职能力度，完善其为适度诉讼化程序。

三、扩展思考：死刑缓期执行的复核核准程序

死刑缓期执行不是一个独立的刑种，而是死刑的一种特殊执行方法，即对于应当判处死刑而又不是必须立即执行的罪犯，采取"判处死刑同时宣告缓期二年执行"的处理方法。

　　《刑事诉讼法》第 248 条规定："中级人民法院判处死刑缓期二年执行的案件，由高级人民法院核准。"根据这一规定，死刑缓期二年执行的核准权由高级人民法院行使。因此，高级人民法院核准的死刑缓期二年执行的判决，以及高级人民法院作出的死刑缓期二年执行的判决没有上诉或者抗诉的，属于发生法律效力的判决和裁定，不需要报请最高人民法院核准。

　　报请复核的程序如下：中级人民法院判处死刑缓期执行的第一审案件，被告人未上诉、人民检察院未抗诉的，应当报请高级人民法院核准。

　　高级人民法院复核死刑缓期执行案件，应当讯问被告人。

　　高级人民法院复核死刑缓期执行案件，应当按照下列情形分别处理：①原判认定事实和适用法律正确、量刑适当、诉讼程序合法的，应当裁定核准；②原判认定的某一具体事实或者引用的法律条款等存在瑕疵，但判处被告人死刑缓期执行并无不当的，可以在纠正后作出核准的判决、裁定；③原判认定事实正确，但适用法律有错误，或者量刑过重的，应当改判；④原判事实不清、证据不足的，可以裁定不予核准，并撤销原判，发回重新审判，或者依法改判；⑤复核期间出现新的影响定罪量刑的事实、证据的，可以裁定不予核准，并撤销原判，发回重新审判，或者依照最高法《解释》第 220 条规定审理后依法改判；⑥原审违反法定诉讼程序，可能影响公正审判的，应当裁定不予核准，并撤销原判，发回重新审判。

　　应当注意的是，高级人民法院复核死刑缓期执行案件，不得加重被告人的刑罚。

案例四十二　　**许某盗窃案**〔1〕

【法定刑以下量刑的复核与核准程序】

◆ **案情概要**

2006 年 4 月 21 日 21 时许，被告人许某持自己不具备透支功能、余额为 176.97 元的银行卡，到位于广州市天河区黄埔大道西平云路 163 号的广州市商业银行自动柜员机前准备取款 100 元，同行的郭某山（已判刑）在附近等候。当许某在自动柜员机上无意中输入取款 1000 元的指令后，柜员机即出钞 1000 元。许某经查询，发现其银行卡中仍有 170 余元，意识到银行自动柜员机发生故障，能够超出账户余款取款且不如实扣账。于是，许某先后在该自动柜员机 170 次主动指令取款 174 000 元，而其账户实际被扣款 174 元。2006 年 4 月 24 日，该行发现自动柜员机在 4 月 21 日晚出现取款交易异常，发现银行卡户名为许某的银行借记卡连续恶意操作，取款 174 000 元，该行报案。

2007 年 5 月 22 日，许某在陕西省宝鸡市被抓获归案。广东省广州市人民检察院指控被告人许某犯盗窃罪，于 2007 年 10 月 15 日向广州市中级人民法院提起公诉。

广州市中级人民法院于 2007 年 11 月 20 日作出判决，认定被告人许某犯盗窃罪，判处无期徒刑，剥夺政治权利终身，并处没收个人全部财产。许某不服，提出上诉。

2008 年 1 月 9 日，广东省高级人民法院以事实不清、证据不足为由，裁定撤销原判，发回重审。2008 年 3 月 31 日，广州市中级人民法院作出判决。法院认为，被告人许某以非法占有为目的，采用秘密手段窃取银行经营资金

---

〔1〕　参见 广东省广州市中级人民法院〔2008〕穗中法刑二重字第 2 号刑事判决书；广东省高级人民法院〔2008〕粤高法刑一终字第 170 号刑事裁定书；最高人民法院〔2008〕刑核字第 18 号刑事裁定书。

的行为，已构成盗窃罪。鉴于许某是在发现银行自动柜员机出现异常后产生犯意，采用持卡窃取金融机构经营资金的手段，其行为与有预谋或者采取破坏手段盗窃金融机构的犯罪有所不同；从案发具有一定偶然性看，许某犯罪的主观恶性尚不是很大。根据本案具体的犯罪事实、犯罪情节和对于社会的危害程度，对许某可在法定刑以下判处刑罚，依照《刑法》第264条、第63条第2款、第64条和最高人民法院《关于审理盗窃案件具体应用法律若干问题的解释》第3条、第8条的规定判决如下：①被告人许某犯盗窃罪，判处有期徒刑5年，并处罚金2万元。②追缴被告人许某的犯罪所得173 826元，发还受害单位。

许某上诉，广东省高级人民法院经依法公开开庭审理，于2008年5月23日作出〔2008〕粤高法刑一终字第170号刑事裁定，驳回上诉，维持原判，并报请最高人民法院核准维持对许某在法定刑以下量刑的裁定。最高人民法院经复核认为，被告人许某持不具有透支功能的银行借记卡在银行的自动柜员机取款时，发现自动柜员机发生故障，在明知自己的银行卡内只有170多元的情况下，乘银行工作人员尚未发现之机，非法取款17万余元，并携款潜逃的行为，已构成盗窃罪。许某盗窃金融机构数额特别巨大，依法本应判处无期徒刑以上刑罚。但考虑许某是在发现自动柜员机发生故障的情况下临时起意盗窃，其行为具有一定的偶然性，与有预谋、有准备盗窃金融机构的犯罪相比，主观恶性相对较小；许某是趁自动柜员机发生故障之机，采用输入指令取款的方法窃取款项，与采取破坏手段盗取钱财相比，犯罪情节相对较轻，对许某可以适用《刑法》第63条第2款的规定，在法定刑以下判处刑罚。第一审判决、第二审裁定认定的事实清楚，证据确实、充分，定罪准确，量刑适当。审判程序合法。

2008年8月20日，最高人民法院以〔2008〕刑核字第18号刑事裁定，核准广东省高级人民法院维持第一审以盗窃罪在法定刑以下判处被告人许某有期徒刑5年，并处罚金人民币2万元的刑事裁定。

一、法律分析

1. 结合本案，简述对于法定刑以下量刑案件的报请复核程序

本案被告人许某因盗窃金融机构、数额特别巨大，依法本应适用"无期徒刑或者死刑，并处没收财产"的刑罚。但鉴于其并非预谋犯罪，案件发生

具有偶然性，主观恶性不大，法院根据本案具体的犯罪事实、犯罪情节和对于社会的危害程度，对许某在法定刑以下判处刑罚。

本案涉及之法定刑以下量刑的报请复核源于《刑法》第 63 条第 2 款"犯罪分子虽然不具有本法规定的减轻处罚情节，但是根据案件的特殊情况，经最高人民法院核准，也可以在法定刑以下判处刑罚"之规定。关于报请核准的具体程序，最高法《解释》第 414 条作了规定，报请最高人民法院核准在法定刑以下判处刑罚的案件，应当按照下列情形分别处理：①被告人未上诉、人民检察院未抗诉的，在上诉、抗诉期满后 3 日以内报请上一级人民法院复核。上级人民法院同意原判的，应当书面层报最高人民法院核准；不同意的，应当裁定发回重新审判，或者按照第二审程序提审；②被告人上诉或者人民检察院抗诉的，上一级人民法院维持原判，或者改判后仍在法定刑以下判处刑罚的，应当依照前项规定层报最高人民法院核准。关于报请复核所需提交的材料，最高法《解释》第 416 条规定，报请最高人民法院核准在法定刑以下判处刑罚的案件，应当报送判决书、报请核准的报告各 5 份，以及全部案卷、证据。对于最高人民法院不予核准发回重审的案件，最高法《解释》第 418 条规定："依照本解释第四百一十四条、第四百一十七条规定发回第二审人民法院重新审判的案件，第二审人民法院可以直接改判；必须通过开庭查清事实、核实证据或者纠正原审程序违法的，应当开庭审理。"

2. 结合本案，简述法定刑以下量刑案件复核后的处理

关于法定刑以下量刑案件的复核结果，最高法《解释》第 417 条、第 418 条规定，对在法定刑以下判处刑罚的案件，最高人民法院予以核准的，应当作出核准裁定书；不予核准的，应当作出不核准裁定书，并撤销原判决、裁定，发回原审人民法院重新审判或者指定其他下级人民法院重新审判。依该解释第 414 条、第 417 条规定发回第二审人民法院重新审判的案件，第二审人民法院可以直接改判；必须通过开庭查清事实、核实证据或者纠正原审程序违法的，应当开庭审理。故本案经过二审法院审理后，认为原判认定事实清楚，证据确实、充分，定罪准确，量刑适当，审判程序合法，依法驳回上诉，维持原判。二审法院根据法定刑以下量刑案件的报请复核程序层报最高人民法院，最高人民法院予以核准。

二、理论阐释：刑事诉讼特殊审判程序及其异同

法定刑以下量刑案件的报请核准程序具有其特殊性，其是对异常刑事判决的专门性审查，并不属于常规诉讼程序。在刑事诉讼中，类似特殊程序还包括死刑复核程序、不受执行刑期限制的假释案件的核准程序以及审判监督程序。

死刑复核程序是指人民法院对判处死刑的案件报请对死刑有核准权的人民法院审查核准应当遵守的步骤、方式和方法，包括对死刑立即执行和死刑缓期二年执行案件的核准程序。不受执行刑期限制的假释案件是指《刑法》第 81 条规定的具有特殊情况的假释案件，经最高人民法院核准，可以不受执行刑期的限制。审判监督程序是指人民法院、人民检察院对于确有错误的已经发生法律效力的判决、裁定，发现在认定事实或者适用法律上确有错误，依法提起并由人民法院对该案进行重新审判的程序。

三种复核核准程序与审判监督程序既有相同之处，又存在明显区别。一方面，三种复核程序和审判监督程序都不是普通的审判程序，不是一个刑事案件必须发生的程序；另一方面，由高级人民法院或最高人民法院进行复核核准或者通过再审程序审理，既保障了当事人正当程序的合法权益，又保障了案件的质量。

除了以上相同之处，三种复核程序和审判监督程序也存在区别：

（1）程序启动规则不同。复核程序启动具有自动性，对于被判处死刑的案件，人民法院应当自动将案件层报送至高级人民法院或最高人民法院核准。在法定刑以下判处刑罚的核准，如果被告人未上诉、人民检察院未抗诉的，在上诉、抗诉期满后 3 日以内先报请上一级人民法院复核。上级人民法院同意原判的，再书面层报最高人民法院核准；不同意的，应当裁定发回重新审判或者按照第二审程序提审。具有特殊情况不受执行刑期限制的假释案件分为两种情况，一是如果假释裁定由中级人民法院依法作出，应当报请高级人民法院复核。高级人民法院同意的，应当书面报请最高人民法院核准；不同意的，应当裁定撤销中级人民法院的假释裁定。二是如果假释裁定由高级人民法院依法作出，则直接应当报请最高人民法院核准。审判监督程序发生的前提是已经发生法律效力的裁判确有错误，此种情况下可由人民检察院通过审判监督抗诉启动审判监督程序，也可以由法院决定启动审判监督程序。

（2）审理的主体不同。死刑复核程序的核准根据死缓和死刑立即执行的不同分别由高级人民法院、最高人民法院进行核准。享有在法定刑以下判处刑罚的核准权的主体是最高人民法院。具有特殊情况不受执行刑期限制的假释案件，如果是由中级人民法院依法作出假释裁定，则应当报请高级人民法院复核。高级人民法院同意的，应当书面报请最高人民法院核准。如果是高级人民法院依法作出假释裁定的，应当报请最高人民法院核准。可见，无论由哪级法院作出裁定，最终核准权均是最高人民法院。审判监督程序的审理则可以由原审人民法院、上级人民法院或最高人民法院进行审理。

（3）程序的效力不同。三种核准程序是通过复核核准以确保原裁判的正当性，核准后即发生法律效力，也就是说，在核准前原裁判是不生效的。而审判监督程序是针对已经发生法律效力的裁判认为确有错误而进行重新审理，如果按照一审程序进行审理的则为一审裁判，控辩双方可以在法定期限内抗诉或上诉，如果按照二审程序进行审理的则为终审裁判，立即发生法律效力。

（4）功能定位不同。死刑复核程序与审判监督程序具有相似的功能定位，都是通过增加审理、审核程序确保定罪量刑的正确性，体现了追求诉讼真实的程序理念。此外，死刑复核程序还体现了立法者对于生命权的审慎态度，而且最高人民法院对死刑立即执行的统一核准，也有利于保障全国死刑适用的标准统一。法定刑以下判处刑罚、不受执行刑期限制的假释案件的核准程序，二者功能定位相似，是为了解决法律僵化的问题，为特殊情况特殊解决留有余地。

三、扩展思考：法定刑以下判处刑罚的减轻是否应有幅度限制

《刑法》第 63 条第 2 款规定，犯罪分子虽然不具有该法规定的减轻处罚情节，但是根据案件的特殊情况，经最高人民法院核准，也可以在法定刑以下判处刑罚。法定刑以下判处刑罚制度，既考虑了法律的严肃性与原则性，又考虑了个案的复杂性与特殊性，对于协调一般公正与个别公正的关系，具有重要意义。

法律具有僵化性，通常其所描述的事实类型虽然具有一定的概括性，但针对社会行为的多样性亦无法完全涵盖，而且此时之立法者亦不能完全预见社会情形之变革，如果机械、僵硬地适用法律则判决结果可能不合情理。而在刑事诉讼中，这种不合情理之判决会具有更大的伤害性，大到民众对于法

律之信仰，小到个人的自由和财产。就本案而言，社会公众普遍认为许某的行为恶性并没有达到应对其判处无期徒刑的地步，而法律层面许某行为也确有特殊之处。如果机械地遵守法律会得出社会难以接受之结果。

《刑法》第63条即要解决法律僵化可能带来的判决与社会情理不符的问题，其赋予法官通过对具体案情的判断，运用自由裁量突破法律条文限制之权力。该制度赋予法律以灵活性，满足了解决现实复杂问题的需要，强调了对审判人员刑罚裁量权的充分尊重。既然《刑法》第63条是通过赋予法官自由裁量权以解决法律僵化的问题，那么就没有必要对其再进行限制，否则可能导致另外的僵化问题。

本质而言，法定刑以下量刑是通过额外赋予法官自由裁量权的方式，力求打破法律僵化可能带来的量刑不当问题。此种不受法定刑约束的量刑权，虽然具有高度自由性，有利于缓解法律之僵化缺陷，但是也同样可能发生滥用。一旦权力不受控制地被行权主体滥用将破坏整套刑罚体系，因此应对其进行约束。立法者在实体层面否定对其进行幅度限制，但在程序法层面对其进行了约束，《刑事诉讼法》已然对法定刑以下量刑作了程序性限制。层报最高人民法院的核准制度能够实现有效的监督。因此，本书认为，法定刑以下判处刑罚可以跨格减轻，在有些特殊情况下，甚至可以减至免除处罚。现实中具体案件的具体情况千差万别，严格限制减轻处罚幅度的做法过于僵化。减轻处罚的幅度应由法院根据案件的特殊情况，结合审判实践经验，综合评价影响量刑的特殊情况后予以灵活掌握，从而使法定刑以下判处刑罚制度真正发挥功效。

张某环再审无罪案[1]

【再审材料来源 法定理由 一事不再理】

◆ 案情概要

1993 年 10 月 24 日，江西省南昌市进贤县凰龄乡张家村两名年仅 6 岁和 4 岁的男童失踪，次日两个孩子的遗体在村庄附近的水库中被打捞上岸。后经法医鉴定，两名儿童并非溺水死亡，而是被人掐死和勒死后抛尸水库。警方之后将同村时年 26 岁的张某环锁定为犯罪嫌疑人，主要依据是：在抛尸现场提取到一个麻袋和张某环穿过的工作服；张某环的左右手各有一道被认定为"手抓可形成"的伤痕，怀疑是男童挣扎时留下的；1993 年 11 月 3 日、4 日，张某环作出了全案仅有的两份有罪供述。

1994 年 1 月 5 日，南昌市人民检察院以张某环犯故意杀人罪提起公诉。第一次开庭审理时，张某环当庭翻供，辩称冤枉，称有罪供述均系逼打招认。1995 年 1 月 26 日，南昌市中级人民法院一审作出判决，认定张某环用手卡、绳勒、棍打的方式将邻居家两男孩杀害并抛尸水库，成立故意杀人罪"基本事实清楚、基本证据充分"，罪行严重，但根据本案具体情节，判处张某环死刑缓期二年执行。此次审判，张某环没有辩护人。

张某环提出上诉，1995 年 3 月 30 日，江西省高级人民法院以事实不清、证据不足为由裁定撤销原判、发回重审。2001 年 11 月 7 日，南昌市中级人民法院经重新审判再次认定该案"基本事实清楚、基本证据充分"，"根据本案的具体情况"，作出了和原一审判决相同结果的判决。随后张某环再次向江西

---

[1] 参见南昌市中级人民法院［1994］中刑初字第 74 号刑事判决书、江西省高级人民法院［1995］赣刑终字第 89 号刑事裁定书、南昌市中级人民法院［2001］洪刑一初字第 125 号、江西省高级人民法院［2001］赣刑一终字第 375 号刑事裁定书、江西省高级人民法院［2018］赣刑申 27 号再审决定书、江西省高级人民法院刑事判决书［2019］赣刑再 3 号、江西省高级人民法院［2020］赣赔 1 号。

省高级人民法院提出上诉，2001 年 11 月 28 日，江西省高级人民法院驳回上诉，维持原判。

之后，张某环被送往监狱服刑，同时开启了漫长的申诉之路。2017 年，张某环的代理律师再次向江西省高级人民法院提交申诉书，总结案件存在的三大疑点：其一，物证缺乏鉴定，无法直接证明张某环作案，无法排除其他可能性并形成证据闭环；其二，全案仅有的两份有罪供述之间存在很大出入；其三，江西省高级人民法院终审时张某环没有辩护人，涉嫌程序违法。2018 年，江西省高级人民法院决定对张某环案启动申诉立案复查。2019 年 3 月，江西省高级人民法院决定再审张某环案。再审决定书显示，江西省高级人民法院认为张某环提出的申诉理由符合重新审判的条件，决定由江西省高级人民法院另行组成合议庭公开开庭审理本案。

庭审中，江西省人民检察院出庭检察员发表意见，建议改判张某环无罪。张某环在最后陈述中再次重申冤枉，称口供系刑讯逼供导致。最终，江西省高级人民法院认为原审认定张某环作案的事实不清、证据不足，按照"疑罪从无"的原则，宣告张某坏无罪。理由如下：其一，作为作案工具的麻袋和麻绳，经查与本案或张某环缺乏关联；原审认定被害人将张某环手背抓伤所依据的人体损伤检验证明，仅能证明伤痕手抓可形成，不具有排他性；其二，原审认定的第一作案现场，公安机关在现场勘查中没有发现、提取到任何与案件相关的痕迹物证；其三，张某环的两次有罪供述在杀人地点、作案工具、作案过程等方面存在明显矛盾，真实性存疑，依法不能作为定案的根据。

2020 年 9 月 2 日，张某环以再审改判无罪为由向江西省高级人民法院申请国家赔偿，索赔共计 2234.3129 万元。当年 10 月 30 日，江西省高级人民法院依法决定赔偿被羁押 9778 天的张某环国家赔偿金 4 960 521.5 元，被羁押天数和赔偿金额双双刷新当时的历史纪录。

一、法律分析

1. 结合本案，简述再审的材料来源和理由

本案再审得以启动，离不开张家人及其代理律师的不断申诉和媒体记者的报道，引发了江西省高级人民法院的高度关注。经审查，法院认为原有罪裁判确有错误，通过再审程序使得张某环案得到改判。

作为特殊的补救性程序，再审启动的前提是发现已生效的判决或裁定

"在认定事实或适用法律上确有错误"。因此，再审的材料来源，应当是针对已生效的判决或裁定发现有错误而提出的有关证据及其资料等的渠道、途径。从《刑事诉讼法》及相关规范性文件来看，再审的材料来源主要包括：当事人及其法定代理人、近亲属和有关的案外人及其代理律师的申诉；各级人民代表大会提出的纠正错案议案；人民群众的来信来访；司法机关通过办案或者复查案件对错案的发现；机关、团体、企业、事业单位和新闻媒体等对生效裁判反映的意见。法院或检察机关可以从上述再审的材料来源中了解上述各主体对判决、裁定正确与否的意见，或者自行检验此前案件办理的情况，并通过审判监督程序依法纠错。本案再审的材料来源即为原审被告人张某环的申诉，依据最高法《解释》第 451 条第 3 款之规定，申诉可以委托律师代为进行。

不同于上诉，再审的提起必须具备法定理由。现代刑事诉讼理念中，判决应兼具正确性和公定力，前者追求判决的公正性，要求事实认定和法律适用正确；后者则强调判决的确定力，要求判决一旦生效即被推定为合法，非经特殊程序不得被任意撤销、变更。因此，上诉审作为"两审终审制"下的"常规救济程序"，允许上诉人不提出上诉理由以保障上诉审对初审判决的监督纠错功能；而审判监督程序则属于"非常规救济程序"，对再审提起的理由进行限制有助于保障生效判决的"公定力"，节约司法资源。《刑事诉讼法》第 253 条规定，提起再审的理由有如下几种：①有新的证据证明原判决、裁定认定的事实确有错误，可能影响定罪量刑的；②据以定罪量刑的证据不确实、不充分、依法应当予以排除，或者证明案件事实的主要证据之间存在矛盾的；③原判决、裁定适用法律确有错误的；④违反法律规定的诉讼程序，可能影响公正审判的；⑤审判人员在审理该案件的时候，有贪污受贿，徇私舞弊，枉法裁判行为的。

本案中，张某环申请再审的理由主要围绕证据及程序违法方面；提出有罪供述系刑讯逼供所致，在案物证均无法证明与被害人或犯罪事实相关联，主要证据之间存在矛盾，原审在保障被告人辩护权等方面违反法定诉讼程序、影响公正审判等理由。江西省高级人民法院通过审查认为本案符合《刑事诉讼法》关于申请再审理由的规定，认为原判决确有错误，启动再审。当然，需要再次强调的是，再审程序是特殊救济程序，不是诉讼必经程序；再审的审理对象是生效裁判，也就是说，既可以是二审判决、裁定，也可以是一审生效的判决、裁定。

2. 结合本案，简述再审的提起主体和程序

本案再审由张某环委托代理律师向江西省高级人民法院提出，法院经审查决定启动。关于再审的提起主体和程序，《刑事诉讼法》第 254 条及相关规范性文件予以明确规定，各级人民法院院长对本院已经发生法律效力的判决和裁定，如果发现在认定事实上或者在适用法律上确有错误，必须提交审判委员会处理；最高人民法院对各级人民法院已经发生法律效力的判决和裁定，上级人民法院对下级人民法院已经发生法律效力的判决和裁定，如果发现确有错误，有权提审或者指令下级人民法院再审；最高人民检察院对各级人民法院已经发生法律效力的判决和裁定，上级人民检察院对下级人民法院已经发生法律效力的判决和裁定，如果发现确有错误，有权按照审判监督程序向同级人民法院提出抗诉。

3. 结合本案，简述再审的审理程序及审理后的处理

本案再审由江西省高级人民法院另行组成合议庭按照二审程序公开开庭审理，江西省人民检察院派检察员出庭。《刑事诉讼法》第 256 条规定，人民法院按照审判监督程序重新审判的案件，由原审人民法院审理的，应当另行组成合议庭进行。如果原来是第一审案件，应当依照第一审程序进行审判，所作的判决、裁定，可以上诉、抗诉；如果原来是第二审案件，或者是上级人民法院提审的案件，应当依照第二审程序进行审判，所作的判决、裁定，是终审的判决、裁定。人民法院开庭审理的再审案件，同级人民检察院应当派员出席法庭。

由于审判监督程序是针对已生效裁判的重新审判，法律明确再审程序取决于生效裁判作出的法院：如果生效裁判是一审法院作出的，再审按照一审程序进行；如果生效裁判是二审法院作出或者提审的，再审按照二审程序进行。同时，"人民检察院应当派员出庭"的程序要求既是为保证再审程序的诉审构造完整，也是检察机关履行法律监督职责的要求。

人民法院按照审判监督程序重新审判的案件，经过审理以后，根据案件的不同情况应当分别作出如下处理，最高法《解释》第 472 条规定，"（一）原判决、裁定认定事实和适用法律正确、量刑适当的，应当裁定驳回申诉或者抗诉，维持原判决、裁定；（二）原判决、裁定定罪准确、量刑适当，但在认定事实、适用法律等方面有瑕疵的，应当裁定纠正并维持原判决、裁定；（三）原

判决、裁定认定事实没有错误，但适用法律错误或者量刑不当的，应当撤销原判决、裁定，依法改判；（四）依照第二审程序审理的案件，原判决、裁定事实不清、证据不足的，可以在查清事实后改判，也可以裁定撤销原判，发回原审人民法院重新审判。原判决、裁定事实不清或者证据不足，经审理事实已经查清的，应当根据查清的事实依法裁判；事实仍无法查清，证据不足，不能认定被告人有罪的，应当撤销原判决、裁定，判决宣告被告人无罪"。

本案中，江西省高级人民法院经过再审认为原审据以定案的证据没有达到确实、充分的法定证明标准，认定张某环犯故意杀人罪的事实不清、证据不足，依照上述规定，撤销了原判决，宣告被告人张某环无罪。

二、理论阐释：再审程序与"一事不再理"

再审是对生效判决既判力的一种突破，这里便存在一个颇具研讨意义的问题：如何理解再审程序与强调既判力的"一事不再理"原则之间的关系？

所谓"一事不再理"（*res judicata*），通常是大陆法系国家或地区的说法，其核心含义是指任何人不能因同一行为或同一罪名受到两次以上的审判或处罚。如《德国基本法》第 103 条第 3 款规定"在一般刑法典的基础上，任何人都不应因为同一行为受到多次审判"；《法国刑事诉讼法》第 368 条规定"依法宣告无罪的任何人，不得再因相同事实受到追诉或控告，即使是以不同罪名进行追诉或控告，亦同"。与之对应，英美法系强调"禁止双重危险"（double jeopardy）原则，如《美国宪法第五修正案》指出："任何人不得因同一犯罪行为而两次遭受生命或身体的危害。"

就大陆法系"一事不再理"和英美法系"禁止双重危险"原则之关系，通常认为"一事不再理"强调实体的"既判力"，重在明确生效裁判不得再次成为诉讼客体；而"禁止双重危险"则强调程序的正当性，避免被告人陷入重复审判的危险，二者虽在理念上有所差别，但承载的诉讼功能相近。需要指出，我国《刑事诉讼法》并没有明确规定"一事不再理"原则，但在司法解释中，有部分条款体现出该原则之旨趣。如最高检《规则》第 424 条第 3 款"对于撤回起诉的案件，没有新的事实或者新的证据，人民检察院不得再行起诉"等。当然还要注意的是，我国刑事法律对原则的贯彻不甚充分，允许出现新的事实、证据情况下的重复追诉、审判，如最高法《解释》第 219 条第 1 款第 5 项规定"依照刑事诉讼法第二百条第三项规定宣告被告人无罪后，人民检察院根据新的事实、证据重新起诉的，应当依法受理"，这与域外国家或地区的"一事不再理"或"禁止双重危险"原则存在差别。

还应当指出，我国刑事再审程序没有区分有利于与不利于被告人的再审。"不利于被告人的再审"出于纠正错误、追究被告人刑事责任之目的，对"一事不再理"背后既判力理论进行突破，与诸多国家或地区的普遍做法相悖，无论对于法的安定性和人权保障都颇为不利，需要经受正当性的考量——特殊情况下对既判力之否定需要证明具有重大利益或价值，而多数时候以不利于被告人的理由重启程序显然并不能符合这一条件。

三、扩展思考：刑事再审制度的进一步完善

可以进一步思考的是：再审制度在我国刑事诉讼体系中究竟处于何种地位？张某环案反映出审判监督程序在纠正冤假错案、维护司法公正方面的重要作用，但始终需要明确的是，再审属于特殊救济途径，在理想情况下，再审应当"用得越少越好"。拉德布鲁赫就曾说："在任何一个法的争论中，总要有一个是最终的结论，哪怕这一结论是不切实际的。"

最高人民法院对再审程序的定位历经变化：从早些年强调"实事求是，有错必纠"的再审理念，到后来提出的"依法纠错"理念，再到近期上述理念在宣传层面的淡化，反映出改革者对刑事诉讼规律认识的不断深刻。实践中存在的"信访不信法"等现象也值得警惕，甚至有声音认为应当降低再审的启动门槛以实现吸收不满的功能。本书认为这显然并非治本之策。所谓"信访不信法"现象的根本在于法律权威的缺失，信访、上访群众希望通过更高级别领导权力干预的方式实现自身诉求。

刑事再审程序的改革可能在于三个方面。第一，刑事审前正当程序之完善，即加大审前程序的正当性以增加司法公信力。张某环案，以及层出不穷的类似张某环案一再说明，诸如侦查阶段辩护权充分得到保障、"非法证据排除"理念真正落实到位，才是治本之策。第二，显然，非常救济程序是普通程序的对应存在，普通程序越完备，越能够实现其制度功能，非常救济程序之使用率才会越低。第三，对再审启动事由进行类型化区分，当下立法将所有"错误"混杂堆积在同一条文之中，对于有利以及不利于被告人的再审完全不加区分，既反映了立法对于再审制度认识的不清晰，也不利于该制度作为"刑事诉讼法"人权保障结构性功能的发挥。

"百香果女孩"被杀案[1]

【法院提起再审 申诉】

◆ **案情概要**

2018 年 10 月 4 日，位于广西壮族自治区钦州市灵山县的 10 岁女孩杨某燕，独自将自家果园中的百香果送到不远处的收购点贩卖。杨某毅见状，心生歹念，便在杨某燕返家途中守候，企图对其施暴。杨某燕反抗并大声哭喊，被杨某毅用手掐脖致昏迷后，被装入蛇皮口袋带入某山岭。杨某毅在杨某燕醒后用刀刺伤其双眼及颈部，随后对其进行奸淫，拿走其 32 元钱，并将其装入蛇皮袋，通过滚、搬等方式带下山岭，至一水坑中浸泡，后将其抛弃在一处山坡。两日后杨某毅投案自首。

2019 年 7 月 12 日，钦州市中级人民法院第一审判决以强奸罪判处杨某毅死刑，剥夺政治权利终身，责令退赔 32 元给杨某燕母亲。杨某毅不服，提出上诉。2020 年 3 月 25 日，鉴于杨某毅主动投案，并如实供述自己的犯罪事实，属自首，且该自首行为对案件侦破起到至关重要的作用，广西壮族自治区高级人民法院对杨某毅改判死刑缓期二年执行，并对其限制减刑。杨某燕家属不服二审判决，提出申诉。

2020 年 5 月 10 日，最高人民法院决定对广西壮族自治区高级人民法院二审终审的杨某毅强奸一案调卷审查。5 月 11 日，被害人家属向广西壮族自治区高级人民法院递交申诉，要求维持一审原判，判处杨某毅死刑立即执行。最高人民法院于 2020 年 11 月 3 日作出〔2020〕最高法刑监 2 号再审决定，指令广西壮族自治区高级人民法院对杨某毅强奸案再审。

---

〔1〕 参见〔2020〕桂刑再 6 号刑事判决；〔2021〕最高法刑核 78493152 号刑事裁定书；相关新闻报道参见 https://www.163.com/dy/article/FUUGRN3I0514TTKN.html；http://www.infzm.com/contents/183408；https://news.china.com/socialgd/10000169/20210202/39250795.html，2022 年 5 月 1 日访问。

广西壮族自治区高级人民法院依法另行组成合议庭，于 2020 年 12 月 13 日召开庭前会议。因本案涉及个人隐私，于 2020 年 12 月 15 日在灵山县人民法院依法不公开开庭审理。再审审理期间，申诉人的诉讼代理人提交了新的证据线索，反映杨某毅品行卑劣，人身危险性大。经调查核实查明：杨某毅案发前有多次骚扰、猥亵杨某甲、杨某乙等未满 14 周岁幼女的行为。广西壮族自治区人民检察院出庭意见指出，杨某毅犯罪情节极其恶劣，犯罪后果极其严重，人身危险性极高，虽有自首情节但不足以从轻处罚，建议再审改判杨某毅死刑。

广西壮族自治区高级人民法院经再审认为：杨某毅虽有自首情节，但结合其犯罪的事实、犯罪的性质、情节及对于社会的危害程度，依法对其不予从轻处罚。原审判决认定事实清楚，证据确实、充分，定性准确，但对于从重和从轻量刑情节的把握不够全面，对自首制度的适用不够精准，在量刑上全面评价不足，应予改判。2020 年 12 月 28 日，广西壮族自治区高级人民法院经审理并提交审判委员会讨论决定后公开宣判：撤销原二审判决，改判杨某毅死刑，剥夺政治权利终身，并依法报请最高人民法院核准。2021 年 2 月 2 日，杨某毅被执行死刑。

一、法律分析

1. 结合本案，简述审判监督程序中最高人民法院的提审

鉴于审判监督程序是对已生效乃至已执行的判决和裁定进行重新审理，属于裁判确定效力之突破，故就是否启动该程序，应格外审慎。对此，我国现行法律对提起审判监督程序的主体作了严格的限制。审判监督程序中的提审是上级人民法院提高审级对生效裁判进行审判的制度，是最高人民法院或上级人民法院对下级人民法院生效裁判行使审判监督权的一种方式，其认为确有错误的案件不需要或不宜由下级人民法院重新审判而是由自己进行审判。因此，审判监督程序中最高人民法院的提审是指最高人民法院自行对地方人民法院所作生效裁判进行再审。

本案中，最高人民法院于 2020 年 5 月 10 日决定对已二审终审的杨某毅强奸一案进行调卷审查。但是该种基于调阅案卷的审查方式不属于提审，而是最高人民法院对已生效裁判是否确有错误进行审查的方式，仅当审查后发现案件在事实认定或法律适用上确有错误的，才应开启审判监督程序。因此，

最高人民法院未以提审方式开启本案审判监督程序。《刑事诉讼法》第254条第2款规定："最高人民法院对各级人民法院已经发生法律效力的判决和裁定，上级人民法院对下级人民法院已经发生法律效力的判决和裁定，如果发现确有错误，有权提审或者指令下级人民法院再审。"结合本案，最高人民法院指令广西壮族自治区高级人民法院进行了再审。

2. 结合本案，简述审判监督程序中最高人民法院的指令再审

指令再审是指最高人民法院或上级人民法院依法指令原审或者本级人民法院的其他下级人民法院重新审判的方式。《刑事诉讼法》第255条规定，上级人民法院指令下级人民法院再审的，应当指令原审人民法院以外的下级人民法院审理；由原审人民法院审理更为适宜的，也可指令原审人民法院审理。由此观之，指令再审应以指令原审以外下级法院再审为原则，以指令原审法院再审为例外，从而促进审理与裁判的公正性，使相关申诉人更易接受重新审理的程序与结果。但是，自各级法院作为审判机关整体来说，提审与指令再审仍与控审分离原则难谓有合。控审分离是起诉法定原则的题中之义，即通常情况下只能由检察机关提起公诉，而法院不能自行依职权开启诉讼。该起诉效力体现为法院受起诉约束，其审理裁判活动限于被起诉案件与被追诉人。

提审与指令再审的适用界限为何？首先应依据作出再审案件生效裁判的法院审级确定提审或指令再审及其相应的审理程序。其中，如果原审生效裁判是一审裁判，则以指令再审为宜而不宜提审，以此保障被追诉人的上诉权利。根据《刑事诉讼法》第256条第1款、最高法《解释》第466条第2款规定，原来是第一审案件，应当依照第一审程序进行审判，所作的裁判可以上诉、抗诉；原来是第二审案件，或者是上级人民法院提审的案件，应当依照第二审程序进行审判，所作的裁判是终审裁判。

此外，最高法《解释》第461条第1款规定，"上级人民法院发现下级人民法院已经发生法律效力的判决、裁定确有错误的，可以指令下级人民法院再审；原判决、裁定认定事实正确但适用法律错误，或者案件疑难、复杂、重大，或者有不宜由原审人民法院审理情形的，也可以提审"。《刑事诉讼法》第254条第4款则规定，接受人民检察院抗诉的人民法院应组成合议庭重新审理，对于原判决事实不清楚或者证据不足的，可以指令下级人民法院再审。虽然从文义解释上来说，上述两个条文似乎存在提审与指令再审适用优先性

的差异，但自体系解释和司法实践的角度来说，二者并不矛盾，均强调事实认定层面存疑的案件宜优先适用指令再审，便于就地调查和传唤当事人等出庭核实。因此，原审裁判在认定事实上有错误或事实不清、证据不足或发现新事实、新证据的，一般是由最高人民法院或上级人民法院指令下级人民法院再审。

本案中，二审鉴于被告人具有自首情节，且自首行为对案件侦破起到关键作用，故将一审的死刑立即执行判决改为死刑缓期二年执行并限制减刑。经被害人家属提起申诉并提出其他线索，质疑二审裁判对被告人人身危险性之认定，最高人民法院在对案件进行调卷审查后，决定指令广西壮族自治区高级人民法院进行再审，便是适用了指令再审程序。

3. 结合本案，简述审判监督程序指令再审案件的审判组织和审理程序

确定指令再审案件的审判组织和审理程序，首先应明确作出生效裁判的审级。根据前述《刑事诉讼法》第 256 条第 1 款、最高法《解释》第 466 条第 2 款之规定，原则上生效裁判是一审法院作出的，再审按照一审程序进行；如果生效裁判是二审法院作出或者提审的，则再审按照二审程序进行。结合本案，最高人民法院指令广西壮族自治区高级人民法院进行再审，后者是作出生效裁判的二审法院，故指令再审的审判程序应依二审程序进行。根据《刑事诉讼法》第 183 条第 4 款和第 5 款、第 256 条第 1 款、最高法《解释》第 466 条第 1 款之规定，广西壮族自治区高级人民法院作为作出生效裁判的原审法院，依照审判监督程序重新审判，另行组成合议庭，符合法律规定。

在审理程序上，《刑事诉讼法》第 256 条第 2 款规定，人民法院开庭审理的再审案件，同级人民检察院应当派员出席法庭。本案再审审理期间，广西壮族自治区人民检察院出庭并提出被告人自首情节不足以从轻处罚，支持申诉人有关改判被告人死刑立即执行的诉求。同级检察机关出席庭审体现了依旧坚持以控辩为两造、法官居中裁判的三方诉讼构造，以此保障被判刑人行使其辩护、质证等诉讼权利，同时这也是人民检察院履行其法律监督职责的要求。

二、理论阐释：再审申诉

审判监督程序，又称再审程序。再审申诉，是指申诉权人对人民法院的生效裁判不服，以书状或口头形式向人民法院或者人民检察院提出该裁判在

认定事实或适用法律上的错误并要求重新审判的行为。根据《刑事诉讼法》第252条、最高法《解释》第451条之规定，申诉主体包括当事人及其法定代理人、近亲属和相关案外人。申诉可以委托律师代为进行。

虽然申诉是提起审判监督程序的主要材料来源，也是使确有错误的裁判得以纠正的重要途径。但与上诉不同，申诉主体并非再审程序的启动主体，申诉作为一种开启再审程序的材料来源，不具有必然开启再审程序和停止执行之效力。法院仅得于被告人可能经再审改判无罪，或者可能经再审减轻原判刑罚而致刑期届满时，根据《刑事诉讼法》第257条第2款、最高法《解释》第464条之规定中止原裁判之执行。而且，申诉应依法定理由，才能引发再审程序。

根据《刑事诉讼法》第253条、最高法《解释》第457条第2款、《人民检察院办理刑事申诉案件规定》第45条第1款之规定，申诉理由应当属于下列情形之一：①有新的证据证明原裁判认定的事实确有错误，可能影响定罪量刑；②据以定罪量刑的证据不确实、不充分、依法应当予以排除，或者证明案件事实的主要证据之间存在矛盾；③主要事实依据被依法变更或者撤销的；④原裁判适用法律确有错误，包括认定罪名错误、量刑明显不当、违反法律关于溯及力的规定、对违法所得或者其他涉案财物的处理确有明显错误等；⑤可能影响公正裁判的违法诉讼程序；⑥审判人员在审理时有贪污受贿，徇私舞弊，枉法裁判行为。

其中，最高法《解释》第458条规定，具有以下情形之一，且可能改变原裁判据以定罪量刑之事实的证据，应认定为《刑事诉讼法》第253条第1项规定的"新的证据"：①原裁判生效后新发现的证据；②原裁判生效前已经发现，但未予收集的证据；③原裁判生效前已经收集，但未经质证的证据；④原裁判所依据的鉴定意见，勘验、检查等笔录被改变或者否定的；⑤原裁判所依据的被告人供述、证人证言等证据发生变化，影响定罪量刑，且有合理理由的。

就申诉的受理与审查而言，主要涉及材料受理、案件管辖、受理期限与审查处理等程序问题。其中，根据最高法《解释》第454条有关"最高人民法院或者上级人民法院可以指定终审人民法院以外的人民法院对申诉进行审查"的规定，宜对申诉案件适用异地审查，避免原审所涉司法机关的不当干预。就申诉受理的期限而言，最高人民法院《关于规范人民法院再审立案的若干意见（试行）》第 10 条规定了刑罚执行完毕后 2 年的申诉期限，并仅对原审被告人可能被宣告无罪、其在法定期限内提出申诉而未被受理，以及属于疑难、复杂、重大案件三种情形设置例外。但是，考虑到刑事有罪裁判不仅涉及被判刑人的人身自由、财产甚至生命等权利，而且显著贬低其名誉，此种针对被判刑人犯罪行为所作社会道德方面的否定性评价，将会对其社会生活产生深远影响，故至少就有利于被判刑人的再审申诉，原则上不应限制其期限。就申诉的审查期限而言，最高法《解释》第 457 条第 1 款规定，除了因案件疑难、复杂、重大或者其他特殊原因需要延长审查期限外，法院一般应当在 3 个月以内作出决定，至迟不得超过 6 个月。

三、扩展思考：刑事诉讼中的其他申诉：维权申诉、对不起诉决定的申诉

《宪法》第 41 条规定，对于任何国家机关和国家工作人员的违法失职行为，公民享有提出申诉、控告或者检举的权利。此种一般意义上的申诉权，与刑事诉讼中的再审申诉不同。但在司法实践中，此种一般申诉常表现为信访投诉，可能存在非理性的诉求提出方式，导致司法机关的受理与审查困难。为此，有必要区分刑事诉讼的各种法定申诉，明确其程序性要求与法律后果。除了本案涉及的再审申诉，刑事诉讼中还存在维权申诉、对不起诉决定的申诉等。

刑事诉讼法既有规定中的维权申诉，通常针对在侦查期间的侦查活动。《刑事诉讼法》第 38 条规定，辩护律师在侦查期间可以为犯罪嫌疑人代理申诉、控告；第 49 条规定，辩护人、诉讼代理人认为公安机关、人民检察院、人民法院及其工作人员阻碍其依法行使诉讼权利的，有权向同级或者上一级人民检察院申诉或者控告；第 117 条规定，司法机关及其工作人员以特定方式违法采取强制措施时，当事人和辩护人、诉讼代理人、利害关系人有权向该机关申诉或者控告。受理申诉或者控告的机关应当及时处理。对处理不服的，可以向同级人民检察院申诉；人民检察院直接受理的案件，可以向上一级人民检察院申诉。

除了再审申诉与维权申诉，刑事诉讼中还存在针对人民检察院终结诉讼的刑事处理决定的申诉。其中，对检察机关不起诉决定的申诉，分为被害人

的申诉与被不起诉人的申诉。前者规定于《刑事诉讼法》第180条、最高检《规则》第381条，即被害人对检察机关不起诉决定表示不服的，可以向上一级人民检察院申诉，其亦得不经申诉，直接向人民法院起诉。后者规定于《刑事诉讼法》第181条、最高检《规则》第385条，即被不起诉人对检察机关依照《刑事诉讼法》第177条第2款（犯罪情节轻微而依照《刑法》规定不需要判处刑罚或者免除刑罚）所作不起诉决定表示不服的，可以向人民检察院申诉。

刑事申诉可能引起原处理决定的变更或撤销等法律后果，是申诉人根据不同情形主张其合法权利的有效途径。多元申诉途径也有利于司法机关对申诉人异议进行分类受理和规范审查，有利于在实质意义上定分止争、监督公安司法机关职务行为的正当性、保障人民群众的法律权益。但是现行刑事诉讼中的申诉并非无可指摘。其存在申诉主体范围宽泛、申诉时间无明确限制、申诉程序规定模糊，而且申诉与控告界定不明、适用上存在重叠交叉等问题。故此，申诉制度仍应在概念明晰、程序界分、体系健全上作出进一步完善。

◆ 案情概要

1989 年 12 月 14 日，云南省大理白族自治州发生一起灭门惨案：洱海边的下兑村，王某科一家四口在家中被杀。王某科被人杀死后抛尸水井，其妻被发现陈尸自家二楼卧室，7 岁儿子和 4 岁女儿在床上被砍杀。

1994 年 12 月 20 日，时任村党支部书记的张某与妻子张玉吉、儿子张银锋在去参加亲友喜宴的路上相继被警方带走。12 月 28 日，张某被收容审查；1996 年 8 月 29 日因涉嫌故意杀人罪被捕。1996 年 12 月 20 日，大理白族自治州人民检察院向大理白族自治州中级人民法院提起公诉，指控张某杀害了王某科一家四口。

1997 年 3 月 26 日，大理白族自治州中级人民法院一审以故意杀人罪判处张某无期徒刑，剥夺政治权利终身。一审判决书认定，张某因与同村村民王某明有积怨，从而产生了杀害其长子王某科进行报复的恶念。1989 年 12 月 14 日晚，张某潜入王某科家中，趁王某科不备将其击倒并杀害，并将尸体抛入水井之中，随后，张某将王某科之妻赵丽英、其子王高能、其女王高田杀死后逃离现场。上述事实有报案记录、现场勘查笔录、物证、抓获经过、尸体检验笔录、刑事科学技术鉴定书、法医物证检验鉴定报告、证人证言及被告人的供述和辩解等在案证据证实。法院认为张某杀人手段特别残忍，情节特别严重，社会危害极大，本应依法严惩，"鉴于本案的实际情况，应酌情考虑从轻处罚"，决定判处无期徒刑。

一审判决作出后，大理白族自治州人民检察院以对张某量刑畸轻，认为张某没有任何从轻情节，应当从严惩处为由提起抗诉；张某则声称自己没有杀人，审讯期间遭到刑讯逼供，并提出上诉。

1999 年 9 月 14 日，云南省高级人民法院二审认为，原判决认定的基本事实清楚，基本证据确凿，定罪准确，量刑亦无不当，裁定驳回抗诉、上诉，维持原判。之后，张某先后向最高人民法院、云南省高级人民法院提出申诉后均无果。

2018 年 3 月 19 日，张某刑满释放。2018 年 4 月，张某向云南省人民检察院提交刑事申诉书后，云南省人民检察院决定立案复查张某故意杀人案。2019 年 11 月，云南省人民检察院认为该案事实不清，证据不足，向云南省高级人民法院提出检察建议，建议重新审理。

2021 年 12 月 13 日，云南省高级人民法院向张某送达了再审决定书。2022 年 1 月 4 日，云南省高级人民法院向张某下发刑事附带民事裁定书，撤销此前认定张某有罪的判决，案件发回大理白族自治州中级人民法院重审。

2022 年 1 月 28 日，大理白族自治州中级人民法院对张某故意杀人案进行公开重审。法院对原判决据以认定张某有罪的定案根据逐一分析，认为张某的有罪供述与现场勘查、尸检情况存在矛盾，且连续三次作出有罪供述后即翻供，此后始终作无罪申辩，其从不供述、供述到翻供，供述不稳定；在关键物证锄头把（木棒）上虽提取到了张某的血迹，但送检检材与现场提取的痕迹物证同一性存疑；关键证人两名证人的证言前后不一致，证明内容相互矛盾，证言的真实性存疑；等等。据此，以证据不足为由，当庭宣判张某无罪。

一、法律分析

1. 结合本案，简述依照审判监督程序对案件进行重新审判的方式

审判方式是指人民法院审理案件的方法和形式。根据法律规定，审判方式不外有两种：开庭审理和不开庭审理。不开庭审理在学理上又分为：调查讯问式审理和书面审理。前者一般是指对事实清楚的，经过阅卷、讯问被告人、听取其他当事人、辩护人、诉讼代理人的意见后，不开庭审理；后者指人民法院采用调阅案卷，书面审查核实各种证据和适用法律等情形后作出裁判。

按照审判监督程序重新审判案件，是纠正已生效的错误裁判，应当持特别慎重的态度，既要考虑到原裁判的既判力，又要使纠正错案得以实现，因此，其审理方式应当以开庭审理即直接审理为主，以不开庭审理为辅。重新

审判案件，原则上应当依照第一审、第二审程序进行。最高法《解释》第465条则进一步对案件审查的重心予以明确："依照审判监督程序重新审判的案件，人民法院应当重点针对申诉、抗诉和决定再审的理由进行审理。必要时，应当对原判决、裁定认定的事实、证据和适用法律进行全面审查。"

本案中，云南省高级人民法院对张某故意杀人案启动审判监督程序，作为作出生效判决的原二审法院，再审审理时适用第二审程序。同时根据最高法《解释》第394条"第二审人民法院经审查，认为原判事实不清、证据不足……需要发回重新审判的，可以不开庭审理"之规定，本案没有开庭审理。之后，云南省高级人民法院作出了撤销原生效判决并发回重审的裁定。

2. 结合本案，简述依照审判监督程序对案件进行重新审判后的处理

人民法院按照审判监督程序重新审判案件，经过审理以后，根据案件的不同情况，应当分别作出如下处理。①原判决、裁定认定事实和适用法律正确、量刑适当的，应当裁定驳回申诉或者抗诉，维持原判决、裁定；②原判决、裁定定罪准确、量刑适当，但在认定事实、适用法律等方面有瑕疵的，应当裁定纠正并维持原判决、裁定；③原判决、裁定认定事实没有错误，但适用法律错误，或者量刑不当的，应当撤销原判决、裁定，依法改判；④依照第二审程序审理的案件，原判决、裁定事实不清或者证据不足的，可以在查清事实后改判，也可以裁定撤销原判，发回原审人民法院重新审判。另外，原判决、裁定事实不清或者证据不足，经审理事实已经查清的，应当根据查清的事实依法裁判；事实仍无法查清，证据不足，不能认定被告人有罪的，应当撤销原判决、裁定，判决宣告被告人无罪。

对于被提出抗诉的原审被告人已经死亡或者在审理过程中死亡的，人民法院应当裁定终止审理，但对能够查清事实，确认原审被告人无罪的，应当予以改判。对再审改判宣告无罪并依法享有申请国家赔偿权利的当事人，人民法院宣判时，应当告知其在判决发生法律效力后可以依法申请国家赔偿。

需要特别指出的，除人民检察院抗诉的以外，再审一般不得加重原审被告人的刑罚。再审决定书或者抗诉书只针对部分原审被告人的，不得加重其他同案原审被告人的刑罚。

本案中，云南省高级人民法院启动再审，依照第二审程序对案件进行重新审理，认为张某故意杀人案原判决、裁定事实不清、证据不足，裁定将原判撤销，发回大理白族自治州中级人民法院重新审理。

3. 结合本案，简述重新审判案件的审理期限

重新审判案件的审理期限是指人民法院从确定对生效裁判重新审判开始到审理终结之间所必须遵守的时间限制。它包括期限的起算、截止和具体期日数等。

我国《刑事诉讼法》第258条第1款规定："人民法院按照审判监督程序重新审判的案件，应当在作出提审、再审决定之日起三个月以内审结，需要延长期限的，不得超过六个月。"考虑到必须及时有效地处理案件，故立法作了限制性规定，即最长不得超过6个月，以防止久拖不决的现象发生。此外，为了更好地使抗诉案件的接受与审理方式相衔接，《刑事诉讼法》第258条第2款规定："接受抗诉的人民法院按照审判监督程序审判抗诉的案件，审理期限适用前款规定；对需要指令下级人民法院再审的，应当自接受抗诉之日起一个月以内作出决定，下级人民法院审理案件的期限适用前款规定。"

本案中，云南省高级人民法院于2021年8月27日作出再审决定，另行组成合议庭对张某故意杀人案进行再审，并于2022年1月4日作出了撤销原判的裁定，将案件发回大理白族自治州中级人民法院重审，没有超过法定最长6个月的期限。

二、理论阐释：审判监督程序与第二审程序

审判监督程序是刑事诉讼中的特殊审判程序。尽管其与第二审程序都是对案件进行重新审判的程序，都是对原判决、裁定所认定的事实和适用法律进行全面审查，使错误裁判得到纠正的程序。但是，二者仍有以下主要区别。

（1）审理的对象不同。按照审判监督程序审理的是已经发生法律效力的判决、裁定，包括正在执行和已经执行完毕的判决和裁定；按照第二审程序审理的只限于尚未生效的判决和裁定。本案中的张某已于2018年3月刑满释放，其判决已经执行完毕。

（2）提起的主体不同。审判监督程序应当由最高人民法院、上级人民法院及作出生效裁判的各级人民法院院长提交审判委员会讨论决定提起，或者由最高人民检察院、上级人民检察院通过抗诉提起；而第二审程序则是由当事人（公诉案件的被害人除外）及其法定代理人或经其同意的辩护人、近亲属的上诉引起，或者因同级人民检察院的抗诉而引起。本案中便是由云南省高级人民法院院长发现该案符合再审立案条件，提交审判委员会讨论，最终

启动的再审。

（3）提起的条件不同。审判监督程序的提起有极严格的法定条件限制，即必须是经过法定主体认真审查，有充分的根据和理由认为原生效裁判确有错误的才能依法提起审判监督程序；而第二审程序则不同，只要有合法的上诉或者抗诉就能引起，不论其上诉有无理由或抗诉理由是否充分，原审法院的上一级人民法院必须对案件进行审理。

（4）有无提起的期限要求不同。提起审判监督程序法律没有明确规定期限，只有在发现新罪或者需要将无罪改为有罪时，才受追诉时效期限的限制；对有罪改为无罪的，法律未规定任何期限限制。引起第二审程序的上诉、抗诉，必须在法定的期限内提出，逾期而又无正当理由提出上诉、抗诉的，第二审人民法院不予受理。

（5）审理案件的法院不完全相同。按照审判监督程序审判案件的法院，既可以是原来的一审法院或二审法院，也可以是提审的任何上级法院，还可以是由上级法院依法指令与原审同级的任何法院；而按照第二审程序审理案件的法院，只能是原审法院的上一级人民法院。本案的再审法院，便是作出生效判决的云南省高级人民法院（原来的二审法院）。

（6）适用刑罚有无加刑限制不完全相同。依照审判监督程序重新审理的案件，除人民检察院抗诉的以外，一般不得加重原审被告人（原审上诉人）的刑罚；而按照二审程序审理的案件，则必须严格遵守"上诉不加刑"原则，即在只有被告人一方提出上诉的情况下，第二审人民法院不得作出对上诉人实质不利的改判。

三、拓展思考：我国刑事审判监督程序理念的转变

长期以来，我国刑事诉讼坚持"不枉不纵"的理念，即不冤枉一个好人，也绝不放纵一个坏人。相应地，在刑事审判程序中，为贯彻"不枉不纵"的精神，我国刑事审判监督程序以"实事求是，有错必纠"政策为指导思想。据此，既可以为保护被判刑人的利益而启动再审，也可以在再审时作出不利于被判刑人的改判。换言之，在我国刑事再审程序中，既可以将被判决有罪的人改判无罪或者罪轻，也可以将被判决无罪的人改判有罪、被判决罪轻的人改判罪重。需要指出的是，这一做法与其他法治国家和地区的主流实践有异。

　　鉴于过分追求"实事求是、有错必纠"，在理论上显得过于机械和片面；在司法实践中常常表现出重实体轻程序、重打击轻保护的倾向，2000 年以来我国开始调整刑事审判监督程序的理念，逐步提出"依法纠错"原则。例如，十八届四中全会通过的《中共中央关于全面推进依法治国若干重大问题的决定》提出了"再审重在解决依法纠错，维护裁判权威"的要求。最高法《解释》规定，除人民检察院抗诉的以外，再审一般不得加重原审被告人的刑罚；再审决定书或者抗诉书只针对部分原审被告人的，不得加重其他同案原审被告人的刑罚。这些要求和规定在一定程度上体现了限制启动不利于被告人再审的理念，并逐步提高再审提起的门槛，强调生效裁判的既判力和稳定性，值得肯定。

　　基于程序公正与实体公正并重、惩罚犯罪与保障人权并重的精神，我国刑事审判监督程序未来的发展，无论是在立法层面还是实践办案中，均应重视生效裁判的既判力和稳定性，进一步限制不利于被告人再审的程序启动，将刑事诉讼程序的重点回归到一审、二审的正常程序上来，明确再审程序"非常救济"的地位。当然，鉴于我国民众的接受能力以及历史文化、社会心理等方面的考虑，在原则上体现上述理念的同时，对一些非常严重的案件，比如针对人身的暴力犯罪案件，可以考虑设置一些例外。

【检察院提起再审 抗诉】

◆ 案情概要

2011 年 3 月 9 日至 2013 年 5 月 30 日期间，被告人马某担任博时精选股票证券投资经理，全权负责投资基金投资股票市场，掌握了博时精选股票证券投资基金交易的标的股票、交易时间和交易数量等未公开信息。马某在任职期间利用其掌控的上述未公开信息，从事与该信息相关的证券交易活动，累计成交金额 10.5 亿余元，非法获利 18 833 374.74 元。

2013 年 7 月 17 日，马某主动到深圳市公安局投案。广东省深圳市中级人民法院判决认为，被告人的行为已构成利用未公开信息交易罪。但《刑法》并未对利用未公开信息交易罪规定"情节特别严重"的情形，因此只能认定其行为属于"情节严重"。鉴于马某自首、认罪态度良好，违法所得全额返还，罚金亦全额缴纳，确有悔罪表现；另经司法局调查评估，宣告缓刑对被告人所居住的社区无重大不良影响，遂对被告人判处有期徒刑 3 年，缓刑 5 年。

深圳市人民检察院提出二审抗诉，认为被告人行为应认定为犯罪情节特别严重，依照"情节特别严重"的量刑档次处罚。一审判决适用法律错误，量刑明显不当，应当依法改判。广东省高级人民法院经二审审理认为，《刑法》第 180 条第 4 款规定，利用未公开信息交易，情节严重的，依照第 1 款的规定处罚。但该款并未对利用未公开信息交易罪规定有"情节特别严重"情形，故马某利用未公开信息交易，属于犯罪情节严重，应在该量刑幅度内

---

〔1〕　参见［2014］深中法刑二初字第 27 号刑事判决；［2014］粤高法刑二终字第 137 号刑事裁定；［2015］刑抗字第 1 号刑事判决书，载 https://www.chinacourt.org/article/detail/2016/07/id/2011310.shtml，2022 年 5 月 1 日访问。

判处刑罚。原审判决量刑适当，抗诉机关的抗诉理由不成立，遂裁定驳回抗诉，维持原判。

二审裁定生效后，被判刑人马某在深圳市福田区司法局接受社区矫正。广东省人民检察院提请最高人民检察院按照审判监督程序向最高人民法院提出抗诉。最高人民检察院在再审抗诉中提出，《刑法》第180条第4款属于援引法定刑的情形，应当引用第1款处罚的全部规定；利用未公开信息交易罪与内幕交易、泄露内幕信息罪的违法与责任程度相当，法定刑亦应相当；马某的行为应当认定为犯罪情节特别严重，对其适用缓刑明显不当。本案终审裁定以《刑法》第180条第4款未对利用未公开信息交易罪规定有"情节特别严重"为由，降格评价马某的犯罪行为，属于适用法律确有错误，导致量刑不当，应当依法纠正。

最高人民法院依法组成合议庭对该案进行再审，并公开开庭审理。最高人民检察院两名代理检察员出庭履行职务。原审被告人马某及其辩护人到庭参加诉讼。再审查明的事实与原审基本相同，但非法获利数额应为人民币19 120 246.98元，而非原审生效裁判认定的18 833 374.74元。最高人民法院再审审理认为，原审被告人的行为已构成利用未公开信息交易罪，但应属于情节特别严重。鉴于其具有多项酌定从轻处罚情节，可予减轻处罚。第一审判决、第二审裁定定罪准确，但对法律条文理解错误，导致量刑不当，应予纠正。遂依照《刑法》第180条第4款、第1款等规定，判处被告人有期徒刑3年，追缴其违法所得，并处罚金。

一、法律分析

1. 结合本案，简述人民检察院再审抗诉的法定理由

最高检《规则》第591条第1款规定，人民检察院再审抗诉的法定理由共10项，主要可从原裁判在认定事实上的错误和在适用法律上的错误两个角度来理解。认定事实上的错误包括：有新的证据证明原裁判认定的事实确有错误，可能影响定罪量刑；原裁判的主要事实依据被依法变更或者撤销；据以定罪量刑的证据不确实、不充分；该证据依法应当予以排除，或者主要证据之间存在矛盾等。适用法律上的错误则包括定性偏差与程序违法两个方面。就定性偏差而言，包括明显影响量刑的罪名认定错误、违反法定追诉时效期限规定、量刑明显不当等。就程序违法而言，包括可能影响公正审判的诉讼

程序违法；审判人员在审理案件时存在贪污受贿、徇私舞弊、枉法裁判等行为。

结合本案，检察机关与人民法院就被告人的犯罪行为属于"情节特别严重"还是"情节严重"的法律认定发生分歧，检察机关以适用法律错误，量刑明显不当为由提出再审抗诉，属于人民检察院再审抗诉的法定理由之一。

2. 结合本案，简述人民检察院再审抗诉的提起主体和程序

《刑事诉讼法》第254条第3款规定"最高人民检察院对各级人民法院已经发生法律效力的判决和裁定，上级人民检察院对下级人民法院已经发生法律效力的判决和裁定，如果发现确有错误，有权按照审判监督程序向同级人民法院提出抗诉"，这表明，人民检察院再审抗诉的提起主体是最高人民检察院或者其他原作出生效裁判人民法院的上级人民检察院。

最高检《规则》第591条第2款规定，人民检察院认为同级人民法院已生效裁判、裁定可能有错误且具有该条第1款规定之再审抗诉法定理由的，应当提请上一级人民检察院提出抗诉。由此，地方各级人民检察院和下级人民检察院发现同级人民法院或上级人民法院裁判确有错误的，不得直接提出再审抗诉，只能请求上级人民检察院向同级人民法院提出抗诉。最高人民检察院是我国最高法律监督机关，除了领导、监督其下级人民检察院，也监督包括最高人民法院在内的各级人民法院。结合本案，深圳市人民检察院所提出的二审抗诉被驳回后，对于广东省高级人民法院的裁定，广东省人民检察院不得直接提起再审抗诉，而是提请最高人民检察院向最高人民法院提出抗诉。

3. 结合本案，简述人民法院对再审抗诉案件的审理程序

人民法院对再审抗诉案件的审理程序，应明确该程序按照哪一审级进行审理、检察人员是否应出席法庭，以及对被判刑人适用强制措施等问题。

首先，根据《刑事诉讼法》第256条第1款、最高法《解释》第466条第2款规定，原来是第二审案件，应当依照第二审程序进行审判，所作的裁判是终审裁判。此外，《刑事诉讼法》第254条第4款规定，人民检察院抗诉的案件，接受抗诉的人民法院应当组成合议庭重新审理，对于原判决事实不清楚或者证据不足的，可以指令下级人民法院再审。结合本案，原审生效裁判是二审裁判，争议焦点在于对马某犯罪行为情节严重程度的认定，属于量刑层面的法律适用。故此，最高人民法院作为接受抗诉的法院，依法组成合

议庭，按照二审程序对该案直接进行再审。就审判方式而言，最高人民法院《关于刑事再审案件开庭审理程序的具体规定（试行）》第5条第3项规定，人民检察院按照审判监督程序提出抗诉的，人民法院应当依法对再审案件进行开庭审理。本案中，最高人民法院进行了开庭审理，保障了原审控辩双方直接进行言词质证与辩论的机会，同时法院也能够通过庭审直接审理案件，兼听各方意见，作出正确裁判。

其次，最高人民检察院于再审审理期间派员出席庭审，符合《刑事诉讼法》第256条第2款"人民法院开庭审理的再审案件，同级人民检察院应当派员出席法庭"的规定。

最后，本案二审以利用未公开信息交易罪判处被告人有期徒刑3年，缓刑5年，故被告人再审期间正在深圳市福田区司法局接受社区矫正。根据《刑事诉讼法》第257条第1款，人民检察院提出抗诉的再审案件，需要对被告人采取强制措施的，由人民检察院依法决定。鉴于最高人民检察院以量刑畸轻为由提起抗诉而启动再审程序，如果其认为需要对被告人采取强制措施的，应当对此作出决定。

4. 结合本案，简述人民法院对再审抗诉案件审理后的处理

最高法《解释》第472条规定，再审抗诉案件经过重新审理后可能会出现以下四种情形：①认定事实和适用法律正确且量刑适当的，应当裁定驳回抗诉，维持原裁判；②定罪准确且量刑适当，但在认定事实、适用法律等方面有瑕疵的，应当裁定纠正并维持原裁判；③认定事实无误，但适用法律错误或者量刑不当的，应当撤销原裁判并依法改判；④依照第二审程序审理的案件，原裁判事实不清、证据不足的，可在查清事实后改判，亦得裁定撤销原判，发回重审。此外，原裁判事实不清或者证据不足，经审理事实已经查清的，应当根据查清的事实依法裁判；事实仍无法查清，证据不足，不能认定被告人有罪的，应当撤销原裁判，判决宣告被告人无罪。

结合本案，最高人民法院经再审审理后认为，原审所认定被告人非法获利的数额有误，属于认定事实方面的瑕疵，故予以纠正。此外，就最高人民检察院所提出的量刑畸轻抗诉事由，最高人民法院认为，原审所认定的事实清楚、证据确实充分，定罪准确，故对原审定罪部分予以维持。但因原审对法律条文理解错误而导致量刑不当，故撤销其量刑和追缴违法所得部分，纠正后作出改判。

二、理论阐释：刑事诉讼中的两种抗诉

检察机关作为国家法律监督机关，应对法院是否合法履行其审判职能实行监督。就实现实体公正而言，检察机关是法律的守卫者，对被告人有利或不利的错误裁判，均应提起抗诉。刑事诉讼中存在第二审程序的抗诉和审判监督程序的抗诉，即二审抗诉与再审抗诉两种抗诉。《刑事诉讼法》第228条规定："地方各级人民检察院认为本级人民法院第一审的判决、裁定确有错误的时候，应当向上一级人民法院提出抗诉。"此为第二审程序的抗诉。《刑事诉讼法》第254条第3款规定："最高人民检察院对各级人民法院已经发生法律效力的判决和裁定，上级人民检察院对下级人民法院已经发生法律效力的判决和裁定，如果发现确有错误，有权按照审判监督程序向同级人民法院提出抗诉。"此为审判监督程序的抗诉。二者存在以下区别：①有权抗诉的机关。二审抗诉中是与原一审法院相对应的地方各级人民检察院，再审抗诉中是最高人民检察院和原作出生效裁判人民法院的上级人民检察院。②抗诉的对象。二审抗诉中是检察机关认为确有错误的未生效裁判，再审抗诉中是检察机关发现确有错误的已生效裁判。③接受抗诉的人民法院。二审抗诉中是提出抗诉的地方各级人民检察院的上一级人民法院，再审抗诉中是提出抗诉的最高人民检察院和原审人民法院之上级人民检察院的同级人民法院。④抗诉的作用。二审抗诉具有移转案件管辖至上一级人民法院、延迟第一审裁判生效的作用，再审抗诉则并不导致原审裁判失去效力，且一般不阻止原审裁判于再审期间的继续执行。⑤抗诉的期限。二审抗诉对判决的抗诉期限为10日、对裁定的抗诉期限为5日。以此督促检察机关充分考虑抗诉之提出并及时提起抗诉，同时保证上级人民法院能够迅速地审判抗诉案件，及时纠正第一审的裁判错误。如果期限经过而未提出抗诉且被告人未提出上诉的，则裁判生效，检察机关不得再提起二审抗诉。对再审抗诉的提出时间，法律则未进行规定。有权提起再审抗诉的检察机关得在发现生效裁判确有错误时随时提出抗诉，以此为刑事诉讼纠正个案错误、实现实体公正留下空间。⑥法律后果。二审抗诉导致第二审诉讼开始，再审抗诉导致再审程序启动，审判程序适用第一审还是第二审程序依法取决于作出原生效裁判的审级。

结合本案，深圳市人民检察院向广东省高级人民法院提出的是二审抗诉，

后者驳回抗诉并维持原判后，广东省人民检察院提请最高人民检察院按照审判监督程序向最高人民法院提出抗诉，属于再审抗诉。

三、扩展思考：人民检察院对刑事诉讼的法律监督原则

《刑事诉讼法》第8条规定，人民检察院对刑事诉讼实行法律监督原则是我国刑事诉讼的基本原则之一。最高检《规则》第十三章和第十四章规定，检察机关的监督职责可从刑事诉讼法律监督、刑罚执行和监管执法监督等方面进行细化，自刑事立案至死刑复核，贯穿整个刑事诉讼进程。其中，主要包括对公安机关立案和侦查活动的监督、对人民法院审判活动的监督，以及对执行活动的监督，并配套申诉、抗诉制度以实现有效监督。

结合本案，检察机关先后提出二审抗诉与再审抗诉，体现对法院是否依法履行审判职能进行监督，防止法院违反职权调查原则和查明真相的法定义务。抗诉作为对原审法院裁判的一种制衡，是检察机关作为法律的守卫者进行正确刑事追诉、履行监督职能的手段。本案抗诉理由为适用法律错误导致量刑畸轻，属于不利于被告人的抗诉，与被告人自行提起上诉适用上诉不加刑原则不同。就实现实体公正而言，检察机关基于其法律监督职责提出不利于被追诉人之抗诉的，是为实现刑事诉讼依法惩罚犯罪的诉讼目的，促使上诉审法院和再审法院对原审生效裁判进行监督和审查，保障刑事司法能够有效运行，维持司法公信力。因此，检察机关有权根据新出现的证据或者错误的事实认定或法律适用情况，提出不利于被告人的抗诉。

对检察机关法律监督原则的理解，应结合公检法三机关分工负责、互相配合、互相制约的基本原则。首先，相互配合不意味着三机关在侦查、起诉和审判各个环节进行车间流水线式的诉讼活动，其必须以分工负责为基础、以相互制约为保障，防止权力滥用及其所导致的司法腐败。其次，与法律监督不同，相互制约是刑事诉讼运行机制的必然要求，强调各诉讼职权的行使应协调一致、相互约束，故具有双向性。而刑事诉讼中的法律监督是只有检察机关才具有的职权，表现为单向性的监督与被监督关系。

结合本案，根据公检法分工负责、相互配合和制约的基本要求，提起公诉是检察机关履行其控诉职能、框定法院审判范围的必要手段，定罪量刑则是审判机关在实体法上对案件事实进行裁判的核心职权。本案第一审程序中所进行的公诉与审判即为一例。但是检察机关对法院所负法律监督义务不以

第一审程序的终结而消灭。待第一审裁判作出后，其须对未生效裁判在事实认定和法律适用上的错误提出抗诉。即使在该错误裁判发生效力后，检察机关亦须坚持维护实体公正之立场，以再审抗诉的方式继续对已生效的错误裁判发起监督。

孙某果强奸罪、强制猥亵、侮辱罪等案[1]

【原审法院再审 审判监督】

◆ **案情概要**

1995 年 12 月 20 日，孙某果因犯强奸罪被云南省昆明市盘龙区人民法院判处有期徒刑 3 年，后因非法保外就医，未收监执行。1997 年 4 月至 11 月，孙某果在保外就医期间又多次犯罪。昆明市中级人民法院于 1998 年 2 月作出 [1998] 昆刑初字第 74 号刑事判决，以强奸、强制猥亵、侮辱妇女、故意伤害、寻衅滋事等罪行数罪并罚判处其死刑，剥夺政治权利终身。被告人不服，提出上诉。云南省高级人民法院于 1999 年 3 月 9 日作出 [1998] 云高刑一终字第 104 号刑事判决，对孙某果所犯罪行数罪并罚，改判死刑缓期二年执行，剥夺政治权利终身。判决生效后，孙某果及其近亲属提出申诉。该院于 2006 年 7 月 3 日决定对本案启动再审，并于 2007 年 9 月 27 日作出 [2006] 云高刑再终字第 12 号刑事判决，对孙某果所犯强奸罪改判有期徒刑 15 年，维持其余定罪量刑，决定执行有期徒刑 20 年。服刑期间，孙某果获实用新型专利，经减刑后于 2010 年 4 月出狱。

2019 年 4 月，中央督导组将孙某果案作为重点案件向云南省交办。云南省高级人民法院院长发现孙某果案原审过程中审判人员涉嫌受贿、徇私舞弊，已生效的 [2006] 云高刑再终字第 12 号刑事判决认定事实和适用法律确有错误，经该院审判委员会讨论，对原审被告人孙某果的犯罪事实进行再审。

云南省高级人民法院于 2019 年 10 月 14 日对孙某果强奸罪、强制猥亵、

---

〔1〕 参见 [2019] 云刑再 3 号刑事判决，载 http://www.law-lib.com/cpws/cpws_ view.asp？id=200403068299，孙某果死刑复核裁定书，2022 年 5 月 1 日访问。

侮辱妇女罪等案进行再审。再审期间，法院依法另行组成合议庭，原审被告人及其辩护人到庭参加诉讼，云南省高级人民检察院指派检察员出席庭审并提出原审第一审、第二审和再审认定事实和适用法律均存在错误，应予纠正。

再审期间，就孙某果出狱后还涉嫌实施的组织、领导黑社会性质组织罪、开设赌场罪等罪行，云南省玉溪市中级人民法院于 2019 年 11 月 6 日至 7 日依法公开开庭审理，并作出［2019］云 04 刑初 149 号刑事判决，决定对孙某果执行有期徒刑 25 年，剥夺政治权利 5 年，并处没收个人全部财产。被告人提出上诉。云南省高级人民法院以［2019］云刑终 1321 号刑事判决驳回其上诉，维持原判。

云南省高级人民法院于同年 12 月 20 日作出［2019］云刑再 3 号刑事判决，撤销该院［2006］云高刑再终字第 12 号刑事判决，撤销该院［1998］云高刑一终字第 104 号刑事判决中对孙某果的定罪量刑部分；维持昆明市中级人民法院［1998］昆刑初字第 74 号刑事判决中对孙某果的定罪量刑部分，与原犯强奸罪未执行刑期并罚，决定执行死刑，剥夺政治权利终身。并与该院［2019］云刑终 1321 号刑事判决和玉溪市中级人民法院［2019］云 04 刑初 149 号刑事判决对孙某果判处的刑罚合并，决定执行死刑，剥夺政治权利终身，并处没收个人全部财产，且依法报请最高人民法院核准。2020 年 2 月 20 日，孙某果被执行死刑。

一、法律分析

1. 结合本案，简述审判监督程序的原审法院决定再审

《刑事诉讼法》第 254 条第 1 款规定，各级人民法院院长发现本院已生效的裁判在认定事实或在适用法律上确有错误的，必须提交审判委员会处理。其中，各级人民法院是指包括最高人民法院在内的四级人民法院，生效裁判则包括本院一审生效、二审终审和核准的裁判，确有错误的情形应依据《刑事诉讼法》第 253 条、最高法《解释》第 457 条第 2 款的规定进行判断。而就"提交"一词进行文义解释可知，各级人民法院院长仅具有提交权，由审判委员会决定是否开启再审程序。但是就原审法院提起和决定再审程序的次数，我国刑事诉讼法律和司法解释均未有明确限制。

结合本案，孙某果强奸罪、强制猥亵、侮辱罪等案经历云南省高级人民法院两次再审，但是决定作出的情形不同。第一次再审中，云南省高级人民

法院作为二审法院，经孙某果及其近亲属的申诉后决定启动再审，判决对孙某果由死缓改为有期徒刑 20 年。云南省高级人民法院第二次决定启动再审则源于中央督导组将该案作为重点案件交办。云南省高级人民法院院长发现该案审判人员在审判期间涉嫌受贿、徇私舞弊等行为，已生效的［2006］云高刑再终字第 12 号刑事判决认定事实和适用法律确有错误，属于启动再审程序的法定理由。此次再审经提交该院审判委员会讨论后决定，故程序合法。且法律未就原审法院启动再审次数作出限制，故云南省高级人民法院对本案有两次再审。

2. 结合本案，简述审判监督程序中原审法院再审案件的审理程序

首先，原审法院再审案件的审理程序，应根据原生效裁判作出的审级确定是按照第一审程序还是第二审程序进行重新审理。本案第一次再审时，审理法院是原二审法院，故应以第二审程序重新审理。本案第二次再审时，云南省高级人民法院仍是作为原二审法院，仍应适用第二审程序。就审理方式而言，再审程序原则上应以开庭审理原则，以不开庭审理为例外，以此保障直接言词原则之贯彻。本案第二次再审可能对原审被告人加重刑罚，根据最高级人民法院《关于刑事再审案件开庭审理程序的具体规定（试行）》第 5 条第 4 项之规定，法院应当开庭审理。

其次，《刑事诉讼法》第 256 条第 2 款规定，检察机关对法院开庭审理的再审案件，应当派员出席法庭。由此使审理程序在控辩审三方诉讼构造的前提下进行，不仅保障原审被告人对质证、辩护等诉讼权利的行使和法院对案件事实、被告人人身危险性的直接了解，同时检察机关亦得有效履行其法律监督职责。本案第二次再审期间，作为云南省高级人民法院同级的检察机关，云南省人民检察院依法派员出庭，符合程序公正之义及法律要求。

最后，就对原审被告人是否采取或变更强制措施以及由哪一机关决定而言，《刑事诉讼法》第 257 条第 1 款规定，由决定再审的法院或者提出再审抗诉的检察机关决定。结合本案，孙某果自 2010 年 4 月出狱，就是否采取强制措施，应由启动再审的云南省高级人民法院决定。

3. 结合本案，简述审判监督程序审理后的加刑

在本案第二次再审期间，原审被告人及其辩护人曾提出，该次再审应以原再审判决确定的事实和刑罚为限，不能加重被告人的刑罚。

我国审判监督程序理念确实发生过变化，从"实事求是、有错必纠"到

借鉴一事不再理原则或禁止双重危险规则精神的有限制纠错。前者对于实现实体公正具有重要意义，后者则具有法安定性与程序公正的价值。对此，可参见最高法《解释》第 469 条规定"除人民检察院抗诉的以外，再审一般不得加重原审被告人的刑罚"。但是"一般"意味着存在例外，故就人民法院自行提起对被告人不利的再审而言，我国尚未对禁止不利益之变更作出明确规定，亦未就是否有利于被告人而对再审程序进行区分。实现实体公正、控制犯罪与促进法安定性的基本理念之间，客观上存在一种此消彼长的紧张关系，各国刑事诉讼制度的安排求取二者之平衡，但仍各有侧重。一定程度上，我国仍以前者为主，兼顾后者。因此，本案第二次再审加刑并未违反刑事诉讼法的基本理念与法律规定。

对此，应将再审不加刑与上诉不加刑原则进行区分理解。上诉不加刑原则是特别赋予被告人的一项法律利益，其规范目的在于，保护被告人在作出是否提出上诉的决定过程中，不会因为害怕在上诉中受到更严厉的刑罚而不敢主张自己的上诉权利。由此有利于上诉审法院正确行使其审判权，保障被告人充分行使其上诉权，并促使检察机关履行法律监督职责。此与再审程序重在纠正错案、实现实质真实的诉讼目的不尽相同。

二、理论阐释：审判监督与审判监督程序

审判监督与审判监督程序是两个不同的概念。审判监督程序是审判监督的一个方面。审判监督程序是指人民法院、人民检察院对已经发生法律效力的判决和裁定，发现在认定事实或适用法律上确有错误，依法提起并对案件进行重新审判的程序。审判监督则泛指有关机关、团体和公民对人民法院审判工作实行监督。本案中，孙某果案经媒体报道后，引发社会高度关注。中央督导组发现孙某果案背后存在较多问题，将该案作为重点案件向云南省高级人民法院交办。其中媒体、人民群众与中央督导组等均在社会层面发挥了审判监督的作用。云南省高级人民法院发现原审认定事实和适用法律确有错误而决定再审，属于审判监督程序的启动，与前述审判监督不同。

审判监督程序是刑事诉讼中的非常救济程序。依刑事诉讼法原理，判决、裁定既经确定，即生既判力。其不仅对原争议之事实状态作出终局认定，而且该确定裁判约束所有诉讼参与人，不得就原争议之事实状态再行争执，以此确保法的安定性。因此，审判监督程序为更改或撤销确定裁判的"非常"

程序。尽管法谚有云"既判力视同真实"，即经裁判确定的事实，纵使其认定错误，亦视为真实。但刑事诉讼亦以实质真实为其诉讼目的，囿于人类认知的有限性或客观原因，如果确定裁判所认定的事实或适用的法律存在错误而不得更正，则与发现真实的诉讼目的有违。故此，衡量法安定性与实体正义，平衡刑罚权之实现与当事人权益之保障，应许刑事既判力存在例外情形，审判监督程序之存在具有正当性。

孙某果强奸、强制侮辱妇女、故意伤害等案在 2007 年经再审改判为有期徒刑 20 年，孙某果经减刑后出狱。如果仅从法安定性的角度考量，该案判决效力确定，刑罚执行完毕，概无重新审判之必要。但是从实质真实与实体正义观之，该案中孙某果犯罪手段残酷、情节恶劣，最终的裁判刑罚严重背离罪责刑相适应原则，且再审之启动、减刑之裁定等涉及原审审判人员的受贿与渎职犯罪，职务行为的公正性和公职的不可谋私利性受到损害，进一步使原审刑事判决的正确性和真实性蒙上阴影。故此，对该案启动审判监督程序，是刑事诉讼发现真实、惩罚犯罪、实现正义的重要手段。

三、扩展思考：2021 年最高法院《解释》规定的并案审理

2021 年最高法《解释》规定了可行性较强的并（分）案审理规则，明确以同案同审为原则、以分案审理为例外，但分案审理有利于保障庭审质量和诉讼效率的，不在此限。

具体来说，最高法《解释》第 24 条第 1 款规定并案审理规则："人民法院发现被告人还有其他犯罪被起诉的，可以并案审理；涉及同种犯罪的，一般应当并案审理。"同案同审原则之贯彻，须以分案审理的条件明确为前提。根据最高法《解释》第 220 条所规定的分案审理规则："对一案起诉的共同犯罪或者关联犯罪案件，被告人人数众多、案情复杂，人民法院经审查认为，分案审理更有利于保障庭审质量和效率的，可以分案审理。分案审理不得影响当事人质证权等诉讼权利的行使。对分案起诉的共同犯罪或者关联犯罪案件，人民法院经审查认为，合并审理更有利于查明案件事实、保障诉讼权利、准确定罪量刑的，可以并案审理。"此外，就对质权利之保障，最高法《解释》第 269 条规定："审理过程中，法庭认为有必要的，可以传唤同案被告人、分案审理的共同犯罪或者关联犯罪案件的被告人等到庭对质。"

基础理论层面，并案审理规则中的"同种犯罪"判断涉及刑事诉讼客体

问题。一个被告人加一个犯罪事实构成一个诉讼客体，一个诉讼客体原则上应并案审理。在犯罪行为竞合问题上，我国实体刑法采罪数论。数罪并罚案件中，存在多个不同的犯罪事实，有多个不同的刑罚权，分属不同的案件。就实质或裁判上一罪的情形而言，虽然基本事实不同，但是依据刑法的规定属于结合犯、集合犯、吸收犯、牵连犯等情形的，其在实体法上属于一罪，则只存在一个刑罚权，故在诉讼上具有不可分性，不能分为多个诉讼客体。但是罪数理论并非无可指摘。例如，在牵连犯中，牵连行为具有高度伴随性的类型化特征，司法实践常常作为一罪处理。但是对牵连犯不予数罪并罚是否会对罪行相当、法益侵害作充分评价，不无疑问。连续犯罪中实施犯罪行为的地点与时间因素的关联程度，也因缺少规范性标准而难以嵌合诉讼客体同一的要求。明确并案审理规则中的"同种犯罪"，目前应依据现行《刑法》分则有关规定进行判断，但仍有待于刑法行为竞合与罪数理论的进一步完善。

诉讼实践层面，共同犯罪由多个具有强关联性的案件构成，适用分案审理有一定的现实必要性。例如，电信网络诈骗、扫黑除恶专项斗争中往往涉及众多被告人，并案处理可能使诉讼旷日持久，不仅降低了庭审质量，也会对被告人造成讼累甚至过度羁押的负面后果。但是办案机关在减损被追诉人诉讼权利的情况下主动分案处理的，应当受并案处理规则的制约。例如，控诉机关为达追诉之目的而对共同犯罪案件进行分案处理，使原本应并案审理的被告人分属不同诉讼，其相关供述披上"证人证言"的外衣，以此规避证据补强规则的要求。此次最高法《解释》规定的并（分）案审理规则对实践中混乱的分案审理情况作出了进一步规范，但是该原则性规范对一些实践中的具体问题，例如可得适用的案件范围、并（分）案的决定程序、分案处理时的前裁判既判力等，仍力有不逮。

第四编

执　行

谭某蓓、白某江故意杀人、抢劫、强奸案[1]

【刑事执行一般理论 监外执行】

◆ 案情概要

2013年5月，被告人白某江从他人处获知妻子谭某蓓（同案被告人，已判刑）在与其恋爱期间还曾与多名男子发生两性关系。白某江为此很生气，经常打骂谭某蓓，谭某蓓遂产生寻找少女供白某江奸淫，使白某江达到心理平衡之念。

2013年6月起，白某江、谭某蓓多次伺机作案未果。2013年7月20日，被告人白某江又购买了一瓶氯硝西洋，并与谭某蓓将数片氯硝西洋片剂碾碎后掺入一盒酸奶，伺机作案。

2013年7月24日15时许，怀孕8个多月的谭某蓓在桦南县文林街遇到被害人胡某甲（女，殁年16岁），即以腹痛需要帮助为由，将胡某甲骗至桦南县××大院×号楼×单元×××室谭某蓓、白某江租住处。白某江假装感谢胡某甲，让胡某甲喝下掺入氯硝西洋的酸奶，致胡某甲昏迷，并用此前购买的手铐将胡某甲铐在床头栏杆上。白某江欲对胡某甲实施奸淫，因胡某甲正值经期及白某江的生理原因而未得逞。白某江、谭某蓓因恐罪行败露决定杀人灭口，共同采用枕头捂压口鼻、按压手脚的方法致胡某甲窒息死亡，并将胡某甲的尸体装入旅行箱，驾车运至桦南县福山村西南勃利铁路林场松林掩埋。

2013年7月26日，黑龙江桦南县公安局接到报案，称胡某7月24日下午离家后失联。警方调查后发现是白某江和谭某蓓所为。2013年7月28日，警方将二人抓获。

---

〔1〕 参见《刑事审判参考》第114辑1256号白某江、谭某蓓故意杀人、抢劫、强奸案。

2013 年 8 月 6 日，谭某蓓产下一男婴。

2014 年 6 月 12 日，因涉及个人隐私，佳木斯市中级人民法院依法对该案不公开开庭进行了审理。被告人谭某蓓在实施犯罪和被采取监视居住强制措施时系已怀孕数月的妇女，属于《刑法》第 49 条第 1 款所规定的"审判的时候怀孕的妇女"，对其依法不适用死刑。一审宣判，被告人谭某蓓犯故意杀人罪，判处无期徒刑，剥夺政治权利终身；犯强奸罪，判处有期徒刑 5 年；犯抢劫罪，判处有期徒刑 6 年，并处罚金人民币 3000 元。数罪并罚，决定执行无期徒刑，剥夺政治权利终身，并处罚金人民币 3000 元。被告人白某江犯以故意杀人罪判处死刑，剥夺政治权利终身；以抢劫罪判处有期徒刑 8 年，并处罚金人民币 5000 元；以强奸罪判处有期徒刑 6 年。数罪并罚，决定执行死刑，剥夺政治权利终身，并处罚金人民币 5000 元。被告人白某江、谭某蓓共计赔偿附带民事诉讼原告人胡某某、孙某某经济损失人民币 374 499 元。其中，二被告人分别赔偿 187 249.50 元，于判决生效后 30 日内一次性付清。被告人互相承担连带责任。被告人白某江当庭表示上诉，谭某蓓表示不上诉。

2014 年 9 月 17 日，黑龙江省高级人民法院刑事审判庭法官在佳木斯市中级人民法院对该案进行了二审不公开开庭审理。白某江在法庭上提出多项上诉理由，为自己的罪名进行了辩解。2014 年 11 月 24 日，黑龙江省高级人民法院在佳木斯市中级人民法院对此案作出二审刑事裁定，驳回被告人白某江上诉，维持一审判决。

经最高人民法院核准，2015 年 1 月 30 日，佳木斯市中级人民法院依法对犯故意杀人罪、强奸罪、抢劫罪的罪犯白某江执行死刑。

一、法律分析

1. 结合本案，简述监外执行的法定条件

本案中，白某江和谭某蓓均不符合监外执行的法定条件，不得对其适用暂予监外执行。

暂予监外执行是指被判处有期徒刑、拘役的罪犯，本应在监狱或其他执行场所服刑，由于出现了法律规定的某种特殊情形，不适宜在监狱或者其他执行场所执行刑罚时，暂时采取的一种变通执行方法。一般来说，只有被判处有期徒刑、拘役的罪犯才能暂予监外执行，但法律规定有一个例外，就是对被判处无期徒刑的罪犯，如果是怀孕或者正在哺乳自己婴儿的妇女，可以暂予监外执行。

《刑事诉讼法》第265条规定，暂予监外执行的法定条件是：对判处有期徒刑或者拘役的罪犯，有下列情形之一的，可以监外执行：第一，有严重疾病需要保外就医的；第二，怀孕或者正在哺乳自己婴儿的妇女；第三，生活不能自理，适用暂予监外执行不致危害社会的罪犯。对判处无期徒刑的罪犯，如果是怀孕或者正在哺乳自己婴儿的妇女，也可以监外执行。哺乳婴儿一般自分娩之日起，到婴儿1周岁以前。

本案中，白某江被判处死刑，不符合监外执行适用条件，谭某蓓因属于"审判时怀孕的妇女"，未适用死刑，被判处无期徒刑。法院一审判决时，谭某蓓属于正在哺乳自己婴儿的妇女，如果本案没有启动二审程序，则只要其不致危害社会，原则上都可以对其决定暂予监外执行。但本案由于白某江提起上诉启动了二审程序，二审法院审理后作出裁定时，谭某蓓所生的孩子已满1周岁，不再符合监外执行的适用条件，因此不得对其适用监外执行。

2. 结合本案，简述监外执行的变更

在监外执行过程中，发现被保外就医的罪犯不符合保外就医条件的，或者严重违反有关保外就医规定的，应当及时收监。《刑事诉讼法》第268条规定了应当收监的具体情形：发现不符合暂予监外执行条件的；严重违反有关暂予监外执行监督管理规定的；暂予监外执行的情形消失后，罪犯刑期未满的。本案中，如果在一审后判决生效，对谭某蓓决定监外执行，因为其监外执行的原因是其属于正在哺乳自己婴儿的妇女，因此在其婴儿满1周岁时，监外执行的情形消失，则应对其决定收监执行。

《刑事诉讼法》规定，对于人民法院决定暂予监外执行的罪犯应当予以收监的，由人民法院作出决定，将有关的法律文书送达公安机关、监狱或者其他执行机关。

暂予监外执行的社区矫正对象具有《刑事诉讼法》规定的应当予以收监情形的，社区矫正机构应当向执行地或者原社区矫正决定机关提出收监执行建议，并将建议书抄送人民检察院。社区矫正决定机关应当在收到建议书后30日内作出决定，将决定书送达社区矫正机构和公安机关，并抄送人民检察院。人民法院、公安机关对暂予监外执行的社区矫正对象决定收监执行的，由公安机关立即将社区矫正对象送交监狱或者看守所收监执行。

监狱管理机关对暂予监外执行的社区矫正对象决定收监执行的，监狱应当立即将社区矫正对象收监执行。

3. 结合本案，简述死刑立即执行的执行程序

本案中，被告人白某江依法被判处死刑立即执行。死刑是依法剥夺犯罪分子生命的刑罚，是刑罚中最严厉的刑种。为了防止无法挽回的错杀，我国《刑事诉讼法》第 261 条至第 263 条以及最高法《解释》在死刑执行程序上作了严格而周密的规定。

最高人民法院对白某江的执行死刑命令，由黑龙江省高级人民法院交付第一审人民法院即佳木斯市中级人民法院执行，佳木斯市中级人民法院接到死刑执行命令后，应当在 7 日内交付执行。佳木斯市中级人民法院应当在交付执行死刑 3 日前，通知佳木斯市人民检察院派员临场监督。担负现场监督职责的检察人员如果发现有违法情况，应当立即纠正。临场执行死刑时，由佳木斯市中级人民法院审判人员负责指挥执行。

关于执行死刑的方法，《刑事诉讼法》第 263 条第 2 款规定："死刑采用枪决或者注射等方法执行。"执行的地点在刑场或者指定的羁押场所内。

负责指挥执行的审判人员应当对罪犯验明正身。审判人员还应当询问罪犯有无遗言、信札，并制作笔录。对于罪犯的遗言、信札，人民法院应当及时进行审查，分不同情况予以不同处理。

执行死刑应当公布，但不得示众。执行死刑后，在场书记员应当写成笔录。

执行死刑后，交付执行的人民法院应当通知罪犯家属，做好罪犯遗物、遗款清点移交工作。罪犯执行死刑后的尸体或火化后的骨灰，通知其家属认领。罪犯家属不予认领的，由人民法院通知有关单位处理。

4. 结合本案，简述人民检察院对死刑立即执行的监督

本案中，对白某江的死刑立即执行进行监督的是佳木斯市人民检察院。

最高检《规则》第 647 条规定，被判处死刑立即执行的罪犯在被执行死刑时，人民检察院应当指派检察官临场监督。死刑执行临场监督由人民检察院负责刑事执行检察的部门承担。人民检察院派驻看守所、监狱的检察人员应当予以协助，负责捕诉的部门应当提供有关情况。执行死刑过程中，人民检察院临场监督人员根据需要可以进行拍照、录像。执行死刑后，人民检察院临场监督人员应当检查罪犯是否确已死亡，并填写死刑执行临场监督笔录，签名后入卷归档。

黑龙江省人民检察院负责案件管理的部门收到黑龙江省高级人民法院报请最高人民法院复核的死刑判决书、裁定书副本后，应当在3日以内将判决书、裁定书副本移送本院负责刑事执行检察的部门。由于判处死刑的案件一审是由佳木斯市中级人民法院审理，黑龙江省人民检察院应当及时将死刑判决书、裁定书副本移送佳木斯市中级人民法院的同级人民检察院负责刑事执行检察的部门。

佳木斯市人民检察院收到佳木斯市中级人民法院执行死刑临场监督通知后，应当查明同级人民法院是否收到最高人民法院核准死刑的裁定或者作出的死刑判决、裁定和执行死刑的命令。

执行死刑前，佳木斯市人民检察院发现具有下列情形之一的，应当建议人民法院立即停止执行，并层报最高人民检察院负责死刑复核监督的部门：①被执行人并非应当执行死刑的罪犯的；②罪犯犯罪时不满18周岁，或者审判的时候已满75周岁，依法不应当适用死刑的；③罪犯正在怀孕的；④共同犯罪的其他犯罪嫌疑人到案，共同犯罪的其他罪犯被暂停或者停止执行死刑，可能影响罪犯量刑的；⑤罪犯可能有其他犯罪的；⑥罪犯揭发他人重大犯罪事实或者有其他重大立功表现，可能需要改判的；⑦判决、裁定可能有影响定罪量刑的其他错误的。在执行死刑活动中，发现人民法院有侵犯被执行死刑罪犯的人身权、财产权或者其近亲属、继承人合法权利等违法情形的，人民检察院应当依法提出纠正意见。

二、理论阐释：刑事执行的一般理论

刑事执行是刑事诉讼的最后一个程序。但是，并非判决、裁定的整个执行过程和一切活动都属于刑事诉讼的范围。刑事执行中，属于刑事诉讼范畴的，仅指两个方面：一是把人民法院已经发生法律效力的判决和裁定交付执行；二是解决执行过程中所发生的诉讼问题。简言之，就是交付执行和变更执行。

执行程序具有如下特点：

（1）合法性。即刑罚执行机关所执行的对象必须是已经发生法律效力的判决和裁定（第一审人民法院宣告被告人无罪、免除刑事处罚时立即释放在押被告人的除外）；执行活动必须依照法律规定的诉讼程序进行。

（2）及时性。即人民法院的判决和裁定一经发生法律效力，就应当迅速执行，任何机关、团体和个人都无权阻止和拖延。

（3）强制性。即已经发生法律效力的判决和裁定，具有普遍的约束力，任何机关、团体和个人都应当执行。

（4）执行主体的广泛性。《刑事诉讼法》规定，有权力和义务执行生效判决和裁定的主体，除人民法院、人民检察院和公安机关以外，还有监狱、未成年犯管教所、拘役所、看守所以及社区矫正机构等，人民检察院是执行监督机关。

刑事诉讼由立案、侦查、起诉、审判和执行组成，执行是刑事诉讼的最终程序，与侦查、起诉、审判等程序是互相联系、不可分割的整体。执行在整个刑事诉讼中占有举足轻重的地位，正确执行刑罚对实现刑事诉讼目的和完成刑事诉讼任务具有重要意义：第一，正确执行生效判决和裁定，使犯罪分子受到应有的惩罚和教育，在执行中被改造成为弃恶从善、自食其力、不再危害社会并可以重返社会的新人，以体现惩罚与改造相结合、教育与劳动相结合的原则，起到对犯罪的特殊预防作用。第二，正确执行生效裁判，能够有效地保护公民的合法权益。第三，正确执行无罪、免除刑事处罚的判决，使在押被告人及时获得释放，恢复人身自由，以维护社会主义法制，保障公民的人身权利和其他合法权益。第四，正确执行生效裁判，有利于加强社会主义法制，教育公民自觉遵守法律，积极同犯罪行为作斗争，同时震慑和警告那些正在犯罪、预备犯罪的人及社会不稳定分子，使之不敢以身试法，从而起到减少犯罪、预防犯罪的一般预防作用。

三、扩展思考：本案附带民事诉讼的执行

本案中，被告人白某江、谭某蓓在附带民事诉讼部分，被依法判处共计赔偿附带民事诉讼原告人胡某某、孙某某经济损失人民币 374 499 元。其中，二被告人分别赔偿 187 249.50 元，于判决生效后 30 日内一次性付清。被告人互相承担连带责任。附带民事诉讼的执行，除在刑事诉讼法及相关司法解释中的特殊规定外，应适用民事诉讼法的有关规定。主要法律依据是最高法《解释》第 201 条规定，人民法院审理附带民事诉讼案件，除刑法、刑事诉讼法以及刑事司法解释已有规定的以外，适用民事法律的有关规定。以及最高法《解释》第 532 条规定，刑事裁判涉财产部分、附带民事裁判的执行，刑事诉讼法及有关刑事司法解释没有规定的，参照适用民事执行的有关规定。

最高法《解释》对附带民事裁判的执行作了如下相关规定：

第一，执行法院。附带民事裁判应当由人民法院执行的，由第一审人民法院负责裁判执行的机构执行。被执行财产在外地的，第一审人民法院可以委托财产所在地的同级人民法院执行。

第二，法律依据。对附带民事诉讼中财产部分的执行，应当依照《民事诉讼法》和最高人民法院有关规定执行。

第三，执行异议。执行附带民事裁判过程中，当事人、利害关系人认为执行行为违反法律规定，或者案外人对被执行标的书面提出异议的，人民法院应当参照《民事诉讼法》的有关规定处理。

第四，终结执行。执行附带民事裁判过程中，具有下列情形之一的，人民法院应当裁定终结执行：①据以执行的判决、裁定被撤销的；②被执行人死亡或者被执行死刑，且无财产可供执行的；③被判处罚金的单位终止，且无财产可供执行的；④依照《刑法》第53条规定免除罚金的；⑤应当终结执行的其他情形。裁定终结执行后，发现被执行人的财产有被隐匿、转移等情形的，应当追缴。

第五，执行后的返还和赔偿。附带民事裁判全部或者部分被撤销的，已经执行的财产应当全部或者部分返还被执行人；无法返还的，应当依法赔偿。

应当注意的是，在《刑事诉讼法》及相关司法解释中未作出明确规定的，附带民事裁判的执行程序应参照适用《民事诉讼法》的相关规定。

【死缓执行　死缓减刑】

◆ 案情概要

2010 年 8 月 18 日，中共中央纪委对深圳市委原副书记、市政府原市长许某衡严重违纪违法问题进行了立案调查。经查，许某衡利用职务上的便利为他人谋取利益，收受巨额贿赂；违反廉洁自律有关规定，收受巨额礼金礼品，为其亲属经营活动谋取利益；生活腐化。许某衡的上述行为严重违纪，其中有的问题已涉嫌犯罪。依照《中国共产党纪律处分条例》《行政机关公务员处分条例》的有关规定，经中央纪委、监察部审议并报中共中央、国务院批准，决定给予许某衡开除党籍、开除公职处分；收缴其违纪所得；将其涉嫌犯罪问题移送司法机关依法处理。

2011 年 5 月，郑州市中级人民法院经审理查明，2001 年至 2009 年，许某衡利用担任中共深圳市委常委、组织部部长、市委副书记、深圳市人民政府常务副市长、市长的职务便利，为深圳市顺嘉高新建材有限公司、深圳市龙岗区委原书记余某良等九个单位或个人在变更土地规划、承揽工程、职务升迁等方面谋取利益，先后多次收受相关人员给予的财物共计折合人民币 3318 万余元。案发后，赃款赃物已全部追缴。

郑州市中级人民法院认为，许某衡身为国家工作人员，利用职务便利为他人谋取利益，非法收受他人财物，其行为已构成受贿罪。许某衡受贿数额特别巨大，情节特别严重。鉴于许某衡在案发后主动交代了有关部门尚不掌握的部分受贿事实，具有坦白情节，认罪态度较好，赃款赃物已全部追缴，对其判处死刑缓期二年执行，剥夺政治权利终身，没收个人全部财产。

中国裁判文书网公开的执行裁定书显示：郑州市中级人民法院提出，关

---

〔1〕　参见搜狐网：https://www.sohu.com/a/257476714_ 355788，2022 年 2 月 6 日访问。

于执行许某衡没收财产一案，其 2011 年作出的刑事判决书已发生法律效力。因被执行人许某衡未履行生效法律文书所确定的义务，郑州市中级人民法院于 2017 年 7 月 13 日向正在秦城监狱服刑的被执行人许某衡发出执行通知书、报告财产令。按照法律规定，死刑缓期执行的期间，从判决或者裁定核准死刑缓期执行的法律文书宣告或者送达之日起计算。死刑缓期执行期满，依法应当减刑的，人民法院应当及时减刑。死刑缓期执行期满减为无期徒刑、有期徒刑的，刑期自死刑缓期执行期满之日起计算。

一、法律分析

1. 结合本案，简述死缓的执行程序

本案中，许某衡被依法判处死刑缓期二年执行，死刑缓期二年执行不是独立的刑罚种类，而是我国刑罚中死刑的一种特殊执行制度，是指对于罪该判处死刑的犯罪分子，如果不是必须立即执行，在判处死刑的同时宣告缓期二年执行，实行监管改造，以观后效的一种制度。死刑缓期二年执行的执行必然产生减刑或者执行死刑两种结果，都涉及执行变更的问题。

最高法《解释》第 511 条规定，许某衡被判处死刑缓期执行，第一审人民法院也就是郑州市中级人民法院应当在判决、裁定生效后 10 日以内，将判决书、裁定书、起诉书副本、执行通知书、结案登记表送达公安机关、监狱或者其他执行机关。

《中华人民共和国监狱法》第 15 条规定，人民法院对被判处死刑缓期二年执行的罪犯，应当将执行通知书、判决书送达羁押该罪犯的公安机关，公安机关应当自收到执行通知书、判决书之日起 1 个月内将该罪犯送交监狱执行刑罚。

《刑法》的有关规定和《刑事诉讼法》第 261 条第 2 款，被判处死刑缓期二年执行的罪犯，在死刑缓期执行期间，如果没有故意犯罪，死刑缓期执行期满，应当予以减刑，由执行机关提出书面意见，报请服刑地高级人民法院裁定；如果故意犯罪，情节恶劣，查证属实，应当执行死刑的，由高级人民法院报请最高人民法院核准；对于故意犯罪未执行死刑的，不再报高级人民法院核准，死刑缓期执行的期间重新计算，并层报最高人民法院备案。最高人民法院经备案审查，认为原判不予执行死刑错误，确需改判的，应当依照审判监督程序予以纠正。对于故意犯罪未执行死刑的，死缓执行的期间重新计算，并报最高人民法院备案。

2. 结合本案，简述死缓减刑的法定条件

本案中，许某衡的减刑需要符合法定条件。就死缓减刑的法定条件而言，被判处死缓的罪犯在缓期执行期间，有无故意犯罪，是否情节恶劣，是对其予以减刑或者执行死刑的法定条件。

《刑法》第50条规定，判处死刑缓期执行的，在死刑缓期执行期间，如果没有故意犯罪，2年期满以后，减为无期徒刑；如果确有重大立功表现，2年期满以后，减为25年有期徒刑；如果故意犯罪，情节恶劣的，报请最高人民法院核准后执行死刑；对于故意犯罪未执行死刑的，死刑缓期执行的期间重新计算，并报最高人民法院备案。

《刑事诉讼法》第261条规定，被判处死刑缓期二年执行的罪犯，在死刑缓期执行期间，如果没有故意犯罪，死刑缓期执行期满，应当予以减刑的，由执行机关提出书面意见，报请高级人民法院裁定。最高法《解释》第497条规定，被判处死刑缓期执行的罪犯，在死刑缓期执行期间犯罪的，应当由罪犯服刑地的中级人民法院依法审判，所作的判决可以上诉、抗诉。认定故意犯罪，情节恶劣，应当执行死刑的，在判决、裁定发生法律效力后，应当层报最高人民法院核准执行死刑。对故意犯罪未执行死刑的，不再报高级人民法院核准，死刑缓期执行的期间重新计算，并层报最高人民法院备案。备案不影响判决、裁定的生效和执行。最高人民法院经备案审查，认为原判不予执行死刑错误，确需改判的，应当依照审判监督程序予以纠正。

根据上述规定，死缓减刑的条件有两种情况：一是在死缓执行期间，没有故意犯罪，死缓执行期满的，应当予以减刑；二是在死缓执行期间有故意犯罪，但对故意犯罪未执行死刑的，死刑缓期执行期间重新计算，并层报最高人民法院备案。再次死缓执行期满后，如果没有故意犯罪，应当予以减刑。本案中，许某衡属于第一种情形，在死缓期间，没有故意犯罪，死缓执行期满的，应当减刑。

3. 结合本案，简述死缓减刑的程序

死刑缓期二年执行必然产生减刑或者执行死刑两种结果中的一种，无论出现哪一种结果，都涉及执行的变更。

根据《刑法》《刑事诉讼法》和最高法《解释》之规定，死缓的变更主要有三种情形：一是没有故意犯罪，死缓执行期满予以减刑；二是有故意犯罪，但不符合情节恶劣的条件未执行死刑的，死缓执行期间重新计算；三是有故意犯罪，情节恶劣的，应当执行死刑，由高级人民法院报请最高人民法院核准。

对死缓罪犯报请减刑的程序，法律规定，罪犯在死刑缓期执行期间没有故意犯罪，2年期满，由执行机关提出减刑书面建议，报经省、自治区、直辖市司法厅（局）监狱管理部门审核后，提交当地高级人民法院依法裁定。减刑裁定书应当发给罪犯及交付执行机关，并将副本送达原审人民法院和对执行机关实行监督的人民检察院。

死刑缓期执行的期间，从判决或者裁定核准死刑缓期执行的法律文书宣告或者送达之日起计算。死刑缓期执行期满，依法应当减刑的，人民法院应当及时减刑。死刑缓期执行期满减为无期徒刑、有期徒刑的，刑期自死刑缓期执行期满之日起计算。判决前羁押的日期，不能折抵考验期，因此，减刑必须待2年考验期满以后进行。人民法院收到执行机关的减刑建议书之日起1个月内审理裁定，案情复杂或有特殊情况的，可以延长1个月。但是，如果罪犯故意犯罪，可在考验期内的任何时间进行追究，只要经查证属实，情节恶劣，应当执行死刑，经依法核准的，都应当执行死刑。如果罪犯在缓期2年执行期满后尚未裁定减刑前故意犯罪的，则不应当被视为缓刑期间犯罪，应当按新罪依法另行起诉，经人民法院审理，依照《刑法》第69条的规定，数罪并罚决定执行的刑罚。

二、理论阐释：刑事执行的依据和执行机关

刑事执行的依据是发生法律效力的判决和裁定。根据《刑事诉讼法》第259条和《刑法》的相关规定，发生法律效力的判决和裁定包括下列几种：第一，已过法定期限没有上诉、抗诉的判决和裁定；第二，终审的判决和裁定；第三，高级人民法院核准的死刑缓期二年执行的判决；第四，最高人民法院的判决和核准的死刑判决和对具有特殊情况的案件在法定刑以及处刑、假释核准的判决。

按照各种刑罚的不同特点和各执行主体的不同职能，可以把执行的机关分为三种不同的类别，即交付执行机关、执行机关和执行的监督机关。

（1）交付执行机关。交付执行机关是将生效裁判及罪犯依照法定程序交给有关机关执行刑罚的机关。人民法院是国家审判机关，亦是将生效裁判交

付执行的机关。人民法院根据已生效裁判所确定的内容及其刑罚执行方式不同，交由不同的执行机关执行。根据《刑事诉讼法》和最高人民法院的有关规定，发生法律效力的判决和裁定一般由原第一审人民法院交付执行，但是，罪犯关押在第二审人民法院所在地的，也可以由第二审人民法院交付执行。

（2）执行机关。执行机关是指将生效裁判所确定的刑罚付诸实施的机关。法律规定，执行机关除包括人民法院、公安机关、监狱、未成年管教所、看守所等以外，还包括社区矫正机构。

（3）执行的监督机关。人民检察院是国家法律监督机关，依法对刑事执行实行法律监督。例如，人民法院在交付执行死刑前，应当通知同级人民检察院派员临场监督；人民检察院对决定暂予监外执行、减刑、假释以及罪犯在服刑期间又犯罪等情况实行监督监狱和其他执行机关在执行中，如果认为判决有错误或者罪犯提出申诉的，应当转请人民检察院或者原判人民法院处理；人民检察院对执行机关执行刑罚的活动是否合法实行监督。如果发现有违法的情况，应当通知执行机关纠正等。

三、扩展思考：死刑立即执行的变更

《刑事诉讼法》第262条和第263条第4款在执行死刑的程序中规定了停止执行死刑和暂停执行死刑两种变更执行的情况。

第一，停止执行死刑。根据《刑事诉讼法》第262条和最高人民法院的有关规定，下级人民法院在接到最高人民法院执行死刑的命令后，应当在7日以内交付执行，但是发现有下列情形之一的，应当停止执行，并且立即报告最高人民法院，由最高人民法院作出裁定：①在执行前发现判决可能有错误的。所谓"可能有错误"具体包括：罪犯可能有其他犯罪的；共同犯罪的其他犯罪嫌疑人到案，可能影响罪犯量刑的；共同犯罪的其他罪犯被暂停或者停止执行死刑，可能影响罪犯量刑的；等等。②在执行前罪犯揭发重大犯罪事实或者有其他重大立功表现，可能需要改判的。③罪犯正在怀孕的。

第二，暂停执行死刑。指挥执行的审判人员，对罪犯应当验明正身，讯问有无遗言、信札，然后交付执行人员执行死刑。在执行前，如果发现可能有错误，应当暂停执行，报请最高人民法院裁定。在停止执行死刑或暂停执行死刑的决定作出后，执行死刑的人民法院应当立即层报最高人民法院，由最高人民法院院长签发停止执行死刑的命令。最高人民法院对下级人民法院

报送请求停止执行死刑的报告和相关材料，由作出核准死刑裁判的原合议庭负责审查，必要时，依法另行组成合议庭进行审查。

最高人民法院对于依法已停止执行死刑的案件的处理：①确认罪犯正在怀孕或属犯罪时未满18周岁及审判时已满75周岁（特别残忍手段致人死亡的除外）的，应当依法改判；②确认原裁判有错误，或者罪犯有重大立功表现需要依法改判的，应当裁定不予核准死刑，撤销原判，发回重新审判；③确认原裁判没有错误，或者罪犯没有重大立功表现，或者重大立功表现不影响原裁判执行的，应当裁定继续执行原核准死刑的裁判，并由院长再签发执行死刑的命令。

郭某思减刑案[1]

【减刑】

◆ **案情概要**

2020年3月14日15时许，郭某思在北京市东城区一超市内排队结账时摘下口罩。顾客段某某（男，殁年72岁）提醒其应当遵守防疫规定佩戴口罩，引起郭某思的不满。后郭某思将段摔倒在地，并用双手击打，致段受伤。郭某思在逃离现场过程中，又打伤两名超市员工，后被当场抓获。被害人段某某因颅脑损伤，经救治无效于3月20日死亡。3月28日，北京市人民检察院第二分院依法对犯罪嫌疑人郭某思以涉嫌故意伤害罪批准逮捕。

据查，郭某思为刑满释放人员，曾于2005年因故意杀人罪被判处无期徒刑，入狱后经9次减刑于2019年7月24日获释。该案随即引发公众强烈关注。

2021年1月29日，北京市第二中级人民法院对郭某思故意伤害案作出一审判决。此前，北京市高级人民法院作出裁定，郭某思所获减刑均系利用不正当手段获得，对郭某思减刑的裁定均确有错误，因此撤销对郭某思的9次减刑裁定，恢复对郭某思原判无期徒刑，剥夺政治权利终身刑罚的执行。此次，北京市第二中级人民法院以故意伤害罪判处被告人郭某思死刑，剥夺政治权利终身，与其前罪恢复执行的刑罚并罚，决定执行死刑，剥夺政治权利终身。

经最高人民法院核准，2022年3月2日，北京市第二中级人民法院依照法定程序对郭某思执行死刑。检察机关依法派员临场监督。

---

[1] 参见搜狐网：https://www.sohu.com/a/472942464_100087361，2022年2月6日访问。

一、法律分析

1. 结合本案，简述减刑的法定程序

本案中，郭某思在 2005 年被判处无期徒刑后，于 2019 年释放。但释放后又重新犯罪，最终被判处死刑立即执行。在郭某思第一次犯罪后，历经 9 次减刑。

减刑是指被判处管制、拘役、有期徒刑或者无期徒刑的罪犯在执行期间认真遵守监规，接受教育改造，确有悔改或立功表现的，可以依法减轻其刑罚的一种制度。减刑以后实际执行的刑期，判处管制、拘役及有期徒刑的，不得少于原判刑期的 1/2；判处无期徒刑的，不能少于 13 年。无期徒刑减为有期徒刑后的刑期，从裁定减刑之日起计算，已执行的刑期，不计入减刑后的刑期之内，而其他刑罚的刑期，原判刑期已执行部分，则应计入减刑后的刑期。

《刑事诉讼法》第 273 条第 2 款规定了减刑的基本程序："被判处管制、拘役、有期徒刑或者无期徒刑的罪犯，在执行期间确有悔改或者立功表现，应当依法予以减刑、假释的时候，由执行机关提出建议书，报请人民法院审核裁定，并将建议书副本抄送人民检察院。人民检察院可以向人民法院提出书面意见。"这一规定，不仅明确了适用减刑、假释的条件，也明确了提出建议、审核和监督的机关以及案件的管辖等。

最高法《解释》第 534 条规定，对减刑、假释案件，应当按照下列情形分别处理：①对被判处死刑缓期执行的罪犯的减刑，由罪犯服刑地的高级人民法院在收到同级监狱管理机关审核同意的减刑建议书后 1 个月以内作出裁定；②对被判处无期徒刑的罪犯的减刑、假释，由罪犯服刑地的高级人民法院在收到同级监狱管理机关审核同意的减刑、假释建议书后 1 个月以内作出裁定，案情复杂或者情况特殊的，可以延长 1 个月；③对被判处有期徒刑和被减为有期徒刑的罪犯的减刑、假释，由罪犯服刑地的中级人民法院在收到执行机关提出的减刑、假释建议书后 1 个月以内作出裁定，案情复杂或者情况特殊的，可以延长 1 个月；④对被判处管制、拘役的罪犯的减刑，由罪犯服刑地的中级人民法院在收到同级执行机关审核同意的减刑建议书后 1 个月以内作出裁定。据此，本案中郭某思第一次犯罪后的减刑，应由其服刑地的北京市高级人民法院在收到北京市监狱管理机关审核同意的减刑建议书后 1

个月内作出裁定，案情复杂或者情况特殊的，可以延长 1 个月。

2. 结合本案，简述减刑案件的审理程序

本案中，根据最高法《解释》及最高人民法院《关于减刑、假释案件审理程序的规定》之规定，对郭某思减刑案件的审理程序主要包括如下内容：

（1）庭前审查。北京市高级人民法院受理减刑案件，应当审查执行机关移送的下列材料是否齐全：①减刑或者假释建议书；②终审法院裁判文书、执行通知书、历次减刑裁定书的复印件；③罪犯确有悔改或者立功、重大立功表现的具体事实的书面证明材料；④罪犯评审鉴定表、奖惩审批表等；⑤其他根据案件审理需要应予移送的材料。经审查，材料齐备的，应当立案；材料不齐的，应当通知执行机关在 3 日内补送，逾期未补送的，不予立案。

（2）庭前公示。人民法院审理减刑、假释案件，应当在立案后 5 日内将执行机关报请减刑、假释的建议书等材料依法向社会公示。公示内容应当包括罪犯的个人情况、原判认定的罪名和刑期、罪犯历次减刑情况、执行机关的建议及依据。公示应当写明公示期限和提出意见的方式。公示期限为 5 日。

（3）审判组织。人民法院审理减刑、假释案件，应当依法由审判员或者由审判员和人民陪审员组成合议庭进行。

（4）审理方式。审理减刑、假释案件，应当组成合议庭，可以采用书面审理的方式，但下列案件应当开庭审理：①因罪犯有重大立功表现提请减刑的；②提请减刑的起始时间、间隔时间或者减刑幅度不符合一般规定的；③被提请减刑、假释罪犯系职务犯罪罪犯，组织、领导、参加、包庇、纵容黑社会性质组织罪犯，破坏金融管理秩序罪犯或者金融诈骗罪犯的；④社会影响重大或者社会关注度高的；⑤公示期间收到不同意见的；⑥人民检察院提出异议的；⑦有必要开庭审理的其他案件。

（5）审理后的处理。对罪犯积极履行刑事裁判涉财产部分、附带民事裁判确定的义务的，可以认定有悔改表现，在减刑、假释时从宽掌握；对确有履行能力而不履行或者不全部履行的，在减刑、假释时从严掌握。

人民法院审理减刑、假释案件，应当按照下列情形分别处理：①被报请减刑、假释罪犯符合法律规定的减刑、假释条件的，作出予以减刑、假释的裁定；②被报请减刑的罪犯符合法律规定的减刑条件，但执行机关报请的减刑幅度不适当的，对减刑幅度作出相应调整后作出予以减刑的裁定；③被报请减刑、假释罪犯不符合法律规定的减刑、假释条件的，作出不予减刑、假释的裁定。在人民法院作出减刑、假释裁定前，执行机关书面申请撤回减刑、假释建议的，是否准许，由人民法院决定。

减刑、假释裁定书应当写明罪犯原判和历次减刑情况，确有悔改表现或者立功、重大立功表现的事实和理由，以及减刑、假释的法律依据。裁定减刑的，应当注明刑期的起止时间；裁定假释的，应当注明假释考验期的起止时间。裁定调整减刑幅度或者不予减刑、假释的，应当在裁定书中说明理由。

（6）裁定的送达和公布。人民法院作出减刑、假释裁定后，应当在 7 日内送达报请减刑、假释的执行机关、同级人民检察院以及罪犯本人。作出假释裁定的，还应当送达社区矫正机构或者基层组织。

减刑、假释裁定书应当通过互联网依法向社会公布。

3. 结合本案，简述人民检察院对减刑的监督

根据最高检《规则》和最高法《解释》之规定，检察院对减刑和假释具有相同的监督程序。人民检察院对减刑和假释的监督主要有以下方式：

（1）事前监督。①人民检察院发现罪犯符合减刑、假释条件，但是执行机关未提请减刑、假释的，可以建议执行机关提请减刑、假释。②人民检察院收到执行机关抄送的减刑、假释建议书副本后，应当逐案进行审查，可以向人民法院提出书面意见。发现减刑、假释建议不当或者提请减刑、假释违反法定程序的，应当在收到建议书副本后 10 日以内，依法向审理减刑、假释案件的人民法院提出书面意见，同时将检察意见书副本抄送执行机关。案情复杂或者情况特殊的，可以延长 10 日。

（2）事后监督。①人民检察院经审查认为人民法院减刑、假释裁定不当的，应当在收到裁定书副本后 20 日以内，依法向作出减刑、假释裁定的人民法院提出书面纠正意见。人民检察院认为人民法院减刑、假释裁定不当，在法定期限内提出书面纠正意见的，人民法院应当在收到纠正意见后另行组成合议庭审理，并在 1 个月内作出裁定。人民检察院对人民法院减刑、假释裁定提出纠正意见的，应当监督人民法院在收到纠正意见后 1 个月以内重新组成合议庭进行审理并作出最终裁定。②人民法院发现本院已经生效的减刑、假释裁定确有错误的，应当另行组成合议庭审理；发现下级人民法院已经生效的减刑、假释裁定确有错误的，可以指令下级人民法院另行组成合议庭审理，也可以自行组成合议庭审理。③人民检察院发现人民法院已经生效的减

刑、假释裁定确有错误的，应当向人民法院提出书面纠正意见，提请人民法院按照审判监督程序依法另行组成合议庭重新审理并作出裁定。

二、理论阐释：执行中的变更

执行的变更是指人民法院、监狱及其他执行机关对生效裁判在交付执行或执行过程中出现法定需要改变刑罚种类或执行方法的情形后，依照法定程序予以改变的活动。从刑事执行变更程序的学科归属来看，刑事执行变更程序应属于刑事诉讼程序的范畴。

刑事执行的变更，与按照审判监督程序对案件进行改判虽有相似之处，但二者在性质上截然不同。执行的变更，是根据罪犯在服刑中出现了新的法定情形所进行的减刑、假释、暂予监外执行等，与原判是否正确无关；而依照审判监督程序对案件进行改判的前提，是原裁判确有错误。所以，二者的法律性质不同。

刑事执行变更程序涉及刑罚是否变更的实体问题，这是审判活动中关于刑罚问题进行裁判的延伸，涉及认定事实和适用法律方面的裁判，显然不属于行政程序。关于刑事执行变更程序的性质有不同观点：有观点认为其本质上是量刑裁判在执行阶段的延续，是罪责刑相适应原则在执行阶段的体现，不同于普通刑事审判程序中的审理对象，执行过程中服刑人的人身危险性会随着各种主客观条件的变化而变化，刑事执行变更程序的性质应属于刑事诉讼程序。另外一种观点恰好相反，认为刑事执行变更是国家针对服刑人采取的刑事奖励或者优惠措施，应属于行政性程序。

我国的刑事执行变更程序在立法规定中，一般是由法院审理，但具体程序上，虽然具备了司法化在形式上的一些特征，但在适用中却缺乏司法化的实质要素。我国的刑事执行变更程序具备司法特征，除个别无需进行司法判断的案件之外，都应适用司法化模式处理。而在司法化模式中，又可以分为对抗式司法化模式和合作协商式司法化模式。对抗式司法化模式是指参与程序的各方某益主体提出的主张截然相反，无法达成一致意见，由法院根据事实和法律，居中作出裁判。合作协商式司法化模式是指参与程序的各方某益主体通过充分协商沟通，达成一致意见，由法院根据事实和法律，在双方达成的合意的基础上，依法作出裁判。合作协商式司法化模式具有更广泛的适用空间。两种司法化模式各有不同的适用范围，具体审判程序的设计也应有所不同。

三、扩展思考：减刑程序的完善

我国现行减刑程序从司法解释规定的内容来看，已经在一定程度和范围内具备了初步的诉讼化模式的基本要求，主要体现在：法院在控辩双方某益主体共同参与程序的前提下，中立裁判；法院行使裁判权是被动启动，在程序中处于消极裁判者地位；减刑假释程序的公开性增强；法定情形的案件开庭审理，遵循直接言词原则和集中审理原则。

尽管在形式上我国现行减刑假释程序初步具备了诉讼化程序的一般要求，但从实质而言，减刑假释程序更多体现出来的却是其非诉讼的一面：相关利益主体未能充分参与程序；书面审理是与开庭审理方式相对应的唯一的审理方式，这也是减刑假释案件中仅有的两种审理方式，而且更多的案件采用的是书面审理方式；开庭审理走过场的色彩明显，缺乏庭审实质化；救济程序未按照审级制度设计。

现代社会中，随着轻刑化趋势的逐渐加强，宽严相济刑事政策的广泛适用，减刑假释案件得到了越来越广泛的接受和认可，适用率逐渐提高。在此背景下，为了真正实现减刑假释程序的刑罚功能，迫切要求将减刑假释程序纳入诉讼化轨道运行，减刑假释程序运行的诉讼化是实现正当程序的需要，也是解决司法实践中存在的减刑假释难以被公平适用现象的需要。

　　臧某朔假释案[1]

【假释】

◆ 案情概要

2003 年，在河北廊坊开办酒吧的孙某（曾为臧某朔的合伙人）与合伙人发生利益冲突，从北京找来一批人，与对方在廊坊火车站发生火拼，造成一人死亡。据称，这批人的幕后老板就是臧某朔。

2008 年年初，臧某朔的一名"马仔"在长春涉嫌犯罪被抓。讯问中，嫌疑人交代出涉及臧某朔的部分犯罪行为。警方随后展开调查。

2008 年 9 月，网上出现一则帖子，称大约 8 月底，臧某朔在自家小区门前被多名便衣带走，因其涉嫌窝藏凶杀犯罪嫌疑人。

2008 年 11 月 6 日上午，北京市公安局新闻办公室公布，2008 年 9 月 28 日，因涉嫌聚众斗殴，歌手臧某朔被检察机关批准逮捕。

2009 年 4 月，臧某朔涉嫌聚众斗殴一案，北京警方侦查结束，案件移交检察机关。

2009 年 8 月底，臧某朔等因涉嫌敲诈勒索、聚众斗殴被北京市人民检察院第二分院提起公诉，北京市第二中级人民法院立案受理。

2009 年 10 月 14 日，臧某朔因涉嫌聚众斗殴，在北京市第二中级人民法院出庭受审。

2009 年 11 月 27 日，臧某朔涉嫌聚众斗殴案再次开庭，法院判定，臧某朔聚众斗殴罪名成立，获刑 6 年。其同伙、本案第一被告人吕某春被判刑 9 年。在案件审理前，臧某朔方已经和被害人家属达成和解，并在民事方面给予对方 29 万元人民币的补偿，对方表示可以接受和谅解。该案被害人家属对

---

〔1〕 参见搜狐网：http://ent.sina.com.cn/s/m/2009-11-27/09342787239.shtml，网易网：https://www.163.com/ent/article/8O2PNS5J00032DGD_all.html，2022 年 2 月 6 日访问。

判决结果表示满意，不会上诉。臧某朔及其同案不服，提出上诉。

2010 年 1 月 18 日，北京市高级人民法院裁定驳回上诉。

由于臧某朔在服刑期间能认罪服法，服从管理，积极改造，北京市监狱向北京市第一中级人民法院提出对其假释的建议，北京市第一中级人民法院经过审理后，于 2013 年 2 月 7 日作出对罪犯臧某朔予以假释的裁定，并向其送达了该裁定书。

2 月 20 日，北京市第一中级人民法院确认，该院经审理，裁定歌手臧某朔假释。考验期为 1 年 6 个月零 20 天，假释考验期至 2014 年 8 月 27 日止。在假释考验期内，臧某朔将接受北京市司法局社区矫正部门的管理。

一、法律分析

1. 结合本案，简述假释和减刑程序的异同

减刑和假释程序都属于刑事执行变更程序，二者实体内容不同，但程序规定基本一致。二者的区别主要有：

（1）减刑和假释程序的概念和适用条件不同。

减刑程序是指由国家专门机关依法确定是否应对服刑人适用减刑的程序。现有对减刑的含义从三个方面界定了减刑：一是减刑的法定条件是服刑人的悔改或者立功表现；二是减刑的实质是减轻原判刑罚；三是减刑具有实体和程序双重含义，属于刑事执行制度范畴。减刑在其他国家相关法律中的具体规定各有差异。减刑也有不同的种类，大体可分为有条件减刑与无条件减刑。我国的减刑属于有条件的减刑，要求减刑必须具备法定的条件，鼓励服刑人积极改造，由有权决定减刑的机关审查服刑人是否符合法定条件，这种减刑方式是普遍适用的形式。

减刑的条件有二，即罪犯在服刑期间有悔改表现或者立功表现，只要具备其中之一者，即具备了减刑条件。"确有悔改表现"是指同时具备以下四个方面情形：认罪悔罪；认真遵守法律法规及监规，接受教育改造；积极参加思想、文化、职业技术教育；积极参加劳动，努力完成劳动任务。罪犯积极执行财产刑和履行附带民事赔偿义务的，可视为有认罪悔罪表现，在减刑、假释时可以从宽掌握。具有下列情形之一的，应当认定为有"立功表现"：①阻止他人实施犯罪活动的；②检举、揭发监狱内外犯罪活动，或者提供重要的破案线索，经查证属实的；③协助司法机关抓捕其他犯罪嫌疑人（包括

同案犯）的；④在科研中进行技术革新，成绩突出的；⑤在抢险救灾或者排除重大事故中表现突出的；⑥对国家和社会有其他贡献的。具有下列情形之一的，应当认定为有"重大立功表现"：①阻止他人实施重大犯罪活动的；②检举监狱内外重大犯罪活动，经查证属实的；③协助司法机关抓捕其他重大犯罪嫌疑人（包括同案犯）的；④有发明创造或者重大技术革新的；⑤在日常生产、生活中舍己救人的；⑥在抗御自然灾害或者排除重大事故中，有特别突出表现的；⑦对国家和社会有其他重大贡献的。

假释程序的概念也有不同的表述，我国刑事诉讼法一般将假释归入刑事执行变更程序的范畴，规定对符合法定条件的服刑人，依法附条件提前释放。假释在很多国家具有更广泛的适用，因而对假释的种类作了更为详尽的规定：根据是否需要经过权力机关审查，可分为强制假释和裁量假释。强制假释一般有两种情形：一是立法直接规定，司法直接适用，只需符合形式上的条件即可；二是作为应急措施，在法定情形下因出现紧急情况而采取假释。裁量假释是指假释需要满足法定的实质条件，由裁决机关行使自由裁量权，审查判断并作出处理。这是最普遍适用的一种假释。

《刑法》第81条规定，假释的条件是：① 执行期限的要求：被判处有期徒刑的罪犯，应当执行原判刑期1/2以上，被判处无期徒刑的罪犯应当已执行13年以上。对于具有"特殊情况"的案件，经最高人民法院核准，可以不受上述执行刑期的限制。②"特殊情况"是指与国家、社会利益有重要关系的情况。③判断"没有再犯罪的危险"，除符合《刑法》第81条规定的情形外，应根据犯罪的具体情节、原判刑罚情况，在刑罚执行中的一贯表现，罪犯的年龄、身体状况、性格特征，假释后的生活来源以及监管条件等因素综合考虑。

（2）减刑和假释的适用程序上，多数程序适用同一规定，但也有区别。

二者程序上的主要区别有：①假释程序中有需要交付社区矫正以及与之配套的监督考察制度、假释撤销制度，减刑程序中没有相应的考验期的规定。②报请假释的案件，执行机关在假释建议书提交时，还应当附有社区矫正机构或者基层组织关于罪犯假释后对所居住社区影响的调查评估报告。③人民法院书面审理减刑案件，可以提讯被报请减刑的罪犯；书面审理假释案件，应当提讯被报请假释的罪犯。

2. 结合本案，简述假释的撤销程序

《刑法》第 85 条和《刑事诉讼法》第 269 条规定，对被假释的罪犯，依法实行社区矫正。

本案中，臧某朔被依法假释后在考验期内，依照《刑法》规定，没有犯新罪和发现有遗漏罪行，考验期满，则认为原判刑罚执行完毕，并公开宣布，无需办理释放手续。

但如果罪犯在假释考验期内犯新罪的，应当撤销假释，实行数罪并罚，对决定执行的刑罚，收监执行；如果在考验期内，发现被假释的犯罪分子在判决宣告以前还有其他罪行没有判决的，应当撤销假释，实行数罪并罚，对决定执行的刑罚，收监执行。

罪犯在假释考验期内，有违反法律、行政法规或者国务院有关部门关于假释的监督管理规定的行为，尚未构成犯罪的，应当依法定程序撤销假释，收监执行未执行完毕的刑罚。

《社区矫正法》规定了假释的撤销程序。社区矫正对象被裁定撤销缓刑、假释，被决定收监执行，或者社区矫正对象死亡的，社区矫正终止。

社区矫正对象具有《刑法》规定的撤销缓刑、假释情形的，应当由人民法院撤销缓刑、假释。对于在考验期限内犯新罪或者发现判决宣告以前还有其他罪没有判决的，应当由审理该案件的人民法院撤销缓刑、假释，并书面通知原审人民法院和执行地社区矫正机构。对于有前述规定以外的其他需要撤销缓刑、假释情形的，社区矫正机构应当向原审人民法院或者执行地人民法院提出撤销缓刑、假释建议，并将建议书抄送人民检察院。社区矫正机构提出撤销缓刑、假释建议时，应当说明理由，并提供有关证据材料。

被提请撤销缓刑、假释的社区矫正对象可能逃跑或者可能发生社会危险的，社区矫正机构可以在提出撤销缓刑、假释建议的同时，提请人民法院决定对其予以逮捕。人民法院应当在 48 小时内作出是否逮捕的决定。决定逮捕的，由公安机关执行。逮捕后的羁押期限不得超过 30 日。

人民法院应当在收到社区矫正机构撤销缓刑、假释建议书后 30 日内作出裁定，将裁定书送达社区矫正机构和公安机关，并抄送人民检察院。人民法院拟撤销缓刑、假释的，应当听取社区矫正对象的申辩及其委托律师的意见。人民法院裁定撤销缓刑、假释的，公安机关应当及时将社区矫正对象送交监狱或者看守所执行。执行以前被逮捕的，羁押 1 日折抵刑期 1 日。

人民法院裁定不予撤销缓刑、假释的，对被逮捕的社区矫正对象，公安机关应当立即予以释放。

二、理论阐释：社区矫正与刑事诉讼

社区矫正是指将符合法定条件的罪犯置于社区内，由专门机关在相关社团、民间组织及社会志愿者的协助下，在裁判或决定确定的期限内，矫正其犯罪心理和行为恶习，并促进其顺利回归社会的非监禁刑罚的执行活动，也是与监禁矫正相对应的执行方式。社区矫正这一刑罚执行方式，是我国刑罚制度的重要组成部分，也是推进社会主义民主、创新社会管理、改善罪犯心理的一项重要内容。在罪犯顺利回归并融入社会，促其改恶从善，加强家庭和睦与社会稳定、降低执行成本与提高执行效率等方面均有重要意义。

自 2003 年国内开始社区矫正试点以来，社区矫正逐渐建立了专门的法律体系。2011 年《刑法修正案（八）》明确规定了对判处管制、宣告缓刑、裁定假释的三类罪犯依法实行社区矫正。社区矫正的概念首次进入基本法律层面。这标志着社区矫正作为一项重大的国家法律制度得以正式确立，为我国刑罚执行制度的科学发展奠定了重要基础。2012 年《刑事诉讼法》第 258 条规定："对被判处管制、宣告缓刑、假释或者暂予监外执行的罪犯，依法实行社区矫正，由社区矫正机构负责执行。"2019 年 12 月 28 日，《中华人民共和国社区矫正法》公布，自 2020 年 7 月 1 日起施行。

《社区矫正法》的实施势必引发我国刑事立法和司法制度及体制的重大变革。比如代替监禁刑的"社区矫正刑"的设立，不仅意味着我国刑事立法上刑罚体系的改革，在此基础上也必将引发刑事司法体制和观念的变化。需要整个刑事司法过程，从侦查、起诉到审判、执行，都着力于行为人违法犯罪行为发生的原因掌握和分析，着力于其受刑及服刑后生活的社会回归，而不只是对其罪责的追究。当然，从体制上讲，也必然要求建立相应的政府指导、监督下的社区矫正组织和机构体系。

社区矫正立法应与刑事诉讼法中的刑事执行及执行变更具有紧密联系，相互衔接，相互配合。社区矫正不应被局限于刑罚的执行，有必要根据我国执法司法实践需求和条件成熟程度，结合收容教养、治安管理处罚等制度的改革，逐步扩大社区矫正的适用。

三、扩展思考：假释制度"再犯罪危险性"条件的反思

同为刑罚执行过程中的重要制度，减刑和假释的适用存在截然不同的境况，有学者曾作出统计："我国几乎所有罪犯在释放前都减过刑，罪犯减刑的年适用率高达 30% 以上，而假释的年适用率只有象征性的 1%～3%。"〔1〕对于这一现象，理论与实务界的评价多为：减刑的适用过多，有滥用的风险；体现刑罚个别化、行刑社会化的假释制度适用过严，其制度优越性并未体现。可见，探索合理的限制减刑、优化假释的程序是当下刑罚执行领域改革的重点。

以假释制度为例，《刑法》第 81 条规定假释的适用条件系：①刑罚条件。被判处有期徒刑的犯罪分子，执行原判刑期 1/2 以上，被判处无期徒刑的犯罪分子，实际执行 13 年以上；②认真遵守监规，接受教育改造；③没有再犯罪的危险。其中，对"再犯罪危险性"条件的认定标准较为模糊，以至于监狱和法院事前无法准确把握假释的裁量，事后不愿意承担"再犯罪危险性"预测失败带来的风险，在制度上更倾向于选择减刑给予罪犯不断的激励以促进监管秩序的稳定。

也正是如此，明确对"再犯罪危险性"的司法认定成为刑罚执行制度改革的重要环节。近年来，在理论和实务界的努力下，政法部门出台了诸多规范性文件细化假释制度的认定条件，如 2014 年中央政法委印发《关于严格规范减刑、假释、暂予监外执行，切实防止司法腐败的指导意见》，最高人民检察院印发《人民检察院办理减刑、假释案件规定》、最高人民法院出台《关于办理减刑、假释案件具体应用法律的规定》等，这些规范性文件要求对"再犯罪危险性"的判断要综合考虑犯罪情节、刑期、罪犯的年龄、性格、假释后的生活来源以及监管条件等因素。2021 年，最高人民法院、最高人民检察院、公安部、司法部联合出台《关于加强减刑、假释案件实质化审理的意见》，其第二部分规定"严格审查减刑、假释案件的实体条件"，要求法院判断"再犯罪危险性"时，除却考虑犯罪的性质、具体情节、社会危害程度、原判刑罚及生效裁判中财产性判项的履行情况，还应当"认真审查刑罚执行机关提供的反映罪犯服刑期间现实表现和生理、心理状况的材料"，并"认真

---

〔1〕 李云峰、廖水波："论累进假释制度的构建——对'限制减刑、扩大假释'制度设计的思考"，载《犯罪与改造研究》2012 年第 4 期。

审查司法行政机关或者有关社会组织出具的罪犯假释后对所居住社区影响的材料"，综合作出判断。换言之，实务部门认为"再犯罪危险性"的判断纯属法院的裁量范围，而判断依据的材料范围也逐步扩大，由法院自由证明之。

上述规范性文件指导"再犯罪危险性"条件判断的做法虽然值得肯定，但也要意识到假释制度适用有限的重要原因之一还在于监狱和法院不愿意冒"再犯罪危险性"判断失误的风险，因此改革监狱、法院的考评制度，推动假释裁量程序的公开性和实质性也是促进"再犯罪危险性"条件实质化的重要手段。前文提到的《关于加强减刑、假释案件实质化审理的意见》也在第三部分提出"切实强化减刑、假释案件办理程序机制"，要求从"充分发挥庭审功能""健全证人出庭作证制度""有效行使庭外调查核实权"等程序层面的完善规定。如同逮捕制度的"社会危险性"条件的完善，如何通过实质化"再犯罪危险性"条件激活假释制度也有待理论和实践的进一步探索。

第五编

特别程序论

李某一等强奸案[1]

【未成年人刑事案件诉讼程序】

◆ **案情概要**

2013 年 2 月 19 日,海淀分局接到报警,称其在 2 月 17 日晚于海淀区一酒吧内与李某一等 5 人喝酒后,被带至湖北大厦一房间内遭到轮奸。此案涉及的唯一一名成年男性姓王,北京东城区人,今年 23 岁。1995 年出生的魏某某和 1996 年出生的张某某都在北京一所重点中学念高中。事发当天,魏某某在长春念初中的表弟——另一个魏某某(以下称"小魏某某"),从长春来北京探亲,小魏某某年仅 15 岁。

2 月 22 日下午,海淀警方证实"李某一"等 5 人因涉嫌强奸罪被刑事拘留,"李某一"确为李某江之子。3 月 7 日,李某一等 5 人因涉嫌强奸罪被检察机关正式批捕。

7 月 8 日,北京市海淀区人民检察院依法对李某一等人涉嫌强奸一案向海淀区人民法院提起公诉。7 月 19 日,李某一等 5 人涉嫌强奸案在海淀某法院提审,李某一的母亲梦某作为监护人现身法院。7 月 22 日,李某一强奸案庭前会议在海淀某法庭举行,李某一的母亲梦鸽以及双方律师悉数来到法庭。李某一方的辩护律师提请法庭对有关人员涉嫌组织卖淫和敲诈勒索的犯罪事实进行调查。

7 月 30 日,被告人李某一的辩护人向海淀法院提交了署名梦某的《关于公开审理的申请》。海淀法院认为,该申请违反了有关涉及个人隐私、未成年人的案件不公开审理的规定,故依法当场驳回了该申请。

8 月 20 日中午 12 时,李某一涉嫌强奸案第一次庭前会议结束,5 名被告

---

〔1〕 参见观察者网:https://www.guancha.cn/FaZhi/2013_11_27_188502.shtml,2022 年 2 月 6 日访问。

人均未参加，只有被告人家属和律师出席。8月21日上午，李某一等人涉嫌强奸一案在海淀法院召开第二次庭前会议。会上，检方补充了两份有关被害人杨某是否在酒吧任职的证据。8月28日上午9时30分，李某一等人涉嫌强奸一案在海淀法院正式开庭审理，此次庭审因涉及未成年被告人及个人隐私，因此进行了连续两天的不公开审理。在庭审现场，被告人都接受了讯问，并详述事发始末。

2013年9月26日上午，北京市海淀区人民法院一审宣判：以强奸罪分别判处被告人李某一有期徒刑10年；王某（成年人）有期徒刑12年，剥夺政治权利2年；魏某某（兄）有期徒刑4年；张某某有期徒刑3年，缓刑5年；魏某某（弟）有期徒刑3年，缓刑3年。李某一对判决提出上诉。

10月11日下午，北京市第一中级人民法院受理了李某一案上诉请求。11月27日，北京市第一中级人民法院对李某一案二审进行宣判，裁定驳回上诉，维持原判。

一、法律分析

1. 结合本案，简述未成年人刑事案件的范围

刑事实体和程序层面对于未成年人刑事案件的界定是不同的。

（1）实体层面。《中华人民共和国未成年人保护法》第2条规定："本法所称未成年人是指未满十八周岁的公民。"《刑法》第17条第1款至第3款规定："已满十六周岁的人犯罪，应当负刑事责任。已满十四周岁不满十六周岁的人，犯故意杀人、故意伤害致人重伤或者死亡、强奸、抢劫、贩卖毒品、放火、爆炸、投放危险物质罪的，应当负刑事责任。已满十二周岁不满十四周岁的人，犯故意杀人、故意伤害罪，致人死亡或者以特别残忍手段致人重伤造成严重残疾，情节恶劣，经最高人民检察院核准追诉的，应当负刑事责任。"针对未成年人刑事案件，《刑法》的侧重点在于对未成年人实施的犯罪是否成立以及如何定罪量刑，其关注的是被追诉人犯罪时的状态。因此，在刑事实体层面，未成年人刑事案件是指犯罪嫌疑人、被告人实施涉嫌犯罪行为时已满12周岁、未满18周岁的案件。

（2）程序层面。针对未成年人刑事案件，《刑事诉讼法》的侧重在于如何能够在诉讼进程中更有针对性地保护未成年人的权利，其关注的是在诉讼程序进行之中被追诉人的状态。因此，在程序层面，未成年人刑事案件是指

在诉讼过程中被追诉人已满 12 周岁、未满 18 周岁的案件。

2. 结合本案，简述未成年人刑事案件中的社会调查

未成年人刑事案件中的社会调查是指公安机关、人民检察院、人民法院在办理未成年人刑事案件过程中，在一审判决宣告前，由有关机构或部门对未成年犯罪嫌疑人、被告人的成长经历、犯罪原因、监护教育等情况进行专门调查，并形成书面社会调查报告。《刑事诉讼法》第 279 条规定："公安机关、人民检察院、人民法院办理未成年人刑事案件，根据情况可以对未成年犯罪嫌疑人、被告人的成长经历、犯罪原因、监护教育等情况进行调查。"

在审判阶段，根据最高法《解释》第 568 条之规定，人民法院对人民检察院移送的关于未成年被告人性格特点、家庭情况、社会交往、成长经历、犯罪原因、犯罪前后的表现、监护教育等情况的调查报告，以及辩护人提交的反映未成年被告人上述情况的书面材料，法庭应当接受。必要时，人民法院可以委托社区矫正机构、共青团、社会组织等对未成年被告人的上述情况进行调查，或者自行调查。

3. 结合本案，简述未成年人刑事案件中的合适成年人在场制度

本案在讯问和审判时，李某一母亲梦某作为监护人到场，防止侵犯李某一合法权益情况的发生，切实保障李某一的合法权益。《刑事诉讼法》第 281 条规定了对未成年犯罪人的讯问与审判时，合适成年人到场制度。对于未成年人刑事案件，在讯问和审判的时候，应当通知未成年犯罪嫌疑人、被告人的法定代理人到场。无法通知、法定代理人不能到场或者法定代理人是共犯的，也可以通知未成年犯罪嫌疑人、被告人的其他成年亲属，所在学校、单位、居住地基层组织或者未成年人保护组织的代表到场，并将有关情况记录在案。到场的法定代理人可以代为行使未成年犯罪嫌疑人、被告人的诉讼权利。到场的法定代理人或者其他人员认为办案人员在讯问、审判中侵犯未成年人合法权益的，可以提出意见。讯问笔录、法庭笔录应当交给到场的法定代理人或者其他人员阅读或者向他宣读。讯问女性未成年犯罪嫌疑人，应当有女工作人员在场。审判未成年人刑事案件，未成年被告人最后陈述后，其法定代理人可以进行补充陈述。询问未成年被害人、证人，适用第 1 款、第 2 款、第 3 款的规定。

本案李某一监护人梦某作为合适成年人到场，可以代为行使李某一的诉讼权利；对于办案人员在讯问、审判中侵犯李某一合法权益的，可以提出意

见。另外，对于讯问笔录、法庭笔录，应当交梦某阅读或向她宣读，李某一作最后陈述时可以进行补充陈述。

4. 结合本案，简述未成年人刑事案件中的档案封存制度

《刑事诉讼法》第 286 条规定："犯罪的时候不满十八周岁，被判处五年有期徒刑以下刑罚的，应当对相关犯罪记录予以封存。犯罪记录被封存的，不得向任何单位和个人提供，但司法机关为办案需要或者有关单位根据国家规定进行查询的除外。依法进行查询的单位，应当对被封存的犯罪记录的情况予以保密。"我国未成年人刑事案件犯罪记录封存制度适用的条件有：第一，犯罪时不满 18 周岁；第二，被判处 5 年以下有期徒刑刑罚。因此，犯罪记录封存制度并不是对所有未成年人刑事案件一概适用的，还需要满足被判处 5 年以下有期徒刑的条件，本案李某一虽然犯罪时未满 18 周岁，但是其被判刑罚有期徒刑 10 年，不符合被判处 5 年以下有期徒刑刑罚条件，对其犯罪记录不应当封存。犯罪记录封存制度是 2012 年《刑事诉讼法》修正的一大重要突破，对于未成年犯罪人来说，其心智尚未成熟，设立犯罪记录封存制度有助于其更好地回归社会。

2012 年《刑事诉讼法》修正，增加规定了未成年人犯罪记录封存制度，但由于规定较为原则，实践中对封存的主体、封存的具体内容和程序以及查询的主体、内容、程序等把握不一，导致该制度在落实中出现封存管理失范、相关部门监管失序等问题。如一些企业违法提供、出售、使用未成年人犯罪记录，致使未成年人犯罪记录泄露等。针对这一实践问题，最高人民法院、最高人民检察院、公安部、司法部共同制定了《关于未成年人犯罪记录封存的实施办法》，并于 2022 年 5 月 30 日正式施行。该办法共计 26 条，涵盖未成年人犯罪记录的定义及范围、封存情形、封存主体及程序、查询主体及申请条件、提供查询服务的主体及程序、解除封存的条件及后果、保密义务及相关责任等内容，基本上解决了目前未成年人犯罪记录封存中遇到的主要问题。[1]此外，最高检《规则》第 486 条规定，针对人民检察院对未成年犯罪嫌疑人作出的不起诉决定，同样应当对相关记录予以封存。

---

〔1〕 参见最高人民检察院官方网站：https://www.spp.gov.cn/xwfbh/wsfbt/202205/t20220530_558343.shtml#1，2022 年 3 月 1 日访问。

5. 结合本案，简述未成年人刑事案件的不公开审理

最高法《解释》第 557 条规定："开庭审理时被告人不满十八周岁的案件，一律不公开审理。经未成年被告人及其法定代理人同意，未成年被告人所在学校和未成年人保护组织可以派代表到场。到场代表的人数和范围，由法庭决定。经法庭同意，到场代表可以参与对未成年被告人的法庭教育工作。对依法公开审理，但可能需要封存犯罪记录的案件，不得组织人员旁听；有旁听人员的，应当告知其不得传播案件信息。"规定未成年人刑事案件不公开审理的立法初衷仍然是为了保护未成年人身心不受伤害，防止其回归社会后受到社会的歧视。本案在审判过程中所发生的一个特殊情况是，被告方要求海淀法院公开审理，此举明显违反未成年人刑事案件不公开审理的规定，因此海淀法院以该申请违反了有关涉及个人隐私、未成年人的案件不公开审理的规定为由，依法当场驳回该申请。由此可以看出，不公开审理制度的初衷虽是保护未成年人，但并非未成年人的一项权利，未成年人不可要求公开审理。

二、理论阐释：未成年人刑事诉讼的原则和方针

未成年人刑事案件诉讼程序的原则和方针是公安司法机关办理未成年人刑事案件的基本方向，它贯穿于未成年人刑事案件处理的全过程。《刑事诉讼法》第 277 条规定："对犯罪的未成年人实行教育、感化、挽救的方针，坚持教育为主、惩罚为辅的原则。人民法院、人民检察院和公安机关办理未成年人刑事案件，应当保障未成年人行使其诉讼权利，保障未成年人得到法律帮助，并由熟悉未成年人身心特点的审判人员、检察人员、侦查人员承办。"未成年人刑事诉讼是一种特殊的刑事诉讼，办案机关除贯彻《刑事诉讼法》的基本原则外，应当遵守未成年人刑事诉讼的特有原则。

（一）全面调查原则

全面调查的原则是指公安机关、人民检察院、人民法院在办理未成年人案件的全过程中，既要对未成年人的犯罪进行侦查，也要对未成年人进行特别调查。所谓对于未成年人的特别调查，即社会调查和生理调查。社会调查就是对未成年人的成长经历、社会交往、犯罪原因等情况进行调查，以分析其犯罪原因。生理调查就是对未成年人的精神状况、身体情况等进行调查。

（二）分案处理原则

分案处理原则是指在刑事诉讼过程中针对未成年人和成年人分别采取不同的诉讼程序，区别对待。最高检《规则》第459条规定："人民检察院办理未成年人与成年人共同犯罪案件，一般应当对未成年人与成年人分案办理、分别起诉。不宜分案处理的，应当对未成年人采取隐私保护、快速办理等特殊保护措施。"最高法《解释》第551条第1款规定，对分案起诉至同一人民法院的未成年人与成年人共同犯罪案件，可以由同一个审判组织审理；不宜由同一个审判组织审理的，可以分别审理。

（三）审判不公开和保密原则

审判不公开原则是指人民法院在审理未成年人刑事案件时，不允许他人旁听，不允许新闻媒体报道，未成年人刑事案件的诉讼材料，除依法查阅、摘抄、复制以外，未经审理案件的人民法院院长批准，不得查询和摘录，并不得公开和传播。

保密原则是指对于犯罪时不满18周岁，被判处5年有期徒刑以下刑罚的，应当对相关犯罪记录予以封存。犯罪记录被封存的，不得向任何单位和个人提供，但司法机关为办案需要或者有关单位根据国家规定进行查询的除外。依法进行查询的单位，应当对被封存的犯罪记录的情况予以保密。

（四）保障未成年人犯罪嫌疑人、被告人诉讼权利原则

办理未成年人案件应始终贯彻保护原则，这也是未成年人诉讼程序专门设立的重要原因。保障未成年人犯罪嫌疑人、被告人的诉讼权利原则是指公安司法机关在处理未成年人刑事案件的过程中，应当充分保障未成年人犯罪嫌疑人、被告人依法享有的各种诉讼权利，保障未成年人得到法律帮助，并由熟悉未成年人身心特点的审判人员、检察人员、侦查人员承办，在法律框架内按照最有利于未成年人的方式进行，充分保障未成年人的合法权益。

三、扩展思考：未成年人刑事案件中认罪认罚从宽原则的适用

2016年最高人民法院、最高人民检察院、公安部、国家安全部、司法部印发《关于在部分地区开展刑事案件认罪认罚从宽制度试点工作的办法》，将未成年人刑事案件纳入了认罪认罚从宽制度的试点范围。但是，该办法对于未成年人刑事案件适用认罪认罚从宽制度没有作出专门具体的规定，仅规定了"未成年犯罪嫌疑人、被告人的法定代理人、辩护人对未成年人认罪认罚

有异议的"不需要签署认罪认罚具结书和不适用速裁程序。

具体适用时，要充分考虑未成年人的特殊性，未成年人生理、心理发育尚未成熟，缺乏完全的辨识与选择能力，因此在适用认罪认罚从宽时，应当与成年人加以区分。具体表现为：

（1）关于认罪和认罚的判断。未成年犯罪嫌疑人、被告人自愿如实供述自己的罪行，对指控的犯罪事实没有异议，即可视为"认罪"，不要求其对自己行为的法律性质和意义有明确的认识。未成年犯罪嫌疑人、被告人及其法定代理人认可检察机关对其犯罪行为的处理意见，包括起诉、不起诉、附条件不起诉，即可视为"认罚"。

（2）关于从宽的判断。对未成年人"从宽"的掌握显然也与成年人不同。《刑法》规定对未成年人犯罪从轻、减轻处罚，不适用死刑等。那么在认罪认罚案件中，认罪的未成年人其从宽幅度应当更大。同时未成年人认罪认罚案件应当与"少捕慎诉"相结合。认罪认罚的未成年人基于其特殊性，可以认为属于"可捕可不捕的不捕"的范畴。如已经逮捕，检察机关经审查无继续羁押必要的，及时建议释放或者变更强制措施。对于认罪认罚的未成年人，检察机关应更多使用附条件不起诉。对确需提起公诉的未成年犯罪嫌疑人，应当依法提出从轻或者减轻处罚的量刑建议。同时，也应在法律规定的裁量范围内，根据社会调查和前期帮教情况等，来调整"从宽"的量，以达到教育、感化、挽救未成年人的目的。

（3）关于具结书的签署。《刑事诉讼法》第174条规定，未成年犯罪嫌疑人的法定代理人、辩护人对未成年人认罪认罚有异议的，未成年人不需要签署认罪认罚具结书。因而，这种情况下没有签署认罪认罚具结书的，不影响对未成年人"认罪""认罚"的认定及"从宽"处理。因为未签署具结书，且从充分保障未成年人权利的角度出发，如果在法庭上辩护人或者法定代理人对定罪或者量刑提出了不同意见，同样不能影响未成年人认罪认罚的成立，不能因此否定未成年人获得从宽处罚的机会。总而言之，由于未成年人缺乏对诉讼行为后果的认识和正确预估风险的能力，对其诉讼权利的保障必须特别注意。

何某峰过失致人死亡案[1]

【当事人和解的公诉案件诉讼程序】

◆ **案情概要**

2013 年 10 月 16 日，被告人何某峰与被害人简某君等人驾车来到增城市百花林水库滑水俱乐部游玩。15 时许，当被害人简某君站在水库浮台边时，被告人何某峰突然抱住被害人简某君跳入水中，致使被害人简某君死亡。

公诉机关当庭出示了被告人供述、证人证言、鉴定结论及其他相关证据材料以证实指控的事实。据此，公诉机关认为被告人何某峰的行为已构成过失致人死亡罪，但有自首情节，提请本院依照《刑法》第 233 条之规定，判处刑罚。

被告人何某峰对指控的犯罪事实无异议，承认控罪。其辩护人提出：被告人何某峰的犯罪情节较轻，被害人可能是入水后猝死，接近意外事件；被告人何某峰有自首情节。

经审理查明：2013 年 10 月 16 日，被告人何某峰与被害人简某君等人驾车来到增城市百花林水库滑水俱乐部游玩。15 时许，当被害人简某君站在水库浮台边时，被告人何某峰突然抱住被害人简某君跳入水中，导致被害人简某君溺水死亡。另查明，在案发后，被告人何某峰与被害人简某君的家属达成和解协议并履行完毕，取得了被害人家属的谅解。

关于辩护人提出被告人何某峰犯罪情节轻、接近意外事故的意见，经查，案发现场是水库，客观上对游客生命存在较高的危险性，而被告人何某峰未采取任何安全措施，突然抱着未作任何准备的被害人简某君跳入水中，其疏忽大意是导致简某君溺水死亡的直接原因，故辩护人的上述辩护意见与事实

---

[1] 参见增城新闻政务网：https://www.520zc.com/gov/plus/view.php？aid=1745，2022 年 2月 6 日访问。

不符，法院不予采纳。

法院认为，被告人何某峰无视国家法律，在游玩过程中疏忽大意，未采取必要的安全措施而直接抱着被害人跳入水中，致其死亡，其行为已构成过失致人死亡罪。公诉机关指控被告人何某峰犯过失致人死亡罪的事实清楚，证据确实、充分，罪名成立，法院予以支持。被告人何某峰有自首情节，依法可减轻处罚。

被告人何某峰在归案后有悔罪表现，亦可酌情从轻处罚。考虑到被告人的犯罪情节、认罪态度、悔罪表现等，对其适用非监禁刑不致再危害社会，故法院决定对其宣告缓刑。依照《刑法》第 233 条、第 67 条第 1 款、第 72 条、第 73 条之规定，判决如下：被告人何某峰犯过失致人死亡罪，判处有期徒刑 1 年 6 个月，缓刑 2 年。

一、法律分析

1. 结合本案，简述当事人和解的公诉案件的适用范围

本案被告人何某峰与被害人简某君的家属达成和解协议，属于《刑事诉讼法》第 288 条第 2 款规定的当事人和解的公诉案件的情形。《刑事诉讼法》第 288 条规定，下列公诉案件，犯罪嫌疑人、被告人真诚悔罪，通过向被害人赔偿损失、赔礼道歉等方式获得被害人谅解，被害人自愿和解的，双方当事人可以和解：①因民间纠纷引起，涉嫌《刑法》分则第四章、第五章规定的犯罪案件，可能判处 3 年有期徒刑以下刑罚的；②除渎职犯罪以外的可能判处 7 年有期徒刑以下刑罚的过失犯罪案件。犯罪嫌疑人、被告人在 5 年以内曾经故意犯罪的，不适用当事人和解程序。

本案被告人何某峰因疏忽大意致使被害人死亡，其行为构成过失致人死亡。《刑法》第 233 条规定，过失致人死亡的，处 3 年以上 7 年以下有期徒刑；情节较轻的，处 3 年以下有期徒刑。因此，被告人何某峰符合《刑事诉讼法》第 288 条第 1 款的规定，能够与被害人家属达成和解。

2. 结合本案，简述当事人和解的公诉案件的适用条件

本案除满足《刑事诉讼法》第 288 条规定的案件适用范围外，被告人何某峰真诚悔罪，积极赔偿，获得被害人简某君的家属的谅解，符合当事人和解的公诉案件适用条件。根据《刑事诉讼法》及其司法解释规定，公诉案件适用和解，应当符合以下条件：

（1）犯罪嫌疑人、被告人真诚悔罪。真诚悔罪是适用公诉案件和解程序的前提，要求犯罪嫌疑人、被告人真实承认全部犯罪事实，深刻反省自己的犯罪行为，有负罪感和悔改的意思表示。

（2）获得被害人方的谅解。犯罪嫌疑人、被告人在真诚悔罪后，还需要通过赔礼道歉、赔偿损失等方式获取被害人及其法定代理人、近亲属的理解和原谅。

（3）被害人自愿和解。和解必须是被害人方自愿的，不受来自于犯罪嫌疑人、被告人或公安司法机关的不当干扰，公安司法机关应当监督和保障被害人和解的自愿性。

（4）案件事实清楚，证据确实充分。只有在案件事实清楚、证据确实充分的前提下才能正确认定案件的性质，犯罪嫌疑人、被告人的刑事责任等法律问题。

（5）犯罪嫌疑人、被告人在 5 年内曾经故意犯罪的，不适用和解。这是适用当事人和解的公诉案件的消极条件，犯罪嫌疑人、被告人在 5 年内曾经故意犯罪，可以表明该犯罪嫌疑人、被告人主观恶性以及人身危险性较高，其真诚悔罪、回归社会的可能性较低。

3. 结合本案，简述当事人和解的程序

（1）和解程序的启动。本案在案发后，被告人何某峰与被害人简某君家属达成和解协议并履行完毕。最高法《解释》第 587 条规定，对符合《刑事诉讼法》第 288 条规定的公诉案件，事实清楚、证据充分的，人民法院应当告知当事人可以自行和解；当事人提出申请的，人民法院可以主持双方当事人协商以达成和解。当事人双方均可以启动和解程序，被害人死亡的，其近亲属可以与犯罪嫌疑人、被告人和解。

（2）和解协议的达成。本案在侦查阶段，犯罪嫌疑人何某峰与被害人简某君近亲属达成和解。依据《刑事诉讼法》的规定，公安机关依法审查案件事实是否清楚，是否符合适用和解的条件，符合条件的，公安机关应当主持制作和解协议书，并由双方当事人及其他参加人员签名。如果在侦查阶段双方当事人未能达成和解协议的，在审查起诉阶段、审判阶段双方当事人仍然可以启动和解程序，并分别由检察机关、人民法院主持制作和解协议书。

最高法《解释》第 592 条规定，和解协议书应当包括以下内容：被告人承认自己所犯罪行，对犯罪事实没有异议，并真诚悔罪；被告人通过向被害人赔礼道歉、赔偿损失等方式获得被害人谅解；涉及赔偿损失的，应当写明赔偿的数额、方式等；提起附带民事诉讼的，由附带民事诉讼原告人撤回起诉；被害人自愿和解，请求或者同意对被告人依法从宽处罚。

（3）和解协议的履行。本案被告人何某峰在与被害人简某君家属达成和解协议后，支付赔偿款澳门币500万元，完成对和解协议的履行。犯罪嫌疑人、被告人与被害人双方达成和解并在公安机关、人民检察院、人民法院主持下达成书面和解协议后，双方都应当按照书面协议的内容积极履行。最高法《解释》第593条规定，和解协议约定的赔偿损失内容，被告人应当在协议签署后即时履行，至迟应当在人民检察院或人民法院作出从宽处理决定前。确实难以一次性履行的，在被害人同意并提供有效担保的情况下，可以分期履行。和解协议中约定有赔礼道歉等专属事项的，应当由犯罪嫌疑人、被告人亲自履行。

4. 结合本案，简述对当事人达成和解协议的处理

《刑事诉讼法》第290条规定，对于达成和解协议的案件，公安机关可以向人民检察院提出从宽处理的建议。人民检察院可以向人民法院提出从宽处罚的建议；对于犯罪情节轻微，不需要判处刑罚的，可以作出不起诉的决定。人民法院可以依法对被告人从宽处罚。本案属于达成和解协议的案件，人民法院对被告人何某峰从轻处罚，依法宣告其缓刑。

二、理论阐释：公诉案件和解与自诉案件和解之异同

当事人和解的公诉案件诉讼程序是指在公诉案件的刑事诉讼过程中，犯罪嫌疑人、被告人真诚悔罪，通过向被害人赔偿损失、赔礼道歉等方式获得被害人的谅解，被害人自愿和解，经过公安机关、人民检察院或人民法院的审查并在其主持下达成和解协议后，对犯罪行为人予以从宽处罚的一种特别程序。

自诉案件包括下列案件：①告诉才处理的案件；②被害人有证据证明的轻微刑事案件；③被害人有证据证明对被告人侵犯自己人身、财产权利的行为应当依法追究刑事责任，而公安机关或者人民检察院不予追究被告人刑事责任的案件。人民法院对自诉案件，可以进行调解；自诉人在宣告判决前，可以同被告人自行和解或者撤回自诉。被告人可以对自诉人提出反诉，但是第三类自诉案件不适用调解和反诉。

两者存在明显的区别：

（1）适用案件的范围不同。公诉案件和解的案件范围是：①因民间纠纷引起，涉嫌《刑法》分则第四章、第五章规定的犯罪案件，可能判处3年有期徒刑以下刑罚的；②除渎职犯罪以外的可能判处7年有期徒刑以下刑罚的过失犯罪案件。其中，犯罪嫌疑人、被告人在5年以内曾经故意犯罪的，不适用当事人和解程序。自诉案件和解的范围是：①告诉才处理的案件；②被害人有证据证明的轻微刑事案件；③被害人有证据证明对被告人侵犯自己人身、财产权利的行为应当依法追究刑事责任，而公安机关或者人民检察院不予追究被告人刑事责任的案件。

（2）和解的程序不同。最高法《解释》第587条规定："对符合刑事诉讼法第二百八十八条规定的公诉案件，事实清楚、证据充分的，人民法院应当告知当事人可以自行和解；当事人提出申请的，人民法院可以主持双方当事人协商以达成和解。根据案件情况，人民法院可以邀请人民调解员、辩护人、诉讼代理人、当事人亲友等参与促成双方当事人和解。"最高法《解释》第591条规定，人民法院经审查，认为和解自愿、合法的，应当主持制作和解协议书。可见，对于公诉案件的和解法院富有积极促成的主动性。而对于自诉案件的和解，最高法《解释》第329条规定："判决宣告前，自诉案件的当事人可以自行和解，自诉人可以撤回自诉。人民法院经审查，认为和解、撤回自诉确属自愿的，应当裁定准许；认为系被强迫、威吓等，并非自愿的，不予准许。"可见，自诉案件是控辩双方自主进行的，法院并不会积极促成，且和解之后法院同样不会制作和解协议书。

（3）和解的方式不同。自诉案件的和解没有具体方式的限制。但是公诉案件的和解其方式，依据《刑事诉讼法》第288条规定，限于真诚悔罪，通过向被害人赔偿损失、赔礼道歉等方式。

（4）和解产生的效力不同。对于公诉案件和解，双方当事人达成和解协议后，公安机关可以向人民检察院提出从宽处理的建议。人民检察院可以向人民法院提出从宽处罚的建议；对于犯罪情节轻微，不需要判处刑罚的，可以作出不起诉的决定。人民法院可以依法对被告人从宽处罚。自诉案件和解后，人民法院经审查，认为和解确属自愿的，应当裁定准许，人民法院对此无需再作出判决。就自诉案件的和解，自诉人权利范围更广，其可选择撤诉。但是对于公诉案件的和解，公诉机关不能撤诉而且被害人亦无权要求撤诉。

三、扩展思考：和解与认罪认罚从宽原则的适用

认罪认罚从宽和刑事和解都是经过前期的司法试点后，经法律修改而被《刑事诉讼法》所吸纳的。两者在程序设计、价值取向上，具有共通性。刑事和解，是被害人与加害人的和解，是指在刑事诉讼程序运行过程中，被害人和加害人以认罪、赔偿、道歉等方式达成谅解后，国家专门机关不再追究加害人刑事责任或者对其从轻处罚的一种案件处理方式。认罪认罚从宽是指犯罪嫌疑人、被告人自愿如实供述自己的罪行，承认指控的犯罪事实，愿意接受处罚的，可以依法从宽处理。认罪认罚从宽和刑事和解都是寓人权保障于犯罪追诉之中的制度设计，有利于弥补被犯罪破坏的社会关系。同时两者也存在明显区别：

（1）法条结构定位不同。2012 年《刑事诉讼法》在第四编后增加一编，名为"特别程序"，当事人和解的公诉案件诉讼程序即属于特别程序编。认罪认罚从宽在 2018 年《刑事诉讼法》中的条文分布相对分散，但又体现了形散神聚的特点。首先，第一章"任务和基本原则"第 15 条对认罪认罚从宽的含义作了概括性表述。其次，第二编和第三编就认罪认罚从宽在侦查、起诉、审判各环节的要求作出了规定。

（2）案件适用范围不同。对于当事人和解的公诉案件，《刑法》采用"列举+排除"的方式规定了其适用范围。一是因民间纠纷引起、涉嫌《刑法》分则第四章、第五章规定的犯罪案件，可能判处 3 年有期徒刑以下刑罚的；二是除渎职犯罪以外的可能判处 7 年有期徒刑以下刑罚的过失犯罪案件。排除适用的是"犯罪嫌疑人、被告人在 5 年以内曾经故意犯罪的"案件。对于认罪认罚从宽，《刑事诉讼法》没有规定其适用的案件范围，因此适用于所有刑事案件。

（3）法律关系调整的角度不同。当事人和解的公诉案件制度关键部分的内容是刑事被追诉人与被害人之间的互动，体现了缓和案件当事人对抗关系的立法意图，且司法公权力并不强力干预其中，有学者把刑事和解视为刑事诉讼的"私力合作模式"。[1]而认罪认罚从宽所着力凸显的是刑事被追诉人

---

[1]　参见陈瑞华："刑事诉讼的私力合作模式——刑事和解在中国的兴起"，载《中国法学》2006 年第 5 期。

与司法机关之间的互动关系，公权力主体是明确在场的，故有学者在与刑事和解相对的意义上称之为"公力合作模式"。[1]

刑事和解和认罪认罚从宽具有各自相对独立的内涵和外延，二者并无绝对的相互依赖性。刑事和解未必以刑事被追诉人充分、完整意义上的认罪认罚为前提；在有被害人的案件中，对刑事被追诉人适用认罪认罚从宽亦并不一定要求被追诉人与被害人达成刑事和解。一方面，刑事被追诉人不"认罪认罚"的，仍然有可能与被害人达成刑事和解。另一方面，在有被害人的刑事案件中，适用认罪认罚从宽也不要求当事人一定要达成刑事和解。

---

[1] 参见陈瑞华："刑事诉讼的公力合作模式——量刑协商制度在中国的兴起"，载《法学论坛》2019 年第 4 期。

◆ 案情概要

2021 年 12 月 9 日，潜逃境外 20 年的"百名红通人员"程某昌贪污案公开开庭审理。程某昌案是我国首起适用刑事缺席审判程序审理的外逃被告人贪污案，也成为党的十九大以来追逃追赃和法治建设的标志性案件。

程某昌，男，1941 年 7 月出生，外逃前历任河南省漯河市委书记、豫港（集团）有限公司董事长等职，国家监察体制改革后，该案由河南省郑州市纪委监委办理。

2000 年 12 月 7 日至 2000 年 12 月 15 日，被告人程某昌利用担任豫港（集团）有限公司董事长的职务便利，以在新西兰设立分公司为由，先后三次指使财务人员将公款转入其名下支票账户及其在新西兰开设的个人账户，非法占有公款港元、新西兰元、美元折合人民币共计 308.88 万余元。程某昌于 2001 年 2 月 7 日逃往境外。2002 年 2 月，国际刑警组织对其发布红色通报。2015 年 4 月，中央追逃办将程某昌列为"百名红通人员"。

2020 年 8 月，郑州市监委将该案移送检察机关审查起诉。之后，郑州市人民检察院向郑州市中级人民法院提起公诉，提请适用缺席审判程序，以贪污罪追究程某昌刑事责任。检察机关指控，程某昌利用担任豫港（集团）有限公司董事长的职务便利，非法占有公款折合人民币共计 308.88 万余元。郑州市中级人民法院依法将传票和起诉书副本送达程某昌本人。

本案是我国适用刑事缺席审判程序审理的第一起外逃被告人贪污案。程某昌在境外，其近亲属代为委托两名辩护人为其出庭辩护。郑州市中级人民

〔1〕　参见中国法院网：https://www.chinacourt.org/article/detail/2022/01/id/6489318.shtml；澎湃新闻：https://m.thepaper.cn/baijiahao_15768062，2022 年 2 月 6 日访问。

法院在审理过程中依法充分保障了缺席被告人程某昌的各项诉讼权利。

2022 年 1 月 17 日，河南省郑州市中级人民法院公开宣判"百名红通"人员河南省漯河市委原书记、豫港（集团）有限公司原董事长程某昌贪污一案，对被告人程某昌以贪污罪判处有期徒刑 12 年，并处罚金人民币 50 万元；追缴程某昌贪污犯罪所得依法予以返还。郑州市中级人民法院认为，被告人程某昌的行为构成贪污罪，数额特别巨大，应依法惩处。程某昌逃匿境外逾 20 年，拒不到案接受审判，拒不退缴赃款，应予从重处罚。法庭遂作出上述缺席判决。

一、法律分析

1. 结合本案，简述对外逃人员缺席审判的法定条件

本案外逃被告人程某昌因贪污被郑州市监委移送检察机关审查起诉，经郑州市中级人民法院审理认定有明确的指控贪污罪的犯罪事实，依法作出缺席判决。《刑事诉讼法》第 291 条规定了缺席审判程序适用的案件范围及条件，对于贪污贿赂犯罪案件，以及需要及时进行审判，经最高人民检察院核准的严重危害国家安全犯罪、恐怖活动犯罪案件，犯罪嫌疑人、被告人在境外，监察机关、公安机关移送起诉，人民检察院认为犯罪事实已经查清，证据确实、充分，依法应当追究刑事责任的，可以向人民法院提起公诉。人民法院进行审查后，对于起诉书中有明确的指控犯罪事实，符合缺席审判程序适用条件的，应当决定开庭审判。本案被告人程某昌因外逃境外，属于缺席审判程序适用案件范围的第一种，即贪污贿赂犯罪案件；郑州市监委对其调查后移送检察机关审查起诉，郑州市中级人民法院依据《刑事诉讼法》对其作出缺席判决。

需要注意的是，《刑事诉讼法》还规定了以下几种情形可以缺席审判：因被告人患有严重疾病无法出庭，中止审理超过 6 个月，被告人仍无法出庭，被告人及其法定代理人、近亲属申请或者同意恢复审理的，人民法院可以在被告人不出庭的情况下缺席审理，依法作出判决。被告人死亡的，人民法院应当裁定终止审理，但有证据证明被告人无罪，人民法院经缺席审理确认无罪的，应当依法作出判决。人民法院按照审判监督程序重新审判的案件，被告人死亡的，人民法院可以缺席审理，依法作出判决。

2. 结合本案，简述法院对检察院提起公诉的缺席审判案件的审查及处理

本案自郑州市人民检察院提起公诉后，郑州市中级人民法院应当依据最高法《解释》第 598 条的规定进行重点审查以下内容：①是否属于可以适用缺席审判程序的案件范围；②是否属于本院管辖；③是否写明被告人的基本情况，包括明确的境外居住地、联系方式等；④是否写明被告人涉嫌有关犯罪的主要事实，并附证据材料；⑤是否写明被告人有无近亲属以及近亲属的姓名、身份、住址、联系方式等情况；⑥是否列明违法所得及其他涉案财产的种类、数量、价值、所在地等，并附证据材料；⑦是否附有查封、扣押、冻结违法所得及其他涉案财产的清单和相关法律手续。

法院审查后，应当依据最高法《解释》第 599 条规定，按照下列情形分别处理：①符合缺席审判程序适用条件，属于本院管辖，且材料齐全的，应当受理；②不属于可以适用缺席审判程序的案件范围、不属于本院管辖或者不符合缺席审判程序的其他适用条件的，应当退回人民检察院；③材料不全的，应当通知人民检察院在 30 日以内补送；30 日以内不能补送的，应当退回人民检察院。

本案程某昌贪污案经郑州市中级人民法院审查符合缺席审判程序适用条件，属于本院管辖，遂作出受理决定。郑州市中级人民法院立案后，将传票和起诉书副本送达被告人程某昌本人，告知被告人近亲属有权代为委托辩护人，郑州市中级人民法院在审理过程中依法充分保障了缺席被告人程某昌的各项诉讼权利。

3. 结合本案，简述缺席审判的程序

最高法《解释》第 600 条至第 604 条规定，对于适用缺席审判的案件，人民法院立案后，应当将传票和起诉书副本送达被告人，传票应当载明被告人到案期限以及不按要求到案的法律后果等事项。将起诉书副本送达被告人近亲属，告知其有权代为委托辩护人，并通知其敦促被告人归案。

被告人有权委托或者由近亲属代为委托 1 至 2 名辩护人。被告人及其近亲属没有委托辩护人的，人民法院应当通知法律援助机构指派律师为被告人提供辩护。

被告人的近亲属申请参加诉讼的，应当在收到起诉书副本后、第一审开庭前提出，并提供与被告人关系的证明材料。有多名近亲属的，应当推选 1 至 2 人参加诉讼。

人民法院审理缺席审判的案件参照适用公诉案件第一审普通程序的有关规定。被告人的近亲属参加诉讼的，可以发表意见，出示证据，申请法庭通知证人、鉴定人等出庭，进行辩论。人民法院审理后依法作出判决、裁定。

4. 结合本案，简述被告人到案后的处理

本案如果被告人程某昌在法院审理过程中自动投案或被抓获，郑州市中级人民法院应当重新审理。或者如果在判决生效以后，交付执行前，罪犯程某昌到案的，郑州市中级人民法院应当告知罪犯程某昌有权对判决、裁定提出异议。如果程某昌对判决、裁定提出异议的，郑州市中级人民法院应当重新审理。

《刑事诉讼法》第295条规定，在审理过程中，被告人自动投案或者被抓获的，人民法院应当重新审理。或者罪犯在判决、裁定发生法律效力后到案的，人民法院应当将罪犯交付执行刑罚。交付执行刑罚前，人民法院应当告知罪犯有权对判决、裁定提出异议。罪犯对判决、裁定提出异议的，人民法院应当重新审理。依照生效判决、裁定对罪犯的财产进行的处理确有错误的，应当予以返还、赔偿。

二、理论阐释：刑事诉讼中的缺席审判

刑事缺席审判是指法院在被告人未到庭出席审判的情况下对案件进行审理并作出判决的诉讼程序。相对于普通刑事审判程序，缺席审判的最基本特点是被告人未出席法庭审判。普通刑事审判程序即"在席审判"，这是最普遍的审判方式。在刑事审判中，被告人出庭接受审判既是一种义务，也是一项基本权利，而其缺席审判，使审判中的控辩关系失衡加剧，极易导致审判的不公正。因为关涉重大，刑事诉讼中的缺席审判，不论是制度设置还是实践运行均应更加慎重。

刑事缺席审判涉及限制被告人的程序参与权，出席庭审是被告人一项重要的诉讼权利，只有出席庭审，被告人才能有效行使辩护权、知情权、最后陈述权等一系列权利。因此，修法前对缺席审判正当性的担忧主要包括：缺席审判制度如果不能建立完善的配套措施，将会影响被告人的诉讼权利和实体权利。案件裁判的结果直接决定着被告人的自由、财产、生命，因而要保证案件审判程序的公正合理，就必须要保障被告人在诉讼过程中有充分的参与机会。要做到这一点，就必须赋予被告人质证权。

一项制度的确立通常是价值权衡的结果，缺席审判程序虽然有损被追诉人诉讼权利，但缺席审判程序的设立更具有积极意义。缺席审判程序可以对外逃的犯罪分子及时作出法律上的否定评价，彰显法律权威，维护国家和社会公共利益，形成完整的追责体系。党的十八大以来，严厉打击腐败犯罪一直都是党的任务和目标，近几年监察体制改革以及《监察法》的颁布实施，都旨在打击贪污腐败之风。缺席审判程序的设立也是服务于这一目的的，能够更好地起到威慑和预防作用。2018年《刑事诉讼法》将其正式写入，必将形成打击贪污腐败犯罪的合力。本案犯罪人程某昌贪污公款后潜逃境外，情节特别恶劣，严重损害国家和公共利益，如果没有缺席审判程序，很难将此类案件的犯罪人绳之以法，严重折损司法权威。缺席审判程序的设立断绝了腐败犯罪分子潜逃境外的后路，将潜逃国外的犯罪嫌疑人纳入刑事责任追究的法网之中，让所有潜逃者都不再有侥幸心理，有利于预防贪腐等犯罪的发生。

三、扩展思考：缺席审判程序中对被告人诉讼权利的保障

虽然是缺席审判，但同样应当最大限度地保障被追诉人的各项权利。《刑事诉讼法》一方面严格控制缺席审判程序的适用范围，另一方面也赋予被告人知悉权、辩护权等权利保障。

（1）知悉权。保障被告人的知悉权是缺席审判程序的前置条件，缺席审判的正当性基于对出庭权利的自我放弃，只有保障了被告人的知悉权才能保证其自我放弃权利是真实的。本案郑州市中级人民法院依法将传票和起诉书副本送达程某昌本人即是履行保障被告人知悉权的途径。《刑事诉讼法》第292条对保障缺席审判程序被告人的知悉权作出规定，人民法院应当通过有关国际条约规定的或者外交途径提出的司法协助方式，或者被告人所在地法律允许的其他方式，将传票和人民检察院的起诉书副本送达被告人。传票和起诉书副本送达后，被告人未按要求到案的，人民法院应当开庭审理，依法作出判决，并对违法所得及其他涉案财产作出处理。

（2）辩护权。《刑事诉讼法》第293条规定了缺席审判程序中被告人辩护权的行使及保障，人民法院缺席审判案件，被告人有权委托辩护人，被告人的近亲属可以代为委托辩护人。被告人及其近亲属没有委托辩护人的，人民法院应当通知法律援助机构指派律师为其提供辩护。根据该法条，适用缺席

审判程序的案件都必须有律师为被告人提供辩护，包括委托辩护或指定辩护。本案由于被告人潜逃境外，即程某昌在境外，其近亲属代为委托两名辩护人为其出庭辩护，郑州市中级人民法院在审理过程中依法充分保障了缺席被告人程某昌的辩护权等各项诉讼权利。

（3）上诉权。《刑事诉讼法》第294条第1款规定："人民法院应当将判决书送达被告人及其近亲属、辩护人。被告人或者其近亲属不服判决的，有权向上一级人民法院上诉。辩护人经被告人或者其近亲属同意，可以提出上诉。"由此可知，被告人或其近亲属不服判决的，有权向上一级人民法院上诉，而辩护人在得到被告人或者其近亲属同意的情况下，可以提出上诉。本案经郑州市中级人民法院判决后，被告人程某昌及其近亲属如不服判决的，有权向上一级人民法院上诉。辩护人经被告人程某昌或其近亲属同意，也可以提出上诉。

关于能否赋予被告人近亲属独立的上诉权存在争议。我国《刑事诉讼法》规定，上诉权是被告人及其法定代理人专属的权利，即便是被告人的近亲属也必须征得被告人同意后，才享有代为上诉的权利。就诉讼原理而言，独立上诉权的权利基础在于"为被告人之利益"，是法律为保障被告人利益作出的特别规定，扩大为被告人利益而进行上诉审理的可能性，具体可以分为绝对的独立上诉权和相对的独立上诉权两种。前者不受被告人意思约束，是真正意义上的独立上诉权，但权利主体范围较小，比如德国规定法定代理人有此权利。相对的独立上诉权虽能独立提出，但不得违反被告人所明示的意思，比如日本规定法定代理人、保佐人、原审辩护人有此权利，德国规定辩护人有此权利。而我国《刑事诉讼法》第294条规定，近亲属提起上诉不需要经过被告人的同意，这可视为完全的独立上诉权，但如此规定值得研究。因为从法理上分析，完全的独立上诉权要以被告人没有自我保护能力为前提，而在缺席审判中如果被告人并未丧失独立意志，不能当然地由被告人之近亲属越过被告人作出意思表示。在司法实践中，司法机关对于近亲属提起上诉的情形要进行实质审查，辨别其是否与被告人的意志相违背。如果被告人近亲属与被告人关于是否上诉发生分歧，而被告人又具有完全的意志能力，应以被告人意志为准。

案例五十五　潘某挪用资金案

【中止审理后的缺席审判】

◆ **案情概要**

2018 年上半年开始，在湖北某建筑工程有限公司财务部任职的潘某多次挪用单位资金参与网络赌博，后因担心事情败露，潘某未办理任何手续就从公司离职。2020 年 1 月 19 日，潘某被黄梅县公安局立案侦查，2021 年 4 月 29 日，案件移送黄梅县人民检察院审查起诉。

2021 年 8 月，黄梅县人民检察院以潘某涉嫌挪用资金罪向黄梅县人民法院提起公诉，但在案件审理过程中，潘某因病无法出席庭审，黄梅县人民法院遂对该案中止审理。

黄梅县人民检察院承办检察官对照最新《刑事诉讼法》，认真分析潘某一案后，认为如该案在提起公诉后因被告人潘某患有严重疾病中止审理超过 6 个月，潘某家属同意适用该制度向法院提出申请，可以适用缺席审判程序。因涉及追诉犯罪尽快为企业挽回经济损失的客观需求，承办人经请示汇报后，与被告人家属沟通，积极推进重新启动该案诉讼程序。

2022 年 4 月 7 日，潘某涉嫌挪用资金罪一案开庭审理。4 月 15 日，湖北省黄梅县人民法院适用缺席审判程序宣判该案。

法院经审理查明，被告人潘某在湖北某建筑公司从事财务工作期间，先后 2 次挪用该公司公款共计 50 万元用于网络赌博，并全部输光。案发后，被告人潘某口头承诺将向湖北某建筑公司归还公款，但实际未归还，且在未办理任何手续的情况下从该公司离职。

因被告人潘某在取保候审期间发生交通事故致头部受伤，经黄冈市精神病医院鉴定，认定潘某无受审能力，黄梅县人民法院遂以被告人患有严重疾病无法出庭为由中止案件审理。6 个月后，被告人潘某仍无法出庭，经被告人法定代理人同意该案恢复审理后，黄梅县人民法院依法组成合议庭，在充分保障被告人权利的前提下，为其指定了辩护人，公开开庭缺席审理此案，并作出判决。

法院经审理认为，被告人潘某身为湖北某建筑公司的工作人员，利用担任该公司会计出纳的职务便利，挪用公司资金进行非法活动，其行为已构成挪用资金罪。公诉机关指控的犯罪事实清楚，证据确实、充分，罪名成立，依法予以确认。案发后，被告人主动到公安机关投案，并如实供述了自己的犯罪事实，系自首，可从轻处罚。综合考虑被告人的犯罪事实和对社会危害的程度，黄梅县人民法院遂依照相关法律规定，以挪用资金罪判处被告人潘某有期徒刑 2 年，缓刑 2 年 6 个月，并责令被告人于判决生效后 30 日内退赔被害单位相关经济损失。

一、法律分析

1. 结合本案，简述刑事诉讼中止审理的适用情形

本案被告人潘某因在取保候审期间发生交通事故造成头部受伤，致使其无受审能力，鉴于案件在较长时间内无法继续审理，黄梅县人民法院遂以被告人患有严重疾病无法出庭为由中止案件审理，本案属于适用中止审理的情形之一。

中止审理指人民法院在受理案件后，作出判决之前，出现了某些使审判在一定期限内无法继续进行的情况时，决定暂时停止案件审理，待有关情形消失后，再行恢复审判的诉讼制度。《刑事诉讼法》第 206 条规定，在审判过程中，有下列情形之一，致使案件在较长时间内无法继续审理的，可以中止审理：①被告人患有严重疾病，无法出庭的；②被告人脱逃的；③自诉人患有严重疾病，无法出庭，未委托诉讼代理人出庭的；④由于不能抗拒的原因。中止审理的原因消失后，应当恢复审理。中止审理的期间不计入审理期限。

2. 结合本案，简述对被告人因严重疾病无法出庭而中止审理的案件适用缺席审判的法定条件

承办本案的黄梅县人民检察院检察官根据《刑事诉讼法》的规定，认为该案在提起公诉后因被告人潘某患有严重疾病无法出庭中止审理超过 6 个月，且潘某家属同意适用，因此向黄梅县人民法院申请适用缺席审判程序。最高法《解释》第 605 条规定："因被告人患有严重疾病导致缺乏受审能力，无法

出庭受审，中止审理超过六个月，被告人仍无法出庭，被告人及其法定代理人、近亲属申请或者同意恢复审理的，人民法院可以根据刑事诉讼法第二百九十六条的规定缺席审判。符合前款规定的情形，被告人无法表达意愿的，其法定代理人、近亲属可以代为申请或者同意恢复审理。"由此可知，对因严重疾病无法出庭的被告人适用缺席审判的法定条件有二：一是客观条件，即要求被告人因严重疾病导致中止审理超过6个月；二是主观条件，即经由被告人及其法定代理人、近亲属申请或同意。

本案由于被告人潘某患有严重疾病无法出庭而导致中止审理，6个月以后其何时痊愈能够出庭难以预料，故可能导致审判长期无法正常进行。有鉴于此，法律设置了上述形态的缺席审判，试图排除诉讼障碍以确保诉讼不被过分拖累与延误。在被告人不出庭的情况下继续审理，这种制度安排较为妥善地平衡了纠纷解决、诉讼效率与人权保障之间的矛盾，实现了诉讼价值的平衡。本案属于《刑事诉讼法》第206条第1项规定的中止审理情形。

3. 结合本案，简述"因严重疾病无法出庭"中"严重疾病"的内涵

本案被告人潘某在取保候审期间发生交通事故致头部受伤，经黄冈市精神病医院鉴定，认定潘某无受审能力，因而符合"严重疾病"的要求。最高法《解释》第605条、《刑事诉讼法》第206条的规定均提及"严重疾病"这一表述，认为对"严重疾病"应作严格、狭义上的理解，主要包括因患严重疾病无法辨认、控制自己的行为，无法表达自己的真实意思的情形。学界通常将该类情况概称为"丧失诉讼能力"，其可能造成的法律后果为"无法承受审问和正常行使法律所赋予的诉讼权利"。对严重疾病的认定，除了考察专业医疗机构的鉴定结果，还应结合疾病对被告人正确表达或辨认、控制自己行为能力的影响程度进行评价。同时考虑被告人作为诉讼主体，受到疾病影响能否正常行使诉讼权利并有效参与刑事诉讼这一因素。除此之外，鉴定"严重疾病"的鉴定机构应明确规定为司法机关指定并获得相关资质的医疗机构，同时还应出具司法鉴定意见书，若公安司法机关、被告人或被害人等对鉴定意见书有异议的可以请求重新鉴定，司法机关可以另行指定其他有资质的医疗机构重新鉴定。

二、理论阐释：审判障碍：延期审理、中止审理与终止审理

（一）延期审理

延期审理，是指人民法院在已经确定开庭审理日期后，或者在开庭审理过程中，由于出现某种法定事由，使开庭审理不能如期进行，或者已经开始的庭审无法继续进行，从而决定推延审理的诉讼制度。《刑事诉讼法》第204条规定："在法庭审判过程中，遇有下列情形之一，影响审判进行的，可以延期审理：（一）需要通知新的证人到庭，调取新的物证，重新鉴定或者勘验的；（二）检察人员发现提起公诉的案件需要补充侦查，提出建议的；（三）由于申请回避而不能进行审判的。"此外，对于辩护人拒绝继续为被告人进行辩护或者被告人当庭拒绝辩护人为其辩护，而被告人要求另行委托辩护人或者要求人民法院另行指定辩护律师，合议庭同意的，亦应当宣布延期审理。

延期审理原则上要求计入审理期限，不能无限期推延。延期审理的开庭日期和地点能当庭确定的，应当当庭通知公诉人、当事人和其他诉讼参与人，不能确定的，应当在确定后另行通知。

（二）中止审理

中止审理是指人民法院在受理案件后，作出判决之前，出现了某些使审判在一定期限内无法继续进行的情况时，决定暂时停止案件审理，待有关情形消失后，再行恢复审理。《刑事诉讼法》206条规定："在审判过程中，有下列情形之一，致使案件在较长时间内无法继续审理的，可以中止审理：（一）被告人患有严重疾病，无法出庭的；（二）被告人脱逃的；（三）自诉人患有严重疾病，无法出庭，未委托诉讼代理人出庭的；（四）由于不能抗拒的原因。中止审理的原因消失后，应当恢复审理。中止审理的期间不计入审理期限。"

延期审理和中止审理存在不同：首先，适用的诉讼阶段不同。中止审理适用于审判阶段，包括法院受理案件到判决结果作出的整个审判程序，而延期审理大多只适用于法院的审理过程中，其适用范围相对较窄。其次，适用方式不同。中止审理适用的文书为裁定，延期审理适用的文书为决定。最后，开庭的可预见性不同。中止审理由于适用情形的特殊性，往往是难以预见或不可抗拒的障碍，所以情形的消除以及再次开庭的时间都是难以确定的。而导致延期审理的特殊事由可以依靠其他诉讼活动的完成而消除，因此其再次开庭的日期通常可以预见。

（三）终止审理

终止审理是指人民法院在审判案件过程中，遇有法律规定的情形致使审判不应当或者不需要继续进行时，终结案件的诉讼活动。我国对刑事诉讼终止的规定集中在《刑事诉讼法》第 16 条："有下列情形之一的，不追究刑事责任，已经追究的，应当撤销案件，或者不起诉，或者终止审理，或者宣告无罪：（一）情节显著轻微、危害不大，不认为是犯罪的；（二）犯罪已过追诉时效期限的；（三）经特赦令免除刑罚的；（四）依照刑法告诉才处理的犯罪，没有告诉或者撤回告诉的；（五）犯罪嫌疑人、被告人死亡的；（六）其他法律规定免予追究刑事责任的。"

区别于中止审理、延期审理，终止审理的适用会发生案件诉讼程序立即终结并不再恢复的效果。

三、扩展思考：外逃型缺席审判与被告人因重病中止审理超过 6 个月、被告人虽死亡但有证据证明其无罪的缺席审判之比较

2018 年《刑事诉讼法》规定了三种刑事缺席审判类型，包括①被追诉人潜逃境外的；②因被告人患严重疾病以至于无法出庭中止审理超过 6 个月的；③被告人虽死亡但有证据证明其无罪的。由此形成了一套全新的审判程序，对于我国刑事诉讼制度的完善有着重要意义。由于对象范围的不同，这三种缺席审判类型在具体审理程序方面具有差异。

（1）级别管辖不同。对于外逃型缺席审判，我国《刑事诉讼法》第 291 条第 2 款规定由犯罪地、被告人离境前居住地或者最高人民法院指定的中级人民法院组成合议庭进行审判。此处级别管辖的规定出于两点考虑：一方面，基于此类缺席审判案件的特殊性，由较高级别的法院进行管辖，可以"确保案件质量"；另一方面，出于被告"涉外"的考虑，由中级法院审理能更好地与外国司法机构对接，以顺利完成送达、司法协助等活动。而对被告人重病、死亡两类案件缺席审判的级别管辖法律没有作出特别规定，易言之，基层法院也能够适用缺席审判程序审理这两类案件。

（2）送达方式不同。对于外逃型缺席审判，《刑事诉讼法》第 292 条规定："人民法院应当通过有关国际条约规定的或者外交途径提出的司法协助方式，或者被告人所在地法律允许的其他方式，将传票和人民检察院的起诉书

副本送达被告人……"故法院应当穷尽各种方式进行送达，并严格审查与确定送达的状态。此外，根据国际通行做法，对于被告人一般不得采取公告送达的方式。而对于被告人重病、死亡两种类型的缺席审判有关传票、起诉书副本、判决书的送达按照《刑事诉讼法》一般规定进行。

（3）对辩护权的规定不同。对于外逃型缺席审判，缺席审判案件被告人有权委托辩护人，近亲属可以代为委托辩护人；若没有委托辩护人的，人民法院应当通知法律援助机构指派律师为其提供辩护。保障被告人辩护权是缺席审判制度设计的关键内容，这不仅与被告人人权保障有着极为密切的联系，也是缺席判决能否获得他国承认的基础。此处法律援助应理解为强制性辩护，主要是为了防止庭审无被告人也无辩护人，法庭审判沦为控审两方构造的情况出现，这对于人权保障与获得判决承认意义重大。而对于因被告人重病和死亡两种类型的缺席审判，辩护权保障按照《刑事诉讼法》的一般规定进行。

（4）对异议权的规定不同。对于外逃型缺席审判，我国《刑事诉讼法》赋予被告人及其近亲属以及辩护人上诉权，并且规定了缺席审判的重新审理机制。在审理过程中被告人到案的，案件应当重新审理；罪犯在判决、裁定发生法律效力后到案，且对判决、裁定提出异议的，人民法院应当重新审理。而对于被告人重病类型的缺席审判，被告人有异议的只能通过二审以及再审程序进行。

李某波贪污案 [1]

【犯罪嫌疑人、被告人逃匿案件违法所得的没收程序】

◆ **案情概要**

李某波曾担任江西省鄱阳县财政局经济建设股股长一职，其在任职期间利用职务便利伙同他人贪污县财政局经建资金 9400 万元人民币，并将 2953.335 万元人民币以投资、购买房产的形式转移至新加坡，又利用虚假证明办理了投资移民手续，取得了新加坡的永久居民权并于 2011 年 1 月携家人潜逃至新加坡。

2011 年 2 月 23 日，最高人民检察院通过公安部向国际刑警组织请求对李某波、徐某红夫妇发布红色通缉令，并向新加坡国际刑警发出了协查函。

2011 年 3 月初，新加坡警方以涉嫌洗钱罪拘捕了李某波、徐某红夫妇，二人后被保释。随后，新加坡法院法官三次发出冻结令，冻结李某波夫妇价值共计约 545 万新元的涉案财产。

2013 年 3 月 11 日，在最高人民法院和最高人民检察院的指导下，江西省上饶市人民检察院向上饶市中级人民法院提出李某波案《没收违法所得申请书》，上饶市中级人民法院受理并通过最高人民法院的网站对外发出没收公告。

2013 年 3 月 20 日，最高人民检察院向新加坡检方发出请代为向李某波及其利害关系人告知并送达没收公告的司法协助请求书。

2013 年 8 月 15 日，新加坡法院一审判决认定新加坡总检察署对李某波的所有指控罪名成立，判处李某波 15 个月监禁，18.2 万新元赃款归还中国。李

---

〔1〕 参见最高人民检察院网：https://www.spp.gov.cn/spp/jczdal/202007/t20200721_ 473570.shtml；人民法院报：http://rmfyb.chinacourt.org/paper/html/2017-01/24/content_ 121206.htm? div=-1，2022 年 2 月 6 日访问。

某波不服一审判决，提出上诉。2014 年 7 月 10 日，新加坡上诉法院终审维持一审原判。

2014 年 8 月 29 日，江西省上饶市中级人民法院开庭审理了李某波违法所得没收一案。

2015 年 1 月，新加坡移民局作出取消李某波全家四人新加坡永久居留权的决定。2015 年 2 月 2 日，李某波主动写信要求回国投案自首。

2015 年 3 月 3 日，上饶市中级人民法院就李某波违法所得没收案作出一审裁定，裁定认为：李某波身为国家工作人员，利用职务便利，伙同他人将巨额公款转出后非法占有，涉嫌重大贪污犯罪，其逃匿新加坡后被通缉，1 年后未能到案。有证据证明，李某波将其所贪污公款中的人民币 2900 余万元转移至新加坡，被新加坡警方查封的李某波夫妇名下的财产以及李某波在新加坡用于"全球投资计划"项目投资的 150 万新元，均系李某波的违法所得，依法均应予以没收。

2015 年 4 月 20 日，按照最高人民检察院的司法协助请求，新加坡总检察署通过新加坡警方将裁定正式送达李某波本人及其在新加坡的 7 个利害关系人。

2015 年 4 月 25 日，未收到李某波及利害关系人的异议，裁定正式生效。

2015 年 5 月 9 日，李某波被遣返回国，同日被执行逮捕。

2015 年 12 月 30 日，上饶市人民检察院以李某波犯贪污罪，向上饶市中级人民法院提起公诉。2017 年 1 月 23 日，上饶市中级人民法院以贪污罪判处李某波无期徒刑，剥夺政治权利终身，并处没收个人全部财产。扣除同案犯徐某堂等人已被追缴的赃款以及依照违法所得没收程序裁定没收的赃款，剩余赃款继续予以追缴。

一、法律分析

1. 结合本案，简述违法所得没收程序的适用条件

《刑事诉讼法》第 298 条第 1、2 款规定："对于贪污贿赂犯罪、恐怖活动犯罪等重大犯罪案件，犯罪嫌疑人、被告人逃匿，在通缉一年后不能到案，或者犯罪嫌疑人、被告人死亡，依照刑法规定应当追缴其违法所得及其他涉案财产的，人民检察院可以向人民法院提出没收违法所得的申请。公安机关认为有前款规定情形的，应当写出没收违法所得意见书，移送人民检察院。"

本案满足违法所得没收程序的适用条件，上饶市中级人民法院依法适用违法所得没收程序。《刑事诉讼法》第298条规定，违法所得没收程序的案件范围及适用条件有两种情形：第一种，贪污贿赂、恐怖活动犯罪等重大犯罪案件，犯罪嫌疑人、被告人逃匿，在通缉1年后不能到案，依照《刑法》规定应当追缴其违法所得及其他涉案财产。第二种，犯罪嫌疑人、被告人死亡，依照《刑法》规定应当追缴其违法所得及其他涉案财产。

2. 结合本案，简述违法所得程序中的"利害关系人"

本案违法所得没收裁定作出后，按照最高人民检察院的司法协助请求，新加坡总检察署通过新加坡警方将裁定正式送达李某波本人及其在新加坡的7个利害关系人，期间未收到李某波及利害关系人的异议，遂裁定正式生效。最高法《解释》第616条规定的，《刑事诉讼法》第299条第2款、第300条第2款规定的"其他利害关系人"，是指除犯罪嫌疑人、被告人的近亲属以外的，对申请没收的财产主张权利的自然人和单位。对于其中权利的范围，1998年最高法《解释》将其限制为所有权。但是仅限所有权则范围似乎过窄，故《关于适用犯罪嫌疑人、被告人逃匿、死亡案件违法所得没收程序若干问题的规定》将此概念扩大到对财物主张权利的人，除了对财物主张所有权的人，还包括主张部分物权的人，如主张留置权、担保物权等。关于被害人是否属于利害关系人、两者是否属于种属关系，实践中存在不同看法。通说观点认为，只有被害人依法可以对申请没收的财产主张权利时，才能认定为利害关系人；被害人对申请没收的财产不主张权利（即仅主张赔偿权利）时，被害人与利害关系人不属于同一主体。从这个角度分析，被害人与利害关系人不存在种属关系，两者在外延上不同，但在具体案件中可能存在交叉重合关系。

利害关系人可以申请参加诉讼，犯罪嫌疑人、被告人的近亲属和其他利害关系人申请参加诉讼的，应当在公告期间内提出。利害关系人可以委托诉讼代理人参加诉讼。利害关系人在公告期满后申请参加诉讼，能够合理说明理由的，人民法院应当准许。利害关系人申请参加或者委托诉讼代理人参加诉讼的，应当开庭审理。没有利害关系人申请参加诉讼的，或者利害关系人及其诉讼代理人无正当理由拒不到庭的，可以不开庭审理。人民法院作出裁定后应当及时送达相关利害关系人，对没收违法所得或者驳回申请的裁定，近亲属和其他利害关系人可以在5日以内提出上诉，人民检察院有权提出抗诉。

3. 结合本案，简述违法所得程序中的诉讼代理人

《刑事诉讼法》规定，在审理有关没收违法所得的刑事案件时，犯罪嫌疑人、被告人的近亲属和其他利害关系人有权申请参加诉讼，也可以委托诉讼代理人参加诉讼。关于诉讼代理人的范围，《刑事诉讼法》规定可以为：律师，人民团体或者犯罪嫌疑人、被告人所在单位推荐的人，犯罪嫌疑人、被告人的监护人、亲友。最高法《解释》第617条第2款规定，委托律师担任诉讼代理人的，应当委托具有中华人民共和国律师资格并依法取得执业证书的律师；在境外委托的，应当依照该解释第486条的规定对授权委托进行公证、认证。

4. 结合本案，简述违法所得没收案件的审理程序

江西省上饶市中级人民法院依法开庭审理被告人李某波违法所得没收一案，根据《刑事诉讼法》第299条，没收违法所得的申请，由犯罪地或者犯罪嫌疑人、被告人居住地的中级人民法院组成合议庭进行审理。依照最高法《解释》第619条和第620条，具体审理程序为：

首先，人民法院确定开庭日期后，应当将开庭的时间、地点通知人民检察院、利害关系人及其诉讼代理人、证人、鉴定人、翻译人员。通知书应当依照该解释第615条第2款、第3款规定的方式，至迟在开庭审理3日以前送达；受送达人在境外的，至迟在开庭审理30日以前送达。

其次，人民法院开庭审理申请没收违法所得的案件，按照下列程序进行：①审判长宣布法庭调查开始后，先由检察员宣读申请书，后由利害关系人、诉讼代理人发表意见；②法庭应当依次就犯罪嫌疑人、被告人是否实施了贪污贿赂犯罪、恐怖活动犯罪等重大犯罪并已经通缉1年不能到案，或者是否已经死亡，以及申请没收的财产是否依法应当追缴进行调查；调查时，先由检察员出示证据，后由利害关系人、诉讼代理人出示证据，并进行质证；③法庭辩论阶段，先由检察员发言，后由利害关系人、诉讼代理人发言，并进行辩论。

最后，如果利害关系人接到通知后无正当理由拒不到庭，或者未经法庭许可中途退庭的，人民法院可以转为不开庭审理，但还有其他利害关系人参加诉讼的除外。

5. 结合本案，简述违法所得没收程序审理后的处理

本案经上饶市中级人民法院依法开庭审理后，根据《刑事诉讼法》第300条、最高法《解释》621条规定，人民法院对经查证属于违法所得及其他涉案财产，除依法返还被害人的以外，应当裁定予以没收；对不属于应当追缴的财产的，应当裁定驳回申请，解除查封、扣押、冻结措施。申请没收的财产具有高度可能属于违法所得及其他涉案财产的，应当认定为前款规定的"申请没收的财产属于违法所得及其他涉案财产"。巨额财产来源不明犯罪案件中，没有利害关系人对违法所得及其他涉案财产主张权利，或者利害关系人对违法所得及其他涉案财产虽然主张权利但提供的证据没有达到相应证明标准的，应当视为"申请没收的财产属于违法所得及其他涉案财产"。

本案中，对于上饶市中级人民法院作出的违法所得没收裁定，被告人的近亲属和其他利害关系人或者人民检察院可以在5日以内提出上诉、抗诉。

二、理论阐释：缺席审判与违法所得没收程序之比较

2018年《刑事诉讼法》增设了缺席审判程序，对原违法所得没收程序予以原封保留。缺席审判程序与犯罪嫌疑人、被告人逃匿、死亡案件违法所得的没收程序在适用的犯罪种类上存在交叉重叠关系，但两者在适用的案件范围、适用的对象、适用的前置程序、送达的材料和方式、证明标准等诸多方面存在差异，不能简单地将两者理解为替代与被替代的关系。

1. 相同之处

（1）二者都适用于贪污贿赂犯罪、恐怖活动犯罪、危害国家安全犯罪案件。依照《刑事诉讼法》第291条，缺席审判程序适用于"贪污贿赂犯罪案件，以及需要及时进行审判，经最高人民检察院核准的严重危害国家安全犯罪、恐怖活动犯罪案件"。而违法所得没收程序也适用于贪污贿赂犯罪、恐怖活动犯罪等重大犯罪案件。

（2）二者都适用于被告人外逃的情况。无论是缺席审判程序还是违法所得没收程序，对于贪污贿赂犯罪、危害国家安全犯罪、恐怖活动犯罪而言，都是在被告人外逃的情况下进行的；如果被告人到庭，则既不能适用缺席审判程序，也不能适用违法所得没收程序。《刑事诉讼法》第298条规定，违法所得没收程序的适用条件是犯罪嫌疑人、被告人逃匿。而最高法《解释》将逃匿明确为外逃。

（3）二者管辖范围相同。在缺席审判程序中，是由犯罪地、被告人离境前居住地或者最高人民法院指定的中级人民法院组成合议庭进行审理；而在违法所得没收程序中，由犯罪地或者犯罪嫌疑人、被告人居住地的中级人民法院组成合议庭进行审理。可见，在一般情况下，这两个程序的地域管辖和级别管辖都是基本相同的，即由犯罪地或者被追诉人居住地的中级人民法院管辖。

（4）二者都设立了被追诉人的权利保障机制。首先，在缺席审判程序中，被告人有权委托辩护人，被告人的近亲属可以代为委托辩护人，被告人及其近亲属没有委托辩护人的，人民法院应当通知法律援助机构指派律师为其提供辩护。而在违法所得没收程序中，犯罪嫌疑人、被告人的近亲属和其他利害关系人有权申请参加诉讼，也可以委托诉讼代理人参加诉讼。

2. 不同之处

（1）适用的案件范围不完全相同。缺席审判适用于贪污贿赂犯罪、严重危害国家安全犯罪、恐怖活动犯罪案件，被告人患有严重疾病被中止审理6个月以上或者被告人死亡的案件。而违法所得没收程序适用的是贪污贿赂犯罪和恐怖活动等重大犯罪案件。可见，两程序在适用案件范围上有着一定的差异。

（2）适用后果不同。违法所得没收程序是对认定为违法所得的财产裁定予以没收，不涉及对被告人定罪量刑；而缺席审理后认定被告人构成犯罪的，则既要对被告人定罪量刑，也要对违法所得的财产予以没收。本案经上饶市中级人民法院依法开庭审理后依法没收李某波贪污公款中的人民币2900余万元、被新加坡警方查封的李某波夫妇名下的财产以及李某波在新加坡用于"全球投资计划"项目投资的150万新元。

（3）证明标准不同。认定被告人有罪和认定被告人的财产属于违法所得的证明标准存在高低之别。通过缺席审理，最终认定被告人有罪的，与普通程序认定被告人有罪的证明标准一致；而违法所得没收程序最终要解决的是非法所得及涉案财产的没收问题，并不涉及对被告人的定罪处刑，因而其证明标准比缺席审判程序要低。

三、扩展思考：违法所得没收程序与普通审判程序的转换

除了比较违法所得没收程序与缺席审判程序之间的异同，还可以进一步

思考：违法所得没收程序如何与普通审判程序相互转换？

《刑事诉讼法》第 301 条、最高法《解释》第 625 条至第 628 条规定了违法所得没收程序的终止审理以及与普通审判程序的转换。人民法院在审理过程中，在逃的犯罪嫌疑人、被告人自动投案或者被抓获的，人民法院应当终止审理。没收犯罪嫌疑人、被告人财产确有错误的，应当予以返还、赔偿。人民检察院向原受理申请的人民法院提起公诉的，可以由同一审判组织审理，即转换为普通一审程序进行审理。本案中，如果上饶市中级人民法院在对违法所得没收程序审理过程中被告人李某波自动投案或者被抓获的，人民法院应当终止审理，等上饶市人民检察院向其提起公诉后，可以由同一审判组织审理，即转换为普通一审程序进行审理。

没收违法所得裁定生效后，犯罪嫌疑人、被告人到案并对没收裁定提出异议，人民检察院向原作出裁定的人民法院提起公诉的，可以由同一审判组织审理。人民法院经审理，应当按照下列情形分别处理：①原裁定正确的，予以维持，不再对涉案财产作出判决；②原裁定确有错误的，应当撤销原裁定，并在判决中对有关涉案财产一并作出处理。本案中，如果被告人李某波在裁定生效后到案并对没收裁定提出异议，上饶市人民检察院向上饶市中级人民法院提起关于贪污一案的公诉后，可以由同一审判组织审理，即转换为普通一审程序进行审理。

案例五十七	**任某厚受贿贪污巨额财产来源不明违法所得申请案**[1]

【犯罪嫌疑人、被告人死亡案件违法所得的没收程序】

◆ **案情概要**

犯罪嫌疑人任某厚，男，某省人民政府原副省长，曾任 A 矿业（集团）有限责任公司（以下简称"A 集团"）董事长、总经理，B 环保能源开发股份有限公司（简称"B 环保能源公司"）董事长。

（1）涉嫌受贿犯罪事实：2001 年至 2013 年，犯罪嫌疑人任某厚利用担任 A 集团董事长、总经理，B 环保能源公司董事长，某省人民政府副省长等职务上的便利，为相关请托人在职务晋升、调整等事项上提供帮助，向下属单位有关人员索要人民币共计 70 万元用于贿选；要求具有行政管理关系的被管理单位为其支付旅游、疗养费用，共计人民币 123 万余元；收受他人所送人民币共计 30 万元，被办案机关依法扣押、冻结。

（2）涉嫌巨额财产来源不明犯罪事实：2000 年 9 月至 2014 年 8 月，犯罪嫌疑人任某厚及其亲属名下的财产和支出共计人民币 3100 余万元，港币 43 万余元，美元 104 万余元，欧元 21 万余元，加元 1 万元，英镑 100 镑；珠宝、玉石、黄金制品、字画、手表等物品 155 件。

任某厚的合法收入以及其亲属能够说明来源的财产为人民币 1835 万余元，港币 800 元，美元 1489 元，欧元 875 元，英镑 132 镑；物品 20 件。任某厚亲属对扣押、冻结在案的人民币 1265 万余元，港币 42 万余元，美元 104 万余元，欧元 21 万余元，加元 1 万元及物品 135 件不能说明来源。

---

[1] 参见最高人民检察院：https://www.spp.gov.cn/spp/xwfbh/wsfbh/202112/t20211209_538434.shtml，2022 年 3 月 6 日访问。

2014 年 9 月 20 日，任某厚因严重违纪被免职，同年 9 月 30 日因病死亡。经最高人民检察院指定管辖，江苏省人民检察院于 2016 年 7 月 11 日启动违法所得没收程序。同年 10 月 19 日，江苏省人民检察院将案件交由扬州市人民检察院办理。同年 12 月 2 日，扬州市人民检察院向扬州市中级人民法院提出没收违法所得申请。

利害关系人任某一、任某二、袁某申请参加诉讼。2017 年 6 月 21 日，扬州市中级人民法院公开开庭审理。同年 7 月 25 日，扬州市中级人民法院作出违法所得没收裁定，依法没收任某厚受贿犯罪所得人民币 30 万元及孳息；巨额财产来源不明犯罪所得人民币 1265 万余元、港币 42 万余元、美元 104 万余元、欧元 21 万余元、加元 1 万元及孳息，以及珠宝、玉石、黄金制品、字画、手表等物品 135 件。

一、法律分析

1. 结合本案，简述如何认定财产来源不明

巨额财产来源不明罪是指国家工作人员的财产或者支出明显超过合法收入，差额巨大，本人不能说明其来源是合法的行为。我国《刑法》第 395 条第 1 款规定："国家工作人员的财产、支出明显超过合法收入，差额巨大的，可以责令该国家工作人员说明来源，不能说明来源的，差额部分以非法所得论，处五年以下有期徒刑或者拘役；差额特别巨大的，处五年以上十年以下有期徒刑。财产的差额部分予以追缴。"从法条表述可知，本罪必须具备两个要素：一是行为人拥有差额巨大财产，二是行为人不能说明其来源。

"不能说明来源"主要表现为国家工作人员拒不说明财产来源，或者对财产来源作了虚假说明或不作具体说明，因而不能被司法机关查证属实。但是，一方面，本罪中的"说明"不等于刑事诉讼法上的证明，换言之，不能认为本罪的认定采取了举证责任倒置的诉讼方式，因而并不要求行为人说明每一笔财产的具体来源，只要行为人说明财产来源的具体渠道、途径即可；另一方面，只要司法机关不能排除存在来源合法的可能性和合理性的，就不符合"不能说明来源"的要件。

在《刑法修正案（七）》颁布之前，《刑法》第 395 条第 1 款关于巨额财产来源不明罪的规定是："本人不能说明其来源是合法的，差额部分以非法所得论，处五年以下有期徒刑或者拘役。财产的差额部分予以追缴。"但是，

《刑法修正案（七）》将其中的"不能说明其来源是合法的"修改为"不能说明来源的"，于是产生了以下问题：行为人拥有巨额财产，本人说明了其非法来源，司法机关不能排除其非法来源的可能性与说明的合理性，经查证后又不能达到犯罪的证明标准的，应当如何处理。本书提出如下处理意见：第一，行为人说明了巨额财产来源于一般违法行为，按照一般违法行为的证明标准查证属实的，不能认定为巨额财产来源不明罪，只能按一般违法行为处理。在这种情形下，对"不能说明来源"作平义解释即可。第二，行为人说明了巨额财产来源于犯罪行为（完全履行了说明义务），但按照犯罪的证明标准不能查证属实的，应认定为巨额财产来源不明罪。在这种情形下，对"不能说明来源"应限制解释为"不能说明合法来源"。

由于巨额财产来源不明犯罪认定的特殊性，办案机关一般是先查封、扣押、冻结了大量财产，然后由犯罪嫌疑人、被告人对财产来源作出说明。在这种定罪模式下，证明"财产或者支出明显超过合法收入，差额巨大"事实的证据一般不会存在问题，但因犯罪嫌疑人、被告人死亡，如何认定"本人不能说明来源合法"是认定犯罪嫌疑人、被告人实施巨额财产来源不明犯罪进而没收其违法所得的关键。在任某厚违法所得没收申请案件中，任某厚在纪检监察阶段，对其本人及亲属名下财产的来源未作出任何说明。后任某厚因病死亡，办案机关就任某厚财产或者支出明显超过合法收入部分来源向其亲属查证，其亲属能够说明来源的财产为人民币1835万余元，港币800元，美元1489元，欧元875元，英镑132镑；物品20件。对扣押、冻结在案的人民币1265万余元，港币42万余元，美元104万余元，欧元21万余元，加元1万元及物品135件不能说明来源，因此认定为来源不明的财产。

2. 结合本案，简述被告人死亡后的诉讼程序处理

本案被告人任某厚因贪污贿赂、巨额财产来源不明等犯罪事实，本应按照普通刑事诉讼程序进行审理。由于被告人任某厚在案件处理期间因病死亡，根据《刑事诉讼法》第16条规定："有下列情形之一的，不追究刑事责任，已经追究的，应当撤销案件，或者不起诉，或者终止审理，或者宣告无罪：（一）情节显著轻微、危害不大，不认为是犯罪的；（二）犯罪已过追诉时效期限的；（三）经特赦令免除刑罚的；（四）依照刑法告诉才处理的犯罪，没有告诉或者撤回告诉的；（五）犯罪嫌疑人、被告人死亡的；（六）其他法律规定免予追究刑事责任的。"由此可知，如果没有违法所得没收程序的规定，

法律对任某厚刑事责任的追究只能被迫终止。

《刑事诉讼法》第298条第1款规定："对于贪污贿赂犯罪、恐怖活动犯罪等重大犯罪案件，犯罪嫌疑人、被告人逃匿，在通缉一年后不能到案，或者犯罪嫌疑人、被告人死亡，依照刑法规定应当追缴其违法所得及其他涉案财产的，人民检察院可以向人民法院提出没收违法所得的申请。"本案即属于因犯罪嫌疑人、被告人死亡而提起违法所得没收申请。该案是我国第一起省级干部因死亡而进入诉讼的追赃案件。该案的示范意义在于避免了因腐败分子死亡而对其犯罪所得放任不管的现象，形成了对腐败分子"牺牲一人幸福全家"侥幸心理的有力震慑，体现了党和国家在从严惩治腐败方面的坚强决心和鲜明态度。

二、理论阐释：违法所得没收程序的意义

《刑事诉讼法》第16条规定，对于死亡的犯罪嫌疑人、被告人，公安司法机关不再追究其刑事责任，已经追究的，应当根据不同的诉讼阶段分别作出撤销案件、不起诉、终止审理或者宣告无罪。而对犯罪嫌疑人、被告人潜逃或者死亡时，其财产如何处理则没有作出规定，导致司法实践中贪污贿赂、恐怖活动犯罪等类型的犯罪嫌疑人逃匿或者死亡后，其犯罪所得的巨额财产无法追回，从而给国家造成巨大经济损失。在党中央的坚强领导和统一部署下，国际追逃追赃工作取得了重大成果。仅2016年一年，就从70多个国家和地区追回外逃人员1032人，追回赃款24.08亿余元人民币，赢得了党心、民心、国际社会的高度认同以及海内外舆论的高度评价。追逃与追赃工作相辅相成。追逃若不彻底，就意味着犯罪分子找到了避罪的"天堂"，逍遥法外；追赃若不彻底，就必然会助长更多的腐败分子携款外逃，国家和人民的经济损失就无法挽回。只有坚持追逃与追赃两手抓，最终人赃俱获，才能实现除恶务尽、大快人心之目的。2012年《刑事诉讼法》增加了违法所得没收程序，解决了因犯罪分子逃匿或死亡情况下无法处置其财产的尴尬困境，严密了追逃追赃法网。

违法所得没收程序一是有助于及时阻止、阻断犯罪分子实现攫取犯罪所得的目的，消除一部分人通过职务获取非法利益的幻想，助力职务犯罪预防，二是有助于及时切断已经犯罪在逃的人的经济来源，甚至使其生活陷于窘迫，敦促其尽快到案接受法律制裁，达到惩治犯罪的效果；三是有助于及时挽回

国家及相关被害人的损失，弥补和消除因犯罪行为给国家和社会带来的伤害；四是有助于防止因犯罪人死亡、在逃产生的诉讼中断、拖延，因而导致的相关财产的不确定状态，尽快恢复社会经济秩序。

此外，实践中许多因贪污贿赂犯罪、恐怖活动犯罪涉案人员外逃后，其涉案财产大量转移境外。我国司法机关在请求司法协助时，大都被要求出具相应的法律文书作为协助依据，由于 1996 年《刑事诉讼法》中并没有相关的财产处置程序，导致实践中请求境外司法协助出现诸多困难，增设这一特别程序使我国在国际司法协助问题上有法可依。

近年来，我国不断参与国际刑事司法事务的合作与交流，陆续签署和批准了一系列国际公约，例如 2003 年批准的《联合国打击跨国有组织犯罪公约》《联合国反腐败公约》，之前缺乏处置逃匿或死亡的犯罪嫌疑人、被告人财产的程序性规定，因而给司法实践中打击此类犯罪带来较大难度。贪污贿赂犯罪本质上都是以权谋利型犯罪。作为我国落实《联合国反腐败公约》的一项制度措施，违法所得没收程序对反腐败追逃追赃意义重大。

三、扩展思考：违法所得没收与刑罚没收财产的区别

违法所得没收程序是指针对犯罪嫌疑人、被告人逃匿、死亡案件违法所得及其他涉案财产采取强制性处理的特别程序。没收财产是指将犯罪人所有财产的一部分或者全部强制无偿地收归国有的刑罚方法，没收财产只能适用于《刑法》分则明文规定可以判处没收财产的犯罪。两者存在明显区别：

（1）性质不同。违法所得没收属于《刑事诉讼法》中的特别程序，其是对贪污贿赂犯罪、恐怖活动犯罪等重大犯罪案件，犯罪嫌疑人、被告人逃匿，在通缉 1 年后不能到案，或者犯罪嫌疑人、被告人死亡，依照《刑法》《刑事诉讼法》的规定对违法所得进行追缴的程序设置。而没收财产刑在性质上是刑罚中的附加刑，是对犯罪分子所犯罪行的惩罚，它只能适用我国《刑法》分则明文规定可以判处没收财产的犯罪类型。没收财产刑的方式主要有两种：一种是对犯罪分子科处生命刑或自由刑的同时判处没收财产刑的并科制；另一种是由法官根据《刑法》的规定，对某种犯罪酌情选择是否适用没收财产刑。

（2）终局性特点不同。就本质而言，没收违法所得是在相关犯罪人不能到场的情况下对于其违法所得财产的一种暂时性处理手段。最高法《解释》

第 628 条规定，没收违法所得裁定生效后，犯罪嫌疑人、被告人到案并对没收裁定提出异议，人民检察院向原作出裁定的人民法院提起公诉的，可以由同一审判组织审理。人民法院经审理，应当按照下列情形分别处理：①原裁定正确的，予以维持，不再对涉案财产作出判决；②原裁定确有错误的，应当撤销原裁定，并在判决中对有关涉案财产一并作出处理。毕竟未能保障被没收入的在场权，因此一旦其到案既有权提出异议，进而导致对相关财产没收事项的重新审理。没收财产是刑罚的一种，是通过完备诉讼程序而给予被告人的刑罚，已经生效其受既判力原则约束，不经审判监督程序不得随意变更。

（3）适用的法律依据不同。违法所得没收程序属于程序法的范畴，即对依照《刑法》规定应当追缴的违法所得及其他涉案财产，通过违法所得没收这一程序进行处理，适用法律依据为《刑事诉讼法》第 298 条；而没收财产刑是实体法的范畴，是对被告人适用的刑罚，其适用的法律依据是《刑法》第 34 条附加刑种类的规定。

（4）适用的程序和审理方式不同。违法所得没收的没收是适用违法所得没收特别程序，人民法院应当组成合议庭对申请没收违法所得的案件进行审理，利害关系申请参加诉讼的，人民法院应当开庭审理。没有利害关系人申请参加诉讼的，可以不开庭审理。后者适用一般的刑事诉讼程序，审理必须采取开庭审理的方式，即在控辩双方参与情形下，通过审理并判处没收财产刑。

◆ 案情概要

2011 年 4 月 11 日，魏某雪在靖边县杨桥畔镇其母亲康妮（化名）家居住，当日魏某雪与父母同睡在炕上，凌晨魏某雪突然发病，便用双手掐住其母亲的脖子，造成母亲死亡。

靖边县人民检察院于 2013 年 2 月 28 日提出对魏某雪强制医疗的申请，靖边县人民法院依法组成合议庭，公开开庭审理了该案。经审理查明，魏某雪日常生活中表现出精神异常、情绪易波动、自言自语，并有被害妄想，多次离家出走。经陕西司法精神医学鉴定中心鉴定：被鉴定人魏某雪患有慢性精神分裂症，其在 2011 年清明节前后涉嫌作案时，无刑事责任能力。陕西司法精神医学鉴定中心同时提出医疗建议："目前被鉴定人魏某雪所患慢性精神分裂症，没有明显缓解，再次伤害他人的可能性不能排除，请委托机关商量其他有关部门，给予被鉴定人相应的抗精神病治疗，并且要给予长期的严密监护。"

经审理后法院认为，被申请人魏某雪系精神病人，其实施暴力行为致人死亡，虽经法定程序鉴定依法不负刑事责任，但相关证据足以证明其有继续危害社会的可能，遂依法决定对被申请人魏某雪强制医疗。

对精神病人设置强制医疗的特别程序体现了法律对于社会安全和精神病人健康及其他合法利益的双重关怀，能够有效避免精神病人再次实施危害社会或自己的行为，也有利于精神病人的精神康复，对维护社会稳定和保障人民群众人身和财产安全具有重大作用。

---

〔1〕 载中国法院网：https://www.chinacourt.org/article/detail/2013/03/id/931874.shtml，2022 年 2 月 6 日访问。

一、法律分析

1. 结合本案，简述强制医疗程序的适用条件

本案行为人魏某雪患有慢性精神分裂症，陕西司法精神医学鉴定中心同时提出医疗建议：被鉴定人魏某雪所患慢性精神分裂症，没有明显缓解，不能排除再次伤害他人的可能性。法院经审理后认为符合强制医疗适用条件，遂依法决定对被申请人魏某雪实施强制医疗。

《刑事诉讼法》第302条规定："实施暴力行为，危害公共安全或者严重危害公民人身安全，经法定程序鉴定依法不负刑事责任的精神病人，有继续危害社会可能的，可以予以强制医疗。"据此，强制医疗程序的适用条件应当同时满足以下三个方面：第一，适用的对象是实施暴力行为危害公共安全或者公民人身安全的精神病人；第二，行为人患有精神病，并经过法定的鉴定程序认定为依法不负刑事责任的精神病人；第三，行为人存在继续危害社会公共安全或公民人身安全的可能性。行为人经法定程序鉴定属于精神病人且不负刑事责任的，也不一定对其实施强制医疗。也就是说，行为人必须存在继续危害社会的可能，才可以对其实施强制医疗。

2. 结合本案，简述强制医疗案件的审理程序

本案中，靖边县人民检察院向靖边县人民法院提出对魏某雪强制医疗的申请，靖边县人民法院依法组成合议庭，公开开庭审理，审理过程符合法律规定的程序，依法决定对被申请人魏某雪强制医疗。

《刑事诉讼法》第304条规定了人民法院对于强制医疗案件的审理程序，人民法院受理强制医疗的申请后，应当组成合议庭进行审理，通知被申请人或者被告人的法定代理人到场。被申请人或者被告人没有委托诉讼代理人的，人民法院应当通知法律援助机构指派律师为其提供法律帮助。据此，强制医疗案件的审理程序主要包括以下：第一，人民法院受理检察机关提出的强制医疗申请后，应当组成合议庭进行审理；第二，人民法院合议庭审理强制医疗案件应当开庭审理，但是被申请人、被告人的法定代理人请求不开庭，并经人民法院审查同意的除外；第三，人民法院审理人民检察院申请强制医疗的案件，应当会见被申请人，通知被申请人或被告人的法定代理人到场；第四，被申请人或被告人没有委托诉讼代理人的，人民法院应当通知法律援助机构指派律师担任其诉讼代理人，为其提供法律帮助。

3. 结合本案，简述强制医疗案件中的代理

靖边县人民法院在审理本案时，应当充分保障被申请人魏某雪的合法权益，如果其没有委托诉讼代理人，靖边县人民法院应当通知法律援助机构指派律师为其提供法律帮助。《刑事诉讼法》第 304 条第 2 款规定："人民法院审理强制医疗案件，应当通知被申请人或者被告人的法定代理人到场。被申请人或者被告人没有委托诉讼代理人的，人民法院应当通知法律援助机构指派律师为其提供法律帮助。"法律之所以这样规定，是因为被申请人或被告人是依法不负刑事责任的精神病人，通常这些精神病人往往缺乏必要的诉讼行为能力，无法为自己提供有效的保护，同时也充分体现了刑事诉讼法"尊重和保障人权"。因此，法院审理强制医疗案件，应当通知被申请人或者被告人的法定代理人到场。被申请人或者被告人没有委托诉讼代理人的，人民法院应当通知法律援助机构指派律师为其提供法律帮助。这是程序正当化的必然要求。

4. 结合本案，简述强制医疗案件审理后的处理

本案被申请人魏某雪符合《刑事诉讼法》第 302 条规定的强制医疗条件，靖边县人民法院依法决定对被申请人魏某雪强制医疗。另外，《刑事诉讼法》305 条、最高法《解释》第 637 条规定，对申请强制医疗的案件，人民法院审理后认为符合《刑事诉讼法》第 302 条规定的强制医疗条件的，应当作出对被申请人强制医疗的决定；经审理认为被申请人属于依法不负刑事责任的精神病人，但不符合强制医疗条件的，应当作出驳回强制医疗申请的决定；被申请人已经造成危害结果的，应当同时责令其家属或者监护人严加看管和医疗；经审理认为被申请人具有完全或者部分刑事责任能力，依法应当追究刑事责任的，应当作出驳回强制医疗申请的决定，并退回人民检察院依法处理。人民法院决定强制医疗的，应当在作出决定后五日内向公安机关送达强制医疗决定书和强制医疗执行通知书，由公安机关将被决定强制医疗的人送交强制医疗。

需要注意的是，前述规定是针对人民检察院向人民法院提出强制医疗申请的案件审理后的处理，如果是人民法院在审理案件过程中发现被告人可能符合强制医疗条件的，根据最高法《解释》第 638 条至第 640 条之规定，第一审人民法院在审理刑事案件过程中，发现被告人可能符合强制医疗条件的，应当依照法定程序对被告人进行法医精神病鉴定。经鉴定，被告人属于依法

不负刑事责任的精神病人的，应当适用强制医疗程序，对案件进行审理。人民法院审理后，应当按照下列情形分别处理：①被告人符合强制医疗条件的，应当判决宣告被告人不负刑事责任，同时作出对被告人强制医疗的决定；②被告人属于依法不负刑事责任的精神病人，但不符合强制医疗条件的，应当判决宣告被告人无罪或者不负刑事责任；被告人已经造成危害结果的，应当同时责令其家属或者监护人严加看管和医疗；③被告人具有完全或者部分刑事责任能力，依法应当追究刑事责任的，应当依照普通程序继续审理。第二审人民法院在审理刑事案件过程中，发现被告人可能符合强制医疗条件的，可以依照强制医疗程序对案件作出处理，也可以裁定发回原审人民法院重新审判。

二、理论阐释：强制医疗程序的基本理论

强制医疗是国家通过法定程序，对患有精神疾病并且具有人身危险性，同时又不承担刑事责任人采取的强制隔离医疗，以帮助其康复并防止其继续危害社会公共安全或他人人身安全的一种保安处分措施。所谓保安处分是指国家通过刑事法律和有关行政法规规定，对实施了危害行为的无刑事责任能力的人、限制刑事责任能力以及其他有人身危险性的人所采取的代替或者补充刑罚而适用的，为了消除行为者的危险状态、预防犯罪、维护社会安全的各种矫治措施的总称。从强制医疗的性质来看，它既不是刑罚也不是强制措施。

刑事强制医疗的对象是不具有刑事责任能力但同时具有较强的人身危险性的精神病人，出于维护社会安全的认识，发达国家普遍将刑事强制医疗作为保安处分制度的一个重要内容。保安处分的产生是以社会防卫论为基础的，由西方刑事社会学派最先提出来，通过对犯罪人实施隔离、治疗、矫正等手段，从而达到消除人身危险性、防卫社会安全之目的。基于社会防卫论，刑事社会学派倡导通过保安处分中的教育、改造功能来预防犯罪的发生。社会防卫理论因为带有强烈的主观主义刑法色彩，受到了西方刑事古典学派的强烈批判。但是实践又证明，社会防卫实践也有一定的积极作用。于是刑事古典学派和刑事社会学派经过长期博弈，最终相互作出妥协。

随着社会的发展，人们对保安处分的认识日益全面，保安处分的理论基础已经超越了单纯的社会防卫论，融入了人权保障、法治等内涵，使得社会

防卫的功能在保障人权方面更加突出。当下各国的刑事强制医疗制度基本包含以下原则：一是人权保障原则，即刑事强制医疗必须保障精神病人的人格尊严，绝不能为了社会利益而践踏人权。二是法治原则，即刑事强制医疗程序应当有明确的法律依据并司法化。三是救济原则，即应当为被申请人等相关主体提供充分的救济途径，保障其合法权益不受侵犯。可见，现代刑事强制医疗程序已经不再是以社会安全、秩序等为主的一元化结构，而是形成了包含人权、正义、秩序、民主等多元价值理念平衡的一种复合结构。兼顾社会秩序与个体正义、人权保护与安全稳定，这种价值体系正应和了现代刑事诉讼的价值理念。

我国《刑事诉讼法》在 2012 年修正时增加了"强制医疗程序"，因为在当时我国各类精神病人精神健康问题的严重性同样突出。中国疾病预防控制卫生中心公布的数据显示，我国各类精神病人人数在 1 亿人以上，其中，重性精神病已超过 1600 万人。精神疾病患者的增多，导致各地精神病患者肇事肇祸行为威胁公民生命财产安全事件屡有发生，"武疯子"在各地频现。因此，如何能够更好地约束"武疯子"的行为，成了社会治理中的一大问题。除此之外，有媒体报道多地出现"被精神病"的问题，即没有精神疾病的人基于各种原因被送进了精神病院接受"治疗"。2012 年《刑事诉讼法》增加了强制医疗程序，将强制医疗制度化、规范化，保证真"病人"得到及时有效的处理，也避免无病之人被错误处理。

三、扩展思考：人民检察院对强制医疗程序的监督

《刑事诉讼法》第 307 条规定："人民检察院对强制医疗的决定和执行实行监督。"在强制医疗程序中，检察机关的监督是全方面，贯穿于整个过程的，根据最高检《规则》第 540 条至第 550 条、第 652 条至第 653 条，人民检察院对强制医疗程序的监督具体内容包括：

（一）对公安机关在强制医疗程序中的诉讼行为进行监督

（1）人民检察院发现公安机关应当启动强制医疗程序而不启动的，可以要求公安机关在 7 日以内书面说明不启动的理由。对于公安机关回复的不启动理由，经审查认为公安机关不启动理由不能成立的，应当通知公安机关启动强制医疗程序。

（2）人民检察院发现公安机关对涉案精神病人进行鉴定的程序违反法律

或者采取临时保护性约束措施不当的，应当提出纠正意见。公安机关应当采取临时保护性约束措施而尚未采取的，人民检察院应当建议公安机关采取临时保护性约束措施。

（3）对公安机关移送的强制医疗意见是否合法进行监督。检察机关在审查起诉过程中，对于公安机关移送的强制医疗意见要依法进行全面审查，对于案件事实和证据材料进行审查核实，对于公安机关作出的精神病鉴定中的鉴定程序、鉴定标准、鉴定人员的资质、鉴定意见进行审查核实，如果发现犯罪嫌疑人不符合《刑事诉讼法》规定的强制医疗条件的，不得向人民法院提出强制医疗申请。

（二）对人民法院审理强制医疗案件的程序进行监督

（1）人民检察院发现人民法院或者审判人员审理强制医疗案件违反法律规定的诉讼程序，应当向人民法院提出纠正意见。无论是检察机关提出强制医疗申请的案件，还是人民法院依其职权启动的强制医疗程序，检察机关对于人民法院的审理过程都要进行监督。

（2）人民检察院认为人民法院作出的强制医疗决定或者驳回强制医疗申请的决定不当，应当在收到决定书副本后20日以内向人民法院提出书面纠正意见。

（三）对强制医疗的执行是否存在违法行为进行监督

在强制医疗的执行过程中，强制医疗机构的资质是否符合相关法律法规的规定和要求，在强制医疗过程中对被强制医疗的人是否按照相关的医学标准、程序和方式进行治疗，强制医疗机构是否定期对被强制医疗人进行诊断评估等方面都需要监督。人民检察院发现人民法院、公安机关、强制医疗机构在对依法不负刑事责任的精神病人的强制医疗的交付执行、医疗、解除等活动中违反有关规定的，应当依法提出纠正意见。人民检察院在强制医疗执行监督中发现被强制医疗的人不符合强制医疗条件或者需要依法追究刑事责任，人民法院作出的强制医疗决定可能错误的，应当在5日以内将有关材料转交作出强制医疗决定的人民法院的同级人民检察院。

（四）对强制医疗的解除进行监督

最高法《解释》第648条规定，人民检察院认为强制医疗决定或者解除强制医疗决定不当，在收到决定书后20日以内提出书面纠正意见的，人民法院应当另行组成合议庭审理，并在1个月以内作出决定。

案例五十九　精神病人宋某强制医疗案[1]

【强制医疗程序的代理】

◆ **案情概要**

2012 年 11 月 30 日，宋某在北京地铁 2 号线鼓楼大街站将在站台边候车的被害人李某推下站台，致李某肋骨骨折。2013 年 1 月 6 日，宋某经法定程序鉴定，依法不负刑事责任。2013 年 1 月 7 日，宋某被释放，并于同日被采取临时保护性约束措施。

主审法官表示，北京市第一中级人民法院受理该案后，在宋某法定代理人明确表示不为宋某委托诉讼代理人的情况下，依法通知法律援助机构指派律师为宋某提供法律帮助。在查阅卷宗后，北京市第一中级人民法院承办法官前往北京市安康医院综合考察、评估宋某的治疗康复状况，不仅会见了宋某本人，询问其对被强制医疗以及其法定代理人申请复议的意见，而且针对宋某的病情及治疗现状，对宋某的主管医生进行了详细的询问。此外，承办法官还听取了宋某的法定代理人及诉讼代理人的意见，同时听取了被害人的意见，并征求了检察机关的意见。

在庭审过程中，海淀区人民检察院与宋某的法定代理人、诉讼代理人就宋某的病情发展、既往发病状况和是否具有社会危险性展开了激烈的辩论。检察机关就其提起的强制医疗申请和认定宋某可能具有的社会危险性提交了大量的证据。宋某的法定代理人承认宋某的病情及所实施的严重危害他人生命安全的行为，但提出其家人有条件治疗、看护宋某，并保证其不再发生危

---

〔1〕 参见人民法院报：http://rmfyb.chinacourt.org/paper/html/2013-04/09/content_61201.htm?div=-1；视频中国：http://v.china.com.cn/news/2013-04/27/content_28678648.htm；北京市第一中级人民法院网：https://bj1zy.chinacourt.gov.cn/article/detail/2013/07/id/1445708.shtml，2020 年 3 月 16 日访问。

害社会的行为，请求法院驳回检察机关对宋某强制医疗的申请。

法院经审理认为，被申请人宋某在 2007 年 2 月即被诊断患有精神分裂症，虽经多方治疗但无明显好转。2012 年 11 月 30 日，宋某于地铁 2 号线鼓楼大街站，在毫无缘由和征兆的情况下突然将被害人李某推下地铁站台，造成李某遭进站列车碾轧后多处受伤。被申请人宋某虽经法定程序鉴定为依法不负刑事责任的精神病人，但其行为严重危害了他人人身和公共安全，具有现实的社会危险性。其法定代理人虽了解宋某的病情发展及程度并予以治疗，但承认其病情无明显好转，也未能对宋某进行有效的监护和控制。在案证据表明，被申请人宋某的病情没有康复，仍然存在继续危害社会的可能，应予以强制医疗。故法院依照《刑法》第 18 条第 1 款、《刑事诉讼法》第 284 条、第 285 条第 1 款之规定，决定对被申请人宋某予以强制医疗。

后宋某的法定代理人向上一级人民法院申请复议。

一、法律分析

1. 结合本案，简述强制医疗程序中的代理

强制医疗程序是指公安司法机关对不负刑事责任且有社会危险性的暴力型精神病人采取强制治疗措施的诉讼程序，其目的不是教育、惩罚行为人或者解决其刑事责任问题，而是在于通过审查决定是否对其采取强制医疗这项特殊的社会防卫措施，在保障精神病人健康利益的同时，还具有保护他人人身、财产安全、维护社会秩序的目的。

在强制医疗程序中，法定代理人和诉讼代理人共同参与案件的审理。《刑事诉讼法》第 304 条规定，人民法院审理强制医疗案件，应当通知被申请人或者被告人的法定代理人到场。

首先，由于被申请人或者被告人是无行为能力人，需要法定代理人代为参加诉讼行使相应的诉讼权利，且法定代理人也有义务保护无行为能力人的合法权益，因此法定代理人应当到场参加强制医疗案件的审理。被申请人或者被告人的法定代理人经通知未到场的，可以通知被申请人或者被告人的其他近亲属到场。

其次，强制医疗案件涉及法律和精神病学两方面的专业知识，加之行为人无行为能力或者行为能力受限，在诉讼中他们更需要专业人士的帮助，诉讼代理人的加入可以有效弥补其专业知识不足和缺少诉讼经验等缺陷。因此，

被申请人、被告人有权委托诉讼代理人参与诉讼，没有委托诉讼代理人的，为了保障被申请人、被告人的合法权利，体现国家的人文关怀，人民法院应当通知法律援助机构指派律师为其提供法律帮助。需要指出的是，对应法律援助的强制辩护，在强制医疗程序中，法律援助代理也可理解为强制代理。在域外，已有关于强制代理制度的先例。例如，《日本刑事诉讼法》第 37 条规定，如果被告人疑似是心神丧失的人或心神耗弱的人且没有辩护人时，法院可以依职权为其选任辩护人。《俄罗斯联邦刑事诉讼法典》第 438 条规定："辩护人如果没有更早参加刑事案件，则自作出关于指定司法精神病学鉴定之时起，辩护人必须参加适用医疗性强制措施的诉讼。"需要指出的是，我国最高法《解释》第 635 条对强制医疗程序的审理方式进行了明确，审理强制医疗案件，应当组成合议庭，开庭审理。但是，被申请人、被告人的法定代理人请求不开庭审理，并经人民法院审查同意的除外。强制医疗程序的对抗式色彩不强，在审理方式上，以开庭审理为原则，经被申请人、被告人的法定代理人请求并经法院审查同意，可采取不开庭的方式审理。

本案中，宋某作为强制医疗程序的被申请人，在案件审理中法院应当通知其法定代理人到场。在其法定代理人明确表示不委托诉讼代理人的情况下，法院应当自受理强制医疗申请之日起 3 日以内，通知法律援助机构指派律师担任其诉讼代理人，为宋某提供法律帮助。

2. 结合本案，简述诉讼代理人在强制医疗案件中的诉讼地位与职责

本案中，宋某的诉讼代理人参与法庭审理，就宋某是否属于依法不负刑事责任的精神病人、是否有继续危害社会的可能性发表有利于宋某的意见，并与检察机关就强制医疗的必要性展开辩论。在强制医疗案件中，诉讼代理人接受被申请人或者被告人的法定代理人的委托，在所受委托的权限范围内，代理参加诉讼，维护被申请人或者被告人的合法权益。强制医疗程序的诉讼代理是刑事代理制度的一种，诉讼代理人的诉讼地位与法定代理人、辩护人的独立诉讼地位具有本质区别，具有从属性的特征，因此其只能在授权的范围内进行代理活动。需要指出的是，诉讼代理人是否应当完全按照法定代理人的意志或要求进行诉讼活动，本书持否定态度。基于最高法《解释》对诉讼代理人职责的规定，诉讼代理人有权根据事实和法律，维护强制医疗案件的被申请人或者被告人的诉讼权利和其他合法权益，因此，在强制医疗程序中，诉讼代理人应当以事实为依据，按照法律的规定正确地行使代理权。

强制医疗案件的诉讼代理人除了享有阅卷权、调查取证权等主要诉讼权利外，在开庭审理中可以发表意见、出示证据并进行质证以及参与法庭辩论，以维护被申请人、被告人的合法权益。最高法《解释》第636条规定，法院开庭审理申请强制医疗的案件，按照下列程序进行：①审判长宣布法庭调查开始后，先由检察员宣读申请书，后由被申请人的法定代理人、诉讼代理人发表意见；②法庭依次就被申请人是否实施了危害公共安全或者严重危害公民人身安全的暴力行为、是否属于依法不负刑事责任的精神病人、是否有继续危害社会的可能进行调查；调查时，先由检察员出示证据，后由被申请人的法定代理人、诉讼代理人出示证据，并进行质证；必要时，可以通知鉴定人出庭对鉴定意见作出说明；③法庭辩论阶段，先由检察员发言，后由被申请人的法定代理人、诉讼代理人发言，并进行辩论。被申请人要求出庭，人民法院经审查其身体和精神状态，认为可以出庭的，应当准许。出庭的被申请人，在法庭调查、辩论阶段，可以发表意见。检察员宣读申请书后，被申请人的法定代理人、诉讼代理人无异议的，法庭调查可以简化。最高法《解释》第638条规定，开庭审理第一审人民法院在审理刑事案件过程中发现被告人可能符合强制医疗条件的案件，应当先由合议庭组成人员宣读对被告人的法医精神病鉴定意见，说明被告人可能符合强制医疗的条件，后依次由公诉人和被告人的法定代理人、诉讼代理人发表意见。经审判长许可，公诉人和被告人的法定代理人、诉讼代理人可以进行辩论。

二、理论阐释：法定代理人与诉讼代理人之比较

法定代理人与诉讼代理人的诉讼功能具有一致性，即帮助被代理人维护其合法权益，保障诉讼活动的顺利进行。然而，归属于不同的诉讼身份，两者仍具有较大的差异，主要体现在以下几个方面：

（1）代理人的范围不同。《刑事诉讼法》第108条规定，法定代理人是指被代理人的父母、养父母、监护人和负有保护责任的机关、团体的代表，这些代理人与被代理人之间形成了较为紧密的社会关系。诉讼代理人是公诉案件的被害人及其法定代理人或者近亲属、自诉案件的自诉人及其法定代理人委托代为参加诉讼的人和附带民事诉讼的当事人及其法定代理人委托代为参加诉讼的人，例如律师；社会团体、被代理人单位推荐的人；被代理人的监护人、亲友等，范围较为宽泛。

（2）产生的根据不同。法定代理人参与诉讼是依据法律规定，而委托代理人是基于委托关系参与诉讼，其代理权来源于被代理人的委托，这是法定代理人与诉讼代理人的本质区别。

（3）诉讼地位不同。法定代理人在诉讼中具有独立的诉讼地位，不受被代理人意志的约束，可独立进行诉讼行为、行使诉讼权利，无需经过被代理人的同意或者授权。诉讼代理人在诉讼中以被代理人的名义，并在法律规定或者委托人的授权范围内进行活动，体现了其诉讼地位的从属性。

（4）被代理人的范围不同。法定代理人代理的是诉讼行为有缺陷的当事人，即未成年人、无行为能力人和限制行为能力人。诉讼代理人代理的范围更广，不限于行为能力受限的当事人，例如强制医疗案件中的被申请人、被告人，也包括公诉案件的被害人、自诉案件的自诉人、附带民事诉讼的当事人和违法所得没收程序中的利害关系人。

（5）主要职责不同。法定代理人参加刑事诉讼的主要职责是依法保护未成年人、无行为能力人或者限制行为能力人的人身权利、财产权利、诉讼权利以及其他一切合法权益，解决无行为能力人和限制行为能力人诉讼权利的行使问题。诉讼代理人的职责在最高法《解释》中被规定为"根据事实和法律，维护被害人、自诉人或者附带民事诉讼当事人的诉讼权利和其他合法权益"，侧重点略有差异。

（6）诉讼权利不同。法定代理人享有广泛的与被代理人相同的诉讼权利，例如申请回避权、上诉权、申诉控告权等，在未成年人诉讼程序中，未成年人的法定代理人有权在对未成年被代理人进行讯问、审判时被通知到场。需要指出的是，一些具有身份性的特定诉讼权利，法定代理人无法享有，例如最后陈述权等。诉讼代理人由于在诉讼中更偏向于提供专业的法律帮助，因此其诉讼权利围绕执业展开，主要有阅卷权、调查取证权等。

（7）代理效果不同。由于法定代理人具有独立的诉讼地位，当法定代理人与被代理人对是否行使某项共同享有的诉讼权利意见不一致时，法定代理人的行为依然独立有效。但是，如果诉讼代理人未经被代理人同意或授权进行了实体性处分，例如未经授权对案件调解、和解等，被代理人不承担代理行为的法律后果，而由诉讼代理人自行承担。

三、扩展思考：刑事法律援助制度

在联合国《关于在刑事司法系统中获得法律援助机会的原则和准则》中强调："法律援助是以法治为依据的公平、人道和高效的刑事司法系统的一个基本条件，并且是确保刑事程序基本公平并得到公众信任的一个重要保障。"法律援助制度作为一项体现国家责任的法律制度，是国家通过建立为经济困难公民和符合法定条件的其他当事人无偿提供法律咨询、代理、刑事辩护等法律服务，旨在实现社会正义、司法公正和保障人权。

我国刑事法律援助制度不断发展完善，从时间和空间上不断强化对犯罪嫌疑人、被告人的合法权利保障，实现了刑事法律援助在诉讼过程的全覆盖，将审判阶段提供法律援助扩展为在侦查、起诉、审判阶段均提供法律援助；构建了刑事法律援助对适用对象的重点覆盖，对被追诉人的法律援助分为申请指派法律援助和法定指派法律援助两种情形。2017 年最高人民法院、司法部《关于开展刑事案件律师辩护全覆盖试点工作的办法》进一步提出，法律援助机构根据人民法院的通知，应当为所有刑事案件的被告人提供法律援助或者法律帮助，被告人没有辩护人的，无论是一审、二审还是再审案件，人民法院应当通知法律援助机构指派律师为其提供辩护。适用简易程序、速裁程序审理的案件，被告人没有辩护人的，人民法院应当通知法律援助机构派驻的值班律师为其提供法律帮助。在法律援助机构指派的律师或者被告人委托的律师为被告人提供辩护前，被告人及其近亲属可以提出法律帮助请求，人民法院应当通知法律援助机构派驻的值班律师为其提供法律帮助。此外，我国刑事法律援助制度不仅适用于犯罪嫌疑人、被告人，在强制医疗程序中，对没有委托诉讼代理人的被申请人或被告人，人民法院亦应当通知法律援助机构指派律师为其提供法律帮助。2021 年《法律援助法》的颁布，将刑事法律援助制度上升到法律层面，为刑事法律援助的全覆盖提供了立法指引和制度保障。

然而在司法实践中，出现了刑事法律援助和委托辩护冲突的"怪象"，特别是在一些具有重大社会影响的案件中，司法机关动员犯罪嫌疑人、被告人放弃家属委托律师改为法律援助指派，甚至在审理程序中法院不接受被告人家属委托的律师而强行指定 2 名法律援助律师，将委托辩护律师拒之庭外，引发了对"占坑式辩护"的质疑与反思。犯罪嫌疑人、被告人有权获得辩护这一原则揭示着最朴素的辩护权原理——犯罪嫌疑人、被告人是享有辩护权的本体，是否使用辩护权、如何使用辩护权是犯罪嫌疑人、被告人自由意志的选择。然而，法院强行"硬塞"法律援助律师的做法，似乎试图通过一种形式上的辩护权保障来僭越甚至剥夺被告人的辩护权行使，让被告人处于两难境地。所幸，最高法《解释》和《法律援助法》先后及时制止并解决了这一冲突，确立了法律援助不得损害委托辩护权的原则。最高法《解释》第51条规定，对法律援助机构指派律师为被告人提供辩护，被告人的监护人、近亲属又代为委托辩护人的，应当听取被告人的意见，由其确定辩护人人选。《法律援助法》第27条对保障犯罪嫌疑人、被告人的辩护权予以重申，人民法院、人民检察院、公安机关通知法律援助机构指派律师担任辩护人时，不得限制或者损害犯罪嫌疑人、被告人委托辩护人的权利；第48条规定："有下列情形之一的，法律援助机构应当作出终止法律援助的决定……（六）受援人自行委托律师或者其他代理人……"这些为解决法律援助与委托辩护之间的冲突提供了基本的法律遵循。